工业和信息化高职高专"十三五"规划教材立项项目

高等职业教育**财经类**"十三五"规划教材

U0650847

FOUNDATIONS OF ECONOMICS

经济学基础

（视频案例 第2版）

颜家水 郭媛媛 主编

邹浩 徐辉 陈颖 副主编

人民邮电出版社

北京

图书在版编目（CIP）数据

经济学基础：视频案例 / 颜家水，郭媛媛主编. -- 2版. -- 北京：人民邮电出版社，2017.8（2020.1重印）

高等职业教育财经类"十三五"规划教材

ISBN 978-7-115-46374-6

Ⅰ. ①经… Ⅱ. ①颜… ②郭… Ⅲ. ①经济学－高等职业教育－教材 Ⅳ. ①F0

中国版本图书馆CIP数据核字(2017)第184379号

内 容 提 要

全书共分为15章，涵盖了微观经济学和宏观经济学的核心内容及基本原理。本书结构清晰且简洁，将现实性与可读性结合，力图以简明扼要和通俗易懂的方式向学生和读者介绍经济学的基础知识，是一本学生们真正爱读的经济学教科书。此外，本书特别重视经济学里一些重要概念的讲解，知识性和实用性兼具。

本书可作为高职院校、成人高校相关专业的教材，也可作为在职人员的岗位培训用书。

- ◆ 主　编　颜家水　郭媛媛
  副主编　邹　浩　徐　辉　陈　颖
  责任编辑　刘　琦
  责任印制　周昇亮
- ◆ 人民邮电出版社出版发行　北京市丰台区成寿寺路 11 号
  邮编　100164　电子邮件　315@ptpress.com.cn
  网址　http://www.ptpress.com.cn
  北京市艺辉印刷有限公司印刷
- ◆ 开本：787×1092　1/16
  印张：17.25　　　　　　　2017 年 8 月第 2 版
  字数：488 千字　　　　　2020 年 1 月北京第 10 次印刷

定价：39.80 元

读者服务热线：**(010)81055256**　印装质量热线：**(010)81055316**
反盗版热线：**(010)81055315**
广告经营许可证：京东工商广登字 20170147 号

第 2 版前言

本书自 2013 年 10 月出版以来，得到全国多所高职高专院校师生的认同和厚爱，被列为校级精品课程建设教材。为了适应经济学发展、符合大学生的认知规律，更好地服务教学和人才培养，作者总结了三年多来教材使用和教学的经验，对本书进行了全面修订。

本次修订在保持第 1 版知识完整、简明扼要、体现发展，突出高职特色，提高自学能力，突出能力训练，文字语言亲和等特色的基础上，进一步完善了原来的理论体系，更加突出基础性、本土性、实用性、前瞻性及反思性。具体改进包括以下几个方面。

（1）整体框架不变，基本概念、基本理论阐述更精准和简练。对本书第 1 版中基本概念、基本理论的定义和阐述更清晰、精准，帮助读者更容易理解和抓住经济学本质。每一章开篇列出"重要概念"，结尾有"概念复习"的模块，帮助学习者重视和巩固基本概念、基本理论的学习。

（2）增补、调整案例和知识拓展等内容，使本书更能体现时代性、本土性和合理性。合适的案例是学习者学习和理解经济学知识的钥匙。因此，本次对案例、知识拓展等模块的修订体现时代性、经典性、思想性、本土性以及前瞻性。

（3）关注学习者反思精神和创新能力的培养。西方经济学理论形成于西方的价值体系、文化背景和话语体系基础之上，在我国经济实践中一定要关注我国的思想体系、价值观念以及文化差异带来的影响。因此，本书注意培养学习者的反思精神，关注我国国情，关注经济学理论的本土化。同时本书增加了补充读物与资源模块，引导读者在学习时增加知识的深度与广度，培养读者创新能力。

（4）在每章之后增加同步练习，结合原来的能力训练、概念复习以及问题讨论模块，期望能更好地提高学生的自学能力和学习效率。

（5）做好配套课程资源，重点建设好课程教学大纲、PPT 课件、习题集、案例集、微课视频、互动交流社区、课程开放性网站等内容，打造一本立体化精品教材。

本书由颜家水（湖南大众传媒职业技术学院）、郭媛媛（安徽财贸职业学院）任主编，邹浩（湖南大众传媒职业技术学院）、徐辉（安徽财贸职业学院）、陈颖（湖南大众传媒职业技术学院）任副主编。本书主编在高职高专院校教授了多年的经济学，也有在本科院校教授经济学的经验，对高职高专经济学教学方面做过较深入的研究。本书通过了省级经济管理学会的审核，在得到广泛认可的第 1 版教材的基础上调整、修订、丰富而成，编写风格统一协调。全书得到舒相玉老师的无私帮助并由其完成统稿工作。

　　在本书的编写过程中，借鉴了国内外有关教材、论著及其他文献资料，在此表示最诚挚的感谢。本书还得到了有关单位和朋友的大力支持，特别是人民邮电出版社的鼎力支持和指导，在此谨表由衷的谢意。

　　由于编者水平和经验有限，书中难免存在欠妥和错误之处，恳请广大读者批评指正。

编　者

2017 年 4 月

目　录

第 1 章

导　言

我们的晚餐并非来自屠宰商、酿酒师和面包师的恩惠，而是来自他们对自身利益的关切。

——亚当·斯密

学习目标

能力目标

- 通过掌握所学习的经济学基本原理与观点，能够分析和解释"天下不存在免费午餐"。若想多得一些这样的东西，就必须放弃一些其他东西。
- 经济学是一门方法论学科，通过学习经济学知识，能够改善和提高分析问题、解决问题的能力。

知识目标

- 理解稀缺性、效率、选择和机会成本的含义。
- 掌握什么是经济学，知道它要解决的基本问题是什么。
- 了解微观经济学的含义、研究对象及基本内容。
- 了解宏观经济学的含义、研究对象、基本内容，以及微观经济学与宏观经济学的关系。
- 了解经济学的一些基本研究方法。
- 了解经济学发展的简史。

重要概念

经济品　稀缺性　机会成本　经济学　微观经济学　宏观经济学

为什么要学习经济学？学习经济学有什么用？这既是教授经济学的老师遇到的最常见的问题，也是学习者在开卷之际要问的问题。可能有很多种回答，有的人认为学经济学是为了更好地赚钱，有的人认为经济学知识是现代社会的必备知识，也有人是基于对一些经济现象和经济问题的强烈兴趣而学习经济学，还有更多的同学认为学习经济学是专业学习的必备基础和前提。不管怎么样，我们必须认识到，在人的一生中，我们永远无法回避经济学的基本原理和规律。我们总是要对交易、就业、收入、税收、通货膨胀、经济增长和衰退以及失业等诸多问题形成自己的看法和判断。我们学习经济学有助于更好地把握这些问题，进而更好地把握自己的命运。经济学研究什么？用什么方法研究问题？这是我们学习这门课程必须弄清楚的问题，也是本章的中心内容。

1.1　什么是经济学

"经济"一词，在我国古代指的是经世济民，含义很广。它在现代汉语中至少有两个定义：一是指节省、有效率，以较少的人力、物力、时间等耗费获得较大的成果，如"经济地利用自然资源"；另一定义则用来统称人类社会生产、消费、交换等活动以及组织这些活动的制度、系统，如工业经济、国民经济、计划经济、市场经济等。经济学意义上的"经济"（Economy），是由希腊文 o'ikos（家产）和 n'emein（管理）合成的词 oikonomomia 演变而来，传到日本，被译成汉字"经济"，经从事革命活动的同盟会会员引入我国后，便在我国普遍采用。现代，经济泛指人们的一般谋生活动。以共同谋生行为为基础而形成的人类总体，称之为经济社会。

人类的谋生活动离不开物品（Goods）。按照支付价格与否人们把物品分成三类，即经济品、免费品以及有害品。数量稀缺，需要通过劳动或其他代价才能获得的物品，价格为正，叫作经济品（Economic Goods）或者称经济物品；数量丰富，不需要任何代价就能取得的物品，价格为零，叫作免费品（Free Goods）；数量日增，必须付出一定代价才能去掉的物品，价格为负，叫作有害品（Harmful Goods）或废品。

"经济品"要使用和消耗各种资源（如资本、自然资源、劳动力等）才能生产出来，其在人类社会中占有十分重要的地位，是经济学主要讨论的对象。

1.1.1 稀缺性与效率

经济学家把稀缺性与效率称为经济学的两大核心思想。在一个没有稀缺性的社会里，社会能够生产无限量各种不同类型的物品，人们可以随心所欲地获得自己想要的一切东西，所有的物品都实行免费供应，价格为零，市场也可有可无，经济学就显得多余了。然而社会现实是我们生活在一个人们生存和发展所依赖的经济物品稀缺的世界里，社会以及个人都不得不有效地加以利用经济品。所有的经济问题其实都产生于一个不可避免的事实，即任何社会或个人都无法得到自己想要的一切东西。就是因为存在稀缺性和人们追求效率的愿望，所以才使得经济学越来越重要。

1. 稀缺性

人们进行经济活动是为了满足需要或欲望的，但是人们的需要没有止境，具有无限性。稀缺性（Scarcity）是经济学的一个重要的概念，指人们欲望总是超过了能用于满足欲望的资源。消费者能够用来购买商品和服务的收入是有限的，企业能够用来生产的预算和技术是有限的，工人所能够用来提供劳动和享受闲暇的时间是有限的。

> 稀缺是相对的也是绝对的。一方面，稀缺性是相对的，它不只是物品和资源的绝对量的多少，而是相对于人的无穷的欲望而言，再多的资源和物品也是不足的；另一方面，稀缺性又是绝对的，因为物品和资源的稀缺性在一切时代、一切社会、一切国家都是存在的，即稀缺性存在于一切时间和空间中。

一个人只有 10 万元钱，而老是想买 20 万元钱的轿车时，对他而言，金钱是稀缺的；一个家庭在假期里既想出外旅游，又想给孩子上一个特长班时，时间是稀缺的；一个政府在基础设施建设与教育投入间左右为难时，资源是稀缺的。自从有人类社会以来，没有一个时期不面临着稀缺性。人类之所以进行生产活动，是为了获取各种物质产品和服务，来满足自己的欲望和需要。不过，人们可用来满足自己欲望和需要的资源却总是显得相对不足。我国改革开放以来，经历了三十多年高速的经济增长，从城镇居民年人均收入看，从 1978 年的 43 元提高到 2016 年的 33 616 元，社会产品产出成倍增长。尽管如此，目前社会的物品和劳务产出仅仅只能满足人们一部分的欲望。

2. 效率

鉴于人的欲望是无穷的，就一项经济活动而言，最重要的事情自然是如何更好地利用其有限的资源，这是经济学里又一个十分重要的概念——效率。效率（Efficiency）是指最有效地使用社会资源以满足人类的愿望和需要。经济学家认为，在不会使其他人境况变坏的前提下，如果一项经济活动不再有可能增进任何人的经济福利，则该项经济活动就被认为是有效率的。正因为稀缺性的存在，才会存在效率的问题。

> **案例 1.1**
>
> ### 粮价短缺危机：8 亿辆汽车与 8 亿饥民的夺粮大战
>
> 联合国粮农组织宣称，2014 年全球粮价大幅上涨，已经在 36 个国家诱发粮食危机。国际货币基金组织更是警告："粮价继续上涨会引发战争。"早在 2006 年 11 月，设在华盛顿的地球政策研究所所长莱斯特·布朗先生就大声疾呼，美国爆炸性的乙醇生产用粮需求，将威胁世界粮食安全和政治稳定。2008 年 3 月国际市场小麦、玉米、大豆和大米价格分别上升了 137.5%、36.4%、79.2% 和 66.6%。
>
> 粮食危机已在世界广泛地区诱发动乱。海地总理成为在粮食危机中首位下台的国家领导人；在泰国的几个稻谷生产区，盗窃粮食行为甚至发展到大片大片成熟的稻谷深更半夜被人偷偷收割走；在多个国家，政府把粮库列为军事重点保卫场所，增加重兵把守；非洲、拉美十多个国家已发生大规模粮食骚乱，部分国家危机仍在进一步恶化。
>
> 多数专家认为，推动此轮粮价暴涨的最主要原因，是美国大规模发展生物燃料。粮食危机已被比喻成 8 亿辆汽车与 8 亿饥民之间的"夺粮大战"：发达国家要让 8 亿辆汽车烧乙醇应对油价上涨，却因此使世界上 8 亿穷人陷入吃不起粮或无粮吃的危机。2008 年美国用于乙醇提炼所需的粮食达 1.14 亿吨，占美国全年粮食总产量的 28%。
>
> 导致粮价危机的另外原因是供需之间的结构性变化，人们对肉、奶、蛋需求比例的上升，大幅提升了粮食的需求，因畜牧业要产 1 千克肉需消耗 8~14 千克粮食。粮食消费快速增长、气候变暖、农业国快速城镇化等导致大量可耕地丧失。
>
> 从发展趋势看，鉴于此轮粮价危机与以往的实质区别是结构性的，所以目前的粮价上涨趋势就不大可能在短期内扭转。为避免粮价、粮食危机进一步恶化为社会动乱或国家危机，国际社会就必须及早协调行动，控制粮食危机的事态发展。否则，粮食危机最为严重的国家，就可能步步滑向"战乱国"或"失败国"，从而对世界和平形成更大威胁，使国际安全形势更加动荡。

1.1.2 选择、机会成本

1. 选择

人的欲望具有无限性，同时又有轻重缓急之分；物品和资源是有限的，同时又是有各种用途的，可以用来生产不同的产品，满足不同的欲望和需要。如何用有限的、但有多种用途的物品去满足无穷的、但有轻重缓急之分的人的欲望呢？即如何提高资源的利用效率呢？这就是人类经济生活所面临的首要问题。要解决这个问题，就必须进行选择。

所谓选择（Choice），就是研究如何利用现有的资源去生产"经济物品"，来更有效地满足人类的欲望。选择是有代价的，当人们把一种资源用于获取某种收入的时候，将不得不放弃这种资源用于其他用途时所形成的其他收入。这种选择的代价，或者说选择成本，是经济学中又一个十分重要概念——机会成本。

2. 机会成本

所谓机会成本（Opportunity cost），就是指当把一定的资源用来生产某种产品时所放弃的其他用途所取得的最大产量或最大收益。

注意 机会成本并不是实际发生的成本，而是在选择资源不同用途时所产生的观念上的成本，这种观念上的成本深刻影响着厂商的经营决策。它是做出一种选择时所放弃的其他选择中最好的一种。它并不都是由个人选择所引起的。使用机会成本时要考虑的条件：有多种投资的可能性；投资到任何方向都不受限制。

例如,王强是一名应届高中毕业生,面临着多种选择:到建筑行业务工,年收入可能达到 50 000 元;做一名快递小哥,努力工作的话,年收入可以超过 60 000 元;到高校深造,收入为零。那么王强去建筑业务工,机会成本是所放弃的到快递公司工作可能获得的收入 60 000 元;如果到快递公司工作,机会成本是所放弃的到建筑业务工可能获得的收入 50 000 元;若选择到高职院校深造学习,三年学习的机会成本就是放弃去快递公司工作可能获得的收入 60 000 元。又例如,马莉有一笔 10 000 元的资金,有三种投资选择:一种是银行活期存款,年收益为 36 元;一种是存在余额宝里,年收益可能为 400 元;第三种是投资朋友的企业,承诺年收益为 1 000 元。那么马莉这笔资金存活期的机会成本是投资朋友企业的可能收益 1 000 元,存余额宝的机会成本也是投资朋友企业的可能收益 1 000 元,而投资朋友企业的机会成本则是存余额宝的可能收益 400 元。当然,人们在选择投资时考虑的不仅仅是收益,还有风险、流动性、税收等因素。

由此可见,机会成本可以帮助人们进行可行性的研究和最优化的决策。当然在运用机会成本时,必须要适合三个条件:一是资源本身要有多种用途;二是资源可以自由流动且不受限制;三是资源能够充分利用。如果条件不具备,那么机会成本便失去了价值。

> **问题探索**:为什么说天下没有免费的午餐?

知识拓展 1.1

生产可能性曲线

生产可能性曲线是在资源既定的条件下所能达到的两种物品最大产量的组合,主要用来考察一个国家应该怎样分配其相对稀缺的资源问题,说明稀缺性、选择和机会成本。如一个社会为了保卫本国的安全或侵略他国,所需要的导弹是无限的;为了提高本国人民的生活水平,所需要的粮食也是无限的。但任何一个社会都只拥有一定量的资源,并用于生产各种物品。由于资源的有限性,用于生产某一种物品的资源多了,用于生产其他物品的资源就会减少。多生产导弹就要少生产粮食,多生产粮食就要少生产导弹。导弹与粮食是不可兼得的。

假设在经济资源既定的条件下,如果仅生产导弹可以生产 15 万枚,仅仅生产粮食可以生产 5 万吨。在这两种极端的可能性之间,还存在着导弹和粮食生产量的不同组合。假设社会在决定导弹与粮食的生产时提出 A、B、C、D、E、F 六种组合方式,如表 1-1 所示。

表 1-1   **导弹与粮食的矛盾**

可能性	粮食 (万吨)	导弹 (万枚)
A	0	15
B	1	14
C	2	12
D	3	9
E	4	5
F	5	0

根据表 1-1,可以做出图 1-1。

在图 1-1 中,连接 A、B、C、D、E、F 点的 AF 曲线显示,在资源既定的条件下所能达到的导弹与粮食最大产量的组合,被称为生产可能性曲线或生产可能性边界。AF 线还表明,多生产一枚导弹要放弃多少粮食,或者多生产一单位粮食要放弃多少导弹,因此,又被称为生产转换线。从图 1-1 还可以看出,AF 线内任何一点上,如 G 点导弹与粮食的组合(6 万枚导弹和 2 万吨粮食)也是资源既定条件下所能达到的,但并不是最大数量的组合,即资源没有得到充分利用。AF 线外任何一点上,如 H 点导弹与粮食的组合(12 万枚导弹和 4 万吨粮食)是导弹与粮食更大数量的组合,但在现有资源条件下无法实现。

　　在资源数量和技术不变的条件下，一个社会现有资源可能生产的产品产量组合是既定的，但当资源数量变化和技术条件改变时，生产可能性曲线会相应移动。当资源数量增加和技术进步时，生产可能性曲线会向外平行移动，也代表一个社会生产能力的提高。

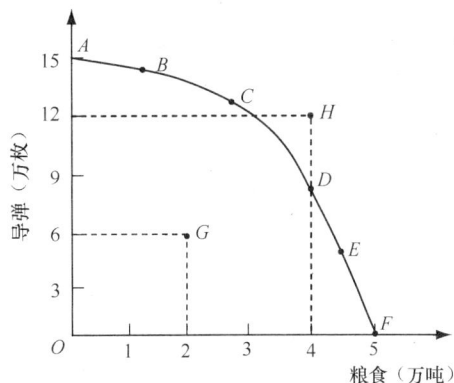

图 1-1　生产可能性曲线

1.1.3　经济学的概念

　　因为稀缺性迫使我们在资源的用途上做出选择，由此才引出经济学的问题，所以经济学又被称为"选择的科学"。从这种意义上说，经济学也是一门研究人类社会面对稀缺性如何做出选择，并预测影响选择的条件是如何变化的学科。尽管如此，经济学的定义是一个争议性较大的问题，到目前为止，并不存在一个被所有经济学家都接受的定义，但是被比较普遍接受的定义是美国经济学家保罗·萨缪尔森提出的，即经济学（Economics）是研究一个社会如何利用稀缺资源以生产有价值的物品和劳务，并将它们在不同的人中间进行分配的学科。所以经济学是关于选择的学科，是关于节约的学科。

1.2　经济学学什么

　　弄清经济学的概念之后，接下来要考虑的是经济学到底要学些什么，即要了解经济学的内容。根据研究对象所包含的范围大小，经济学可分为微观经济学和宏观经济学两大部分。微观经济学研究资源配置问题，宏观经济学研究资源利用问题。两者既有区别又有联系。微观经济学和宏观经济学共同构成经济学的核心。

1.2.1　微观经济学研究内容

　　大多数国家在讨论资源配置问题时，是经由市场机制来决策的，我国也把资源配置交由市场决策，并将其作为核心原则。市场（Market）是买者和卖者相互作用并共同决定商品和劳务的价格和交易数量的机制。在市场体系中，每一种东西都有价格（Price），即物品的货币价值。价格代表了买者和卖者愿意交换各自商品的条件。经济体系中，有三种主要的市场，即交换商品与服务的产品市场（Product Market），购买脑力劳动、体力劳动等居民的劳务的劳动市场，以及获得资金和投入品的资本市场。

　　1.　微观经济学的研究对象和内容

　　微观经济学（Microeconomics），研究对象是单个经济单位的经济行为。单个经济单位指组成经济的最基本的单位，即居民、厂商和资源拥有者。居民也称家庭，是经济中的消费者；厂商也称企业，是经济中的生产者；资源拥有者常指拥有劳动、资本、土地、企业家管理才能等生产要素的拥有者，这些人可能是居民，也可能是企业或其他组织。微观经济学利用个量分析方法研究单个经济单位如何做出决策以及影响决策的因素，价格机制如何解决社会的资源配置问题，实际上是对产品市场、劳动市场和资本市场的具体研究。

　　2.　经济组织的三个经济问题

　　人类社会不管是原始社会还是现代社会，是市场经济主导的国家还是指导性计划主导的国家，都必须面临和解决三个基本的经济问题，即生产什么？如何生产？为谁生产？不同的社会都需要采取某种方式来解决稀缺性资源的配置问题。经济组织的三个基本问题从来没有改变过。

　　（1）生产什么？一个社会、一个企业到底要生产什么，生产多少，是生产消费品更多，还是生产设备更多，每一种产品对社会的总影响是多少。

（2）如何生产？指社会里谁来做医生，谁来教书，谁来种田，是用煤还是用油发电，工厂车间是人工操作还是用机器人，是用太阳能还是核能等。

（3）为谁生产？指社会的经济成果如何分配，营销人员、教师、工人、农民、IT 工作者等哪类人收入应更多，社会应给穷人提供最低保障，还是严格地遵循按劳分配，不劳动者不得食的原则。

纵观近百年来世界各国的经济体制实践，有两种不同的经济组织方式。一种是政府制定大部分经济政策，做出有关生产和分配的所有重大决策，通过计划，由上而下逐层下达计划，发布指令的经济组织形式，西方的经济学家称之为计划经济，或者是指令经济。20 世纪的苏联、东欧社会主义国家采取的就是计划经济制度。

另一种形式是生产和分配的决策通过市场来做出，个人或企业通过货币支付自愿地交换物品与劳务，通过价格、市场、盈亏、所有权等一整套机制解决资源配置问题。这种由个人与私人企业决定生产与消费的经济制度，被称为市场经济，很多西方国家都采用该经济组织方式。不过，当今世界上没有任何一个经济体完全是上述两种极端的形式，也从来没有过纯粹的市场经济，相反，所有的社会都既有市场经济的成分，也有计划经济的成分，称之为混合经济。当今世界各国大部分都实行的是混合经济制度。个人和企业大部分决策是通过市场进行的，但是政府也监督市场运行，制定法律，提供公共物品，像我国还在宏观层面制定五年计划、十年规划来指导经济发展的方向。从我国经济得到长足发展的实践来看，宏观计划指导的重要性越来越得到世界广泛的认同。

微观经济学认为如果每个经济单位都实现了最大化，那么，整个经济社会的资源也就实现了最大化。在市场经济中，引导和支配居民和厂商行为的是价格，生产什么、如何生产、为谁生产都由价格决定。价格"像一只看不见的手"，调节着整个社会的经济活动。价格理论是微观经济学的核心。

微观经济学的主要内容包括消费者行为、生产者行为、供求均衡、厂商均衡与收入分配等基本内容，它们是具有内在联系的整体。研究方法是个量分析法，侧重于数量分析，研究经济变量的单项数值如何决定。在研究个量关系时，微观经济学假定总体（即经济制度、经济总量等）是既定的、已知的和不变的。

3. 微观经济学的基本假设

微观经济学在进行经济分析时，有三个基本假设：完全理性假设、完全信息假设和市场出清假设。

（1）完全理性假设。完全理性假设是微观经济学关于人类经济行为的一个基本假设。假设参与经济活动的居民和厂商都是以利己为目的的理性经济人，其行为动力是自己的利益，其行为目标是利益的最大化，他们总是企图以最小的代价来换取最大的利益。只有在这一假设之下，价格调节实现资源配置最优化才是可能的。

（2）完全信息假设。这一假设是指每一个参与经济活动的消费者和厂商可以全面、迅速地获得各种经济信息。因此，经济中不存在信息不对称的现象，经济人（理性人）根据完全信息能及时对价格信号做出反应，以实现其行为的最优化。

（3）市场出清假设。这一假设认为在价格可以自由调节市场的情况下，一定会实现充分就业的供求均衡状态，既没有过剩也没有不足，达到市场出清。具体来说，物品的价格调节使商品市场均衡，利率的调节使金融市场均衡，工资的调节使劳动力市场均衡。在这种均衡的状态下，资源可以得到充分的利用，不存在资源闲置或浪费问题。因此，微观经济学就是在假设资源充分利用的情况下来研究资源配置问题的。

当然，在现实经济生活中，上述三个假设条件未必完全符合事实，它们是为了简化理论分析，为了方便而设立的。从这三个假设出发，微观经济学可以得出许多重要的结论，并据此提供行动方案或预测、决策的理论基础。

> **案例 1.2**
>
> ### 人生离不开选择
>
> 关于做出决策的第一课可以归纳为一句谚语："天下没有免费的午餐"。我们为了得到喜爱的一件东西，通常就不得不放弃另一件我们喜爱的东西。做出决策要求我们在一个目标与另一个目标之间有所取舍。
>
> 例如，一个学生必须决定如何配置她的最宝贵的资源——时间。她可以把所有的时间用于学习经济学；她可以把所有的时间用于学习心理学；她也可以把时间分配在这两个学科上。她把某一个小时用于学习一门课时，就必须放弃本来可以学习另一门课的一小时。而且，她用于学习一门课的每一个小时，她都要放弃本来可用于睡眠、骑车、看电视或打工赚点零花钱的时间。
>
> 又如，父母决定如何使用家庭收入。他们可以购买食物、衣服，或全家度假；也可以为退休或孩子的大学教育储蓄一部分收入。当他们选择把额外的一元钱用于上述物品中的一种时，他们在某种其他物品上就要少花一元钱。
>
> 当人们组成社会时，他们面临各种不同的交替关系。典型的交替关系是"大炮与黄油"之间的交替。我们把更多的钱用于国防以保卫我们的领土免受外国入侵（大炮）时，我们能用于提高国内生活水平的个人物品的消费（黄油）就少了。
>
> 社会面临的另一种交替关系是效率与平等之间的交替。效率是指社会能从其稀缺资源中得到最多东西。平等是指这些资源的成果公平地分配给社会成员。换句话说，效率是指经济蛋糕的大小，而平等是指如何分割这块蛋糕。在设计政府政策的时候，这两个目标往往是不一致的。
>
> 认识到人们面临交替关系本身并没有告诉我们，人们将会或应该做出什么决策。一个学生不应该仅仅由于要增加用于学习经济学的时间而放弃心理学的学习。社会不应该仅仅由于环境控制降低了我们的物质生活水平而不再保护环境。然而，认识到生活中的交替关系是重要的，因为人们只有了解他们拥有的选择，才能做出合理的决策。

1.2.2 宏观经济学的研究内容

1. 宏观经济学的研究对象和内容

"宏观"（Macro）有"大"的意思，宏观经济学（Macroeconomics）就是"大经济学"，它以整个国民经济活动为研究对象，利用总量分析方法研究国民经济中各个有关总量的决定及其变化，来说明资源怎样才能得到充分利用。

> 人物志
>
> 宏观经济学之父——约翰·梅纳德·凯恩斯

宏观经济学研究的对象是整个经济，解决的问题是资源利用。宏观经济学是把整个经济总体（通常是一个国家）作为考察对象，研究其经济活动的现象和规律，从而产生许多经济理论。宏观经济学考察国民生产总值和国民收入指标，分析社会一般物价水平，研究整体就业问题等，对整个经济的运行方式与规律进行分析，研究经济资源未能得到充分利用的原因、达到充分利用的途径以及如何实现经济稳定增长等问题。因此，可以说宏观经济学是研究资源利用的经济学。

宏观经济学核心理论是国民收入决定理论。把国民收入作为最基本的总量，以国民收入决定为中心来研究资源利用问题，来分析整个国民经济的运行。宏观经济学的其他理论都是围绕这一核心而展开。因此，宏观经济学又被称为国民收入决定论。

宏观经济学的主要内容包括国民收入、公共物品、封闭与开放经济条件下的收入均衡管理、失业与通货膨胀、经济增长与宏观调控等基本内容，它们一起构成了一个国家国民经济的全貌。

研究方法是总量分析法。经济总量是指能反映整个经济运行情况的经济变量，如总需求、总供给、总的就业水平、总的物价水平等。总量分析是研究这些总量的决定、变动及其相互关系，从而说明经济的运行状况。因此，宏观经济学也被称为总量经济学。

2. 宏观经济学的基本假设

（1）市场机制是不完善的。20世纪30年代出现的空前严重的世界性经济危机，使经济学家认识到，如果只靠市场机制的自动调节，经济就无法克服危机和保持充分就业，就会在资源稀缺的同时，又产生资源的浪费。要使资源得到合理配置的，同时，又得到充分利用，仅仅依靠市场机制是不行的。

（2）政府有能力调节经济。政府可以通过研究经济运行的规律，并采取适当的手段，干预调节经济，以克服经济萧条和通货膨胀，实现充分就业。宏观经济学正是建立在相信政府有能力调节经济的基础之上的。宏观经济学研究的前提就是政府应该调节经济，政府可以调节经济。

知识拓展 1.2

微观经济学和宏观经济学的分离

现在，即使并非从事经济学研究的人都知道"微观经济学"和"宏观经济学"的大致区分。然而，直到20世纪30年代，经济学家们才开始考虑如何进行这样的划分。1933年，著名的挪威经济学家鲁格纳·弗里斯首次清楚地提出了这两个名词在现代意义上的区别。他这样写道："微观分析方法是指对于大的经济体系中的某个经济单位在一般条件下的行为进行研究分析的方法，而宏观分析方法是指对整个经济系统的总体分析。"

1.2.3 宏观经济学与微观经济学的关系

在"后凯恩斯主义主流经济学派"的理论体系中，宏观经济学和微观经济学既有联系又有区别，两者相辅相成。它们之间的关系就好像森林和树木一样。对两方面的研究缺一不可。现代西方经济学家认为，宏观经济学和微观经济学无先后分别，无轻重之分。

宏观经济学和微观经济学并不是按分析对象来划分的。微观经济学尽管以分析个体为主，但个体的总和就是总体，从个体的经济规律也可大致看到总体的经济规律。反过来，宏观经济学虽然以分析总体为主，但总体可以分解为个体，从总的经济规律也可以大致看到个体的经济规律。同时，两者所使用的概念和方法也是相同的。因此，微观经济学和宏观经济学并非彼此对立，而是相互补充，相得益彰。两者的区别，如表1-2所示。

表1-2　　　　　　　　　　宏观经济学和微观经济学的区别

内容	微观经济学	宏观经济学
别名	小经济学，个体经济学	大经济学，总体经济学
中心理论	价格理论	收入理论
基本假设	资源稀缺，充分就业	需求不足，存在失业
分析方法	个量分析法	总量分析法
分析对象	以家庭、厂商等经济个体为主	以整个国民经济总体为主
分析重点	市场价格	国民收入
主要目标	个体利益最大	全社会福利最大

1.2.4 经济学的研究方法

1. 统计方法与模型分析法

无论是宏观经济分析，还是微观经济分析，西方经济学一般采用"模型"分析或"统计"两种不同的研究方法。对同一个社会经济问题采用这两种方法进行研究的过程可以用图1-2来表示。

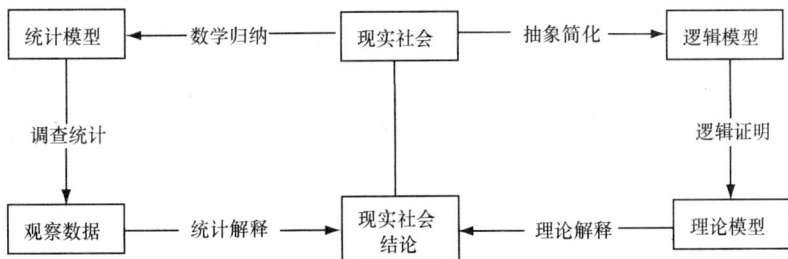

图 1-2　社会经济问题研究过程

在图 1-2 中，"现实社会"一般是出发点，左右两边分别表示两种不同的研究方法过程。左半边是"统计方法"的过程，它完全可以得出采用模型分析法所获得的同样结果。具体过程也可分为三步。第一步，从现实社会出发，对所要研究的问题，经过数理归纳，采用科学的简化方法设计出对现实社会有用的统计模型。第二步，调查统计获得现实社会的观察数据。第三步，经过适当的统计解释，得出适用于现实社会的结论。右半边是"模型分析法"，其过程可分为三步。如果要对某一个现实问题进行研究，那么，第一步是通过抽象的方法，把复杂的现实社会现象概括简化到易于解决的程度，即可反映所研究问题基本性质的逻辑模型。第二步是采用逻辑证明（即演绎法）得出抽象的理论模型。第三步是经过理论解释，再把抽象的理论模型应用于社会实践，从而得出现实社会的具体结论。

上述两种研究方法相互补充，但不可互相替代。西方经济学家在阐述经济学时，根据不同的对象及其程度，借助于不同的分析工具。经济学的分析工具也随经济学的发展以及其他学科的发展而不断完善。从西方经济学发展的过程来看，所采用的分析工具大体有以下三种。

第一种是"文字经济学"（Literary Economics）。这是西方经济学最初普遍采用的基本形式，即主要用文字进行分析、推理，虽然偶尔也用简单的数字来说明，但是随着经济研究的不断深入，对各种纷繁复杂的经济现象难以靠文字说明或推理来表达清楚。特别是经济学中所要总结的经济理论或经济预测，往往要求得出现实经济运行过程或经济现象中各种变量的因果关系，因而这种分析工具便显得不足了。

第二种是"数理经济学"（Mathematical Economics）。19 世纪以后，这种分析工具普遍出现。特别是数学的发展，为西方经济学提供了方便。大量的数学符号和算式推导，使经济过程和现象的表述较为简洁、清晰。不可否认，数理分析的方法要比单纯文字说明、推理更方便、更精确，有时也更能说服人。

第三种是图形的使用。这种工具实际上是数学工具的简单、形象的形式。西方经济学家在阐述经济学的基本原理时，多采用图形工具作为辅助手段，以便使深奥难懂的经济学原理形象化、通俗化，为更多的人所接受。

在现代西方经济学的各种著作中，往往是上述三种分析工具并用。究竟侧重哪种工具的使用，一般没有统一的标准。随着数学对经济学的渗透，有些经济学家在经济分析中采用很深奥的数学方法，引起了一些经济学家的非议，认为这是一种经济学研究的数学化倾向。

2．边际分析法

边际分析法是利用边际概念对经济行为和经济变量进行数量分析的方法。边际的原意为边界、界限、增量等。在经济学分析中，边际是指对原有经济总量的每一次增加或减少。严格来说，边际是指"自变量"发生小量变动时，在边际上"因变量"的变动率。这种用边际量对经济行为和经济变量进行分析的方法，就是边际分析法。边际分析是基于各种经济现象之间存在一定函数关系这一基础之上。在企业生产经营决策中，总是大量存在着某一因变量依存于一个或几个自变量的函数关系。边际分析就是借助这种函数关系，研究因变量随着自变量的变化而变化的程度，以比较经济效果的分析方法。

要掌握边际分析的原理和方法，首先应准确理解和掌握边际的概念。边际的概念可以从它的经济含义与数学含义及其结合上来加以理解。

（1）边际的经济含义。所谓边际（Margin），就是边缘、额外、追加之意。它被人们用来揭示两个具有因果或相关关系的经济变量之间的动态函数关系。当某一经济函数中的自变量发生微小单位的变化时，因变量因此而发生的相应的数量变化值，被称为该因变量的边际值。在企业经营决策分析中，我们可以将边际的概念应用于产量、收入、成本、利润等经济变量，以分析这些经济变量在相关变量影响下最后一个单位的变化情况。这些变量的变化趋势，大致可以分为逐渐增加和不断减少两种基本的情况。如边际生产成本，当产品生产量超过一定限度时，随着产量的不断增加，边际成本将呈递增的趋势；而一个工人的劳动时间不断增加所带来的边际产品，则将会不断减少。

（2）边际的数学含义。从数学的角度看，所谓边际就是某一连续函数的导数。它反映的是自变量的微小变化对因变量的影响。设 x 为自变量，Δx 表示其变化量；$y=f(x)$ 为因变量，Δy 表示其变化量，当 $f(x)$ 为连续函数且可微分时，$y=f(x)$ 相对于 x 变化的边际值就是 $f(x)$ 对 x 的导数 y'，即 y 对 x 的导数等于在 Δx 趋于零时比值 $\dfrac{\Delta y}{\Delta x}$ 的极限。导数作为原函数的变化率，准确地揭示了边际的含义。用反映两个量微变化值比较关系的导数来作为因变量的边际值，在于它反映了因变量的边际变化是受自变量的单位变化值的影响而产生的，说明边际是函数之间变化关系的产物。

边际分析方法对经济变量间相互关系的定量分析颇为严密，因而被广泛应用于经济理论研究，如在消费理论中研究边际效用，在生产理论中研究边际成本、边际产量和边际收益，在分配理论中研究边际生产力等。

边际分析法产生于 19 世纪末 20 世纪初的"边际革命"时期，西方经济学家以萨伊、穆勒的庸俗经济学理论为基础，吸收了当时心理学和数学发展的某些成果，将心理分析和增量分析引入经济学研究领域，创立了边际分析法，从而奠定了现代西方经济学的基础。边际分析区别于传统的决策分析方法，成为现代微观经济学最基本的分析工具。

除上述研究方法之外，还有均衡分析与过程分析、静态分析与动态分析、存量分析与流量分析等研究方法，也在经济研究中得到广泛的应用。

1.2.5 经济学的产生和发展

经济学作为一门独立的科学，是在资本主义产生和发展的过程中形成的。在资本主义出现以前，当时对一些经济现象和经济问题形成了某种经济思想，但是并没有形成系统。在以历史悠久著称的民族和国家中，中国、古希腊、古罗马及西欧中世纪保存的历史文献最为丰富。中国和古希腊是两个独立发展的文化系统，在经济思想方面都有重要的贡献。

古希腊在经济思想方面的主要贡献，有色诺芬的经济论、柏拉图的社会分工论和亚里士多德关于商品交换与货币的学说。古罗马的经济思想部分见于几位著名思想家如大加图、瓦罗等人的著作中。古罗马对经济思想的贡献，主要是罗马法中关于财产、契约和自然法则的思想。

中国古代的经济思想也很丰富。中国封建社会的经济和政治制度与西方古代的经济思想比较，除在重视农业生产、社会分工思想等方面有些共同之处外，还有它自己的特点。其中主要有"道法自然"的思想、义利思想、富国思想、赋税思想、平价思想、奢俭思想等。一般来说，中国古代的经济思想，大都是为维护中央集权的封建专制统治服务的，但也有些思想是为扩大商品生产与交换、为发展社会生产力开辟道路而提出来的。

随着资本主义生产方式的产生和发展，16～17 世纪产生了代表商业资本利益和要求的重商主义思想。重商主义重视金银货币的积累，把金银看做财富的唯一形式，认为对外贸易是财富的真正源泉，只有通过多卖少买、贱买贵卖才能获取更多的金银财富。因此，重商主义主张在国家的支持下发展对外贸易。

17 世纪中叶以后，在英国、法国等国家，工场手工业逐渐发展成为工业生产的主要形式，重商主义已经不适应日益壮大的产业资本的利益和要求。以英国的配第和法国的布阿吉尔贝尔等为代表的古典经济学先驱提出了劳动价值论，认为只有农业和畜牧业才是财富的源泉。18 世纪 50 年代至 70 年代初的以魁奈和杜尔戈为主要代表的法国重农学派理论，是对资本主义生产的第一个系统理解。他们提出自然秩序的概念，注重理性，认为只有依据理性，才能认识自然秩序，才能获得其所必要的知识。他们用按资本主义方式经营的农业来概括资本主义，用生产经营活动来分析资本的流通和再生产。

1776 年，英国古典经济学的杰出代表和理论体系的创立者亚当·斯密所著的《国富论》一书问世。他把资产阶级经济学发展成一个完整的体系。他指出一切物质生产部门都创造财富，并分析了自由竞争的市场机制，把它看作一只"看不见的手"支配着社会经济活动。他反对国家干预经济生活，提出自由放任原则。

英国古典经济学的完成者李嘉图，在 1817 年提出了以劳动价值论为基础、以分配论为中心的严谨的理论体系。他认为全部价值都是由劳动生产的，他阐明了工资和利润的对立，工资、利润和地租的对立。古典经济学到李嘉图时达到了顶峰，对后来的经济学发展有着深远的影响。古典经济学家主要的贡献是奠定了劳动价值论的基础，从而成为马克思主义政治经济学说的一个重要来源。英国的杰文斯、法国的瓦尔拉斯和帕雷托、美国的克拉克等边际效用学派也丰富和完善了古典经济学的理论体系。这个学派运用的边际分析方法，后来成为资产阶级经济学发展的重要基础。

新古典经济学的主要代表人物是英国剑桥大学的马歇尔，他在 1890 年出版的《经济学原理》一书中，继承 19 世纪以来英国庸俗经济学的传统，兼收并蓄，以折中主义手法把供求论、生产费用论、边际效用论、边际生产力论等融合在一起，建立了一个以完全竞争为前提、以"均衡价格论"为核心的相当完整的经济学体系，这是庸俗经济学观点的第二次大调和、大综合。新古典经济学从 19 世纪末起至 20 世纪 30 年代，一直被西方经济学界奉为典范。

1929 年爆发空前规模的世界经济危机后，资本主义经济陷入长期萧条状态，失业问题严重。经济学关于资本主义社会可以借助市场自动调节机制，达到充分就业的传统说教彻底破产，垄断资产阶级迫切需要一套"医治"失业和危机，以加强垄断资本统治的新理论和政策措施。正是适应这个需要，凯恩斯于 1936 年发表了《就业、利息和货币通论》一书。凯恩斯对资本主义经济进行总量分析，提出了有效需求决定就业量的理论，即凯恩斯主义。它提出加强国家对经济的干预，采取财政金融政策，增加公共开支，降低利率刺激投资和消费，以提高有效需求，实现充分就业。以凯恩斯这一理论为根据而形成的凯恩斯主义，不仅成为当代资产阶级经济学界占统治地位的一个流派，而且对主要资本主义国家的经济政策具有重大的影响。第二次世界大战后，国家垄断资本主义的发展和 20 世纪五六十年代相对稳定的经济增长，促成了凯恩斯主义的盛行。

但是随着垄断资本主义固有矛盾的激化，国家干预经济不断引起一系列的新问题，特别是 20 世纪 70 年代以来经历了中东战争和"石油危机"，出现了经济停滞和通货膨胀同时并存的"滞胀"局面，使凯恩斯主义的理论和政策陷于困境，受到各式新经济自由主义流派的挑战。各种色彩的新经济自由主义具有各自的论点和论证方法，但是，反对国家干预经济，鼓吹恢复和加强自由市场机制的自动调节作用，是他们的共同立场。

随着现代经济的发展，资产阶级经济学家所面临的问题越来越复杂，所研究的范围也越来越广泛。不同的流派出于维护资本主义制度的存在及其有效运行的共同目的，既有一致性，又有差别性，既相互交叉地研究同一课题，又各有侧重地研究不同的经济领域。因而，它们不仅在理论上彼此有争论，而且促使了门类繁多的"经济学科"的出现。

知识拓展 1.3

离开了《道德情操论》就无法真正理解《国富论》

亚当·斯密以《国民财富的性质和原因的研究》（中国人通常称之为《国富论》）而享有"现代经济学之父"的美誉，但也许正因为如此，作为伦理学教授的亚当·斯密却常常被人们遗忘。《道德情操论》的意义不亚于《国富论》，是因为离开了《道德情操论》就无法真正理解《国富论》，反之亦然。如果说《国富论》主要讲的是社会经济发展的动力和机制条件问题，那么，《道德情操论》主要讲的就是社会经济发展的目的和保障要求问题。具体点说，《国富论》讲的是建立在交换基础上的劳动分工是社会经济发展和财富增长的基本原因，其机制条件是充分发挥市场配置资源的作用，而尽可能地避免因政府权力的干涉所导致的扭曲；《道德情操论》讲的则是，社会经济发展的目的是国家富强和以全民共享经济发展成果为基础的生活幸福，而充分发挥市场配置资源作用的一个基本保障要求是道德，是生活在市场经济制度中的人们需要普遍地具有一种被他称之为"合宜感"的美德。

人物志

亚当·斯密

斯密发现了市场作为"看不见的手"能够最为有效地调节资源的配置。他在《国富论》中说：在市场中，"各个人都不断地努力为他自己所能支配的资本找到最有利的用途，固然他所考虑的不是社会的利益，而是他自身的利益，但他对自身利益的研究自然会或者毋宁说必然会引导他选定最有利于社会的用途"。但同时，斯密在《道德情操论》中说："个人决不应当把自己看得比其他任何人更为重要，以致为了私利而伤害或损害他人，即使前者的利益可能比后者的伤害或损害大得多。"对私利的追求决非无条件的是"好"的，它必须在道德上受到有效约束，而且这一有效性只能由制度来保障。

斯密极其深刻地指出，应高度警惕资本追逐利润的贪婪本性对社会公益的损害。在"看不见的手"的作用下，对私利的追求有可能导致社会公益的增长，但也有可能导致社会公益的损失，所以就需要制度的约束和政策的引导，而在根本上需要发挥道德的作用，需要人们把社会公益放在一己私利之上。斯密在《道德情操论》中说，除了一己幸福之外，还"有我们家庭的、亲戚的、朋友的、国家的、人类的和整个宇宙的幸福。天性也教导我们，由于两个人的幸福比一个人的更可取，所以许多人的或者一切人的幸福必然是无限重要的。企业要承担社会责任，企业家身上要流淌着道德的血液。道德是世界上最伟大的，道德的光芒甚至比阳光还要灿烂。真正的经济学理论，决不会同最高的伦理道德准则产生冲突。经济学说应该代表公正和诚信，平等地促进所有人，包括最弱势人群的福祉。"

（崔宜明，《文汇报》2009 年 3 月 2 日，节选）

1.3 如何学习经济学

学习的目的是为了应用，学习经济学同样不能例外。经济学值得一学，因为它带来的巨大收获，既可以让人对世界有更深刻的了解，又能极大地扩展你的职业发展机会。学习经济学可以让你解答这样的问题：打击倒票的黄牛党，为什么不能解决春运期间火车票难求的现状？规定最低工资是否有利于改善工人的收入和生活水平？通货膨胀与失业有关系吗？政府发行了过多的货币，会产生什么样的经济后果？我们与其他国家发展贸易是否有利？为什么欧美的金融危机会对中国经济产生一些不利的影响？中国准备执行四万亿元人民币的扩大内需的经济刺激方案为什么会带动周边国家的股市上涨？为什么

学以致用

职称考试之经济师考试

刺激方案在获得"提振中国经济"赞誉的同时，却又引来了推高通货膨胀的担心？你会更深刻地洞察社会。

经济学具有广泛的应用价值。而做生意就像做工程一样，是普遍原理在具体环境中衍生出的规则。为了在生意上或任何其他领域获得成功，你需要理解原理，而不是只在工作中操作，经济原理将在明天的未知的世界指导你的行动。随着对经济学学习的不断深入，在听新闻和读报纸时，你将对当前的时事有更深的理解。面临经济决策时，你发现自己越来越多地应用到正在学习的经济学知识。

学习经济学还可以扩展你的职业发展机会。大多数学经济学的学生不会把研究经济学作为他们终身的职业。他们在不同的领域都可以有所发展，如商业管理、银行业、证券保险、房地产、市场营销、法律、政府机构、新闻业、保健和艺术等。学习经济学可以改善思考问题的方式。在经济学中学到的每一件事情都在锻炼你的抽象思维，对抽象思维的训练真正使你受益匪浅，这又恰恰是人们职业发展中最为重要的能力。那么要想学好经济学，在学习时，必须对经济学要有一些基本的认识，并掌握一些必要的学习方法和付出不懈的努力。

1.3.1 对经济学的几点基本认识

现代西方经济学是经济学在西方国家发展到当代的产物，构成一个广泛而庞大的内容体系，有许多的学派，各学派的观点和看法并不相同，甚至是对立的。本书所介绍的只是其主流部分的基本理论、方法和观点。要想对经济学问题有一个准确的认识，在学习中要注意以下几个方面的问题。

第一，从西方经济学的产生及发展过程来看，所提出的概念、理论、方法是在资本主义市场经济运行中得出的经验总结，因此在一定程度上反映了社会化生产的客观事实，体现市场经济的一般特征和规律。我国是发展中的社会主义国家，实行的是社会主义市场经济体制，在世界经济一体化的今天，学习和研究经济学，具有非常积极和重要的意义。

第二，西方经济学产生于资本主义社会，目的是为资本主义经济服务，也带有资本主义意识形态的色彩，更多地反映并适应资本主义经济运行的特点和要求。这一点在学习和借鉴其理论、方法时必须时刻牢记，切不可全盘接受、生搬硬套。即使是西方经济学中所谓有用的部分，也还要看它是否适合我国的国情。由于国情的不同，对西方有用的东西未必在我国能产生同样的效果。学好经济学既要了解我们的国情，还要对西方的国情有一定的了解。

第三，经济学要为社会经济实践服务，否则就失去了存在的意义和价值。经济学是十分重要的，在不同程度上构成许多经济学科课程，如市场学、财政学、国际贸易、金融、理财学、证券分析等的理论基础。经济学的社会科学属性已经得到了较为广泛的认同，进而被一些经济学家誉为"社会科学中的科学"。

第四，经济学是意见分歧最多的一门学科。经济学家们的意见存在分歧，从历史到现实中，许多经济学分支各持己见，有时分歧甚至达到激化的程度。经济学是对社会经济运行的认识和总结，由于社会经济因素和关系错综复杂，经济学家们难以全面分析把握，再加上其观察角度和侧重点、假设条件往往不同，自然产生了主观上价值判断的差异。社会科学更多的是发散性的学科，并没有一个收敛的结论。因此，在学习中要广泛学习不同的观点与结论，提高自己的判断能力，达到学习和认识上的提高。

1.3.2 如何有效地学好经济学

（1）要遵循以下学习顺序：阅读，听，实践，交谈，自我测试。在每节课之前阅读，在上课之前，对阅读的内容列出一个提纲；上课仔细听讲；不要试图记下老师说的每一句话，听懂上课内容比记笔记更重要；在每节课上实践，并做课后练习和课后测试；每周进行讨论，组建一个讨论小组，讨论所学到的知识；当你完成每章的学习时，自我测试，完成复习思考题，检查做错的每一道题。然后，对做错的题进行分析：是疏忽，还是不理解？如果疏忽太多，放慢学习速度；如果你对理论不理解，在网上搜索答案，然后再复习一遍，或者向老师请教。

（2）要具备图形分析知识。图形分析是经济学经常使用的工具，几乎每个章节都有图表，图表分析经济问题更为简洁、清晰准确。缺乏图形理解，在学习中将遇到诸多麻烦。

（3）要理论联系实际，开展思考与讨论。在学习过程中，经常结合身边的实际问题、最新出现的经济现象、出现的经济热点深入思考，展开讨论是非常必要和有效的。

（4）要广泛阅读经济学专著和经济学期刊。

【本章小结】

1. 经济学是研究一个社会如何利用稀缺资源以生产有价值的物品和劳务，并将它们在不同的人中间进行分配的学科。经济学之所存在是基于人类社会两个基本的主题——稀缺性和效率，经济学家又称之为经济学的两大核心思想。由于经济品的稀缺性，社会必须在运用其可利用资源生产各种有限的物品之间做出选择。选择是有成本的，当一种资源用于某一特定的用途，那么所放弃的在其他用途中所获得的最大收益叫机会成本。机会成本的存在更有利于做出选择。

2. 微观经济学是以单个经济单位及单个市场的经济行为作为考察对象，利用个量分析方法研究微观经济中有关经济变量的决定及其变化，试图说明价格机制如何解决社会的资源配置问题。宏观经济学，以整个国民经济活动为研究对象，利用总量分析方法研究国民经济中各个有关总量的决定及其变化，来说明资源怎样才能得到充分利用。

3. 宏观经济学采用的是总量分析法。它分析经济的总体运行过程中经济变量、经济运动和经济现象，即经济总体运动规律，如考察国民生产总值、国民收入、总投资、总消费、总就业、一般物价水平等。微观经济学采用的是个量分析法。它研究单个经济单位的经济活动、单个市场的价格和供求变动，如考察消费者、生产厂商、劳动者、资源拥有者的经济行为等。

4. 学习经济学不仅旨在理解我们生活于其间的现实世界，而且旨在理解那些改革者们不断提倡的拥有许多种可能性的世界。

【经济观察】
经济学原理在中国的作用越来越明显

30多年高速增长的中国经济究竟是否能够实现软着陆，会给过热的经济降温并实现更加可持续的增长率吗？许多西方的政客尚无法割舍十年前看上去无懈可击的论断：①中国已经加入了世界经济；②中国的劳动力工资只有0.5美元/小时；③中国有13亿人口；④工资永远都不会高到教科书中经济学原理所标榜的那样，故此中国的出口将无限制增长下去。由于人民币被低估，中国的贸易盈余也相当巨大。

不过，目前这一情形正在改变。调整的力量正在对中国经济发挥作用，2008年中国的贸易盈余达到3 000亿美元的高峰，此后一直在下降。2012年2月的数据显示中国出现了310亿美元的赤字，这是自1998年以来最大的贸易赤字。原因很清楚，自30年前中国加入全球经济以来，因为中国的低工资带来的竞争优势，使得贸易伙伴们一直在抢购中国制造的出口商品。然而，近几年来相对价格已经调整了。这一变化可用（人民币）实际汇率升值来估量。实际汇率升值一方面来自人民币兑美元名义汇率升值，另一方面来自中国的通货膨胀。

人民币最终对美元升值,2005—2008年和2010—2011年两次累积升值达25%。更重要的是，劳动力短缺开始出现，由此引致工人工资开始快速上升。北京、深圳和上海的最低工资2010年和2011年平均提高了22%，地价也跟着加速上涨。

随着中国沿海省份成本的上升，一些制造业开始迁往工资和地价仍相对较低的内地，同时，一些出口业务开始转向成本较低的越南等国家。与此同时，中国的企业也开始紧随日本、韩国和其他亚洲国家的模式走向自动化，用资本替代劳动生产更高端的产品。美国等高工资国家的跨国公司也开始将一些业务从中国撤回。

事实证明，经济学基本原理最终都应验了。我们同样可以看看 30 年前的日本。30 年前，日本巨额贸易盈余是大家担心的问题。1980 年日本 65 岁及以上的人口占到总人口的 9%；现今这一比例已超过 23%，是世界上比例最高的国家之一。因此，30 年前进行退休储蓄的日本人现在开始消费，一如经济学理论所预言的。由于国民储蓄率已经下降，因此有经常项目账户盈余减少。

中国面临着与日本相似的人口趋势，并且面临着在未来通过释放家庭消费的做法来维持 GDP 的增长。中国储蓄率的下降趋势将会在经常项目中显现。我们将再次看到，经济学定律对任何国家都会发生效力。

讨论题

1. 有一些什么样的经济学原理在作用于我国的经济运行？
2. 我国将如何应对？

【能力训练】

创业选择

你是一名大一学生，你的创业意愿得到学校的支持，并获得了 20 000 元的"校园创业基金"贷款。你有几种途径来安排这笔创业资金？组建一个团队，来讨论这个问题，对"选择"进行说明，并做一份简单的创业计划书。以组为单位交创业计划书，考核实训成绩。

【概念复习】

经济品　稀缺性　效率　机会成本　经济学　市场　宏观经济学　微观经济学　生产可能性曲线

【同步练习】

1. 经济学中的"稀缺性"是指（　　　　）。
   A. 世界上大多数人生活在贫困中　　　　B. 相对于资源的需求而言，资源总是不足的
   C. 利用资源必须考虑下一代　　　　D. 世界上的资源终将被人类消耗光
2. 毕业了，你决定去 A 公司工作，一年有 68 000 元，另外你还收到两个工作机会，一个是去 B 公司工作，每年有 60 000 元，另一个是去 C 公司工作，一年有 62 000 元，你接受 A 公司工作的话，机会成本是多少？（　　　　）
   A. 68 000 元　　　B. 60 000 元　　　　C. 62 000 元　　　　D. 122 000 元
3. 生产可能性曲线说明的基本原理是（　　　　）。
   A. 一国资源总能被充分利用
   B. 假定所有经济资源能得到充分利用，则只有减少 Y 物品生产才能增加 X 物品的生产
   C. 改进技术引起生产可能性曲线向内移动
   D. 经济能力增长唯一决定于劳动力数量
4. 以下问题中哪一个不属微观经济学所考察的问题？（　　　　）
   A. 一个厂商的产出水平　　　　B. 失业率的上升或下降
   C. 营业税高税率对货物销售的影响　　　　D. 某一行业中雇佣工人的数量
5. 经济学要解决的基本经济问题包括（　　　　）。
   A. 生产什么　　　B. 如何生产　　　　C. 为谁生产　　　　D. 何时生产

【问题讨论】

1. 解释宏观经济学、微观经济学的区别与联系。

2. 为什么资源稀缺性就意味着我们必须做出选择？

3. 请找出几个与自身生活相关的经济现象，并从经济学的角度加以简单解释。

【补充读物与资源】

《经济学》（第4版）斯蒂格利茨，沃尔什，著，黄险峰，张帆，译. 中国人民大学出版社，

2010年7月

经济学阶梯教室网站

中国经济学教育科研网

人大经济论坛网站

金融经济学网

第 2 章

市场运行过程

你可以使一只鹦鹉成为经济学家，但前提是必须让它明白"供给"和"需求"。

——引自萨缪尔森《经济学》

学习目标

能力目标

- 能够运用需求和供给的基本理论，分析和解释市场上一般商品价格的变动及其原因。
- 能够运用均衡价格基本理论，分析和解释政府对部分商品进行价格管制的用意及其政策效果。
- 能够运用弹性理论，对一般商品销售做出基本的定价决策。
- 能够通过市场调查和试验，测量一些具体商品的需求价格弹性。

知识目标

- 掌握需求和供给的基本理论，理解市场上商品竞争的基本运作。
- 理解价格机制的形成和作用以及其在经济中的应用。
- 学会判断商品的供需弹性并加以分析和应用。

重要概念

需求　供给　均衡价格　供求规律　需求弹性　供给弹性

春节是中国人心中最为隆重的节日，让人期待，更让人回味。可是与之相伴的春运又是完全不同的另一种体味。每到年关，农民工、学生、公司职员等各种群体汇集购票点、火车站，勾勒出一幅纷繁的百态图。售票大厅里人山人海，一票难求，守夜排队，艰难等候，而另一边散布在火车站周边的一些"黄牛党"却暗地叫卖着比原价票价格高出许多的紧俏车票，自有一番滋味在心头。2008 年春运期间，一些专家宣称再过 5 年"一票难求"的现象将基本好转，理由不外乎高铁干线建成，航空线路、班次覆盖加大，高速公路网完善，私车普及等。然而到了 2013 年春运，尽管火车站售票大厅不再像过去那样拥挤，可是"一票难求"更加明显，拥挤的地方从售票大厅转到网络，一些紧俏线路的车票被"秒杀"，几秒钟被抢光，抢票软件也横空出世。

那么是什么原因导致春运"一票难求"？这个令人头痛的问题还会困扰我国多少年？如何破解春运"一票难求"的困境？微观经济学最终要解决稀缺资源的配置和利用问题。在市场经济中，这一问题是在市场运行过程中通过价格机制解决实现的。因此，价格理论就成了微观经济的核心和理论分析的起点。而需求与供给又是影响价格的两种基本力量。因此，在学习均衡价格决定的时候，我们先要从了解需求供给分析入手。

2.1 需求分析

2.1.1 需求、需求表与需求曲线

1. 需求

需求（Demand）是指在某一特定时期内，在每一价格水平下消费者愿意而且能够购买商品的数量。

理解需求这一概念时要注意，需求是购买意愿和支付能力的统一。购买意愿是需求的前提，支付能力是需求的保证，两者缺一不可。如果只有购买欲望而无支付能力，只能看成欲望和需要，而不是需求。例如，张三很想购买一台汽车，但他的收入较低，除了日常支出外，他所有的储蓄无法达到汽车的价格水平，在不进行借贷的情况下，不能形成对汽车的需求。

> **案例 2.1**
>
> #### 英国商人的失算
>
> 鸦片战争以后，英国商人的目光盯上了中国这个广阔的市场。当时英国棉纺织业中心曼彻斯特的商人估计，中国有4亿人，假如有1亿人晚上戴睡帽，每人每年用两顶，整个曼彻斯特的棉纺厂日夜加班也不够，何况还要做衣服。于是他们把大量洋布运到中国。
>
> 结果与他们的想象相反，中国人没有戴睡帽的习惯，衣服也用自产的丝绸或土布，洋布根本卖不出去。

2. 需求表

商品需求通常用表格或曲线来表示。商品的需求表是表示某种商品的不同价格与其所对应的需求量之间关系的数字序列表。表2-1将某品牌数码照相机的不同价格与其在每一价格水平下所对应的需求量联系起来，这种表格就是需求表。

表2-1　　　　　　　　　　　　某品牌数码照相机的需求表

价格-数量组合	价格（元）	需求量（台）
a	2 600	1 000
b	2 400	1 200
c	2 200	1 450
d	2 000	1 750
e	1 800	2 100

3. 需求曲线

商品的需求曲线是某种商品价格与需求量之间关系的图形表示形式，也就是根据需求表中商品的不同价格与需求量的组合在平面坐标图上所绘制的一条曲线。可以依据表2-1绘制出数码照相机的需求曲线，如图2-1所示。

在图2-1中，横轴 *OQ* 代表需求量，纵轴 *OP* 代表价格，*D* 为需求曲线。需求曲线向右下方倾斜，表明商品需求量与其价格之间呈反方向变动。

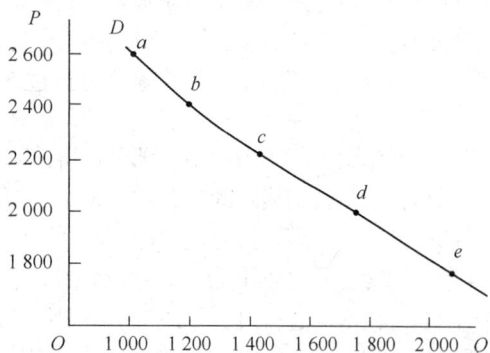

图 2-1　某数码照相机需求曲线

案例 2.2

中国大妈 10 天抢金 300 吨

2013 年 4 月 12 日至 15 日国际黄金价格经历了一次震撼暴跌，直接从 1 550 美元/盎司（约合人民币 307 元/克）下探到了 1 321 美元/盎司（约合人民币 261 元/克），甚至 4 月 15 日，黄金价格一天下跌 20%。大量中国消费者冲进金店抢购黄金制品，一买就是几千克，他们被称作抄底黄金市场的"中国大妈"。业内预测，10 天内中国内地投资人就鲸吞了实物黄金 300 吨，约占全球黄金年产量的 10%。中国消费者掀起的抢金潮一直延续到"五一"假期。香港金柜频频被内地游客大量扫货，内地各大城市的实物黄金出现脱销。

"中国大妈"强劲的购金需求，成为提振国际金价的力量。有网友说"华尔街金融大鳄们经过酝酿造势后出手做空黄金，不料由于'中国大妈'抄底黄金市场，瞬间有价值 1 000 亿元人民币的 300 吨黄金被扫。"4 月 26 日，世界 500 强之一的高盛集团率先退出做空黄金市场。

2.1.2　影响需求的因素

一种商品的需求是由许多因素决定的。其中主要的因素有商品本身的价格、相关商品的价格、消费者的收入水平、消费者的消费偏好、消费者对未来的预期等。

1. 商品本身的价格

一般来讲，商品需求量与其价格之间呈反方向变动。商品价格升高，需求量减少；商品价格降低，需求量增加。例如，猪肉的价格上涨，人们对猪肉的需求量就会减少，原来准备要购买 2 千克的，现在只购买 1 千克。只有极少部分特殊商品可能不会遵循这种规律。

2. 相关商品的价格

一种商品的需求量会受到其他商品价格变化的影响。按照商品的消费功能，商品之间的关系有两种，即互补关系和替代关系。互补关系是指两种商品互相补充，共同满足人们的同一种欲望，完成同一消费功能，如汽车与汽油，录音机与磁带；替代关系是指两种商品可以互相代替来满足同一种欲望，如猪肉与鸡肉，茶与咖啡。

案例 2.3

一杯清水为什么卖 5 元

很多酒吧一杯清水要收 5 元人民币，却又提供免费的花生米。花生米的成本肯定比水高得多，那这是为什么呢？要搞清这个问题，关键是要明了清水和花生米对酒吧出卖的核心产品——酒精饮料的需求会产生什么样的影响。花生米与酒是互补的，客人花生米吃得越多，要点的啤酒或白酒也就越多。花生米相对酒而言要便宜得多，所以免费供应花生米能够提高酒吧的利润。反之，水与酒是相互替代的，喝的水越多，客人点的酒自然也就越少了。所以，即便是水价格低廉，酒吧还是要给清水定一个高价，打消客人消费的积极性。

3. 消费者的收入水平以及社会收入分配的平等程度

收入水平与社会收入分配平等程度的提高会导致需求增加，反之，收入水平下降，社会收入分配不平等会导致需求减少。例如，进入 21 世纪，我国人民的生活水平有很大提高，人们对汽车、国外旅游等需求也明显增加。上述商品属于正常品，即人们的收入水平越高，对这类商品的需求量也就越高。但是还有一些商品称为劣质品，人们的收入水平越高，对这类商品的需求反而下降了。如路边服装摊位，光顾的主要是收入水平低的人群，当这群人的收入提高后，会减少光顾，甚至不再光顾路边服装摊位。一般来说，正常品投入到高收入的地区，而劣质品则投入到低收入的市场有比较好的市场机会。

4. 消费者的消费偏好

消费者对某种商品的偏爱程度会对该商品的需求量产生影响。偏好程度越高，需求量越大；相反，偏好程度越低，需求量越小。当许多人对某一商品产生相同的偏爱倾向时，就形成了某种消费风尚，将促使消费者在商品价格未发生变化的情况下增加或减少对该商品的需求。例如，在我国，人们不习惯喝咖啡，对咖啡的需求量很少，而对茶叶的需求量很大，这是因为我国居民普遍有饮茶的偏好。某一时间在一个地区内，某种商品由于能够刺激很多消费者的购买欲望，就可能引导一个消费群体的消费偏好，就会形成时尚性的市场需求状态，如某一地区在一段时间内一种时装的流行，就属于这种情况。

知识拓展

显示性消费者偏好

5. 消费者对未来的预期

如果消费者预期某种商品价格将上涨就会做出增加当前购买的决定，会使当前需求增加；如果消费者预期某种商品价格将下降就会做出减少当前购买的决定，会使当前需求减少。例如，2008年初我国南方地区发生雪灾时，人们预期蜡烛、方便面等商品价格会上涨，于是增加对这些商品的购买，使这些商品的需求量猛增。

视频案例

七夕到：鲜花畅销价格暴涨

6. 人口数量和结构的变动

一般来讲，人口数量的增减会使需求发生同方向变动。人口结构的变动主要影响需求的结构，如人口老龄化的国家，时髦服装、滑雪等刺激性运动项目的需求会减少，而保健品和老年常用药的需求会增加。2016年我国全面放开"二孩"政策提升了婴幼儿用品的市场需求。

案例拓展

全面二孩触发千亿消费市场

7. 政府的经济政策

政府会通过采取一些鼓励需求或抑制需求的政策来调节需求。例如，政府提高存款利率会使储蓄增加，减少当前需求，而实行消费信贷制度则会鼓励消费，增加当前需求。

以上只是影响商品需求量的一般因素，不同的商品还有影响其需求量的特殊因素。例如，雨具、啤酒、空调等商品的需求量与季节有关等。

案例 2.4

四大因素影响我国乳类产品需求

尽管三聚氰胺、有毒奶粉等事件对我国乳类产品行业打击巨大，但是从长期来看，并不会使人们对牛奶及奶制品需求的偏好有多大改变，牛奶及奶制品的需求将不断地增长。一些乳业专家在对我国乳类产品需求的研究中发现，收入增长、城市化进程、人口增长、市场细化和宏观政策，是影响我国乳类产品需求的四大因素。

一、收入增长是影响乳类产品需求的主要因素。我国城镇居民是乳品消费的主要群体，目前我国农村居民收入绝对数仅为城市居民的 1/3 多一点，城镇居民的人均年消费量为 18.12 千克，是农村居民人均消费量的 10 倍多。据测算，我国城镇收入最高家庭鲜乳品消费数量是收入最低者的 4.1 倍。收入增长是影响农村居民乳类产品消费增长的主要制约因素。

二、城市化进程是乳类产品消费需求增长的新动因。近年，随着我国城市化及小城镇的迅速发展，城镇人口增长明显加快。城镇人口的迅速增长，成为我国乳类产品需求的新的增长点。新增加一个城镇居民，每年就能够新增加乳品需求 5 千克。城镇人口增加 1%，我国城乡居民乳品的消费需求就会增加 4 137 万千克。

三、人口增长及其结构变化将是乳品需求的推动力。在 2000—2016 年期间，我国每年新增人口将达到 1 000 万人左右。由于我国乳类产品消费群体主要集中在婴儿、老人和城镇地区人群，因此，人口增长及其结构变化仍是影响我国乳类产品产品需求的重要因素。

四、市场细化和宏观政策将有效促进消费需求。乳产品的多样化，满足了不同消费群体的需求。乳类产品流通渠道的改善，使消费者可以通过送奶上门，或在杂货店、便利店、专卖店、超级市场等多种渠道方便地获得乳制品。城镇居民牛奶消费营养观念的不断增加和政府学生奶计划在各地的推广，消费市场增长的势头将会得到进一步加强。

2.1.3 需求定理

根据上述分析，可以把商品价格与需求量的关系概括为如下的需求定理。在其他条件不变的情况下，某种商品的需求量与价格之间呈反方向变动，即需求量随着商品本身价格的上升而减少，随商品本身价格的下降而增加。

需求定理以一定的假设条件为前提，这个假设条件就是"其他条件不变"。所谓"其他条件不变"是指除了商品本身的价格之外，其他影响需求量的因素都是不变的。

为什么商品的需求量与价格会呈反比关系呢？原因主要有两点。第一，商品降价后，会吸引新的购买者，从而使需求量增加。第二，原先的购买者会因为商品价格下降而感到自己比过去境况更好，即实际收入增加，因而也会增加购买，这就是收入效应；同时，该商品价格下降使其他商品显得相对更贵了，消费者会增加该商品的购买以替代其他商品，这就是替代效应。

> **问题探索**：在股票市场和房地产市场，为什么会常常出现越涨越买而越跌市场越低迷，即所谓"追涨杀跌"现象？

知识拓展 2.1

需求定理的例外：吉芬商品与凡勃伦商品

爱尔兰经济学家罗伯特·吉芬发现，1845 年爱尔兰大灾荒时，尽管土豆价格上涨，但人们的需求量反而增加。这一特殊效应可用土豆价格变化时所发生的收入效应的程度来解释。土豆不仅仅是低价产品，而且其消费占用了爱尔兰人收入的很大比例。因而土豆价格的上升大大减少了他们的实际收入。爱尔兰人被迫压缩其他奢侈食品的消费，以购买更多的土豆。即便这个历史事件难以置信，商品价格上升导致其需求量增加的可能性仍被称为吉芬之谜。

经过几代经济学家的研究，得出这样的结论：穷人收入低，可供满足生活必需的替代品的购买能力低，就只能买得起土豆这一类最低生活必需品。越吃不起肉，买土豆的数量就越多。而土豆的资源有限，于是靠价格上升来调剂供需。富人有钱，可以多吃肉而少吃土豆。年景好，收入多时，连穷人都可以买点肉吃，因此，土豆的需求少了，价格也下降了。这说明，收入越高，可替代品越多。经济学家们对吉芬之谜的最后解释是吉芬商品就是支出占消费者收入比重极大的低劣品。

款式、皮质差不多的一双皮鞋，在普通的鞋店卖 80 元，进入大商场的柜台，就要卖到几百元，却总有人愿意买。1.66 万元的眼镜架、6.88 万元的纪念表、168 万元的顶级钢琴，这些近乎"天价"的商品，往往也能在市场上走俏。实际上，消费者购买这类商品的目的并不仅仅是为了获得直接的物质满足和享受，更大程度上是为了获得心理上的满足。这就出现了一种奇特的经济现象，即一些商品价格定得越高，就越能受到消费者的青睐。由于这一现象最早由美国经济学家凡勃伦（T.B.Veblen）注意到，因此被命名为凡勃伦效应（有些经济学家称它们为炫耀性商品）。

随着社会经济的发展，人们的消费会随着收入的增加，而逐步由追求数量和质量过渡到追求品位格调。只要消费者有能力进行这种感性的购买，"凡勃伦效应"就会出现。了解了"凡勃伦效应"，我们也可以利用它来探索开展新的经营活动。

2.1.4 需求量的变动与需求的变动

影响商品需求的因素大致分为两大类，即商品本身的价格和商品价格以外的其他因素。在其他因素不变的条件下，商品本身价格变动所引起的需求数量的变动称为需求量的变动。需求量的变动表现为同一需求曲线上点的移动，如图 2-2 所示。当价格为 P_1 时，需求量为 Q_1，当价格由 P_1 下降到 P_2 时，需求量由 Q_1 增加到 Q_2，在需求曲线上表现为从 a 点向 b 点移动。需求曲线上的点向左上方移动是需求量的减少，向右下方移动是需求量的增加。

在商品本身价格不变的条件下，由其他因素变动所引起的需求数量的变动称为需求的变动。需求的变动表现为需求曲线的平行移动，如图 2-3 所示。在商品价格 P_0 保持不变的情况下，其他因素如收入减少时，需求由 Q_0 减少到 Q_1，需求曲线由 D_0 移动到 D_1，收入增加时，需求由 Q_0 增加到 Q_2，需求曲线由 D_0 移动到 D_2。需求曲线向左移动是需求的减少，需求曲线向右移动是需求的增加。

总之，需求量变动与需求变动是由不同因素变动引起的，变化表现形式也不同。一般来说，需求的变动都会引起需求量的变动，而需求量的变动不一定引起需求的变动。例如，2008 年 10 月，一条柑橘生蛆的消息在网络上四处传播，让四川、重庆、湖南、湖北的柑橘严重滞销，数万果农蒙受惨重损失，消费者不敢再吃柑橘，这是柑橘需求减少了，但与价格没有多少关系。而当苹果的价格上涨时，若其他条件不变，改变的只是苹果的需求量，苹果的需求并不产生变动。明确两者区别，便于正确理解政府的微观经济政策。如政府规定"香烟包装必须明确标注吸烟有害健康"，这一政策将改变人们对香烟的需求，使其减少。再如 2004 年以来我国部分省区实行免收农业税政策，粮食主产省区实施增加农业补贴政策，这都会使农民收入增加，并有效地刺激对电视、手机等商品需求的增加。

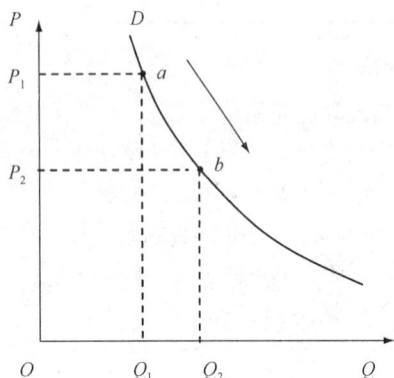

图 2-2 需求量的变动

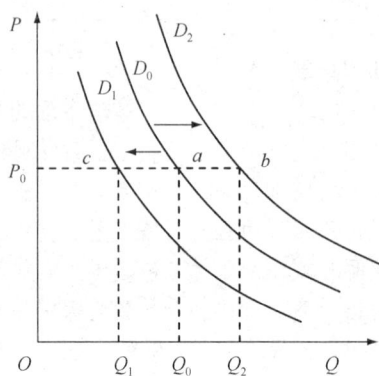

图 2-3 需求的变动

案例 2.5

石油涨价原材料降价催生电磁炉市场

从 2007 年下半年以来，国际市场上的原油价格就开始不断飙升，而液化气作为炼油的副产品，价格自然水涨船高。此外，瓶装煤气价格每年秋冬季节都会上涨，这主要是因为每年进入秋冬季节，市民、餐厅等用气量都会大增，销售商会相应地提高价格。由于受到这些因素的影响，不少市民觉得用电比用液化气便宜。

有色金属的价格回落也是造成电磁炉畅销的一个因素。其中，电解铜两个月内每吨降了 1 万多元，而铝的价格也回落了 1 000 多元。其中最重要的是铜的降价，给了众多电磁炉生产厂家一针强心剂。据了解，一个电磁炉线圈需要用铜约 250 克。由此可见，每个电磁炉仅线圈一项就能减少 4 元的成本，再加上其他的电器元件价格也有不同程度的下调，电磁炉内部材料成本可减少 15 元以上。

而造成电磁炉成品降价的另一个重要因素就是面板。自 2006 年开始，为求得发展，微晶玻璃企业也不得不进一步降低自己面板的价格，每片面板的价格下降 10～20 元不等，进入惨烈的价格战中，以求获得厂家的青睐。由此，坚持下来的电磁炉生产厂家的成本得到了进一步的降低。来自原材料的降价浪潮，给电磁炉市场注入强烈的催化剂，刺激消费者的消费需求，带来整个行业的复苏。

2.2 供给分析

2.2.1 供给、供给表与供给曲线

1. 供给

供给（Supply）是指在某一特定时期内，在每一价格水平下生产者愿意而且能够出售的该种商品的数量。

与需求相类似，理解供给这一概念，同样要注意供给也需要同时具备两个条件：一是生产者愿意出售，二是生产者有供给能力。供给可以通过供给表和供给曲线来表示。

2. 供给表

表示某种商品供给量与其价格之间数量对应关系的表格就是供给表，如表 2-2 所示。

表 2-2　　　　　　　　　　　某品牌数码照相机的供给表

价格-数量组合	价格（元）	供给量（台）
a	2 600	2 000
b	2 400	1 700
c	2 200	1 450
d	2 000	1 200
e	1 800	1 000

3. 供给曲线

将表 2-2 所列的价格与供给量之间的数量对应关系用图示法表示出来就可以得到供给曲线，如图 2-4 所示。

在图 2-4 中，横轴 OQ 代表供给量，纵轴 OP 代表价格，S 为供给曲线。供给曲线向右上方倾斜，表明商品供给量与其价格之间呈同方向变动。

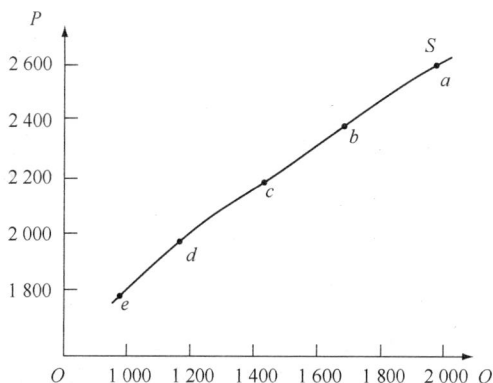

图 2-4　供给曲线

案例 2.6

矿难频发背后：事故随煤价同比回升

煤炭交易价格 2007 年 6 月起整体回升，平均价格达到 430 元/吨。而与此同时，记者从国家安全生产监督管理总局得到的数据显示，6 月起国内煤矿事故也开始回升，其中国有煤矿事

故死亡人数同比上升 130%。利益驱动下的"超层越界"开采是事故频发的主要原因。2007 年全年公开的煤矿难 169 起，1381 人遇难。从 2014 年到 2015 年煤价跌到了谷底，2015 年煤价在 300～400 元/吨，全年公开的煤矿难大幅下降到 28 起，189 人遇难（见下图）。

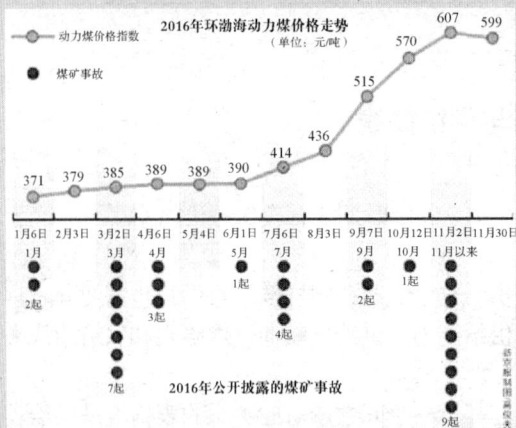

2016 年煤价上升，特别是 7 月份后，煤价运行在 400 元/吨以上，全年公开的煤矿矿难又有所回升，达到 29 起，195 人遇难，而且上升势头在扩大。

2.2.2　影响供给的因素

影响供给的因素很多，有经济因素，也有非经济因素。

1. 商品本身的价格

一般来讲，商品本身价格越高，供给量越大；商品本身价格越低，供给量越小。例如，当某地农贸市场上鸡蛋的价格为 4 元/千克时，市场上的月供给量为 5 万千克，当鸡蛋价格上涨为 5 元/千克时，月供给量增长到 7.5 万千克。

2. 相关商品的价格

对于互补品，一种商品（汽车）的价格上升，消费者对另一种商品（汽油）的需求就会减少，引起这种商品（汽油）的价格下降，因而供给减少；反之亦然。即一种商品的价格与其互补品的供给呈反方向变动。对于替代品，一种商品（猪肉）的价格上升，消费者对另一种商品（鸡肉）的需求就会增加，引起这种商品的价格上升，因而供给增加；反之亦然。即一种商品的价格与其替代品的供给呈同方向变动。

3. 生产技术的变动

生产技术的提高会使资源得到更充分的利用，从而增加供给。例如，某炼钢厂采用了新的燃煤技术，煤的使用量降低三分之一，生产成本大大下降，因而在产品价格保持不变的情况下，厂商愿意供应更多的产品。

4. 生产要素的价格

生产要素价格的变化直接影响到商品的生产成本，从而影响供给。在商品价格不变的情况下，生产要素价格下降，生产成本下降，利润增加，供给会增加；反之，生产要素价格上涨，供给会减少。例如，在葡萄酒价格等因素不变的条件下，如果葡萄的价格上涨，意味着厂商的生产成本增加，供给将会减少。

5. 厂商对未来的预期

如果生产者预期某种商品价格将要上涨，就会扩大生产规模，增加未来的产品供给，但如果生产者囤积居奇，待价而售，则会使目前的供给减少。如果生产者预期未来的商品价格下降，生产者会减少产品未来的供给。

案例拓展

同样一亩地，技术水平提高，产量大增

6. 政府的政策

政府采取鼓励投资与生产的政策，可以刺激生产增加供给。反之，政府采取限制投资与生产的政策，则会抑制生产减少供给。例如，如果政府采取了增税政策，生产者的成本将增加，因而供给将会减少。

7. 厂商的目标

在经济理论中，经济学家常假设厂商以最大利润为经营目标，那么供给取决于这些供给量是否能给他带来最大利润。事实上，厂商也可能以拥有较大的生产规模并占有相当大的市场份额为目标，或者以其他政治的或社会道义责任为目标，那么供给就会因目标不同而有所不同。例如，在发生自然灾害时，某厂商可能出于社会道义和责任观念以成本价出售商品。

在不同的时期，不同的市场上，供给要受多种因素的综合影响。应该强调的是，供给的变动与时间因素密切相关。一般而言，在价格变动之后的极短期内，供给只能通过调整库存来做出反应，变化不会很大；在短期可以通过变更原料、劳动力等要素投入来调节供给，变化会较大；但在长期中可以变更厂房、设备等要素，使供给适应价格充分变动。

知识链接

> **问题探索**：2013 年 6 月，黄金价格再次大跌，一度跌破 1 160 美元/盎司，原本红红火火的黄金矿场却变成了垃圾场，为什么？

案例 2.7

影响房地产供给的因素

影响和决定房地产供给的因素是多方面的，主要有以下因素。

（1）房地产市场价格。房地产市场价格是影响房地产供给的首要因素，因为在成本既定的情况下，市场价格的高低将决定房地产开发企业有没有盈利和盈利多少。

（2）土地价格和城市土地的数量。土地价格是房地产成本的重要组成部分，中国城市中目前土地费用约占商品房总成本的 30% 左右。土地价格的提高，将提高房地产的开发成本，会引起房地产供给的减少。

（3）资金供应量和利率。据统计，房地产开发资金中直接和间接来自银行贷款的约占 60%，依存度很高。国家货币供应量紧缩，对企业的开发贷款减少，建设资金紧缺，必然导致房地产供给量下降；反之，当货币供应量扩张，对企业的开发贷款增加，建设资金充裕，则房地产供给量上升。同时，房地产开发贷款利率的高低也会对房地产供给带来重大影响，贷款利率提高，会增加利息成本，导致供给量减少，反之则相反。所以，银行的信贷政策是调节房地产供给的重要因素。

（4）税收政策。税收是构成房地产开发成本的重要因素，我国目前各种税费约占房地产价格的 10%～15%。如果实行优惠税收政策，减免税收和税收递延，就会降低房地产开发成本，使同量资金的房地产实物量的供给增加，反之，若增加税费，则会直接增加房地产开发成本，从而会导致房地产的供给量的减少。

（5）建筑材料供应能力和建筑能力。建筑材料如钢材、木材、水泥、平板玻璃以及建筑陶瓷等，其供应能力是制约房地产开发规模和水平的物质基础。建筑能力包括建筑技术水平、装备水平、管理水平以及建筑队伍的规模等因素，是决定房地产供应水平的直接因素。

（6）房地产开发商对未来的预期。这种预期包括对国民经济发展形势、通货膨胀率、房地产价格、房地产需求的预期，以及对国家房地产信贷政策、税收政策和产业政策的预期等，其核心问题是房地产开发商对盈利水平即投资回报率的预期。积极预期会增加房地产投资，从而增加房地产供给，反之会减少房地产供给。

2.2.3　供给定理

根据上述分析，我们可以把商品价格与供给量之间的关系概括为如下供给定理。在其他条件不变的条件下，某商品价格上涨，供给量就会增加，价格下降，供给量就会减少，即商品价格与其供给量呈同方向变动。

在理解供给定理时，也同样要注意"在其他条件不变的情况下"这个假设前提。离开了这一前提，供给定理就无法成立。

需要注意的是，供给定理是就一般商品而言普遍存在的定理，并不适用于所有商品，有些特殊商品也有例外情况。一是有些商品的供给量是固定的，如名画、古玩，即使出售价格再高也无法增加供给数量，因而供给曲线是一条与数量轴垂直的线，供给曲线斜率为无穷大，如图 2-5（a）所示。二是某些厂商在大规模生产时平均成本锐减，这时商品价格虽有所下降，但厂商仍愿意提供更多的商品。此类商品往往是那些适于机械化大批量生产的高技术产品，如小汽车和电视机的生产等。其供给曲线是向右下方倾斜的，斜率为负，如图 2-5（b）所示。三是劳动的供给有其特殊性，当工资开始提高时，劳动的供给会增加，当工资水平上升到一定程度后，劳动者感到对货币的需要并不迫切了，这时工资再提高，劳动者也不会再供给更多的劳动量，而对休息、娱乐和旅游更感兴趣，因而劳动的供给曲线是一条向后弯曲的曲线，如图 2-5（c）所示。

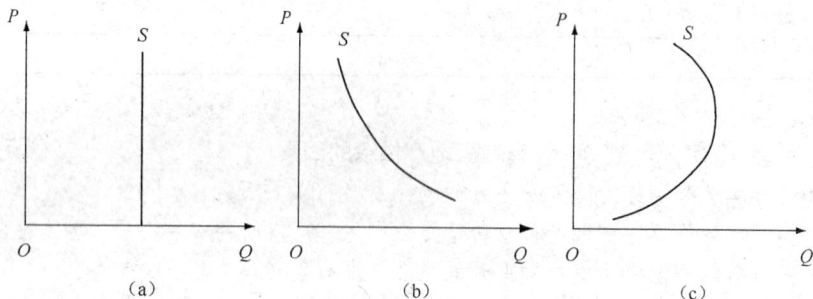

图 2-5　供给曲线的例外

2.2.4　供给量的变动与供给的变动

如同我们要区分需求量的变动与需求的变动一样，我们也要区分供给量的变动与供给的变动。在其他因素不变的条件下，商品本身价格变动所引起的供给数量的变动称为供给量的变动。供给量的变动表现为同一供给曲线上点的移动，如图 2-6 所示。当价格为 P_1 时，供给量为 Q_1，当价格由 P_1 上升到 P_2 时，供给量由 Q_1 增加到 Q_2，在供给曲线上表现为从 a 点向 b 点移动。供给曲线上的点向右上方移动是供给量的增加，如由 a 点到 b 点移动，向左下方移动是供给量的减少，如由 b 点到 a 点移动。

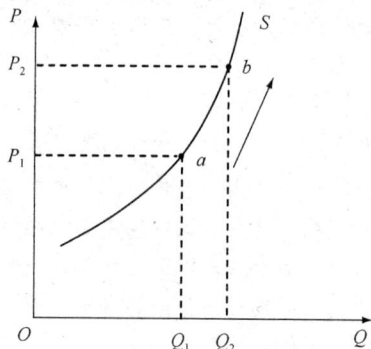

图 2-6　供给量的变动

供给的变动是指在商品本身价格不变的条件下，由其他因素变动所引起的供给的变动。供给的变动表现为供给曲线的平行移动，如图 2-7 所示。在商品价格 P_0 保持不变的情况下，由于其他因素，如生产要素价格下降了，在同样的价格水平下，厂商获得的利润增加，从而产量增加，供给由 Q_0 增加到 Q_1，供给曲线由 S_0 移动到 S_1，当生产要素价格上升时，供给由 Q_0 减少到 Q_2，供给曲线由 S_0 移动到 S_2。供给曲线向左移动是供给的减少，供给曲线向右移动是供给的增加。

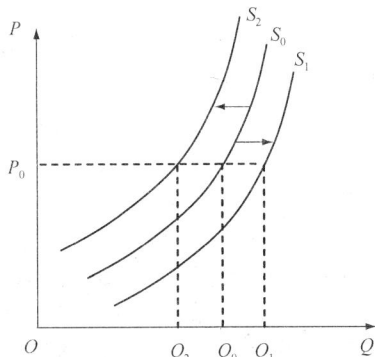

图 2-7　供给的变动

案例 2.8

卢周来：点评乡下姑姑来信

前年我家养了三头猪，那时猪很值钱，一斤毛猪四元多，年底你姑父把猪卖掉，换了两千多元。但去年猪不值钱了，一斤毛猪就两元多。我们又没别的挣钱的法子，又要应付度日，只好多养了两头，一共五头猪，到了年底卖出去，勉强维持了前年的收入。

点评：作为学经济学的，我的第一反应是，这里出现了一个一般经济学供求定理无法解释的现象。按一般供求定理，市场上某种商品价格高时，供应商会增加供给，价格低时会减少供给。但我姑姑却反其道而行之，猪价格低下来了，反倒增加了供给，由原来的三头猪，增加到养五头猪。这个现象很值得研究。

很凑巧的是，我翻译一本发展经济学方面的书，里面讲了同样的一个案例。在非洲撒哈拉地区，当地人唯一的生活资源是养羊，唯一可用来换成货币的也是羊。于是，出现了类似的现象：哪年是灾年，羊的死亡率越高，当地人放养的羊头数越多；哪年羊最不值钱，当地人为了维持货币收入不下降，放养的羊也最多。

出现这种供求定理例外的情况看来是有条件的。首先是可供给的品种是初级产品，要么猪，要么羊。其次是供给者没有可替代的货币收入来源。我的姑姑与非洲放羊人都一样，只能将全部的货币收入寄托在猪或羊身上。最后，一定的货币收入对供给者来说不可或缺。如果我的姑姑与非洲放羊人都在前现代化阶段，都生活在家族体制内，而不是生活在今日现代化社会之中，他们大概不会做这样不可思议的事。换言之，我的姑姑与非洲放羊人也被迫并且不可逆转地裹挟进了这个被异化了的世界，才如此的。

2.3　均衡价格

2.3.1　均衡价格

微观经济学中的商品价格是指商品的均衡价格。当愿意以市场主流价格购买该产品的消费者数量，与愿意贩卖该产品的生产者数量相当时，特定产品的市场处于平衡状态，此时的价格称之为均衡价格，又称做市场清算价格，这时的产量也称为均衡产量。当市场需求量不等于供给量时，要么出现过度供给，要么出现过度需求。当市场出现过度供给时，价格有下跌的趋势；当市场出现过度需求时，价格有上升趋势；只有当市场供给量等于需求量时，价格没有任何变动的压力，市场实现了均衡。

对均衡价格的理解应注意两点。

第一，均衡是指经济中各种对立的变动着的力量处于一种相对静止的状态。均衡一旦形成之后，如果有另外的力量使它离开原来均衡的位置，则会有其他力量使之恢复到均衡。但是，在市场上均衡是相对的，不均衡才是绝对的。

第二，决定均衡的力量是需求和供给双方。需求与供给决定价格，它们就像一把剪刀的双刃一样起作用，因此，需求与供给的变动都会影响均衡价格的变动。

2.3.2 均衡价格的形成

均衡价格是在完全自由竞争的条件下，通过市场供求的自发调节而形成的。当市场上某种商品的价格过高时，高价会刺激生产者增加商品的供给量，但会减少消费者的需求量，这样就导致该商品的需求量少于供给量，造成供过于求。供过于求会形成一种迫使市场价格下降的压力，促使生产者减少该商品的生产或供给，使供给趋向于均衡点。当市场上某种商品的价格过低时，低价会刺激消费者增加消费量，但供给量会减少，这样就导致该商品的需求量大于供给量，造成供不应求。供不应求会形成价格上升的拉力，从而抑制需求刺激供给，使供求趋向于均衡。

我们可以依据表 2-1 和表 2-2 中的数据列成一张新的表格（见表 2-3），并根据表 2-3 将需求曲线与供给曲线绘制在一张图上（见图 2-8）。

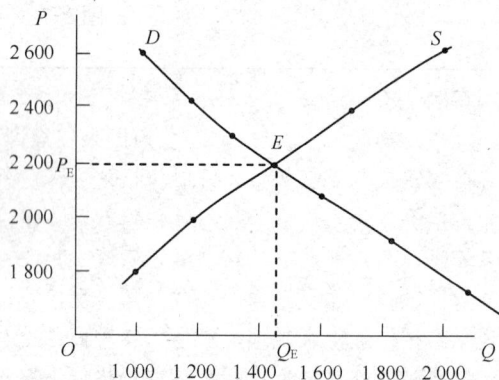

图 2-8 均衡价格和均衡数量（调整点）

表 2-3 某种数码照相机的需求与供给

价格–数量组合	价格（元）	需求量（台）	供给量（台）
a	2 600	1 000	2 000
b	2 400	1 200	1 700
c	2 200	1 450	1 450
d	2 000	1 750	1 200
e	1 800	2 100	1 000

在图 2-8 中，需求曲线与供给曲线相交于 E 点，即均衡点为 E，均衡价格 P_E 为 2 200 元时，均衡数量 Q_E 为 1 450 台。此时消费者对照相机的需求量与生产者的供给量均为 1 450 台，此时在这个数码照相机市场上实现了供求均衡。从几何意义上说，供求均衡出现在该商品的市场需求曲线与市场供给曲线的交点上，该点称为均衡点。当照相机的价格下降为 1 800 元/台时，需求量大于供给量，这时价格上升；当照相机的价格上升到 2 400 元/台时，供给量大于需求量，这时价格下降；只有照相机的价格为 2 200 元/台时，需求量才等于供给量，照相机市场才达到均衡状态。

从上面的叙述可知，市场经济中存在着这样一条基本规律：当需求量大于供给量时会刺激市场价格上升；当需求量小于供给量时能促使市场价格下降。在这个过程中，市场上的需求者和供给者会调整自己的需求和供给，一直到供求相等时为止，市场的这种自我调节机制就是亚当·斯密所说的"看不见的手"作用的结果。

2.3.3　均衡价格变动与供求定理

1. 需求变动对均衡价格的影响

如前所述，需求变动是指在价格不变的情况下，影响需求的其他因素变动所引起的变动，这种变动在图形上表现为需求曲线的平移。我们用图 2-9 来说明需求变动对均衡价格的影响。

在图 2-9 中，D_0 是初始需求曲线，D_0 与供给曲线 S_0 相交于点 E_0，决定了均衡价格为 P_0，均衡数量为 Q_0。

（1）供给不变，需求增加，需求曲线向右平移，即供给曲线 S_0 不动，需求曲线由 D_0 移动至 D_2，D_2 与 S_0 相交于 E_2，决定了新的均衡价格为 P_2，均衡数量为 Q_2。这说明需求增加将会引起均衡价格的上升和均衡数量的增加。

（2）供给不变，需求减少，需求曲线向左平移，即供给曲线 S_0 不动，需求曲线由 D_0 移动至 D_1，D_1 与 S_0 相交于 E_1，决定了新的均衡价格为 P_1，均衡数量为 Q_1。这说明需求减少将会引起均衡价格的下降和均衡数量的减少。

结论：需求变动引起均衡价格与均衡数量同方向变动。

2. 供给变动对均衡的影响

同理，供给的变动也是指除价格以外的其他因素引起的供给变化，如相关物品的价格、生产成本的变化等。当这些因素发生变化影响到供给时，导致供给曲线平行移动，引起均衡价格的变动。我们用图 2-10 来说明供给变动对均衡价格的影响。

在图 2-10 中，S_0 是初始供给曲线，S_0 与需求曲线 D_0 相交于点 E_0，决定了均衡价格为 P_0，均衡数量为 Q_0。

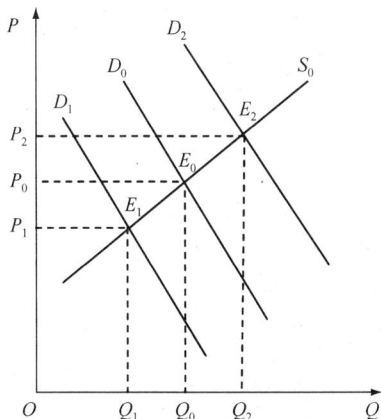

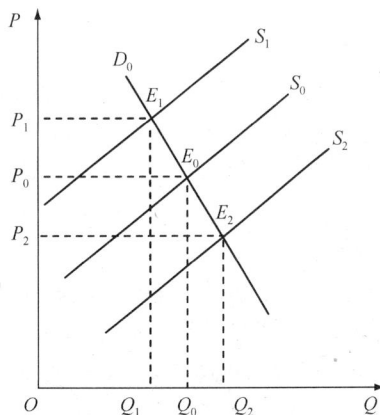

图 2-9　需求变动　　　　　　　　　图 2-10　供给变动

（1）需求不变，供给增加，供给曲线向右平移，即供给曲线由 S_0 移动至 S_2，S_2 与 D_0 相交于 E_2，决定了新的均衡价格为 P_2，均衡数量为 Q_2。这说明供给增加将会引起均衡价格的下降和均衡数量的增加。

（2）需求不变，供给减少，供给曲线向左平移，即供给曲线由 S_0 移动至 S_1，S_1 与 D_0 相交于 E_1，决定了新的均衡价格为 P_1，均衡数量为 Q_1。这说明供给减少将会引起均衡价格的上升和均衡数量的减少。

结论：供给变动将引起均衡价格反方向变动，均衡数量同方向变动。

3. 需求和供给同时发生变动对均衡的影响

这种情况比较复杂，需要结合两者变动的方向、变动的程度来说明。

（1）假定需求与供给由于各种因素而同时增加，需求、供给增加后，均衡产量随之增加，但是均衡价格的变动却不能肯定。因为需求增加使均衡价格上升，供给增加使均衡价格下降，因而均衡价格的实际变动还要取决于两者增加的程度，可能上升、下降或者保持不变。

（2）假定需求与供给由于各种因素而同时减少，需求、供给减少后，均衡产量随之减少，但是均衡价格的变动也不能肯定，可能上升、下降或者保持不变。

4. 供求定理

从上述关于需求与供给变动对均衡的影响分析可以得出供求定理的基本内容。

第一，需求与均衡价格和均衡数量同方向变动。即需求增加，均衡价格上升，均衡数量增加；需求减少，则均衡价格下降，均衡数量减少。

第二，供给与均衡价格反方向变动，与均衡数量同方向变动，即供给增加，引起均衡价格下降，均衡数量增加；供给减少，引起均衡价格上升，均衡数量减少。

第三，需求与供给同时增加或减少会引起均衡产量同方向变动，而这时均衡价格却有提高、降低或保持不变等三种情况。

简单说，就是在其他条件不变的情况下，需求变动将引起均衡价格和均衡数量同方向变动，供给变动将引起均衡价格反方向和均衡数量同方向变动。这就是我们常说的所谓的供求定理。

> **问题探索** 像文物、艺术品由于其供给不受市场价格的影响而深具投资价值，那么是不是一些供给固定的商品也同样具有投资价值？为什么？

案例2.9

食盐价格一日暴涨13倍

2011年3月17日10时左右，云南省陇川县物价调查采价网点监测采价员报告，陇川县境内市场碘盐价格出现大幅提价和排队抢购现象。物价调查人员深入各大超市、食盐销售网点进行6个多小时的跟踪监测发现，食盐零售价格从日常的1.5元/500g一路飙升至下午5时30分的20元/500g，一日价格暴涨13倍。其间群众一度抢购，价格也瞬息万变，11时3元/500g、13时5元/500g、15时10元/500g、16时15元/500g、17时30分20元/500g，到了18时左右绝大多数零售商已无存货。

出现本次食盐抢购和价格暴涨的原因是，由于3月11日日本地震引发的核电站危机愈演愈烈，核污染范围不断扩大，市民担心此次核污染会影响到我国今后食盐的生产，加之社会传言和谣言说食盐储备短缺，以及对碘预防核辐射的片面了解，造成了此次食盐价格暴涨和抢购风潮。同时，媒体报道，武汉一小伙子高价抢购食盐6.5吨，另据浙江、上海等地信息，当地部分市民已出现抢购豆油、酱油、腌制品等商品现象。

后经政府努力，利用传媒辟谣，加强监管，对哄抬物价的行为进行严厉处罚，积极组织货源，做好舆论及科普宣传，消除民众的恐慌心理，食盐价格不到一周时间恢复正常。

2.3.4 均衡价格理论的应用

运用均衡价格与供求数量之间的关系，可以解释许多经济现象。同时现实中的市场经常会受到政府经济政策的影响。

1. 易腐商品的售卖

有些商品，尤其是一些具有易腐特性的食品，如鲜鱼，必须在一定时期销售出去，否则，会使销售者蒙受损失。因此对这类商品如何定价，才能既使全部数量的商品尽快销售完，又能使自己获得最大的收入呢？如果销售者能准确地知道市场上的消费者在当时对鲜鱼的需求曲线，便可以根据这一需求曲线以及准备出卖的全部的鲜鱼数量，来决定能使其获得最大收入的最优价格，用图 2-11 来分析说明。

图 2-11 表示的是某鲜鱼销售者所面临的市场对他的鲜鱼的需求曲线。在既定的鲜鱼需求曲线上，可以发现在此时期内在每一价格水平上的鲜鱼的需求数量，或者说可以了解在此时期内，在每一个鲜鱼的销量上消费者所愿意支付的最高价格。当销售者在此时期内需要卖掉的鲜鱼数量为 Q_1 时，他应该根据需求曲线将价格定在 P_1 的水平。这样，他就能使鲜鱼以消费者所愿意支付的最高价格全部卖掉，从而得到他所能得到的最大收入。因为，如果他把价格定得过高，就将有一定数量的鲜鱼卖不出去。相反，如果价格定得过低，则销售者虽然能卖掉全部鲜鱼，但总收入却不是最大。由此可见，如果一定要将所有的鲜鱼全部卖完，则只有 P_1 的价格水平是能给销售者带来最大收入的最优价格。

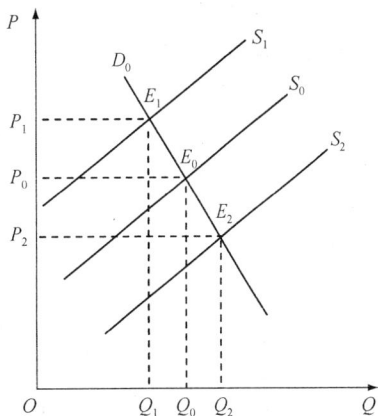

图 2-11　鲜鱼的定价

2. 政府干预与价格控制

政府根据不同的经济形势，经常会对价格进行控制和干预。下面介绍价格政策的两种形式：限制价格与支持价格。

（1）限制价格。限制价格是指政府为了限制某些生活必需品的物价上涨而规定的这些商品的最高价格，限制价格低于市场均衡价格。如图 2-12 所示，某商品由供求关系所决定的均衡价格为 P_0，均衡数量为 Q_0，但在这一价格水平时，部分生活贫困的人将买不起，因而政府对这一部分商品实行限制价格政策，限制价格为 P_1，$P_1 < P_0$，此时商品实际供给量为 Q_S，需求量为 Q_D，供给量小于需求量，产品供不应求。在这种情形下，政府必须采取配给制或凭证供应该商品。在这一限制价格下，需求者得不到所想要的商品数量。因此，限制价格常常会带来排队抢购和黑市交易盛行现象。生产者也可能粗制滥造，降低产品质量，形成变相涨价。而且如果长期采取限制价格，还会挫伤生产者的积极性，使短缺变得更加严重。

视频案例

药品的最高限价

（2）支持价格。支持价格又称最低限价，是政府为了扶植某一行业的发展而规定的该行业产品的最低价格。支持价格高于市场均衡价格，如图 2-13 所示。

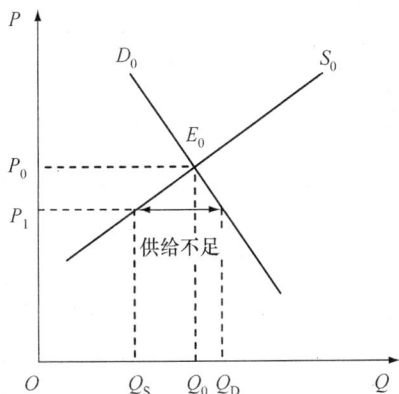

图 2-12　限制价格

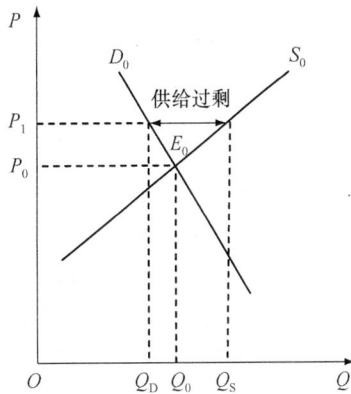

图 2-13　支持价格

从图 2-13 中可以看出，该行业某商品由供求关系所决定的均衡价格为 P_0，均衡数量为 Q_0，政府为了扶植该行业的发展而制定的支持价格为 P_1，$P_1 > P_0$，此时供给量为 Q_S，需求量为 Q_D，供给量大于需求量，市场上出现产品过剩，这时政府要维持支持价格，就必须采取收购过剩产品、扩大出口、增加储备等措施消除过剩供给。

知识拓展 2.2
什么是粮食保护价收购

从 1998 年起，国家推行以"三项政策、一个完善"为主要内容的粮食购销体制改革，其中一项非常重要的政策就是对粮食进行保护价收购。从新粮上市起，进一步放开粮食收购价格，由取得经营资格的企业随行就市收购，同时对重点粮食品种实行最低收购价，即在粮食市场价格低于最低收购价格时，国家将指定部分粮食经营企业按照最低收购价格敞开收购。这是对种粮农民实行的一种间接补贴方式，国家每年都要拿出数百亿元通过国有粮食企业这个中间环节进行补贴。此项政策对保护农民利益、促进粮食生产的发展起到了一定的积极作用。从近几年全国产粮区制定的收购保护价格分析，每 50 千克稻谷一般高于市场价格 4 元左右，每 50 千克小麦高于市场价 7 元左右，每 50 千克玉米高于市场价 7 元左右。

2.4 弹性及其运用

商品的需求不仅仅取决于其价格，还取决于消费者的收入和其他商品的价格。同样地，商品的供给也不仅取决于价格还取决于那些影响生产成本的因素。那么，商品的价格、消费者的收入水平以及相关商品的价格是怎样影响到需求的呢？我们可以借助弹性来解决这些问题。弹性原是物理学名词，指一种物体对外部力量的反应程度。在经济学中，弹性是指经济变量之间存在函数关系时，因变量对自变量变化的反应程度。弹性的大小可用弹性系数来表示。弹性系数是因变量 Y 变动的比率与自变量 X 变动的比率的比值，用 E 来表示，公式为

$$E = \frac{因变量变动的百分比}{自变量变动的百分比} = \frac{\Delta Y/Y}{\Delta X/X} = \frac{\Delta Y}{\Delta X} \cdot \frac{X}{Y} \tag{2-1}$$

2.4.1 需求弹性

1. 需求价格弹性

（1）需求价格弹性的含义。需求价格弹性是指商品价格变动所引起的需求量变动的比率，它反映了商品需求量变动对其价格变动反应的敏感程度。

一般用需求价格弹性系数来表示其弹性的大小，以 E_d 来表示，Q 代表需求量，ΔQ 代表需求量的变动量，P 代表价格，ΔP 代表价格的变动量，则需求价格弹性系数可用下列公式表示

$$E_d = \frac{需求量变动的百分比}{价格变动的百分比} = -\frac{\Delta Q/Q}{\Delta P/P} = -\frac{\Delta Q}{\Delta P} \cdot \frac{P}{Q} \tag{2-2}$$

绝大部分的商品的需求价格弹性为负，即商品的价格的变动与需求量的变动方向相反。在经济学里比较商品之间的需求价格弹性大小主要是衡量商品需求量变动对价格变动的反应程度，所以主要是比较绝对值的大小，为了方便，公式前加"-"号，修正为正值以便于比较。需求的价格弹性可以是点弹性，即某价格上的弹性，也可以是弧弹性，即某一价格区间的弹性值。一般在计算商品的需求价格弹性的时候广泛地采用弧弹性。

（2）需求价格弹性弧弹性的计算。需求价格弹性弧弹性的计算，往往是使用两个价格的平均值即 $(P_1+P_2)/2$。对于需求量，我们也用平均值，即 $(Q_1+Q_2)/2$，那么计算公式如下

$$E_\mathrm{d} = \frac{\text{需求量变动的百分比}}{\text{价格变动的百分比}} = -\frac{\Delta Q/Q}{\Delta P/P} = -\frac{\Delta Q}{\Delta P} \cdot \frac{P_1 + P_2}{Q_1 + Q_2} \qquad (2\text{-}3)$$

例：某商品价格从 1 000 元降至 999 元，需求量从 10 000 增加到 10 003，即 P_1=1 000，P_2=999，Q_1=10 000，Q_2=10 003，则该商品的需求价格弹性为

$$E_\mathrm{d} = -\frac{\Delta Q}{\Delta P} \cdot \frac{P_1 + P_2}{Q_1 + Q_2} = -\frac{10\,003 - 10\,000}{999 - 1\,000} \cdot \frac{1\,999}{20\,003} = 0.3$$

由于商品需求量与其价格之间呈反方向变动，因而需求价格弹性系数为负值，在实际运用中，为方便起见，一般将负号省略。如 E_d=0.3，其含义是价格每上升 1%，会引起需求量下降 0.3%，或是价格每下降 1%，会引起需求量上升 0.3%。

（3）需求价格弹性的分类。根据弹性系数的大小，需求价格弹性可分为以下 5 种情况，如图 2-14 所示。

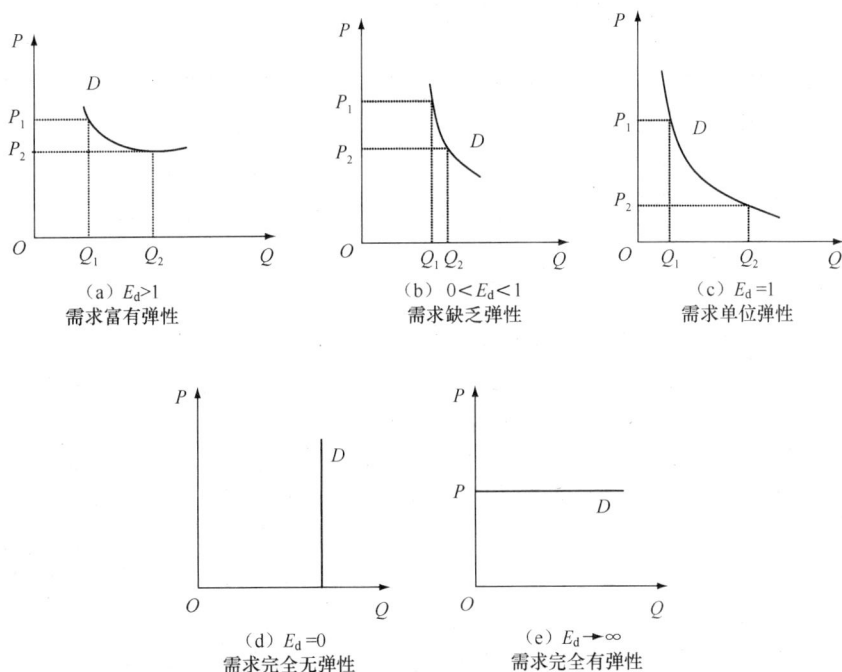

图 2-14　需求价格弹性

第一种，需求富有弹性，即 $E_\mathrm{d} > 1$。需求量变动的百分比大于价格变动的百分比，需求曲线是一条较为平坦的线，如图 2-14（a）所示。珠宝首饰等奢侈品属此类。

第二种，需求缺乏弹性，即 $0 < E_\mathrm{d} < 1$。需求量变动的百分比小于价格变动的百分比，需求曲线是一条较为陡峭的线，如图 2-14（b）所示。柴、米、油、盐等生活必需品属此类。上面计算的例题中的商品弹性 E_d=0.3，说明商品缺乏弹性。

第三种，需求单位弹性，即 E_d=1。它表示需求量变动的百分比与价格变动的百分比相等，此时需求曲线是一条正双曲线，如图 2-14（c）所示。

第四种，需求完全无弹性，即 E_d=0。它表示无论价格如何变化，需求总量是一定的。此时价格变动对需求量无影响，需求曲线是一条垂直于横轴的线，如图 2-14（d）所示。一些特殊的药品，如胰岛素对一些糖尿病人至关重要，无论价格如何上升或下降，他们都不会改变购买量。

第五种，需求完全有弹性，也可称为需求有无限弹性，即 $E_\mathrm{d} \to \infty$。它表示价格的任何变化都

会引起需求量的无限变化。此时价格既定，需求量是无限的，需求曲线是一条与横轴平行的线，价格的微小变动会导致需求量发生无穷大的变化，如图 2-14（e）所示。两台相邻的自动售货机中的同种同质商品，在价格相同的情况下，都会拥有一批消费者，而当一台机器中的商品价格上涨时，即使量很小，人们也不会购买，而是购买另一台机器中的商品。

案例 2.10

表 2-4 中列示了部分农产品的需求价格弹性。

表 2-4　　　　　　　　　　　部分农产品需求价格弹性

农产品种类	牛肉	猪肉	鸡肉	午餐肉	黑线鳕鱼	鸡蛋	牛奶
价格弹性	-0.92	-0.51	-0.8	-1.63	-2.2	-0.26	-0.539
农产品种类	玉米	棉花	小麦	土豆	燕麦	荞麦	蔗糖
价格弹性	-0.49	-0.12	-0.08	-0.31	-0.56	-0.99	-0.31
农产品种类	水果	水果罐头	新鲜蔬菜	番茄	加工蔬菜	加工谷类	
价格弹性	-3.021	-0.589	-0.347	-4.6	-0.856	-0.294	

（4）需求弹性的影响因素。

① 消费者对某种商品的需求强度。一般而言，消费者对生活必需品的需求强度大而稳定，所以生活需求品的需求价格弹性就小。像粮食、油、盐这类生活必需品的需求弹性都较小，而珠宝首饰等奢侈品的需求弹性就大。

② 商品的可替代程度。一般来说，一种商品的可替代品越多，相近程度越高，则该商品的需求的价格弹性越大。相反，替代品越少，相近程度越低，则需求的价格弹性越小。对一种商品所下的定义越明确越窄，则这种商品的相近替代品会越多，故其需求的价格弹性会越大。如某种特定商标的糖果的需求要比一般的糖果的需求更有弹性。

③ 商品本身用途的广泛性。一般来说，一种商品的用途越广泛，其需求弹性也就越大。因为一种商品的用途越多，消费者的需求量在这些用途之间进行调整的余地就越大，需求量做出反应的幅度也就越大。例如，电既可以用于照明，启动电视，也可以用于烧电炉，启动空调等。如果电价较高，消费者可能仅使用少量的电，以便维持照明与启动电视等；如果降低电的价格，则消费者有可能大量地使用电，用于烧电炉，启动空调等。

④ 商品使用时间的长短。一般来说，使用时间长的耐用消费品需求弹性大，而使用时间短的非耐用消费品需求弹性小。例如，家用汽车和家用空调的弹性往往大于报刊这类印刷品的需求价格弹性。

⑤ 商品在家庭支出中所占的比例。在家庭支出中所占比例小的商品，价格变动对需求的影响小，其需求弹性也小，如毛巾、香皂、火柴之类的商品；在家庭支出中所占的比例大的商品，价格变动对需求的影响大，其需求弹性也大，如空调、珠宝之类的商品。

案例 2.11

奢侈品需求的惊人弹性

1990 年，作为力图削减美国财政赤字的一揽子计划的一部分，美国国会同意对价格昂贵的奢侈品征收 10% 的"奢侈品税"。这样的产品很多，如豪华游艇、私人飞机、高级轿车、珠宝首饰和皮革等。这项增税由于是针对有钱人的，所以没有遭到多少抗议和反对。当然这项措施能否取得预期的效果，为政府带来额外的收入，完全取决于奢侈品的需求弹性。如果奢侈品需求的价格弹性很高，那么奢侈品税只能导致奢侈品的价格轻微上升，却带来奢侈品需求的大幅度下降。这就是说购买奢侈品的人会大幅度减少，政府实际上没有多少征税机会，国库收入也就不会增加。事实证明，奢侈品的需求弹性确实很大。到了次年，也就是 1991 年初，由于有钱人为了逃避税收转而前往邻国巴哈马等地购买游艇，导致美国东海岸度假胜地南佛罗里达地区的游艇销量迅速下降 90%。包括德国"奔驰"和日本"凌志"在内的高级轿车的销量也出现急剧下降的趋势。加上 1991 年开始出现的经济衰退，导致有钱人的投资收入下降，对于奢侈品的销售无异于雪上加霜，需求曲线向左移动，总体销量继续下跌。这样，这一新税项带来的收入远远小于当初的预期数额。1991 年有钱人为购置奢侈品总共上缴了 3 000 万美元的税额，只有预期平均值的 1/10。如果算上实施这一税项的成本，可能这 3 000 万入不敷出。于是美国政府在 1993 年撤销了这一税项。

2. 需求收入弹性

假设你的收入增长 20%，你会多买 20% 的食物吗？几乎是不会的，但你花在娱乐生活上的钱可能超过 20%。这种收入变动与需求变动的关系，我们称为需求的收入弹性。

需求的收入弹性是指在价格和其他因素不变的条件下，由于消费者的收入变化所引起的需求数量发生变化的程度大小。通常用需求的收入弹性系数来表示需求收入弹性的大小，其公式如下

$$需求的收入弹性系数 = \frac{需求数量变化率}{收入变化率} = \frac{\Delta Q/Q}{\Delta Y/Y} = E_y \qquad (2-4)$$

$\Delta Q/Q$ 表示需求数量变化百分率，$\Delta Y/Y$ 表示收入变化百分率，E_y 用来表示需求的收入弹性系数。

在现实生活中，我们计算出来的收入弹性一般为正值。这也是因为当人们的消费收入 y 增加的时候，往往出现需求量 Q 与之按同方向运动。因此，一般而言，当人们收入增加时，需求量也增加；收入减少时，需求量也减少。正常商品 $E_y>0$，大多数物品是正常物品，如表 2-5 所示。但也有少数商品是例外的，收入弹性系数为负值，即 $E_y<0$。这种商品俗称低劣品，即收入增加的人们所放弃购买的商品，也就是更新换代的过时淘汰品。

表 2-5   一些常见商品的需求收入弹性

有收入弹性的需求	弹性	有收入弹性的需求	弹性
航空旅行	5.82	香烟	0.86
电影	3.41	家具	0.53
出国旅行	3.08	衣服	0.51
理发	1.36	电话	0.32
汽车	1.07	食品	0.14

知识拓展 2.3

恩格尔定律

19 世纪德国统计学家恩格尔根据统计资料，对消费结构的变化得出一个规律：一个家庭收入越少，家庭收入中（或总支出中）用来购买食物的支出所占的比例就越大，随着家庭收入的增加，家庭收入中（或总支出中）用来购买食物的支出则会下降。推而广之，一个国家越穷，每个国民的平均收入中（或平均支出中）用于购买食物的支出所占比例就越大，随着国家的富裕，这个比例呈下降趋势。

补充数据

中国恩格尔系数
30.1%接近富足标准

3. 需求交叉弹性

现实生活中，我们经常会发现两种商品看上去相关性不大，但一种商品的价格变化会对另外一种商品的需求量产生巨大影响。例如，汽车降价销售，使得玻璃厂、轮胎厂、标准件厂生意火爆；钢笔受一次性水笔的挤压，导致国内的许多墨水厂处境艰难……这些现

象说明，商品间的价格与需求存在着某种关系，这种关系我们把它称为需求交叉弹性。

需求的交叉弹性是指在一定时期内，一种商品的需求量变动对于它的相关商品的价格的变动的反应程度。它是该商品的需求量的变动率和它的相关商品的价格变动率的比值。用公式表示如下

$$E_{xy} = \frac{\Delta Q_x}{Q_x} \bigg/ \frac{\Delta P_y}{P_y} = \frac{\Delta Q_x}{\Delta P_y} \cdot \frac{P_y}{Q_x} \qquad (2\text{-}5)$$

式中，$\Delta Q_x / Q_x$ 表示 x 商品的需求量的变化率，$\Delta P_y / P_y$ 表示 y 商品价格的变化率。

需求的交叉弹性系数的符号取决于所考察的两种商品的相关关系，如表 2-6 所示。如果两种商品互为替代品，则一种商品的价格与它的替代品的需求量之间呈同方向变化，其需求的交叉弹性系数为正值。

如果两种商品之间互为互补品，则一种商品的价格与它的互补品的需求量之间呈反方向变化，其需求的交叉弹性系数为负值。

如果两种商品之间不存在相关关系，则其需求的交叉弹性系数为零。

上述结论可以反过来使用，即可根据两种商品之间的需求的交叉弹性系数的正负符号来判断两种商品之间的相关关系。若两种商品的需求交叉弹性系数为正值，则这两种商品互为替代品。若为负值，则二者互为互补品。若为零，则两种商品之间既不是替代关系也不是互补关系，即无相关关系。

表 2-6 需求交叉价格弹性与商品间的关系

需求交叉价格弹性系数	x、y 商品间的关系	x、y 商品间的特征	实 例
$E_{xy} > 0$	替代关系	y 商品的价格 P 上升（下降）引起 x 商品的需求量 Q 上升（下降）	牛肉与羊肉、租房与买房、坐公交车与打车等
$E_{xy} < 0$	互补关系	y 商品的价格 P 上升（下降）引起 x 商品的需求量 Q 下降（上升）	汽车与汽油、鞋油与鞋刷、三明治与火腿等
$E_{xy} = 0$	互相独立	y 商品的价格变动不会引起 x 商品的需求量的变化	牛肉与汽车、火柴与鞋子等

案例 2.12
需求的交叉弹性——企业决策的重要依据

懂得需求的交叉弹性对企业决策和个人投资有很大的帮助。如你看人家经营一种商品十分赚钱，你也做起同样的生意来，这就是经营别人产品的替代品，这样势必加剧了市场竞争，恐怕竞争中被淘汰的就是你。其实，经营畅销产品的互补产品不失为一种很好的思路。有的中小企业，靠着与汽车配套的思路，生产车用地毯、车灯、反光镜配件，结果取得了良好的经营业绩。珠海中富集团一开始是十几个农民建立的一家小企业，最初为可口可乐提供饮料吸管，后来生产塑料瓶和瓶盖。可口可乐在哪里建厂，中富就在哪里建配套厂。靠这种积极合作的策略，中富如今已发展成为年销量超过十亿元人民币的大公司。

懂得需求的交叉弹性对企业制定合理价格有很大帮助。如果有两家企业生产替代品，如大维西服和衫衫西服都是国内的知名品牌，对消费者来说大维西服与衫衫西服提供的效用是相同的，它们是互相替代的产品。如大维坚持高价格政策，衫衫采取"薄利多销"的低价格政策，由于西装属于富有弹性的商品，因此消费者就会由于衫衫西装价格下降增加对衫衫西装的购买，大维就会失去一部分市场份额。因此，大维应根据交叉弹性的特点正确判断自己的市场定位，制定合适的市场价格，预防不利于自己生存和发展的情况发生。

如果互补产品为一家企业所生产，如企业同时生产彩色喷墨打印机和墨盒。彩色喷墨打印

机是基本品，墨盒是配套品，基本品应定价低，配套品应定价高。事实也正是这样，彩色喷墨打印机一台售价仅为 400～500 元人民币，低价很诱人，但买下后才发现更换一个墨盒的价格是 200 元人民币。一种色彩的油墨用完，不换墨盒就不能保证画面质量，而换 4 个墨盒的价格比一台彩色喷墨打印机还贵。根据交叉弹性的定价原理，面对基本品——打印机，定价过高消费者处于主动位置需求弹性较大，只有定低价才能吸引消费者购买。而一旦基本品买下，配套品的选择余地就小了，消费者往往处于缺乏替代的被动地位，此时定高价能够获取较高利润。如果反过来基本品定价高结果导致需求者寥寥无几，那么配套品定价再低也毫无意义。

总之，企业在制定产品价格时，应考虑到替代品与互补品之间的相互影响。否则，价格变动可能会对销路和利润产生不利影响。

2.4.2　供给弹性

供给弹性与需求弹性一样重要，而且有着相似的定义。供给的价格弹性通常被简称为供给弹性，是指在一定时期内一种商品的供给量的变动对于该商品价格变动的反应程度，是商品供给量的变动率与商品自身价格的变动率之比值。用 E_s 表示供给的价格弹性系数，其公式为

$$E_s = \frac{\Delta Q}{Q} \bigg/ \frac{\Delta P}{P} = \frac{\Delta Q}{\Delta P} \cdot \frac{P}{Q} \tag{2-6}$$

式中，$\Delta Q/Q$ 表示商品的供给量的变化率，$\Delta P/P$ 表示商品价格的变化率。

一般情况下，商品的供给量和商品自身价格是呈同方向变动的，所以供给的价格弹性系数 E_s 为正值。

如同需求价格弹性，供给的价格弹性可以根据 E_s 值的大小分为五种类型。$E_s>1$ 表示供给富于弹性；$E_s<1$ 表示供给缺乏弹性；$E_s=1$ 表示供给单一弹性或单位弹性；$E_s=\infty$ 表示供给完全富于弹性；$E_s=0$ 表示供给完全无弹性。

现实经济生活中，供给单一弹性、供给完全无弹性和供给完全富于弹性比较少见，大多数商品的供给不是富于弹性就是缺乏弹性。一些不可再生性资源如土地的供给以及那些无法复制的珍品的供给价格弹性等于零，而在劳动力严重过剩地区劳动力供给曲线具有完全弹性的特点。

现实中，影响供给价格弹性的因素很多，其中主要有生产周期的长短，生产的技术状况，产品生产所需要的规模等。一般而言，某种产品生产周期越长，该产品供给价格弹性越小；产品生产周期越短，其供给价格弹性越大。生产的技术状况在这里是指产品需要用劳动密集型方法，还是采取资本或技术密集型方法生产。如果产品需要采用劳动密集型方法生产，则产品的供给价格弹性比较大；如果产品需要采用资本密集型或技术密集型方法生产，则产品供给价格弹性比较小。就生产规模而言，产品生产所需要的规模大，产品的供给价格弹性就小；产品生产所需要的规模小，产品的供给价格弹性就大。

案例 2.13

表 2-7 列示了 1985—2009 年期间世界天然气的需求、供给价格弹性。

表 2-7　　　　世界天然气需求、供给价格弹性表（1985—2009 年）

年份	需求价格弹性	供给价格弹性	年份	需求价格弹性	供给价格弹性
1985	0.53	0.52	1987	−0.11	−0.11
1986	−0.14	−0.36	1988	−0.34	−0.33
1989	−0.42	−0.30	2000	0.09	0.08
1990	0.07	0.09	2001	0.08	0.11
1991	0.15	0.08	2002	−0.20	−0.14

续表

年份	需求价格弹性	供给价格弹性	年份	需求价格弹性	供给价格弹性
1992	−0.03	−0.04	2003	0.14	0.17
1993	−0.27	−0.26	2004	0.50	0.48
1994	−0.09	−0.21	2005	0.10	0.10
1995	1.91	0.88	2006	0.08	0.12
1996	1.78	1.74	2007	1.70	1.16
1997	−0.04	0.02	2008	0.07	0.10
1998	−0.12	−0.17	2009	0.08	0.08
1999	−0.11	−0.12			

2.4.3 弹性理论的运用

1. 需求弹性与厂商决策

不同行业商品的需求价格弹性是不同的，到底价格如何变化，变化多大才是最合理的呢？回答取决于需求弹性。如果某商品是富有弹性的，该商品的价格下降导致需求量（销售量）增加的幅度大于价格下降的幅度，总收益会增加。该商品的价格上升时，需求量（销售量）减少的幅度大于价格上升的幅度，从而总收益减少。需求富有弹性的商品适宜采用降价促销策略，这就是我们俗称的"薄利多销"。

如果某商品是缺乏弹性的，当该商品的价格下降时需求量（销售量）增加幅度小于价格下降的幅度，从而使总收益会减少。该商品价格上升时，需求量（销售量）减少幅度小于价格上升的幅度，从而使总收益会增加。因此，需求缺乏弹性的商品适宜采用提价销售策略。

不同弹性对企业价格策略的影响，如表2-8所示。

表2-8　　　　　　　　　　　　　不同弹性对企业价格策略的影响

需求价格弹性	$|E_d|>1$	$|E_d|=1$	$|E_d|<1$
降价的影响	增加销售收入	销售收入不变	减少销售收入
涨价的影响	减少销售收入	销售收入不变	增加销售收入
企业价格策略	适当降价	针对不同情况涨价或减价	适当涨价

知识拓展 2.4

晋商的秘密

晋商做生意一个重要的特点是质优价廉，薄利多销，赢得广大客户的欢迎。他们在内地采购草原牧民需要的服装、茶叶、布匹、铁锅、白酒、红糖、瓷碗、壶、果品等，贱价抛售，还将布料扯成不同尺寸的蒙古袍料任牧民选购，从而使销售量大增，利润因之增多。

晋商深入了解各地的生活习惯，消费水准，市场容量，产品规格、性能、价格等要素，采取以销联产、产销结合的办法，有时直接联系货源，组织生产加工。例如，平遥、祁县从事茶叶贩运的商人干脆在福建武夷、安徽六安及湖南等地开设茶叶加工厂，自己加工包装成砖茶，然后加盖本公司的商标，到各地销售。

晋商重视产品质量、信誉，因而客户只认商标，不加检验便大量购买，致使销路畅通、市场稳定、利润大增。如祁县乔氏在包头开的"复"字商号，做生意不随波逐流，不图非法之利，坚持薄利多销，其所售米面，从不缺斤短两，不掺假图利；其所用斗秤，比市面上商号所用斗秤都要略让利给顾客。于是，包头市民都愿意购买"复"字商号的米面，生意越做越好，收到了薄利多销、加快资金周转的效果。

司马迁说过："贪贾三之，廉贾五之。"意思是说，贪婪的商人要价高，所以没有人买货物，十分利只得其三；而"廉贾"则不然，他要价虽低，但卖得多，销路好，十分利可得其五，这就是"薄利多销"的道理。目光短浅的人总是很难克制自己的贪婪，只有真心让利换取信任，才能带来更大的回报。

2. 税收的负担问题

如果政府决定对某种产品征税（销售税），这项税额究竟是由生产者负担，还是由消费者负担，或者说这项税额在买者与卖者之间的分摊比例怎样确定，这就取决于这种产品的供求弹性。

假定政府是向生产者征税，厂商将把这项税额列入产品成本，因此在其他条件不变的情况下，厂商的销售价格要比不征这项税时高，厂商会把税收加到出售的每一单位产品所愿接受的最低价格（供给价格）上，这样，就使厂商的供给曲线垂直向上移动，如图 2-15 所示。D_0、S_0、E_0、P_0、Q_0 分别为征税前的需求曲线、供给曲线、均衡点、均衡价格和均衡数量。当政府征收税额 t 以后，厂商的生产成本增加 t 元，供给价格相应上涨 t 元，即供给曲线垂直上移到 S_1，均衡点就为 E_1，均衡价格上升为 P_1。可见，税后价格比原均衡价格要高，但价格的上升量 P_0P_1 小于 t，这说明，消费者分担了一部分税额，分担的部分等于（OP_1-OP_0）即 P_0P_1 元。而对于厂商来说，单位产品的税后收入为 $OP_1-t=OP_2$，比税前减少 P_2P_0 元，即厂商分担的税额为 P_2P_0 元。

从图 2-15 可以看出，税额在生产者与消费者之间分摊的比例与供求曲线的平坦程度有关，即与商品的供求弹性有关。从需求方面来看，需求弹性越大，消费者分担的比例越小，需求为完全弹性时，消费者的税收负担为 0；需求弹性越小，消费者分担的比例越大，需求完全缺乏弹性时，税额将全部转嫁到消费者身上。从供给方面来看，供给越富于弹性，生产者分担比例越小，供给完全弹性，则生产者负担为 0，税收负担完全转嫁给消费者；供给越缺乏弹性，则生产者分担比例越大，供给完全无弹性，则生产者负担全部税收，即不能转嫁给消费者。

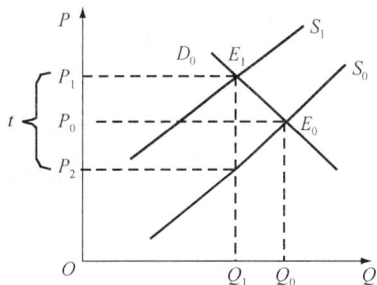

图 2-15 赋税分担

知识拓展 2.5

谷贱伤农和蛛网理论

"谷贱伤农"是经济学的一个经典问题。农民的粮食收割后到底能卖多少钱取决于两个因素，即产量和粮价，收入是二者的乘积。但这两个变量并不是独立的，而是相互关联的，其关联性由一条向下倾斜的对粮食的需求线来决定。也就是说，价格越低，需求量越大；价格越高，需求量越小。另外还要注意的是，粮食需求线缺少弹性，也就是说，需求量对价格的变化不是很敏感。当粮价下跌时，对粮食的需求量会增加，但增加得不是很多。其基本的道理在于，粮食是一种必需品，对粮食的需求最主要的是由对粮食的生理需求所决定的。此外，对当今大部分人来说，粮食方面的花费在全部花费中所占比例已很小了，并且还会越来越小，这也导致人们对粮价的变化反应不敏感。

认识到粮食市场的这一特性后，就不难理解下面的现象。当粮食大幅增产后，农民为了卖掉手中的粮食，只能竞相降价。但是由于粮食需求缺少弹性，只有在农民大幅降低粮价后才能将手中的粮食卖出，这就意味着，在粮食丰收时往往粮价要大幅下跌。如果出现粮价下跌的百分比超过粮食增产的百分比，就会出现增产不增收甚至减收的状况，这就是"谷贱伤农"。

其实像谷物等农产品的产量除了气候因素外，价格因素也会导致产量波动，这反过来又反推价格波动，我们可以用蛛网理论进行解释。蛛网理论是在1930年由美国的舒尔茨、荷兰的J.丁伯根和意大利的里奇各自独立提出的。它是描述某些商品的价格与产量变动相互影响，引起规律性的循环变动的理论，用图形表示犹如蛛网，1934年英国的卡尔多将这种理论命名为蛛网理论（Cobweb Theorem）。

蛛网理论是一种动态均衡分析，其假设是：①完全竞争，每个生产者都认为当前的市场价格会继续下去，自己改变生产计划不会影响市场；②价格由供给量决定，供给量由上期的市场价格决定；③生产的商品不是耐用商品。这些假设表明，蛛网理论主要用于分析农产品。

价格与供应量的关系是，产品本期的价格由供给量来决定，生产者按这个价格来决定他们在第二时期的产量，第二时期的产量又决定了第二时期的价格；第三时期的产量，由第二时期的价格来决定，依此类推。

由于需求弹性、供给弹性不同，价格和供给量的变化可分三种情况。

（1）当供给弹性小于需求弹性（即价格变动对供给量的影响小于对需求量的影响）时，价格和产量的波动将逐渐减弱，经济状态趋于均衡，如图2-16（a）所示。供给弹性小于需求弹性为"蛛网稳定条件"，蛛网向内收缩，称"收敛型蛛网"。

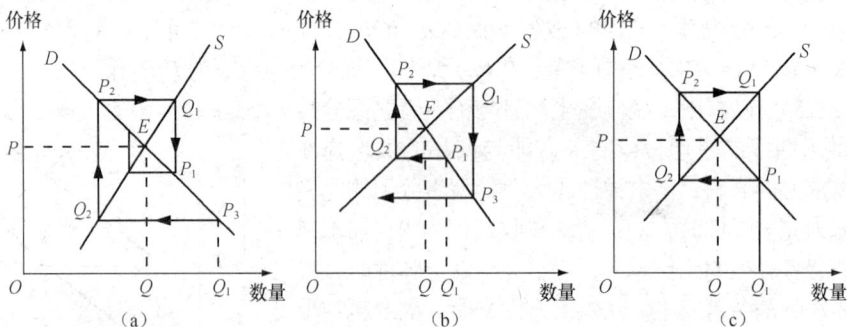

图2-16 蛛网理论

（2）当供给弹性大于需求弹性（即价格对供给量的影响大于对需求量的影响）时，波动逐步加剧，越来越远离均衡点，无法恢复均衡，如图2-16（b）所示。供给弹性大于需求弹性为"蛛网不稳定条件"，蛛网为"发散型蛛网"。

（3）当供给弹性等于需求弹性时，波动将一直循环下去，既不会远离均衡点，也不会恢复均衡，如图2-16（c）所示。供给弹性与需求弹性相等为"蛛网中立条件"，蛛网为"封闭型蛛网"。

蛛网理论旨在说明在市场机制的自发调节的情况下，农产品市场经常发生蛛网形波动，从而影响农业生产的稳定性。在现实生活中，农产品广泛存在着发散型蛛网波动的现象。比如近年来我国农产品市场出现的"蒜你狠""姜你军""豆你玩""辣死你"等农产品价格波动以及猪肉、鸡等畜禽产品波动都可以用蛛网理论进行很有力的解释。

为消除或减轻农产品在市场上经常出现的这种蛛网形波动的现象，一般有两种方法：①由政府运用支持价格或限制价格之类经济政策对市场进行干预；②利用市场本身的调节作用机制进行调节，即运用期货市场来进行调节。

问题探索：为什么一些知名医院如北京协和医院、湖南湘雅医院的价格100元的专家门诊号常常被"倒票党"炒到2 000～3 000元，你认为该怎么控制这个现状？

【本章小结】

1. 供给—需求分析是微观经济学的一个基本工具，在竞争性市场中，供给和需求曲线是价格的函数，揭示了市场均衡形成的过程，也分析了在政府干预下市场存在的一些非均衡现象。

2. 一种商品的需求是指消费者在一定时期内在各种可能的价格水平下愿意而且能够购买的该商品的数量。一种商品的供给是指生产者在一定时期内在各种可能的价格下愿意并且能够提供出售的该种商品的数量。市场机制或者说供求定律是供给与需求保持均衡的机制。在均衡时，市场既不存在超额需求，也不存在超额供给。

3. 弹性度量的是供给和需求对价格、收入或其他变量的反应程度。需求价格弹性是指需求量的变动对价格变动的反应灵敏度，可通过点弹性和弧弹性公式来求得弹性值的大小。需求价格弹性与厂商的收益有着直接的关系。弹性这一概念与时间紧密相连。对绝大多数的商品而言，了解商品的需求弹性以及供给弹性是相当重要的。

4. 进行简单快捷商品的需求弹性、供给弹性的估算对于厂商而言是十分重要的，这类数据对于许多市场而言是可以得到的，有助于我们了解市场特征和行为。

5. 在税收和政府干预下，市场会存在着一些不均衡现象。

【经济观察】

烟草和槟榔

公共政策制定者经常想减少人们吸烟的数量。政策制定者努力达到这一目标的方法有两种。

减少吸烟的一种方法是使香烟和其他烟草产品的需求曲线移动。公益广告、香烟盒上有害健康的警示以及禁止在电视上做香烟广告，都是旨在减少任何一种既定价格水平下对香烟的需求量。如果成功了，这些政策就使香烟的需求曲线向左移动。

此外，政策制定者可以试着提高香烟的价格。例如，如果政府对香烟制造商征税，烟草公司就会以高价的形式把这种税的大部分转嫁给消费者。较高的价格鼓励吸烟者减少他们吸的香烟量。在这种情况下，吸烟量的减少就不表现为需求曲线的移动。相反，它表现为沿着同一条需求曲线移动到价格更高而数量较少的一点上。

一个相关的问题是，香烟的价格如何影响槟榔这类商品的需求。槟榔这类商品某地区的居民喜欢嚼食，而且容易上瘾。不过近些年来发现嚼食槟榔与口腔疾病特别是癌症直接相关，已经成为公共问题。香烟税的反对者经常争论说，烟草与槟榔是替代关系，因此，高香烟价格会鼓励食用槟榔。大多数数据研究与这种观点是一致的，他们发现降低香烟价格与更多使用槟榔是相关的。换句话说，烟草和槟榔看来是互补关系，而不是替代关系。

讨论题

1. 你怎么看待烟草和槟榔之间的关系？

2. 用经济学原理分析要减少人们吸烟的数量有哪些方法？

【能力训练】

商品的需求价格弹性估算

对于某一具体品牌商品，估算其需求的价格弹性，是厂家进行生产、销售决策的重要依据。以 3～5 人为一小组，并以小组为单位，联系学校所在城市的某一家商场、超市或专卖店，针对某一品牌系列商品进行为期至少半个月的跟踪调查或试验，收集数据，利用弧弹性公式估算这一品牌商品的需求价格弹性。同时注意收集这一品牌销售的历史统计数据，做适当的校正。

以组为单位交调查报告，考核实训成绩。

【概念复习】

需求　需求量　需求规律　互补品　替代品　正常品　劣质品　吉芬商品　供给　供给量
供给规律　均衡价格　供求定律　需求价格弹性　需求收入弹性　需求交叉弹性　供给价格弹性

【同步练习】

1. 在其他条件不变的情况下，某种商品的需求量（　　　）。
   A. 随着替代商品价格的提高而减少　　　B. 随着替代商品价格的提高而增加
   C. 随着偏好的增加而减少　　　　　　　D. 随着互补品价格下降而减少

2. 需求量和价格之所以呈反方向变化，是因为（　　　）。
   A. 替代效应的作用　　　　　　　　　　B. 收入效应的作用
   C. 上述两种效用同时发生作用　　　　　D. 以上均不正确

3. 某种商品沿着供给曲线运动是由于（　　　）。
   A. 商品价格的变化　　　　　　　　　　B. 互补品价格的变化
   C. 生产技术条件的变化　　　　　　　　D. 生产这种商品的成本的变化
   E. 产量的变化

4. 均衡价格随着（　　　）。
   A. 需求和供给的增加而上升　　　　　　B. 需求和供给的减少而上升
   C. 需求的减少和供给的增加而上升　　　D. 需求的增加和供给的减少而上升

5. 影响一种商品供给数量的因素包括（　　　）。
   A. 商品本身的价格　　　　　　　　　　B. 相关商品的价格
   C. 生产技术的变动　　　　　　　　　　D. 生产要素的价格
   E. 厂商对未来的预期

【问题讨论】

1. 什么是需求？影响需求的因素有哪些？
2. 什么是供给？影响供给的因素有哪些？
3. 什么是均衡价格？它是如何形成的？
4. 什么是供求定理？
5. 什么是需求弹性？影响需求弹性的因素有哪些？
6. 什么是供给弹性？影响供给弹性的因素有哪些？
7. 用图形分别说明需求量变化与需求变化、供给量变化与供给变化的区别。
8. 联系实际说明政府管制价格（支持价格或限制价格）会产生什么后果。
9. 简述厂商收益与需求价格弹性的关系。
10. 说明薄利多销与谷贱伤农的经济学道理。

【补充读物与资源】

《经济学原理》[英] 阿尔弗雷德·马歇尔，著，宇琦，译. 湖南文艺出版社，2011 年 12 月

经济学家网站
　　北京大学国际经济研究中心网站

第 3 章

消费者行为

萝卜白菜，各有所爱。

——中国谚语

学习目标

能力目标

- 能够运用边际消费递减规律及消费者均衡理论，分析和解释现实社会中消费者的消费行为。
- 能够运用消费者剩余的概念，分析和解释现实社会中消费者的满意度及消费行为。

知识目标

- 理解效用的基本含义和特征。
- 掌握边际效用递减规律及消费者剩余。
- 理解消费者均衡的条件，并能运用边际效用分析法来实现效用最大化。
- 能够理解消费者均衡的含义，并能够运用无差异曲线和预算线推导出消费者均衡的条件。

重要概念

效用　基数效用　序数效用　边际效用　边际效用递减规律　消费者均衡　无差异曲线　边际替代率　预算线　递减规律

上一章我们学习了需求与供给的基本原理。需求来自于消费者，是由消费者的行为决定的；供给来自于生产者，是由生产者的行为决定的。因此，我们要更深入地了解需求，就必须了解消费者与生产者的行为是如何决定的。

你经常逛商场吗？为什么你喜欢货比三家？你在决策一种商品"买不买"时，会对它的效用与价格进行比较。如果你对自己购买的商品最满意，也就意味着花钱最少，得到的效用最大。在本章里，我们要介绍的是消费者在有限收入的条件下，怎样决定购买商品和服务，怎么分配他的收入，这就是消费者行为。在理性条件下，消费者行为有三个因素。一是消费者的偏好，即欢喜什么，讨厌什么；二是预算约束，即收入有限，限制所能购买商品的数量；三是消费者选择，即在偏好和收入给定的条件下，消费者选择购买能使其满足程度最大的商品组合。这三个因素是消费者行为理论的基础。不过消费者也常常做出非理性的消费决策，忽视或没有重视自己的偏好与收入约束。

引导案例

春晚的怪圈

3.1　欲望与效用

3.1.1　欲望

消费者为什么需要各种商品和服务？答案是这些商品和服务可以满足消费者的各种欲望。因此，欲望便成为研究消费者消费行为的出发点。那么，什么是欲望呢？

欲望是指想要得到而又没有得到某种东西的一种心理状态，也就是指人对未得到的某种东西的一种需要。欲望必须满足两个条件：第一，有不足之感；第二，有求足之愿。例如，人们因为饥饿而购买食物，因为寒冷而购买衣服以满足温暖的欲望。

欲望是无限的，欲望也有轻重缓急之分，有不同的层次。在欲望的层次理论体系中，美国人本主义心理学家马斯洛（Abraham Maslow）提出的金字塔需求理论被人们广泛认同，如图 3-1 所示。

马斯洛将人的需求欲望分为以下五个层次。

（1）基本生理需要，包括食物、住房、交通、衣服等人的基本欲望。

（2）安全的需要，包括生命安全、财产安全、职业安全等。

（3）社交、归属感和友情的需要，包括社会人的需求，与人建立情感等。

图 3-1　马斯洛需要层次金字塔图

（4）尊重的需要，包括自尊和受人尊重、威望、名誉等。

（5）自我实现的需要，包括自我发展、自我理想的实现等，是人类最高层次的欲望。

马斯洛认为，人的欲望或需求是按以上五个层次由低级向高级逐层发展的。当低层次的需求获得满足后，人们开始追求更高一层的需求。所以欲望是多种多样而又无止境的。

可是，人的欲望或需求不可能得到无限的满足。因为任何社会的资源都是有限的，因而能够提供的产品也有限；人的生命也是有限的，不可能满足所有的欲望，同时，欲望或需求的满足还必须依靠他人的劳动，而任何人提供的劳动都是有限的，因而也不能满足无限的欲望和需要。

正因为人们的欲望或需要无限，人们必须在资源、产品和时间中进行最优选择，这就产生了消费者的消费行为理论。

3.1.2　效用

效用就是人们通过消费某种商品或服务所产生的满足程度。商品或服务产生效用的大小，取决于它能够在多大程度上满足人们的欲望或需求。满足消费者欲望的过程，可以说是深受消费者偏好的影响。消费者的偏好是完备的，消费者对各种各样的商品都存在着效用，基于成本的考虑不得不进行比较和排序；消费者的偏好可以传递，即两种及以上的商品中存在更偏好的商品；消费者还偏好任何一种商品多一点，而不是少一点，即越多越好。这些都是我们分析消费者行为的基本假设。

经济学家认为，效用是消费者对商品和服务的主观评价，是一种主观的心理感觉。效用本身并不包括有关是非的价值判断。这就是说，一种商品或服务效用的大小，仅仅看它能满足人们多少的欲望或需求，而不考虑这一欲望或需求的好坏。

效用具有相对性，也就是说效用因人、因时、因地而不同。例如，电风扇在夏天是有效用的，在冬天，对于正常的人没有什么效用。又如，一杯水对于生活在河边的人来说效用小，而对于沙漠中的旅行者来说，一杯水的效用就很大。

同一物品对偏好不同的两个人而言，效用大小是不相同的。例如，一人爱抽烟，一人根本不抽烟，于是，烟对于前者效用大，对于后者效用小，甚至无效用。

就同一物品对于同一人而言，效用大小也不一定一直不变。仍以抽烟为例，如果某人想抽烟，而手头一根烟都没有，那么一根烟对他的效用就很大；如果他因病不想抽烟，这一根烟对他的效用就很小。

> **案例 3.1**
>
> ### "幸福方程式"
>
> 我们消费的目的是为了获得幸福。对于什么是幸福，美国的经济学家萨谬尔森用"幸福方程式"来概括。这个"幸福方程式"就是幸福=效用/欲望。从这个方程式中我们看到欲望与幸福成反比，也就是说人的欲望越大越不幸福。但我们知道人的欲望是无限的，那么多大的效用能够平衡人们的欲望，使之幸福？因此我们在分析消费者行为理论的时候假定人的欲望是一定的。我们离开分析效用理论，再来思考萨谬尔森提出的"幸福方程式"，真是觉得他对幸福与欲望关系的阐述太精辟了，难怪他是诺贝尔奖的获得者。
>
> 在社会生活中对于幸福不同的人有不同的理解，政治家把实现自己的理想和报负作为最大的幸福，企业家把赚到更多的钱当做最大的幸福，我们教书匠把学生喜欢听自己的课作为最大的幸福，老百姓往往觉得平平淡淡衣食无忧是最大的幸福。幸福是一种感觉，自己认为幸福就是幸福。拜金主义者（或有些人）一般把拥有的财富多少看做衡量幸福的标准，他们的欲望水平与实际水平之间的差距越大，就越痛苦。反之，就越幸福。

3.1.3 基数效用论和序数效用论

既然效用是用来表示消费者在消费某种商品和服务时所感受的满足程度，那么，怎样去衡量这种"满足程度"呢？对这一问题，西方经济学家先后提出了基数效用论和序数效用论。

1. 基数效用论

基数效用论的基本观点是，效用可以计量并可加总求和，也就是说效用的大小可用基数（1，2，3，…）来表示。如果消费者喝一杯牛奶所得到的满足程度是 10 个效用单位，吃一片面包获得7 个效用单位，则消费者消费这两种物品所获取的总满足程度是 17 个效用单位。另一个消费者喝一杯牛奶得到 20 个效用单位，吃一个苹果获得 15 个效用单位，吃一个梨获得 5 个效用单位，则总效用单位是 40 个。

基数效用论采用边际效用分析方法来分析消费者行为。

2. 序数效用论

序数效用论认为效用只能用序数度量，即用第一，第二，第三……来表示商品效用的大小，而不能确切地说出各种商品的效用到底是多少。例如，你同时吃了一块巧克力、一个苹果、一根香蕉，比较一下你觉得巧克力带来的满足程度大，苹果次之，香蕉更次之，于是巧克力的效用排在第一位，苹果第二，香蕉排在第三。但你并不能说明或没必要说明在这三种消费品中，巧克力的效用到底比苹果大多少，而苹果的效用又究竟比香蕉大多少。无论这三种消费品的效用分别为10、9、8，还是 9、7、3，都无关紧要，只要符合上述序列就可以了。

序数效用论采用无差异曲线分析方法来分析消费者行为。

3.2 边际效用分析

3.2.1 总效用、边际效用

1. 总效用

总效用是指某个消费者在某一特定时间内消费一定数量的某种商品或服务所获得的满足的总和。基数效用论认为，总效用与商品消费量之间的关系可以用效用函数来表示。以 TU 表示总效用，以 Q 表示消费量，效用函数就是

$$TU = f(Q) \tag{3-1}$$

上式表示，总效用 TU 是消费量（Q）的函数，它随消费量的变化而变化。

2. 边际效用

边际效用就是消费一定量的商品或服务所增加的效用，或者说是最后增加的一单位商品或服务给人带来的效用的增量。以 MU 表示边际效用，则有

$$MU = -\frac{\Delta TU}{\Delta Q} \tag{3-2}$$

如果消费量的增量 ΔQ 非常小，趋近于零，边际效用就是总效用对消费量的一阶导数，即

$$MU = \lim_{\Delta Q \to 0} \frac{\Delta TU}{\Delta Q} = \frac{\mathrm{d}TU}{\mathrm{d}Q} \tag{3-3}$$

现举例说明总效用与边际效用以及两者之间的关系。假如某消费者在一定时期内（如一天）喝咖啡，喝咖啡的杯数以及对他所产生的效用和边际效用如表 3-1 所示。

表 3-1　　　　　　　　　　　　　　　　总效用与边际效用

咖啡消费数量（杯）	总效用	边际效用
0	0	0
1	10	10
2	18	8
3	25	7
4	30	5
5	30	0
6	25	-5

从表 3-1 中可以看出，该消费者一天喝 6 杯咖啡，这 6 杯咖啡对他产生的总满足程度就是对他的总效用，即 25 个效用单位。随着喝咖啡杯数的增加，对他产生的总满足程度也逐渐增加，但喝完第 4 杯，再喝第 5 杯时，总效用却没有增加，仍然是 30 个效用单位，这时的效用达到最高点。当继续喝第 6 杯咖啡时，总效用不仅没有增加，反而减少，这说明最后一杯咖啡产生了负效用。不过，一般来说，人们并不强迫自己进行负效用的消费。

根据表 3-1 可以绘制出图 3-2，以解释总效用与边际效用的关系。

从图 3-2 中可以看出，横轴 X 代表某商品的数量，纵轴分别代表某商品的总效用和边际效用，TU 线和 MU 线分别代表总效用曲线和边际效用曲线。总效用曲线的变动趋势是先递增后递减；边际效用曲线的变动趋势是递减的。两者的关系为：MU 为正值时，TU 曲线呈上升趋势；MU 为零时，TU 线达到最高点；MU 为负值时，TU 线呈下降趋势。

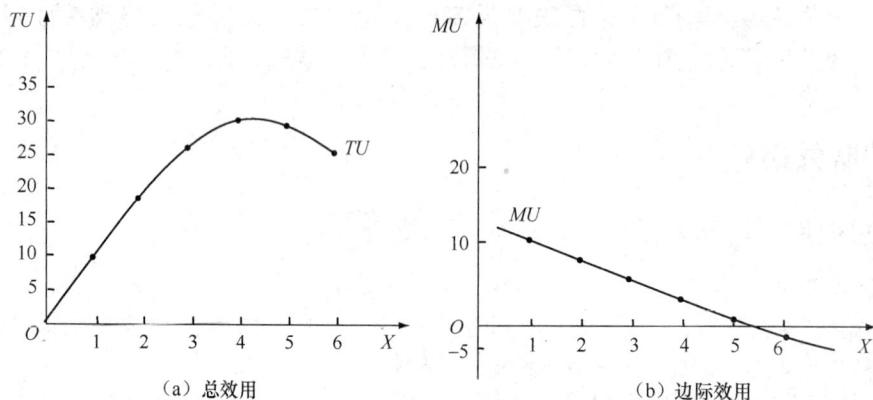

图 3-2　总效用与边际效用

案例 3.2

价值悖论

"为什么像水那样对生命如此不可缺少的东西具有很低的价格，而对于生命并非必不可少的钻石却具有如此高的价格呢？"

200 年前，这一悖论困扰着亚当·斯密。现在，我们知道如何解答这一问题了：商品的价格并不取决于该商品的使用价值或总效用，而取决于它的边际效用。尽管水的使用价值很高，但水资源相当丰富，即使最初几滴水相当于生命自身的价值，但最后的一些水仅仅用于浇草坪或洗汽车，即最后一单位水带给消费者的边际效用很低，所以水只能以很低的价格出售。相反，钻石是十分稀缺的，多得到一单位钻石的成本很高，对消费者来说，边际效用高，所以价格高昂。

因而，经济学中的价值论并不难懂，只要你记住，在经济学中，是"狗尾巴摇动狗身子"，摇动价格和数量这个"狗身子"的是边际效用这条"狗尾巴"。

3.2.2 边际效用递减规律

仔细观察表 3-1，我们可以得到更多的信息：当消费者消费较多的咖啡时，他的总效用趋向于增加。然而，当消费越来越多时，消费者得到的总效用却以越来越慢的速度增加。总效用增加减缓，是因为消费者从消费咖啡中得到的边际效用随着咖啡的消费量的增加而减少。英国经济学家阿菲里德·马歇尔把"人类本性的这一平凡而基本的倾向"称做"边际效用递减规律"。

边际效用递减规律是指在其他条件不变情况下，在一定时期内消费者消费某种商品或服务，随着消费数量的不断增加，其边际效用是不断递减的。

造成边际效用递减现象的原因有两种。一种来自人们的欲望本身。人们的欲望是多种多样的，当消费某种商品时，其欲望获得部分满足，因而对这种商品的欲望降低。同时，对其他商品的需求欲望则变得强烈。另一种原因来自商品本身的用途。当某种商品数量很少时，人们会根据自己的判断把它用到最需要的地方，如果数量增加，人们就会用于其他用途。这可以解释为什么在沙漠行走的人绝不会用水洗澡，而在水源充足的地方，人们不仅可以用水洗澡，还可以用水洗衣、冲刷地板等。

案例 3.3

边际效用递减规律给经营者的启示

消费者购买物品是为了效用最大化，而且，物品的效用越大，消费者愿意支付的价格越高。根据效用理论，企业在决定生产什么时首先要考虑商品能给消费者带来多大效用。

企业要使自己生产出的产品能卖出去，而且能卖高价，就要分析消费者的心理，满足消费者的偏好。一个企业要成功，不仅要了解当前的消费时尚，还要善于发现未来的消费时尚。这样才能从消费时尚中了解到消费者的偏好及偏好变动，并及时开发出能满足这种偏好的产品。同时，消费时尚也受广告的影响。一种成功的广告会引导一种新的消费时尚，左右消费者的偏好。所以说，企业行为从广告开始。

消费者连续消费一种产品的边际效用是递减的。如果企业只连续生产一种产品，它带给消费者的边际效用就在递减，消费者愿意支付的价格就低了。因此，企业要不断创造出多样化的产品，即使是同类产品，只要不相同，就不会引起边际效用递减。例如，同类服装做成不同式样，就成为不同产品，就不会引起边际效用递减。

边际效用递减原理告诉我们，企业要进行创新，生产不同的产品满足消费者需求，减少和阻碍边际效用递减。

3.2.3 消费者均衡

消费者均衡是研究单个消费者如何把有限的货币收入分配在各种商品的购买中以获得最大的效用。也可以说，它是研究单个消费者在既定收入下实现效用最大化的均衡条件。这里的均衡是实现最大效用时既不想要再增加也不想再减少任何商品购买数量的一种相对静止的状态。

研究消费者均衡时，有三个假设条件：消费者的偏好是固定的；消费者的收入是固定的；消费的价格是固定的。

基数效用论采用边际分析法，得出消费者在既定收入下实现均衡的两个条件，可用公式表示为

$$P_1Q_1+P_2Q_2+P_3Q_3+\cdots+P_nQ_n=M \tag{3-4}$$

$$MU_1/P_1=MU_2/P_2=MU_3/P_3=\cdots=MU_n/P_n=\lambda \tag{3-5}$$

式中，λ 表示货币的边际效用；P 表示商品的价格；Q 表示商品的数量。

公式（3-4）表示消费者购买各种物品花的钱刚好等于消费者的全部收入 M，这是消费者均衡的前提条件。

公式（3-5）表示每一单位货币（即每一元钱）无论购买何种商品所得到的边际效用都相等，也就是实现了消费者均衡。

举例来说，假设某消费者购买了甲、乙两种商品，其购买数量和价格及边际效用如表 3-2 所示。

表 3-2 　　　　　　　　　　　　　　　　消费者均衡

购买商品名称	数量	价格（元）	边际效用 MU	单位货币购买的边际效用
X	6	2	16	8
	7	2	14	7
	8	2	12	6
	9	2	10	5
Y	10	4	12	3
	9	4	16	4
	8	4	18	4.5
	7	4	20	5

表 3-2 说明只有当消费者购买 9 个单位 X 商品和 7 个单位 Y 商品时才能实现效用最大化，因为单位货币无论购买 X 或者 Y 商品，得到的边际效用相等，都是 5 个单位。

案例 3.4

把每一分钱都用在刀刃上

消费者均衡就是消费者购买商品的边际效用与货币的边际效用相等。这就是说消费者的每 1 元钱的边际效用和用 1 元钱买到的商品边际效用相等。假定 1 元钱的边际效用是 5 个效用单位，一件上衣的边际效用是 50 个效用单位，消费者愿意用 10 元钱购买这件上衣，因为这时 1 元钱的边际效用与用在一件上衣的 1 元钱边际效用相等。此时消费者实现了消费者均衡，也可以说实现了消费（满足）的最大化。低于或大于 10 元钱，都没有实现消费者均衡。我们可以简单地说，在收入既定、商品价格既定的情况下，花钱最少、得到的满足程度最大就实现了消费者均衡。

前边讲到商品的连续消费边际效用递减，其实货币的边际效用也是递减的。在收入既定的情况下，你存货币越多，购买物品就越少，这时货币的边际效用下降，而物品的边际效用

在增加，明智的消费者就应该把一部分货币用于购物，增加他的总效用；反过来，消费者则卖出商品，增加货币的持有，也能提高他的总效用。通俗地说，假定你有稳定的职业收入，银行存款有 50 万元，但你非常节俭，吃、穿、住都处于温饱水平，这时并没有实现消费者均衡。实际上这 50 万元足以使你实现小康生活。要想实现消费者均衡，你应该用这 50 万元的一部分去购房，用一部分去买一些档次高的服装，银行也要有一些积蓄。但如果你没有一点积蓄，购物欲望非常强，买了很多服装，也会使总效用降低，如遇到一些家庭风险，会使生活陷入困境。

经济学家的消费者均衡的理论看似难懂，其实很简单，一个理性的消费者的消费行为已经遵循了消费者均衡的理论。比如你在现有的收入和储蓄下是买房还是买车，你会做出合理的选择。你走进超市，见到琳琅满目的物品，你会选择你最需要的。你去买服装肯定不会买回你已有的服装。所以说经济学是选择的经济学，而选择就是在你资源（货币）有限的情况下，实现消费满足的最大化，使每一分钱都用在刀刃上，这就实现了消费者均衡。

3.2.4　消费者剩余

边际效用递减规律指出，随着消费者越来越多地消费某种商品，他对该商品的评价将逐渐下降，如果用货币表示，这一规律则体现为，消费者愿意为该物品支付的货币量将逐渐减少。换句话说，对应于不同的消费量，人们愿意为新增一单位的消费支付不同的价格。但事实上，对于我们所购买的不同数量的同一商品，我们支付的是相同的价格——市场价格。

消费者剩余就是用来表示人们愿意为给定数量的商品支付的费用与他们按市场价格实际支付的费用之间的差额。

消费者剩余是消费者自己感觉到的收益，表明我们的所得大于付出。举例来说，如果你准备购买的商品是苹果，在你一个苹果也没有的情况下，为得到 500 克苹果你愿意支付的价格是 3.00元，当你得到 500 克苹果后，为得到第二个 500 克苹果你愿意支付的价格是 2.50 元，对于第三个 500 克苹果你愿意支付的价格为 2.00 元。如果市场上的价格是苹果每 500 克 2.00 元，那么，你为第一个 500 克苹果付出的代价只是苹果的市场价格，从而获得了 1.00（3.00-2.00）元的消费者剩余，从第二个 500 克苹果的购买中获得 0.50（2.50-2.00）元的消费者剩余，从第三个 500 克苹果的购买中获得的消费者剩余为 0。我们可以借助表 3-3 来进一步说明。

表 3-3　　　　　　　　　　　　　　　　消费者剩余

苹果消费	市场价格	消费者愿意支付的价格	消费者剩余
第一个 500 克	2.00	3.00	1.00
第二个 500 克	2.00	2.50	0.50
第三个 500 克	2.00	2.00	0.00
第四个 500 克	2.00	1.50	− 0.50
第五个 500 克	2.00	1.00	− 1.00
第六个 500 克	2.00	0.50	− 1.50

表 3-3 中，消费者愿意支付的价格代表消费者对所购商品的支付意愿，当苹果的市场价格高于消费者对苹果的支付意愿时，消费者将不会继续购买。因而，苹果的市场价格为 2.00 元的情况下，消费者的最优购买量为 1 500（3×500）克，此时，消费者对苹果的支付意愿与市场价格相等，消费者获得的消费者剩余总量最大（1元+0.50 元+0=1.5 元）。

将表 3-3 描绘在图 3-3 中，横轴表示苹果的消费量，纵轴表示苹果的价格，需求曲线衡量了消费者对商品的支付意愿，三角形 *ABC* 部分则是消费者从苹果购买中获得的消费者剩余，等于消费者愿意支付的数量（区域 *OABD*）减去他实际支付的数量（区域 *OCBD*）。

消费者剩余是表示人们从消费中获得福利的重要概念，它常常被用来评估政府的决策是否有效。设想你是一个决策者，在制订计划时，应当考虑你的决策是否有助于增加消费者剩余。

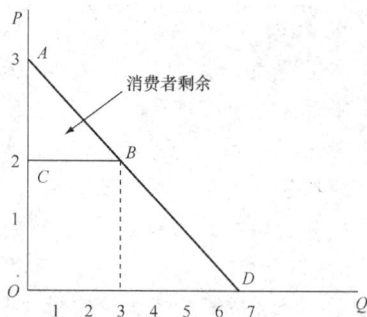

图 3-3   消费者剩余

问题探索：想一想消费者剩余与品牌建设的关系。

案例 3.5

小灵通的秘密——消费者剩余

提起小灵通，用户的第一印象就是"便宜"。虽然有一些缺点，但对于大多数消费者来说，小灵通在价格上的巨大诱惑使它的弱点几乎可以忽略不计，因为省钱是最实惠的。而当年小灵通的盛行，与消费者剩余是分不开的。

据报道，2006 年，小灵通已经覆盖了全国 310 多个城市，用户数超过 1 100 万，其中 2006 年新增的用户就达到 750 多万。而在 2006 年新增的固定电话用户中，小灵通就占了近 20%。

小灵通为什么能够如此火爆呢？一句广告语曾道出了其主要原因，"用市话的价格打手机"。没错，它就是因为价格便宜，所以才有如此广阔的销售市场。

小灵通属于一种无线市话业务，它具有利用已有的固定电话网络，实现无线接入的功能。换句话说，使用小灵通相当于把家里的固定电话揣在了自己兜里，而且可在市内随便走动，非常方便。其最主要的优点是资费低廉，每 3 分钟 0.2 元，月租费只有 15~25 元，并且单向收费，话机价格更为低廉，不少地方都是由运营商"送机入网"。

因此，小灵通火爆的秘密用经济学术语来说，就是其提供了较多的"消费者剩余"。

消费者剩余就是消费者愿意为一种物品支付的钱减去消费者实际支付的钱。就小灵通而言，消费者愿意为它支付的话费价格有一个很好的参照物——使用普通移动电话所支付的费用。在当时的绝大多数地区，预付费的移动电话市内话费为每分钟 0.6 元，不收月租费，后付费为每分钟 0.4 元，月租费 50 元。而价格最低的手机话机也要几百元，高的数千元。而小灵通的综合使用费用明显低于普通移动电话，所以消费者都愿意接受。因为，消费者愿意为小灵通支付的资费要比普通手机低 15%~20%。而小灵通的实际资费水平仅相当于普通移动电话通话费的 1/6。而且，市场上小灵通话机的平均价格只相当于普通手机的一半左右。两者互相比较，我们很容易看到小灵通使用者获得的消费者剩余是多么可观。

3.3   无差异曲线分析

3.3.1   无差异曲线

无差异曲线表示给消费者带来相同效用水平的不同的商品组合，是消费者主观偏好的几何表现。它意味着如果你是消费者，表 3-4 所示的各种组合对你是通用可取的，即你并不在乎选择组合 A（1 单位 X 商品和 8 单位 Y 商品），还是组合 B（2 单位 X 商品和 4 单位 Y 商品），或是组合 D（4 单位 X 商品和 2.5 单位 Y 商品），得到它们之间的任何一种对你来说获得的满足程度是相同的。

商品组合	X 商品	Y 商品
A	1	8
B	2	4
C	3	3
D	4	2.5

表 3-4 　　　　　　　　　　无差异的商品组合

将表 3-4 每个商品组合的点画在 3-4 图上。横轴 X 表示 X 商品的数量，纵轴 Y 表示 Y 商品的数量。用平滑的曲线连接起来就得到无差异曲线，消费者沿着一条无差异曲线移动，从消费的变化中得到的满足程度既不上升，也不下降。

对于任何一个人来说，都可以有很多的无差异曲线，如图 3-5 中每一条无差异曲线都代表不同的满足程度。理论上可以假设一个消费者对于两种商品有无数条无差异曲线存在，离原点越远的无差异曲线所表示的满足水平或效用越高（因为它包括了更多的商品数量）。

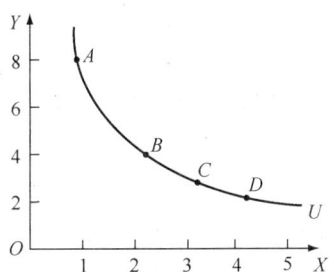

图 3-4　无差异曲线　　　　　　　　图 3-5　无差异曲线的特点

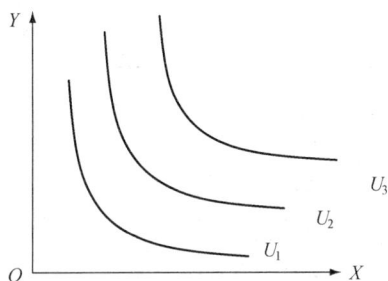

结合图 3-4 和图 3-5 可以得出无差异曲线具有如下特点。

第一，无差异曲线向右下方倾斜，斜率为负。这是因为在无差异曲线上任何一个组合点都提供同等水平的满足，消费者要增加 X 商品的消费数量，就必须牺牲一定数量的 Y 商品；或者说，消费者放弃一定数量的 X 商品所遭受的损失，必须通过增加 Y 商品来弥补，两种商品不能同时增加或减少。这样，无差异曲线的斜率必然是负数。

第二，在同一平面上可以有无数条无差异曲线。同一条无差异曲线代表相同的效用，不同的无差异曲线代表不同的效用。离原点越远，表示给消费者的效用越大，反之，则越小。在图 3-5 中，U_1、U_2、U_3 分别表示三条不同的无差异曲线，其效用大小的排列是 $U_1 < U_2 < U_3$。

第三，在同一平面上，任意两条无差异曲线是不能相交的。因为在交点上两条无差异曲线代表了相同的效果，这与第二点是矛盾的。

3.3.2　商品的边际替代率

可以想象一下，当一个消费者沿着一条既定的无差异曲线上下滑动时，两种商品数量的组合会发生变化，但消费者所得到的效用却是不变的。也可以反过来说，消费者若要维持效用水平不变，则在增加一种商品的同时，必然会减少另一种商品的消费。由此可以得到商品的边际替代率的概念。

边际替代率（Marginal Rate of Substitution，MRS），是指消费者在维持效用水平不变的前提下，增加一单位的某种商品的消费时所需放弃的另一种商品的消费数量。换言之，就是消费者在保持相同的效用时，减少的一种商品的消费量与增加的另一种商品的消费量的比值。数学表达式为

$$\mathrm{MRS_{XY}} = -\frac{\Delta Y}{\Delta X}$$

（3-6）

其中，ΔX 和 ΔY 分别表示商品 X 和商品 Y 的变化量。由于 ΔX 和 ΔY 的符号是相反的，为了使商品的边际替代率取正值以便于比较，故在公式中加了一个负号。

下面用表 3-5 来具体说明商品的边际替代率。

A 组合为 3 单位 X 商品和 10 单位 Y 商品，B 组合为 4 单位 X 商品和 7 单位的 Y 商品。现在消费者要从 A 组合转到 B 组合而保持总效用不变，当增加一单位的 X 商品时，必须放弃 3 个单位的 Y 商品。此时的边际替代率为 3。同理，假如消费者从 B 组合转到 C 组合而保持总效用不变，则边际替代率为 2，以此类推。

表 3-5 商品的边际替代率

组合	Q_X	Q_Y	MRS$_{XY}$
A	3	10	
B	4	7	3
C	5	5	2
D	6	4.2	0.8
E	7	3.5	0.7

从表 3-5 可以看出，边际替代率是递减的，即人们为不断获得一单位的某商品而愿意牺牲的另一种商品的数量是递减的。这被称为"边际替代率递减规律"。

边际替代率递减规律形成的原因是，当一种商品增多时，对消费者产生的满足程度的增量减小，即边际效用降低。而被替代的另一种商品所产生的边际效用就升高。因此，为保持总效用不变，消费者必须不断更多地增加某一种商品的数量，才能弥补因另一种商品减少而放弃的效用。

3.3.3 预算线

直到现在，我们所讨论的一切都是建立在消费者偏好基础上的，然而分析消费者行为，不仅仅要考虑其偏好。各种商品的价格、消费者的收入水平也必须考虑到，因为这些因素都限制了消费者所能购买的商品组合的内容和规模，消费者只能选择其负担得起的最佳商品组合。因此讨论消费者的预算线就十分有必要。

预算线又称消费可能线，它是一条表示在消费者收入和商品价格既定的条件下，消费者的全部收入所能购买到的两种商品的不同数量组合的曲线。如果以 I 表示收入，以 P_X 和 P_Y，分别表示 X 商品和 Y 商品的价格，以 Q_X 和 Q_Y 表示 X 商品和 Y 商品的数量，则预算线的方程为

$$P_X Q_X + P_Y Q_Y = I \qquad (3-7)$$

将公式（3-7）描绘在图 3-6 中。

在图 3-6 中，纵轴截点 A 点表示消费者的收入全部用于购置商品 Y，横轴截点 B 表示全部收入用于购置商品 X，这是两种极端的情况。连接 A、B 两点的直线即预算线上每一点都表示消费者的收入可能买到的 X 和 Y 的各种组合。在 AB 线的下面（如 C 点），表示消费者未花费其全部收入，在 AB 线以上（如 D 点），则是消费者全部收入不可能达到的购买量。AB 的斜率的绝对值为 P_X/P_Y，即 X 商品价格和 Y 商品的价格之比。

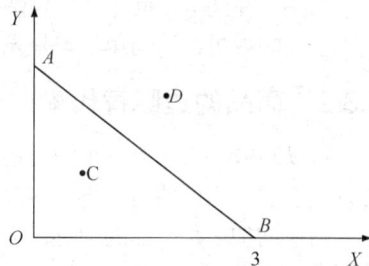

图 3-6 消费可能线

案例 3.6

消费还有可能线

对需求者而言，很多产品他们不是不需要，而是面临着需求约束，因此形不成有效需求。

"那什么又是有效需求呢？"

有效需求是指有支付能力的需求。个人的欲望始终是无穷的，甚至是满足不了的。限制欲望的重要条件是个人的支付能力。同欲望相比，一个人的货币财富总是有限的。对消费者来说，始终存在着有效需求的约束。

市场上的消费需求实际上面临着各个家庭的有效需求约束。很多家庭收入有限，消费者面临着一定的选择，在一定的收入水平上，他们要考虑用多少钱来购买这些产品，消费这些产品。这种无形的消费可能线实际上是实实在在地存在着。

3.3.4　消费者均衡

根据序数效用论的无差异曲线分析法，在消费者的收入和商品价格既定的条件下，当无差异曲线与预算线相切时，消费者就实现了效用最大化。其消费均衡条件是，两种商品的边际替代率等于这两种商品的价格之比，或无差异曲线的斜率等于预算线的斜率。

其公式为

$$MU_X/P_X=MU_Y/P_Y \tag{3-8}$$

或

$$MU_X/MU_Y=P_X/P_Y \tag{3-9}$$

如果将无差异曲线与预算线结合在一个图上，那么，预算线必定与无差异曲线中的一条相切于一点，在这个切点上就实现了消费者均衡。

如图 3-7 所示，图中三条无差异曲线效用大小的顺序为 $U_1 < U_0 < U_2$。预算线 AB 与 U_0 相切于 E（此时消费可能线的斜率等于无差异曲线的斜率），这时实现了消费者均衡。这就是说，在收入与价格既定的条件下，消费者购买 OX_1 的 X 商品，OY_1 的 Y 商品，就能获得最大的效用。

为什么只有在这个切点上才能实现消费者均衡呢？

从图 3-7 上可以看出：①只有在这一点上所表示的

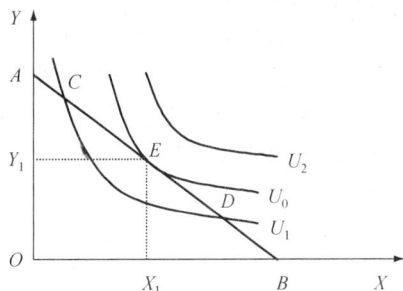

图 3-7　消费者均衡

X 与 Y 商品的组合才能达到在收入和价格既定的条件下，效用最大；②无差异曲线 U_2 所代表的效用大于 U_0，但预算线 AB 同它既不相交又不相切，这说明达到效用 U_2 水平的 X 商品与 Y 商品的数量组合在收入与价格既定的条件下是无法实现的；③预算线 AB 同无差异曲线 U_1 有两个交点 C 和 D，说明在 C 和 D 点上所购买的 X 商品与 Y 商品的数量也是收入与价格既定的条件下最大的组合，但 $U_1 < U_0$。在 C 和 D 点上 X 商品与 Y 商品的组合并不能达到最大的效用。此外，无差异曲线 U_0 除 E 之外的其他各点也在 AB 线之外，即所要求的 X 商品与 Y 商品的数量组合也在收入与价格既定的条件下是无法实现的。所以，只有 E 点才能实现消费者均衡。

知识拓展 3.1

消费者行为理论的应用

1. 价格—消费曲线

（1）价格消费曲线。价格消费曲线是指在其他因素不变的条件下，由某种商品的价格变动引起的消费者均衡点的变动轨迹，如图 3-8 所示。

将价格—消费曲线中隐藏的价格下降过程表现在纵轴上，即推导出商品 X 的需求曲线，如图 3-9 所示。

（2）价格变动的效应。价格效应可以分解为替代效应与收入效应，即价格变动的替代效应与收入效应。这是因为一种商品的价格变化，常常会产生两种结果。

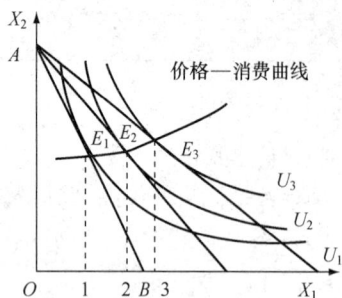

图 3-8　价格—消费曲线

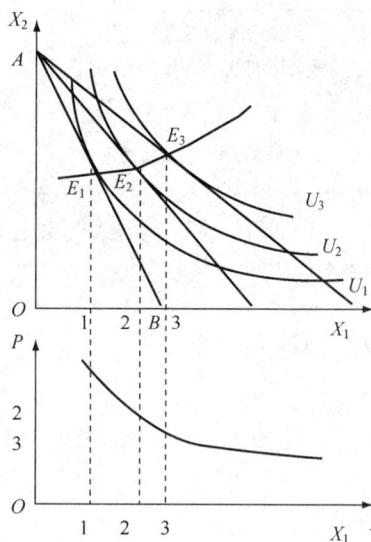

图 3-9　X 商品的需求曲线

第一，引起商品的相对价格（或商品之间的交换比率）发生变化，消费者总是增加对相对便宜的商品购买，减少对相对昂贵的商品购买。这种现象就叫替代效应。

第二，引起消费者的实际收入水平变化，进而引起对该商品需求量的变化。也就是说，如果一种商品的价格便宜了，相对的消费者的收入就增加了。这种现象称为收入效应。

因为更多的消费数量意味着效用水平的增加，所以实际收入水平的变化就意味着效用水平的变化。即消费者均衡移动到更高一层的效用曲线。

2. 收入—消费曲线

收入—消费曲线是在消费者的偏好和商品的价格不变的条件下，消费者的收入变动引起的消费者效用最大化的均衡点的轨迹。它反映收入变化引起的消费量变动的情况。

假定价格不变，消费者收入变化，引起预算线平行移动，而与新的无差异曲线相切，导致均衡点的移动。

以图 3-10 来具体说明收入—消费曲线的形成。

在图 3-10 中，随着收入水平的不断增加，预算线由内向外平移，于是形成了三个不同的消费者效用最大化的均衡点 E_1、E_2 和 E_3。如果收入水平的变化是连续的，则可以得到无数个这样的均衡点的轨迹，这便是图 3-10 中的收入—消费曲线。

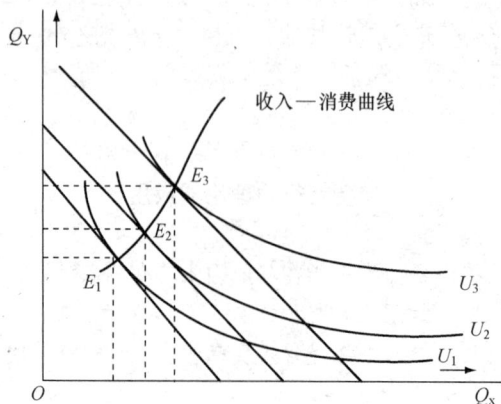

图 3-10　收入—消费曲线

图 3-10 中的收入—消费曲线反映了消费者的收入水平和商品的需求量之间存在着一一对应的关系。把这种对应的收入和需求量的组合描绘在相应的平面坐标图中，便可以得到恩格尔曲线。

恩格尔曲线表示消费者在每一收入水平下对某商品的需求量。与恩格尔曲线相对应的函数关系为 $Q_X = f(I)$，其中，I 为收入水平；Q_X 为 X 商品的需求量。

我们可以根据恩格尔曲线来区分必需品、奢侈品和劣等品。如图 3-11 所示，横轴表示收入，纵轴表示商品的需求量。当恩格尔曲线斜率为正时，表示该商品为正常品，即需求量随收入的增加而增加，如图 3-10 (a)、(b) 所示。但在图 (a) 中，数量增加的比例小于收入增加的比例，因此该商品的需求的收入弹性小于 1，是 "必需品"。在图 (b) 中，该商品不但是正常品，而且数量增加的比例超过收入增加的比例，亦即其需求的收入弹性大于 1，所以为 "奢侈品"。在图 (c) 中，所得增加时，需求量反而减少，数量与收入的变化方向相反，为 "劣等品"，需求的收入弹性为负。

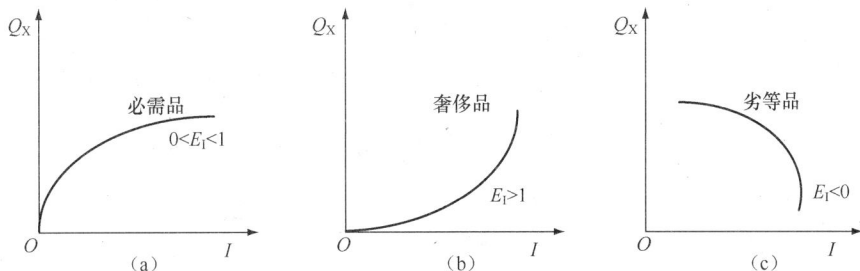

图 3-11 恩格尔曲线

3. 恩格尔系数与恩格尔定律

19 世纪德国统计学家恩格尔（Ernst Engel）发现，家庭对不同商品的支出比例与家庭收入高低之间有非常明显的关系。在低收入家庭中，食物的支出占总支出的绝大部分，当收入逐渐增加时，食物支出占总支出的比例则逐渐缩小。由于此种现象普遍存在于不同国家之间，故我们将之称为恩格尔定律。食物支出与总支出之比称为恩格尔系数，所以恩格尔定律也可表述为随着收入的提高，恩格尔系数是递减的。恩格尔系数可以反映一个国家或一个家庭富裕程度与生活水平。一般来说，恩格尔系数越高，富裕程度与生活水平越低；恩格尔系数越低，富裕程度与生活水平越高。恩格尔定律说明了生活必需品（食物）的收入弹性小。恩格尔系数的公式为

恩格尔系数＝食品的支出/总支出

问题探索：查查文献，看看恩格尔系数能不能真正衡量当地的生活水平?

案例 3.7

社科院：中国农村居民恩格尔系数首次降至 40% 以下

中国社会科学院农村发展研究所、社科文献出版社联合发布农村绿皮书：《中国农村经济形势分析和预测（2013）》。绿皮书指出，2012 年，全国农村居民人均纯收入实际增长 10.7%，农村居民恩格尔系数首次降至 40% 以下。农村居民收入增速连续 3 年超过城镇居民收入增速。

对全国 31 个省（自治区、直辖市）的 7.4 万个农村居民家庭的抽样调查显示，2012 年，全国农村居民纯收入较快增长，农村居民消费信心同步增强，消费水平不断提升，生活质量进一步改善。

根据调查，2012 年农村居民人均纯收入 7 917 元，比上年增加 939 元，增长 13.5%，剔除价格因素影响，实际增长 10.7%。名义增速和实际增速比 2011 年分别下降了 4.4 个和 0.7 个百分点。其中，农村居民人均工资性收入 3 448 元，比上年增加 484 元，增长 16.3%，增速同比下降 5.6 个百分点；农村居民家庭经营人均纯收入 3 533 元，比上年增加 311 元，增长 9.7%，增速同比下降 4 个百分点；农村居民人均财产性收入 249 元，比上年增加 21 元，增长 9.0%；

农村居民人均转移性收入 687 元，比上年增加 123 元，增长 21.9%，增速连续两年保持在 20% 以上。

绿皮书称，2012 年农村居民人均食品支出 2 324 元，比 2011 年增长 10.3%。农村居民食品支出占消费支出的比重（即恩格尔系数）为 39.3%，比 2011 年下降 1.1 个百分点，恩格尔系数首次降至 40% 以下。在食品支出中，粮食支出人均 419 元，增长 5.5%；人均蔬菜及制品支出 212 元，增长 8.7%；人均肉禽蛋奶及制品支出 621 元，增长 8.3%；人均水产品支出 92 元，增长 14.3%。

农村绿皮书指出，2012 年，农村居民收入增速连续第 3 年超过城镇居民收入增速。2012 年，工资性收入增长仍然是农民收入增长的最主要因素，工资性收入增长 16.3%，高于农民人均纯收入名义增长 2.8 个百分点，其对农民收入增长的贡献率达到 51.5%，高于上年 1.2 个百分点。工资性收入增长较快的原因：一是农民工总人数继续增长，2012 年比上年增长了 3.9%；二是农民工工资水平提高，2012 年外出农民工平均月工资比 2011 年增长 11.8%。

【本章小结】

1. 消费者选择理论是建立在一个假设之上的，即消费者通过购买某一组合的商品和服务从中获得满足最大化的意图。人们的消费行为是理性的。

2. 效用就是人们通过消费某种商品或服务所产生的满足程度。其效用的大小，取决于它能够在多大程度上满足人们的欲望或需求。西方经济学家认为，效用是消费者对商品和服务的主观评价，是一种主观的心理感觉。效用本身并不包括有关是非的价值判断。不过消费者选择受到其偏好和有限的收入限制。

3. 总效用就是通过消费者消费一定量商品或服务所产生的总满足程度。边际效用就是通过消费一定量的商品和服务所产生的增加的满足程度，或者说是最后增加的一单位物品和服务给人带来的满足程度的增量，边际效用以 MU 表示。边际效用呈递减规律，其原因有两种。一种来自人们的欲望本身；第二种原因来自商品本身的用途。

4. 消费者均衡是研究单个消费者如何把有限的货币收入分配在各种商品的购买中以获得最大的效用。均衡条件就是 $MU_X/P_X=MU_Y/P_Y$。

5. 无差异曲线就是用来表示两种商品的各种数量组合给消费者相同满足程度的一条曲线。具有如下特点：①无差异曲线是一条向右下方倾斜的曲线；②在同一平面上可以有无数条无差异曲线；③在同一平面上，任意两条无差异曲线是不能相交的。

6. 边际替代率就是在维持效用不变的前提下，增加某一商品的数量就要减少另一种商品的数量，减少商品的数量与增加商品的数量之比。

7. 消费均衡条件是两种商品的边际替代率等于这两种商品的价格之比，或无差异曲线的斜率等于预算线的斜率。具体地讲，消费者的预算线与无差异曲线相切点对应购买的商品组合，消费者就能获得最大的效用。

8. 恩格尔系数可以反映一国或一个家庭富裕程度与生活水平。一般来说，恩格尔系数越高，富裕程度与生活水平越低；恩格尔系数越低，富裕程度与生活水平越高。随着收入的提高，恩格尔系数是递减的。

【经济观察】

新媒体时代来临：报纸将亡？谁能永生？

有专家称，新媒体时代，一切都在发生变化，世界报业冬天已然来临，更无春天，中国报业寒潮的到来只是时间问题。中国人民大学彭兰教授撰文指出，面对世界性报纸低迷症，中国报纸很难幸免。有报人认为"纸亡而报不亡"，似乎是一个听上去可以聊以慰藉的说法，但这种说法存在着偷换概念的嫌疑。报纸是其载体、传播手段与形式以及相应的工作流程、模式与理念的一个复合体，任何一个方面发生了变化，都可能导致"报纸"不再是报纸。

纸媒意识到新媒体的冲击，愿意承认报纸所面临的必然的甚至是颠覆性的革命，并对自身进行彻底的变革，也许能保持自己作为媒体的"存在"，但未来未必一定是"报媒"了。在某种意义上可以说，新闻业永生，但并非报纸永生。

新闻业永生，并非意味着今天的媒体永生。彭兰教授认为，有三种新的力量进入了过去由媒体垄断的信息生产与传播领域：第一是专业人士；第二是草根；第三是技术。在这三种力量的包围下，我们今天的媒体人，已经没有多少值得骄傲的资本。除了来自这三种力量的挑战外，今天的传媒业还受到新媒体时代的各种新思维、新理念的挑战。其中一个需要重新思考的理念，就是"内容为王"。在新的传播模式中，关系成为内容传播的基础设施，没有这些桥梁，内容就无法传播出去。因此，在新媒体平台上，关系建设、渠道建设应该与内容建设一样重要。在这种模式下，传统媒体的短板已越来越多地暴露出来，而意见领袖却如鱼得水。

另外，整个信息产业的机制会发生更大的变化。随着人们对于垂直的、专业的内容的需求进一步增加，彭兰教授指出：新媒体时代，没有谁的角色能永生，只有看清形势，主动求变，才能让自己不断在新的生命体中延续下去。

讨论题

1. 从消费者行为视角分析，为什么新媒体时代导致报纸将亡？
2. 如何你是一家媒体公司的负责人，你如何适应新媒体时代以使你的企业存活且发展起来？

【能力训练】

边际效用递减原理应用

据统计，全国缺水城市 300 个，严重缺水的有 40 个。这些城市本来不缺水，只是由于几十年城市扩张、人口剧增，造成了缺水。人们为水付出的代价，有时能超过再造一个城市。中东很多国家将海水淡化，水贵得超过石油。水不仅决定城市的规模，而且是城市的命脉。请根据边际效用递减原理，设计一种方案供政府来缓解和消除城市缺水问题，并请回答这种措施：

1. 对消费者剩余有何影响？
2. 对生产资源的配置有何影响？

【概念复习】

效用　基数效用论　序数效用论　总效用　边际效用　边际效用递减规律　无差异曲线　预算线　消费者均衡　边际替代率递减　消费者剩余

【同步练习】

1. 总效用曲线达到顶点时，(　　　)。
    A. 平均效用达到最大点　　　　　　　B. 边际效用为零
    C. 边际效用达到最大点　　　　　　　D. 平均效用与边际效用相等
2. 商品的边际替代率递减规律决定了无差异曲线(　　　)。
    A. 凸向原点　　　B. 凹向原点　　　C. 垂直于横轴　　　D. 平行于横轴
3. 如果一块巧克力的边际效用为 20，冰激凌的边际效用为 40，两者的价格为 2 元和 4.8 元时，消费者的消费行为应该是(　　　)。
    A. 增加巧克力或减少冰激凌的消费　　　B. 增加冰激凌或减少巧克力的消费
    C. 同时增加或同时减少二者的消费　　　D. 对二者的消费量不变

4. 如果预算线平行移动，可能的原因是（   ）。

    A. 消费者购买的其中一种商品的价格发生变化

    B. 消费者购买的两种商品的价格发生不同比例的变化

    C. 消费者购买的两种商品发生同比例而且同方向的变化

    D. 消费者购买的两种商品的价格发生同比例但不同方向的变化

5. 基数效用论的基本假设条件有（   ）。

    A. 效用是可以用具体数字衡量的   B. 边际效用递减

    C. 商品的边际替代率递减   D. 货币边际效用不变

【问题讨论】

1. 什么是总效用，什么是边际效用？两者的相互关系如何？

2. 简述边际效用递减规律的内容及原因。

3. 消费者均衡的含义及其实现条件是什么？

4. 无差异曲线的含义及无差异曲线的特征是什么？

5. 何谓边际替代率？它为什么会递减？

6. 简述序数效用论与基数效用论的区别和联系。

7. 亚当·斯密在《国富论》中论述："没有什么能比水更有用。然而水却很少能交换到任何东西。相反，钻石似乎没有任何使用价值，但却经常可交换到大量的其他物品。"请给出解释。

8. 免费发给消费者一定量的实物（如食物）与发给消费者按市场价计算的这些实物折算的现金，哪种方法给消费者的效用较大？为什么？

9. 你先拥有了一只鞋，当你获得与之相配的另一只鞋时，这第二只鞋的边际效用似乎超过了第一只鞋的边际效用，这是不是违反了边际效用递减规律？

【补充读物与资源】

《国民财富的性质和原因的研究》亚当·斯密，著. 商务印书馆，1972 年

《经济学与消费者行为》迪顿，著. 中国人民大学出版社，2005 年 9 月

经济学阶梯教室网站

人大经济论坛网站

第 4 章

生产者行为

交易成本在决定着企业的"边界"，即什么活动出现在企业之内，什么活动出现在企业之外。

——罗纳德·科斯

学习目标

能力目标

- 运用边际产量递减理论，能够分析和解释"减员增效"在目前我国一些国有企业里仍然是一项提高企业效率的有益策略。
- 通过学习长期厂商最佳要素投入组合理论，能够分析目前一些企业的"学历高消费"是一项不可持续的行为。
- 能够运用长期生产理论，分析和解释工业经济的快速发展并没有带来就业人员的同比例增加。
- 能够运用规模经济与范畴经济的理论，分析和解释一些企业如传媒企业、钢铁企业规模正逐年增加，而另一些企业，如服装销售企业等企业规模变化并不明显。

知识目标

- 理解劳动、资本、土地、企业家才能等几种生产要素的含义。
- 掌握边际产量递减规律。
- 掌握总产量、平均产量、边际产量的关系与一种生产要素的最优投入。
- 理解边际技术替代率的含义，掌握两种可变要素投入下最优投入组合的实现条件。
- 了解规模经济与范围经济的概念。
- 了解企业的概念与企业的目标。

重要概念

厂商　生产要素　生产函数　边际产量　边际报酬递减规律　等产量线　等成本线　边际技术替代率　生产者均衡　规模经济　范围经济

前面一章的学习，主要是为了进一步弄清楚价格理论中的决定需求的消费者行为理论，从本章起接下来的两章主要是进行价格理论的另一部分即供给理论的分析，了解市场是如何决定我们每天的吃喝住行所需要的商品和服务供给，进一步学习决定供给的生产者行为理论，又称为生产理论。在这一章，首先了解企业或者说厂商的类型、本质及其目标，其次看看企业是如何将投入转化为产出。随着时间的推移，生产力和人们生活水平得到提高，企业是如何调整它们的内部行为的。

4.1 企业组织

物品与劳务是由生产者提供的。生产者在经济学里被称为厂商（Firm）或企业，指的是能够做出统一生产决策的经济单位。在经济学里，厂商指一切以利润为目的，独立从事产品经营的经济主体，小到个体户、夫妻店，大到企业集团、跨国公司。企业就是厂商，为适应我国的习惯，在这里都称之为企业。

4.1.1 企业的组织形式

在我国市场经济中，生产活动是由形形色色的企业组织完成的，从最小的个人业主制，到左右国计民生的大公司，都是生产活动的参与者和组织者。据国家发展和改革委员会 2016 年 2 月的报告，我国企业的数量已经超过 7 000 多万户，其中中小企业占全国企业总数的 99.8%，而大型企业和企业集团只占 0.2%。在工商部门注册的中小企业数量有 1 400 多万户，个体经营户达 5 600 多万户。大部分的小企业为某一个人所有，即个人业主制；也有由两个或者更多的人一起共同所有，称之为合伙制。大企业一般都采取公司制的形式。

1. 业主制

业主制（Proprietorship），又称个体业主制，是最原始的企业组织形式，企业只有一个产权所有者，业主直接经营，享受全部经营所得，并对企业的一切债务负有无限责任。业主制企业一般结构简单，规模较小。"夫妻店"是典型的业主制小企业。这种企业数量很多，目前我国个体经营户中绝大多数属于这种企业形式，但是这种企业的销售额很少。这种企业优点是建立和停业的程序简便，经营灵活，转让自由，责任与权益明确。缺点也非常明显，财力有限，融资能力弱，抗风险能力差，寿命短，且经营规模难以迅速扩张。

案例拓展

网红个体户之
帅哥烧饼

2. 合伙制

合伙制（Partnership）是以两个或两个以上业主的个体财产为基础建立起来的企业。每个人都同意承担一部分工作和提供一份资本，从而分享一定比例的利润，同时也分摊企业可能出现的亏损和债务。一些会计师事务所、律师事务所及医疗诊所属于这种企业形式。由于共同筹资，这种企业的经营规模和融资能力、偿债能力往往比个人业主制企业要有优势。但是合伙制企业在今天的经济活动中仅占相当小的比例，原因在于合伙制存在的缺陷。其中一个主要的缺陷是无限连带责任，每一合伙人对整个合伙制企业所欠债务都具有无限的责任。如果一个合伙人在企业中投资只占 1%的份额，他应该承担企业失败后所产生债务的 1%，其他合伙人承担债务的99%。但是当其他合伙人无力偿还时，这个合伙人很有可能被要求偿还全部债务，一直到倾家荡产为止。此外，合伙协议关于买卖的法定程序也十分复杂，没有全体合伙人的一致同意，原有的合伙人难以将他的份额出售给新加入者。所以，在大多数情况下，由于合伙企业既是资金的联合又是人的联合，合伙制的个人风险是很高的。

3. 公司制

公司制（Corporation）指依法设立，具有法人资格，并以营利为目的的企业组织。公司具有独立合法的身份，可以根据自己的利益购买、出售、借贷、生产物品和劳务以及签订各种合同。它是一种重要的现代企业组织形式。世界各国的公司制主要有四种常见的类型：由两个以上股东组成，股东对公司债务负连带责任的无限责任公司；由一定人数的股东组成，股东只以其出资额为限对公司承担责任，公司只以其全部资产对公司债务承担责任的有限公司；由一个或者一个以上的无限责任股东与一个或一个以上的有限责任股东所组成的两合公司；由一定人数以上的股东组成，公司全部资本分为等额股份，股东以其所认股份对公司承担责任，公司以其全部资产对公司债务承担责任的股份有限公司。我国的公司制企业主要分有限责任公司和股份有限公司两种形式。

在市场经济中公司制企业是一种能够最有效地从事经济活动的组织形式。公司制企业的优点主要有：第一，公司是一个可以从事经济活动的法人，公司股份可以多次转手，股东可以多次换手，但公司可以无限存在；第二，公司实行有限责任制，每个股东仅仅对自己拥有的股份负责，风险小，企业可无限做大；第三，实行所有权与经营权分离，由职业经理人实行专业化、科学化管理，提高了公司的管理效率。

公司制也存在缺点。一是双重纳税，即公司利润要交纳公司所得税，分红后股东又要将分红作为个人收入交纳个人所得税，个人业主制和合伙制就可以避免。二是公司的所有权与经营权分离后，容易出现委托代理风险，引起管理效率下降。三是设立程序比较复杂。

案例 4.1

2016 年全球前十强企业

表 4-1 列示了 2016 年全球前十强企业的营业收入、利润等基本情况。

表 4-1　　　　　　　　　　　　　2016 年全球前十强企业

2016排名	2015排名	中文公司名称	英文公司名称	营业收入（百万美元）	利润（百万美元）	国家
1	1	沃尔玛	Wal-Mart Stores	485 651	16 363	美国
2	3	中国石油化工集团公司	Sinopec Group	446 811	5 177	中国
3	2	荷兰皇家壳牌石油公司	Royal Dutch Shell	431 344	14 874	荷兰
4	4	中国石油天然气集团公司	China National Petroleum	428 620	16 359.5	中国
5	5	埃克森美孚	Exxon Mobil	382 597	32 520	美国
6	6	英国石油公司	BP	358 678	3 780	英国
7	7	国家电网公司	State Grid	339 426.5	9 796.2	中国
8	8	大众公司	Volkswagen	268 566.6	14 571.9	德国
9	9	丰田汽车公司	Toyota Motor	247 702.9	19 766.9	日本
10	10	嘉能可	Glencore	221 073	2 308	瑞士

4.1.2　企业的本质与目标

1. 企业的本质

在传统的经济学里，企业被简化为追求利润最大化的单位，其内部组织无须了解的"黑匣子"（Black Box），经济学家在分析生产时把它作为一种既定的存在。1937 年，科斯（R.H.Coase）发表《企业的性质》一文，以交易成本分析企业与市场的关系，论述企业存在的原因与意义。20 世纪 60 年代之后，对企业的研究得到了人们极大的重视，以分析企业内部组织与效率关系的企业理论成为当代经济学中极为重要的内容。

科斯认为，任何交易都可以看成是交易双方达成的一项契约。所谓交易成本，可以看成是围绕交易契约所产生的成本（购买产品价格以外的支出），包括两种类型：一类交易成本产生于签约时交易双方面临的偶然因素所带来的成本；另一类交易成本是签订、监督和执行契约所花费的成本。企业作为一种经济组织形式，在一定程度上是对市场的一种替代。例如生产汽车，一种极端情况是汽车的每一种零部件都是由一个单独的个人完成，那么制造一辆汽车，这个人要和成千上万个零部件供应商进行交易，而且还要与自己产品的需求者进行交易，所有这些交易都是在市场中进行的。另一种极端的情况是汽车所有的生产都是在一个庞大的企业内部进行的，不需要通过市场进行任何的中间产品的交易。由此可见，同一笔交易，既可以通过市场的组织形式来进行，也可以通过企业的组织形式来进行。

知识拓展 4.1

企业边界

明确的企业边界是企业组织结构的基本特征之一，是一个非常重要的管理概念。企业边界是指企业以其核心能力为基础，在与市场的相互作用过程中形成的经营范围和经营规模，其决定因素是经营效率。企业的经营范围，即企业的纵向边界，确定了企业和市场的界限，决定了哪些经营活动由企业自身来完成，哪些经营活动应该通过市场手段来完成；经营规模是指在经营范围确定的条件下，企业能以多大的规模进行生产经营，等同于企业的横向边界。

钱德勒（著名管理学家）从大量实证材料的研究中发现最终决定企业规模的是效率。当企业规模边界的扩张不能产生效率时，企业应停止扩张活动。

从新古典经济理论的观点看，企业之所以存在是因为与自给自足相比，为他人生产是有效率的，这种效率来自于企业在规模经济、专业化活动等方面具有的优势。

科斯（著名经济学家）在解释企业存在问题时使用了交易费用的概念，他认为如果通过市场安排协调资源的费用（即交易费用）超过了企业内部管理资源的费用，企业内部管理的资源配置就是十分必要的和合理的。可以通过管理协调来减少市场协调成本就是科斯对企业存在的理论解释。对于"企业组织的边界"问题，科斯认为，企业扩张会带来自身的组织成本，这主要是因为对企业家的管理才能（新古典经济学中的生产要素之一）来说，收益可能是递减的，或者说"企业家也许不能成功地将生产要素用到它们价格最大的地方，即不能导致生产要素的最佳使用"。因此，由于市场交易成本和企业组织成本的双重作用，企业将倾向于扩张到在企业内部组织一笔额外交易的成本等于通过公开市场完成同一笔交易的成本或在另一企业中组织同样交易的成本为止。但是科斯的理论存在很大的缺陷，即事实上企业的生产功能是市场无法取代的。

通过市场组织购买中间产品制造汽车，需要大量的搜索时间，与成千上万个交易者进行讨价还价，设法收集和获取自己在签订契约时所不掌握的信息来监督对方的行为，并设法在事先约束和在事后惩罚对方的违约行为等，这些都会产生交易成本，尤其是在信息不对称的条件下，市场交易过程中生产的交易成本往往是很高的。那么通过企业生产汽车，可以使交易成本内部化，从而消除或降低一部分在市场交易所产生的高额的交易成本。但是企业生产汽车需要雇佣大量具有专门技能的人员，并对人、财、物、信息等进行协调管理，对企业雇员进行激励，提高效率，这些企业要花费管理成本。

只要企业的管理成本小于市场组织的交易成本，那么企业就会存在。企业和市场之所以同时存在，是因为有的交易在企业内部进行成本更小，而有的交易在市场进行成本更小。同一种交易，如果企业的管理成本要大于市场的交易成本，那么企业会被市场替代而破产；相反，如果企业的管理成本小于市场的交易成本，那么企业会替代市场交易而壮大。企业可能通过纵向一体化或者横向一体化来扩大企业规模，比如汽车、石油、钢铁、传媒等企业规模越来越大。

但是企业也不是越大越好，当企业规模扩大后，信息容易变得不对称，人、财、物以及信息的管理与协调难度也会变大，再加上市场情况的瞬息万变，企业的管理成本也会急剧增加。那么企业就存在一个边界，即企业的最大规模，超越这个规模企业的效率就会下降。科斯研究指出，"交易成本在决定着企业的边界方面的作用——即什么活动出现在企业之内，什么活动出现在企业之外"。如果一项经济活动在市场完成交易成本要小于在企业进行的成本，那么应该选择在市场进行，而不是企业，相反则选择在企业进行。

2. 企业的目标

在微观经济学中，厂商的目标是追求利润最大化。利润是企业经营绩效的综合反映，是市场优胜劣汰的信号。企业利润越大，表示市场越需要这个企业，这个企业也才有更好的生存与发展的条件，否则，作为市场机制替代物的企业会反被市场机制所替代而破产。当然，企业追求利润最大化包括短期利润最大化和长期利润最大化。但是在现实经济生活中企业还有其他的目标。

（1）市场份额最大化。企业有时并不一定选择实现最大利润的决策。在信息不对称的条件下，企业面临着不确定的市场需求，企业对自己的产量与成本变化情况缺乏准确的了解，于是企业长期生存的经验做法可能是实现销售收入最大化或者市场份额最大化，以此取代利润最大化的决策。

（2）追求经济效益、社会效益、生态效益等多重目标。企业追求利润最大化的目标受到各方面的批评，有人认为现在企业往往追求经济效益、社会效益、生态效益等多重目标，而不是单一利润目标。更有人激进地认为企业利润只是企业配置资源有效性的一种检验，是企业存续的一个条件，不能成为企业的目标。还有人认为，由于受到信息不完全、产业政策、税收政策、价格管制、反垄断法、环境保护法等约束，企业也不可能实现利润最大化。

更为一般的情况是，在现代公司制企业组织中，企业的所有者往往并不是企业的真正经营者，企业的日常决策是由企业所有者的代理经理做出的。企业所有者和企业经理之间是委托人和代理人的契约关系。由于信息不完全或者说不对称，企业经理掌握着更多的信息，所有者并不能完全监督和控制公司经理的行为，经理会在一定的程度上偏离企业的利润最大化的目标，而追求其他一些有利于自身利益的目标，比如追求豪华的办公场所、扩大在职消费，忽视长远目标而仅在意短期利益等。

不管怎样，最重要的是，经济学家们所指出的有一点很清楚，在长期，一个不以利润最大化为目标的企业最终将被市场竞争所淘汰。所以实现利润最大化是一个企业竞争生存的基本准则。

知识拓展 4.2

企业如何承担社会责任

企业社会责任（Corporate Social Responsibility，CSR）是指企业在创造利润、对股东承担法律责任的同时，还要承担对员工、消费者、社区和环境的责任。企业的社会责任要求企业必须超越把利润作为唯一目标的传统理念，强调在生产过程中对人的价值的关注，强调对消费者、对环境、对社会的贡献。

企业要努力承担好以下社会责任。

首先，企业应该承担并履行好经济责任，为极大丰富人民的物质生活，为国民经济的快速稳定发展发挥自己应有的作用。最直接地说就是盈利，尽可能扩大销售，降低成本，正确决策，保证利益相关者的合法权益。

其次，企业在遵纪守法方面做出表率，遵守所有的法律、法规，包括环境保护法、消费者权益法和劳动保护法等。完成所有的合同义务，带头诚信经营、合法经营，承兑保修允诺。带动企业的雇员、企业所在的社区等共同遵纪守法，共建法治社会。

再次，伦理责任是社会对企业的期望，企业应努力使社会不遭受自己的运营活动、产品及服务的消极影响。加速产业技术升级和产业结构的优化，大力发展绿色企业，增大企业吸纳就业的能力，为环境保护和社会安定尽职尽责。

最后，是企业的慈善责任。现阶段构建和谐社会的一个重要任务是要大力发展社会事业，教育、医疗卫生、社会保障等事业的发展直接关系人民的最直接利益，也直接影响着社会安定和谐。很多地方在发展社会事业上投资不足或无力投资，这就需要调动一切可以调动的资本。企业应充分发挥资本优势，为发展社会事业，为成为一个好的企业公民而对外捐助，支援社区教育，支持健康、人文关怀、文化与艺术、城市建设等项目的发展，帮助社区改善公共环境，自愿为社区工作。

> **问题探索：** 近年来，我国一些企业生产有害、假冒伪劣产品，污染环境等问题不断出现，讨论一下，如何提高企业的社会责任感，让企业更好地承担起企业应尽的社会责任？

4.2 生产函数

4.2.1 生产要素

生产是投入产出的过程，生产者为了得到一定的产量，在生产过程中，需要投入不同的稀缺资源，称为投入品，经济学中称为生产要素（factors of production）。任何一种生产都需要投入不同的生产要素。经济学家按不同要素在生产中作用，将其分为以下几种。

（1）劳动（Labor，L），是生产过程中一切体力和智力的耗费，包括体力劳动和脑力劳动、熟练劳动和非熟练劳动。劳动是最基本的生产要素，劳动改变了其他物质要素的形态，使某种物质产生适合人们需要的效用。劳动力的价格是工资，企业雇佣劳动力，劳动力将自己的体力或智力投入生产过程，生产者支付工资作为报酬。劳动对产出的影响取决于劳动者的知识水平、劳动技能、劳动态度等。在劳动力密集型企业中，劳动要素的投入是决定产品价值的主要因素。通常认为技术含量低的企业劳动力要素的投入较多。

（2）资本（Capital，K），指资本品或投资品，是生产过程中又一主要的投入要素，包括物质资本和货币资本。通常认为使用的各种生产设备，例如工具、机器、厂房、仓库等属于物质资本。资本的价格是利息，生产者借贷货币购买生产设备，就要向贷款方支付利息。随着技术的日益进步，资本对产出的贡献日益明显。

（3）土地（Land，N），西方经济学所讲的"土地"是一个广义的概念，包括土地以及地上的各种自然资源，即不仅包括我们日常所说的土地，还包括山川、河流、森林、矿藏等一切自然资源。土地可以给生产提供场所、原料和动力。"土地"的价格是租金，使用"土地"的生产者应向"土地"的所有者支付租金。

（4）企业家才能（Entrepreneurship，E），企业家才能是生产过程中所必需的经营整个企业的组织能力、管理能力和创新能力。这一生产要素是由经济学家马歇尔在其《经济学原理》中率先提出的，并得到广泛的认同。企业家才能在现代企业中被认为是一个很重要的要素，企业家才能是企业盈利的一个重要保证。这一要素的报酬是利润，当企业显著赢利时，企业的经营管理者可以获得比普通员工高出很多倍的收入。

案例 4.2

"美味之汤"是如何被生产出来的

一个陌生人来到一个小村庄，他向村子里的人说："我有一颗神奇的汤石，如果把它放入烧开的水中，就会立刻变成一锅美味的汤来。如果你们不信，我现在就可以煮给你们大家看。"于是，有人拿来了大铁锅，也有人提来了水，架起了炉子和木架，在村子的广场上煮了起来。陌生人小心地把汤石放入滚烫的锅中，然后用汤匙尝了一口，很兴奋地说："哇！太好喝了。不过，如果再加一点洋葱就更好了。"立刻有人冲回家去，拿来了一些洋葱放入汤中。陌生人又尝了一口："太棒了，如果再有一些蔬菜就太完美了。"就这样，在陌生人的指挥下，有人拿了盐，有人拿了酱油，也有人捧来了其他的佐料。当大家每人一碗蹲在那里享用时，他们发现，这真是天底下最美味好喝的汤。

读完上面这则故事，许多人可能会想到，那个陌生人其实是一个高明的企业家。的确如此，陌生人冒着风险向村民许诺：用他的汤石能煮出一锅美味的汤。实际上，他清楚地知道，汤石在这里并不起什么作用。如果没有来自其他方面的经济资源或生产要素（如洋葱、肉片、酱油、盐等），美味之汤就会落空。正是凭着"企业家"——这个陌生人的聪明和才智（也包括一点点善意的"欺骗"），他说服和组织了村民入伙，成功地创办了一个生产美味之汤的企业，并组织村民把各种资源结合起来，生产出产品——美味之汤。从这个故事可以看出，产品，即那锅美味之汤离不开铁锅、木柴、洋葱、肉片等生产要素，而若仅仅只有这些生产要素仍然不能自动地转化成为我们所需要的美味之汤来。这说明还有一个角色不可或缺，即企业家。所以马歇尔把企业家才能作为生产要素是经济学理论上的一大突破。

4.2.2 生产函数

1. 生产函数的概念

生产函数（Production Function）是指在一定的技术条件下，生产要素的某一种组合同它可能生产的最大产量之间的依存关系，即投入与产出的一个技术关系。在技术不变的条件下，产出的数量取决于所使用的生产要素数量的多少以及它们之间的相互配合状况。如用 Q 表示某种产品最大产出量，用 X_1, X_2, X_3, …, X_n 表示各种生产要素的投入量，则生产函数的方程式就是

$$Q=f(X_1, X_2, X_3, …, X_n) \tag{4-1}$$

上式中，自变量 X_1, X_2, X_3, …, X_n 代表各种生产要素的投入量；因变量 Q 代表产品的最大产出量。在既定的技术条件下，产量 Q 随各种投入要素的多少和组合方式发生变化。在绝大多数情况下，该函数为增函数，即随着要素的投入增多，产量增加。但如果某种投入要素持续增加，导致该要素的边际产出为负数，该函数也可能为减函数。如果技术发生改变，原来的生产函数会发生改变，因为，同样的要素投入，在技术变得更好的条件下，产出会增加。

以 Q 代表总产量，L、K、N、E 分别代表劳动、资本、土地、企业家才能这四种生产要素的投入量，则生产函数的一般形式为

$$Q=f(L, K, N, E) \tag{4-2}$$

理论上为使生产函数简单，经济学家通常假设投入要素只有两种，即劳动（L）和资本（K），则可以将生产函数表示为

$$Q=f(L, K) \tag{4-3}$$

生产函数表示生产中的投入量和产出量之间的依存关系，这种关系普遍存在于各种生产过程之中。一家工厂必然具有一个生产函数，一家饭店也是如此，甚至一所学校或医院同样会存在着各自的生产函数。估算和研究生产函数，对于经济理论研究和生产实践都具有一定意义。这也是很多经济学家和统计学家对生产函数感兴趣的原因。

2. 几种常见的生产函数

（1）固定投入比例生产函数。任何生产过程中的各种生产要素投入数量之间都存在一定的比例关系。固定投入比例生产函数是指在每一个产量水平上任何一对要素投入量之间的比例都是固定的生产函数。假定生产过程中只使用劳动和资本两种要素，则固定投入比例生产函数的通常形式为

$$Q=\text{Min}(L/U, K/V) \tag{4-4}$$

其中，Q 表示一种产品的产量；L 和 K 分别表示劳动和资本的投入量；U 和 V 分别为固定的劳动和资本的生产技术系数，它们分别表示生产一单位产品所需的固定的劳动投入量和资本投入量。式（4-4）的生产函数表示，产量 Q 取决于 L/U 和 K/V 这两个比值中较小的那一个，即使其中的一个比例数值较大，也不会提高产量 Q。因为，在这里，Q 的生产被假定为必须按照 L 和 K 的固定比例进行，当一种生产要素的数量不能变动时，另一种生产要素的数量再多，也不能增加产量。对一个固定投入比例生产函数来说，当产量发生变化时，各要素的投入量以相同的比例发

生变化，所以，各要素的投入量之间的比例维持不变。

（2）柯布-道格拉斯生产函数。如果以社会总体为观察对象，我们还可以得出用社会生产的投入产出总量来表示的生产函数，它是关于一个国家或地区在某一特定历史时间的生产函数。柯布-道格拉斯生产函数是由数学家柯布和经济学家道格拉斯于20世纪30年代初根据历史统计资料，研究1899—1922年间美国的资本和劳动这两种生产要素投入量对生产量的影响时一起得出来的。柯布-道格拉斯生产函数的公式为

$$Q=AL^\alpha K^\beta \tag{4-5}$$

式中，Q代表产量；L和K分别代表劳动和资本投入量；A、α和β为三个参数，$0<\alpha<1$，$0<\beta<1$。

柯布-道格拉斯生产函数中的参数α和β的经济含义是，当$\alpha+\beta=1$时，α和β分别表示劳动和资本在生产过程中的相对重要性，α为劳动所得在总产量中所占的份额，β为资本所得在总产量中所占的份额。根据柯布和道格拉斯两人对美国1899—1922年期间有关经济资料的分析和估算，α值约为0.75，β值约为0.25。这说明，在这一期间的总产量中，劳动所得的相对份额为75%，资本所得的相对份额为25%。

此外，我们根据柯布-道格拉斯生产函数中的参数α和β之和，还可以判断规模报酬的情况。若$\alpha+\beta>1$，则为规模报酬递增；若$\alpha+\beta=1$，则为规模报酬不变；若$\alpha+\beta<1$，则为规模报酬递减。

4.3 短期生产理论

4.3.1 生产时期

经济学根据在一定时期内生产要素是否随产量变化而全部调整，划分为短期和长期。

1. 短期

短期（Short-run）是指在这个时期厂商不能根据它所要达到的产量来调整其全部的生产要素。例如，在短期内，企业只能调整原材料、燃料、工人的数量，而不能调整固定设备、厂房和管理人员的数量。也就是说，在短期内厂商不能根据市场状况调整生产规模，而只能改变部分生产要素的投入量。当企业产品出现市场紧俏时，企业也仅仅通过多投入原材料，增加工人或加班生产等手段使产量增加；同样地，如果出现市场低迷时，企业也只能通过减少原材料、劳动等的投入，减少产量。这些产量的变动都是在生产规模不变的情况下进行产量的调整，所以说，短期生产理论是在生产规模既定的条件下的产量决策。

2. 长期

长期（Long-run）指在这个时期内厂商可以根据它要达到的产量来调整其全部的生产要素。换句话说，在长期中，企业的生产规模是可以调整的，根据市场需要状况调整所有生产要素的投入量。

需要说明的是，短期与长期并不是一个确定的时间概念，或者并不能用时间的长短来判断。不同的行业，不同的企业，短期与长期的时间是不相同的。例如，一个大型的钢铁企业的生产规模调整可能需要一年以上的时间，但是一个服装店调整生产规模，或者转行，也许一个月不到就可能完成。

4.3.2 短期生产函数

弄清了生产函数就很容易找到产出的规律。正如其他的所有研究一样，我们从简单的开始，先来讨论一种可变要素投入下的生产函数。在短期内，我们假定企业只有一种要素的投入是变动的，其余要素的投入是固定的，通常假定是劳动要素的变化。我们知道，一个企业在生产之初会进行一部分的资本投入，那么当生产开始以后我们很容易改变的要素就是劳动了。资本固定的时候我们要得到一定的产量，只要控制劳动的投入就行了。这种情况在农业领域最为典型。在

农产品生产中，土地是固定的，劳动投入是可以变化的。在生产函数 $Q=f(L, K)$ 中，假定资本投入量是固定的，用 K 表示，劳动投入量是可变的，用 L 表示，则生产函数可以写成

$$Q=f(L, K_0) \qquad Q=f(L) \qquad (4\text{-}6)$$

这就是通常采用的一种可变生产要素的生产函数的形式，它也被称为短期生产函数。我们借助于一种要素可变的生产函数来讨论产出变化与投入变化之间的关系。

4.3.3 边际报酬递减规律

在短期中，当固定投入不变，只有可变投入能改变时，产量的变化服从边际产量递减规律。这是我们分析短期中一种生产要素的最适投入时的出发点。

边际报酬递减规律（Law of Diminishing Marginal Revenue）又称为边际收益递减规律，是指在技术水平和其他生产要素的投入固定不变的条件下，连续地投入某一种生产要素到一定数量之后，总产量的增量即边际产量将会出现递减现象。

案例拓展

边际产量递减案例

一般认为，在任何产品的生产过程中，可变要素和固定要素之间都存在着数量上的最佳配合比例。当固定要素投入不变，可变要素的连续投入量达到一定量之后，可变要素相对固定要素，显得过多，就会影响或者限制可变要素效率的充分发挥。例如当劳动的投入小的时候，（注意，这里我们的讨论一直假定资本固定不变），劳动投入少量的增加可以产生专业化分工，专业化分工可以使生产效率提高，因此产出会有较大的提高。但是当劳动力的增加太多的时候，工具和机器设备就变得不足，存在一定的误工，同时又会使得一部分劳动力的工作变得缺乏积极性，这会导致劳动的边际产出递减，出现报酬递减规律。

边际报酬递减规律是自然界的一个基本规律，适用于很多情况。从经济学层面来说，只增加劳动力会出现边际报酬递减规律，同样地，如果劳动力保持不变，只将资本增加，也会产生边际报酬递减。边际收益递减规律在农业中的作用最明显。早在 1771 年，英国农学家 A. 杨格就用在若干相同的地块上施以不同量肥料的实验，证明了肥料施用量与产量之间存在着这种边际收益递减的关系。以后，国内外学者又以大量事实证明了这一规律。这一规律同样存在于其他部门：工业部门中劳动力增加过多，会使生产率下降；行政部门中机构过多、人员过多也会降低行政办事效率。我国俗话"一个和尚挑水吃，两个和尚抬水吃，三个和尚没水吃"正是对边际收益递减规律的形象表述。

在理解边际报酬递减规律时，要注意以下几点。

（1）边际报酬递减规律只存在于可变技术系数的生产函数中，对于固定技术系数的生产函数，可能没有这种报酬递减的趋势。

（2）边际报酬递减规律是以假定技术条件不变为前提的。当技术进步发生时，边际报酬同样会发生变动，但是在新的技术条件下，同样符合边际报酬递减规律。

（3）边际报酬递减规律是以假定其他生产要素投入量不变即生产规模不变为前提的，如果生产规模发生变动，边际报酬也会发生变动，相对新的生产规模，同样符合边际报酬递减规律。

（4）所增强的生产要素是同质的，不存在技术性与非技术性要素的区别。如果存在差别，可能不存在边际报酬递减现象。

（5）以可变要素投入超过一定界限为前提，在此之前，因固定要素相对过多，增加可变要素投入还会出现收益递增的现象。

案例 4.3

木桶理论

经济学家厉以宁曾以"木桶理论"来阐述经济学问题。这一理论认为木桶的盛水量取决于

最短板的长度，这在非均衡经济学里叫做"短边决定原则"。它告诉我们，"木桶"想多盛"水"的方法有二：一是生产要素替代，锯长补短；二是拆桶重装，进行资产重组。事实上，一个人乃至一个集体所取得的成绩或成就，也常常取决于其"短边"。

新华社曾连续播发长篇报道，介绍天津构建和谐社会的经验。报道说，自20世纪90年代以来，天津经济连续十多年保持了均衡、持续、快速增长。"不求短时期的热闹，及时提升、弥补可能影响经济社会整体发展水平的'短板'，保证城市和谐前进，是天津的能量以令人惊奇的方式释放的核心因素。"

社会好比一只木桶，要达到和谐稳定，必须把"短板"及时提升、弥补起来。和谐社会这只"木桶"，是由"民主法治、公平正义、诚信友爱、充满活力、安定有序、人与自然和谐相处"等"木板"组合而成的，每块"木板"都有它的对立物，如不诚不信、混乱无序、缺章少法等。抓紧解决对立物之间的矛盾，即各种社会矛盾的过程，就是构建和谐社会的过程。

"短板"的及时"提升"与"弥补"，对于构建和谐社会至关重要，这也正是新华社记者所说的"天津的能量以令人惊奇方式释放的核心因素"，是天津的经验之所在。

4.3.4 总产量、平均产量与边际产量

1. 总产量（Total Production，TP）
总产量指生产要素既定的情况下所生产出来的全部产量，其计算公式为

$$TP=f(L, K_0) \qquad (4-7)$$

2. 平均产量（Average Production，AP）
平均产量指平均每单位生产要素投入的产出量。在劳动为可变生产要素时，每单位劳动的产量，等于总产量除以总投入劳动量的单位数，其计算公式为

$$AP=TP/L \qquad (4-8)$$

3. 边际产量（Marginal Production，MP）
边际产量指每增加一单位某种生产要素所增加的总产量，即所增加的最后一单位某种生产要素所带来的产量的增量，其计算公式为

$$MP=\Delta TP/\Delta L \text{ 或者是 } MP=dTP/dL \qquad (4-9)$$

表4-2所示为资本作为固定投入、劳动作为可变投入，连续增加劳动的投入量时各种产量的变化情况。

表4-2　　　　　　　　　　增加劳动投入量引起的产量变化

劳动数量（L）	资本数量（K）	总产量（TP）	平均产量（TP/L）	边际产量（ΔTP/ΔL）
0	10	0		
1	10	3	3	3
2	10	8	4	5
3	10	12	4	4
4	10	15	3.75	3
5	10	17	3.4	2
6	10	17	2.83	0
7	10	16	2.29	−1
8	10	13	1.63	−3

可以看到，劳动力的数量从0逐个增加至8，资本这种要素一直为10。首先看总产量的变化。

总产量不断增加，一直到 17 的时候开始下降。而在使用 1 个工人时，劳动的平均产量为 3；使用 2 个工人时，劳动的平均产量为 4，劳动的平均产量先上升，在劳动投入超过 3 人后开始下降。劳动的边际产量的计算方法如下：当劳动力数量为 2 时，总产出为 8，劳动力 1 时，总产出为 3，那么相对于增加的 1 单位的劳动力数量来说，产出增加了 8-3=5，因此劳动力数量为 2 时的边际产量为 5。表中可以看到劳动力的边际产出也是先增加后减少，并且可能为负数，这是因为劳动力饱和之后，劳动力的继续增加会导致总产出的减少。

根据表 4-1 可以绘出图 4-1。

下面我们借助图 4-1 对总产量、平均产量、边际产量之间的关系进行进一步的分析。

1. 总产量与边际产量的关系

由边际产量的定义，边际产量是总产量的变化量与投入的劳动变化量的比值，即 $\Delta TP/\Delta L$，那么在总产量线上任取一点，过该点作总产量线的切线，该切线的斜率对应的就是边际产量。在曲线上，边际产量为正值的时候，总产量曲线总是上升的（D 点以前），此时增加劳动就能增加产量；当边际产量为负值的时候（D 点以后），总产量曲线是下降的，此时增加劳动就会使总产量减少；而当边际产量为零的时候（D 点），总产量曲线上相应点是曲线的最高点，此时总产量达到最大，即图中的 D 点产量最大。

我们可以得出这样的结论，边际产量为正值，总产量是增加的；边际产量为负值，总产量是减少的。当边际产量为零时，则达到最大产量。

2. 总产量与平均产量的关系

由平均产量的定义，平均产量是每单位劳动的产量，等于总产量除以总投入劳动力的单位数，即 TP/L，图形上表示为总产量曲线上的点与原点连线的斜率。从图 4-1 可见，总产量曲线上的 C 点和原点的连线的斜率最大，所以在 C 点的平均产量达到最大。

3. 边际产量与平均产量的关系

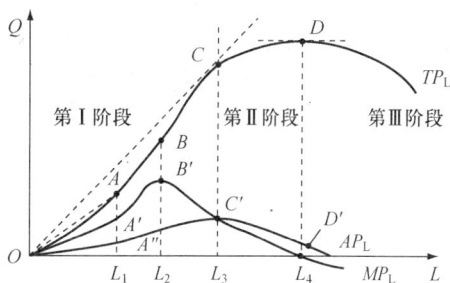

图 4-1　生产阶段的划分

如图 4-1 所示，边际产量线与平均产量线相交于 C' 点，在点 C' 前边际产量大于平均产量，平均产量上升，C' 点之后，边际产量小于平均产量，平均产量下降。因而当边际产量等于平均产量时，平均产量达到最大值，即 C' 点。理解这种现象的经济学含义是很重要的。边际产量是新增加的单位劳动的产量，平均产量是原有的劳动投入的产量。当新增的劳动投入具有比原有劳动更高的劳动生产率的时候，它将提高整体的平均劳动生产率；而当新增劳动投入的劳动生产率还不如原有的劳动力的时候，它就必然会将整体的平均劳动生产率降到更低的水平。

4.3.5　生产的三个阶段

以边际报酬递减规律为基础，根据上面的分析，我们可以清楚地看到，按照一种可变要素投入的数量，可以将生产分为三个阶段，如图 4-1 所示。

在第一阶段，边际产量先是递增，达到最大，然后递减，但边际产量始终大于平均产量，而总产量和平均产量都是递增向上的。这一阶段的显著特征是，平均产量递增，边际产量大于平均产量，说明与可变要素劳动对比，固定要素的资本投入太多，因此增加劳动投入是赢利的。劳动量的增加可以更充分发挥资本的效率。

在第二阶段，边际产量是递减的，但仍大于零，且边际产量小于平均产量，使平均产量下降，而总产量还在继续上升。这一阶段显著特点是，平均产量递减，边际产量小于平均产量。

在第三阶段，在该阶段和第二阶段的临界点上，边际产量为零，总产量达到最大值。在该阶段中，边际产量小于零，而且继续下降，平均产量也继续下降，总产量在临界点上达到最大值后，开始下降。这一特征表明，与固定要素资本相比，可变要素劳动的投入太多，也不经济，这时即使劳动要素免费，厂商也不愿再追加劳动投入量。

从上面的分析不难看出，平均产量是一个重要的标志。第一阶段中，可变的投入要素相对不变的要素太少，说明了固定的要素的利用率不高，那么生产效率有提高的空间，可变投入要素停留在第一阶段在经济上是不合理的。再来看第三阶段，在这一阶段中，边际产出已是负值，随着可变投入要素的增加，总产量反而下降，因此这个阶段既浪费资源又降低产出，理性的厂商不会选择在第三阶段上进行生产。上面的分析可以清楚地看到，理性的生产者会选择在第二阶段进行生产。

> **问题探索：**调查看看，一个城市的出租车公司，一般一辆车配备几个司机？

4.4 长期生产理论

4.4.1 长期生产函数

在长期内，企业所有的生产要素都是可变的。对于一个生产者而言，在利用多种生产要素生产一种产品时，就应该实现生产要素的最佳配置。长期生产理论主要分析生产者按照什么原则来选择最佳生产要素的配置，从而实现既定成本下产量最大，或既定产量下成本最小。

为便于研究，这里假设只投入劳动和资本两种生产要素。在短期中厂商无法改变其厂房、机器设备等资本要素所限定的规模；而在长期中，厂商的一切投入要素都可以发生变化，厂商可以根据自己所产商品的市场需求情况，通过调整各种生产要素的投入来调整其产出。厂商在长期中，有足够的时间，根据预期的产量，来重新设计其工厂的规模，而且技术的约束也可能发生变化。

在这里，我们假定在长期内技术不发生改变，劳动力 L 和资本 K 发生改变，那么生产函数可以表示为

$$P=f(L, K)$$

4.4.2 等产量曲线

1. 等产量线的定义

等产量曲线（Isoquant）表示在一定的技术条件下，某一固定数量的产品可以用所需要的各种生产要素不同的数量组合生产出来。或者说等产量线表示两种生产要素的不同数量的组合可以带来相同产量的一条曲线。

例如，假定用劳动（L）和资本（K）两种生产要素生产某种产品，它们可以有各种不同的组合，都可以达到相同的产量，如表4-3所示。

表4-3   两种要素投入的等产量组合

组合	资本（K）	劳动（L）	产量（Q）
A	6	1	400
B	3	2	400
C	2	3	400
D	1	6	400

根据上表，可做出图4-2。

在图4-2中，横轴 OL 代表劳动量，纵轴 OK 代表资本量，Q 为等产量线，即线上的任何一点所表示的资本与劳动不同数量的组合，都能生产出相等的产量。

等产量与无差异曲线也有着相似的性质，具体特征如下。

第一，等产量线是一条向右下倾斜的线，其斜率为负值。它表明在生产者资源与技术条件不

变的条件下，为了达到相同的产量，在减少一种生产要素时，必须增加另一种生产要素。表明两种生产要素之间存在替代关系。两种生产要素同时增加生产相同产量不符合经济效益原则，同时减少两种生产要素，不能保持相等的产量水平。

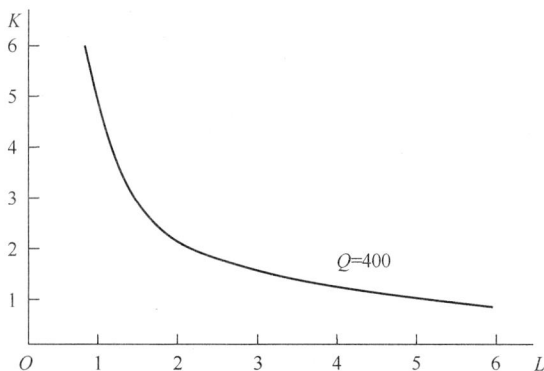

图 4-2　等产量曲线图

第二，在同一平面图上，可以有无数条等产量线。同一条等产量线代表相同的产量水平，不同的等产量线代表不同的产量水平。等产量线越远离原点或位置越高，其代表的产量水平越高。可用图 4-3 来说明这一点。图中，Q_1、Q_2、Q_3 是三条不同的等产量线，它们分别代表着不同的产量水平，其顺序为 $Q_1 < Q_2 < Q_3$。

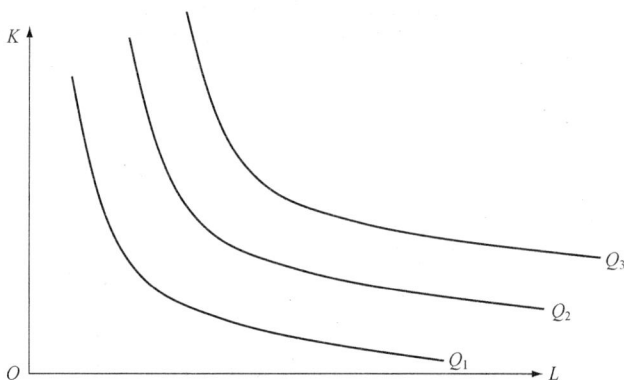

图 4-3　等产量曲线族

第三，在同一平面图上，任何两条等产量线不能相交，否则在交点上等产量线代表了相同的产量水平，这与第二个特征相矛盾。

第四，等产量线是一条凸向原点的线，这是由边际技术替代率递减所决定的。

2. 边际技术替代率

前面谈到在同样产出的情况下劳动 L 和资本 K 之间存在一个替代的关系，即劳动减少，资本增加，或劳动增加，资本减少。由此可以得到一个结论，在两种要素可以相互替代的情况下，企业会更多地投入廉价的要素，从而更少地使用昂贵的要素，这样可以使得总的生产成本最小。

这种互相替代的投入与其互相替代的比值称之为生产要素的边际技术替代率。边际技术替代率（Marginal Rate of Technical Substitution，MRTS）是指维持相同产量水平时，增加一种生产要素的数量与可以减少的另一种长期生产要素的数量之比。例如，增加 L（劳动）可以减少 K（资本），增加的 L 的数量与减少的 K 的数量之比就是以 L 代替 K 的边际技术替代率，记为 $MRTS_{LK}$，其计算公式为

$$MRTS_{LK} = -\Delta K / \Delta L = M_L / M_K \qquad (4\text{-}10)$$

边际技术替代率应该是负值，因为一种生产要素增加，另一种生产要素就要减少。为了方便考虑，一般用其绝对值。

边际技术替代率是递减的。因为，根据边际产量递减规律，随着劳动量的增加，它的边际产量在递减。这样，每增加一定数量的劳动所能代替的资本量越来越少，即 ΔL 不变时，ΔK 越来越小，边际技术替代率递减反映了边际产量递减规律。如果不断地用资本代替劳动，也会出现同样的情况，资本代替劳动的边际技术替代率也是越来越小。边际技术替代率也就是等产量线的斜率。等产量线的斜率递减决定了它是一条凸向原点的曲线。

4.4.3　等成本曲线

等产量线上任何一点都代表生产一定产量的两种要素的组合，厂商生产过程中选择哪一种要素组合才最好呢？这取决于生产这些产量的总成本。因此要讨论生产要素的最优组合，还要引入等成本线这一概念。

等成本线（Isocost Curve），又称为企业预算线，是指生产要素价格一定时，花费一定的总成本能够购买的生产要素的组合。

根据前面的假定，我们研究两种可变要素的投入，资本 K 和劳动 L，要计算成本需要知道 L 和 K 的价格。劳动 L 的价格是工资（P_K），资本 K 的价格是利息（P_K）。设 C（Cost）为生产者购买这两种要素进行生产的总成本，则可以得到等成本方程

$$C=K \cdot P_K + L \cdot P_L \tag{4-11}$$

显然，该方程是线性的，因而描述到坐标轴上应该为一条直线，将得到的直线称为等成本线。一条等成本线上的各点表示当生产要素的价格为已知时，用相同的成本可以购买的各种投入要素的不同组合。

假设要移走一座土山，租用挖土机（资本 K）每小时 500 元人民币，若雇用人工（劳动 L）则每天 100 元人民币，总成本为 20 000 元人民币，则有

$$C=K \cdot P_K + L \cdot P_L$$

$$20\,000=500K+100L \text{ 或者 } K=40-0.2L$$

如果用这 20 000 元的总成本全部租用挖土机，可以购买 40 小时，全部雇用人工，则可以购买 200 人·天。对于任一给定的 L 值，我们可以从方程中求出相应的 K 值。当总成本增加到 40 000 元时，成本方程为 40 000=500K+100L，根据以上两个成本方程可作两条等成本线，如图 4-4 所示。

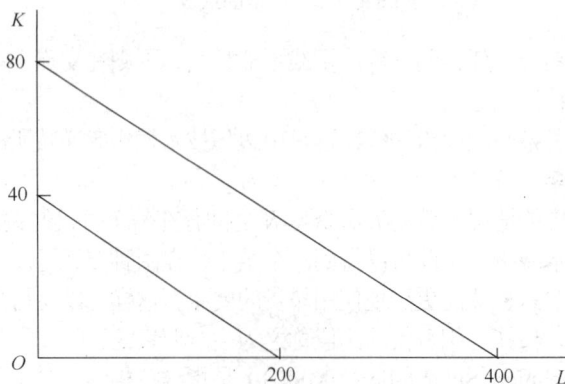

图 4-4　等成本曲线

等成本线的斜率的绝对值等于横坐标所代表的投入要素价格与纵坐标所代表的投入要素价格之比。只要生产要素价格不变，等成本线的斜率就不变。总成本的增加使等成本线向右上方平行

移动，即远离原点，总成本的减少使等成本线向左下方平行移动，即靠近原点，离原点越远的等成本线所代表的总成本越大。

4.4.4 生产要素的最优投入组合

最优投入组合是指生产者采取什么样的要素投入才能达到生产上的最优。所谓最优是指经济上的最优。这既涉及产量，又涉及成本，所以我们要寻求最优要素投入组合，就要把等产量线与等成本线结合起来进行讨论。有两种途径可以实现最优投入组合，其一是产量既定花费成本最少，其二是花费成本既定产出最大。

1. 产量既定花费成本最少

如图 4-5 所示，图中存在一条等产量线 Q，三条等成本线 K_1L_1、K_2L_2、K_3L_3。根据上面等成本线的理论，可以知道，在三条等成本线中，K_3L_3 离原点最远，代表花费的成本最大，K_1L_1 最小，K_2L_2 其次。前面谈到等成本线是一系列的，连续的，因而一定可以找到一条等成本线与给定的等产量线相切，我们在这里假定 K_2L_2 与 Q 相切，设切点为 E。

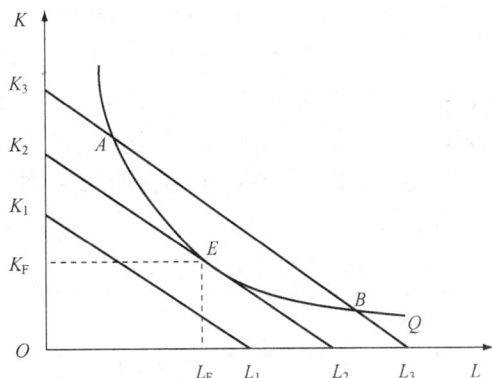

图 4-5　产量既定花费成本最少

图 4-5 中，K_1L_1 所表示的成本最小，但跟 Q 没有交点，这说明 K_1L_1 表示的成本无法生产出 Q 所表示的产量。等成本线 K_3L_3 与等产量线存在两个交点，这表明使用 K_3L_3 所表示的成本可以达到既定的产量水平，只要按照 A 和 B 两个点进行要素投入就可以了。但是这两点的组合到底是不是最佳的呢？我们再来看等成本线 K_2L_2，前面说到 K_2L_2 正好与等产量线相切于一点 E，也就是只要在 E 点进行要素投入就可以得到既定的产量，此时需要的成本是 K_2L_2。前面谈到过，越远离原点，成本越大，所以 K_2L_2 所表示的成本小于 K_3L_3 所表示的成本。尽管 A、B 两点也能够得到既定的产量，但是花费的成本大于 E 点所花费的成本，所以任何理性厂商都会选择在 E 点进行要素投入。因而我们可以推断 E 点就是生产者均衡点，相应地，生产者最佳的要素投入量是 OL_F，资本投入量是 OK_F。

2. 成本既定产出最大

成本既定产出最大的情况，与前面论述是一样的。图 4-6 中有三条等产量线 Q_1、Q_2 和 Q_3，K_1L_1 代表给定的等成本线。由图得出，三条曲线中，Q_3 距离原点最远，所以产量水平最高，Q_1 距离原点最近，故代表的产量水平最低，Q_2 所代表的产量水平居前两者之间。

由于花费的成本固定，等成本线与等产量线 Q_3 没有交点，与等产量线 Q_1 相交，有交点 A 点和 B 点，可在此组合进行生产，但是，这两点的组合并未使产量最大化。等产量线 Q_2 正好与等成本线相切于一点 E，这时的产量水平既是可行的又是最大的。任何低于 Q_2 的等产量线都是不值得采纳的，因为不能使产量最大。所以，E 点就是生产者均衡点，相应地，生产者最佳的要素投入组合为 E 点，劳动投入量是 OL_F，资本投入量是 OK_F。

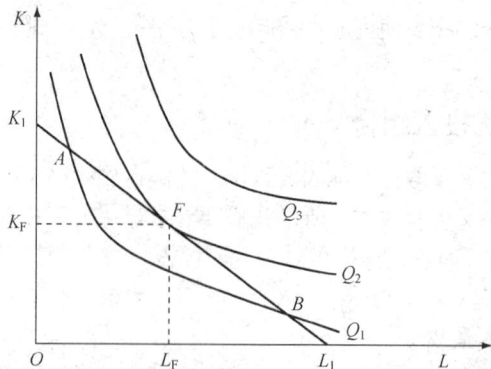

图 4-6　既定成本获取最大产量

在均衡点 E 点上，等成本线和等产量线的斜率相等。等成本线的斜率等于两种生产要素的价格的比率，而等产量线的斜率等于两种要素边际产量的比率，于是有

$$\frac{P_L}{P_K}=\frac{MP_L}{MP_K}\quad\text{或}\quad\frac{MP_L}{P_L}=\frac{MP_K}{P_K}\tag{4-12}$$

即花费每一元钱购买的两种生产要素所得的边际产量都相等。这同样表示生产者生产一定产量使总成本最小的条件，或者是生产者成本一定时使产量最大化的条件。而且它可以推广到多种要素投入进行生产的情况，即只要保证单位花费的每一种投入要素的边际产出都相等，就可以使得成本最小或产量最大，用公式表示为

$$\frac{\text{要素1的边际产量}}{\text{要素1的价格}}=\frac{\text{要素2的边际产量}}{\text{要素2的价格}}=\frac{\text{要素3的边际产量}}{\text{要素3的价格}}=\cdots=\text{每1元钱的边际产量}\tag{4-13}$$

总之，生产者均衡的条件是，每一种投入要素的价格之比等于该要素的边际产出之比。

> **案例 4.4**
>
> ### 浙江等地现“无就业增长”
>
> 2013 年上半年随着经济的逐步探底复苏，浙江部分民企的生产量、销售量、营业收入都开始有所回升，但是企业在岗职工人数却并没有相应增长，出现了就业率增长比例不及 GDP 增长比例的“无就业增长”。浙江省建德市的一家螺丝刀企业，年产值约为 3 000 万元，近年来公司产值均维持 15%以上的稳步增长，但是员工人数却从最高峰时候的六七百人减少到目前的 300 多人。这样的现象并非个例。杭州市建筑业、商贸业、传统制造业等 60 余家企业，2012 年比 2011 年产值有增长的占 42.86%，在产值增长的企业中在岗职工人数持平和下降的占 20%，在职工人数增长的企业中，职工人数的增长比例全部不及企业产值增长比例，有的还相距甚远。
>
> 在“无就业增长”的情况下，财富将进一步向资本、土地拥有者集中。由于技术进步产生“挤出”效应、部分小微企业经营困难、劳动力存在结构长期失衡等多重原因，结构性失业和摩擦性失业情况严重，导致部分员工就业困难。杭州市工商联调研显示，有 71.43%的企业反映中高级技术工人短缺，低技能劳动力过剩。

4.4.5　扩展线

经过上面的讨论，我们得到了生产者均衡的条件。如果生产者想在长期内进行扩张，那么他该如何选择其扩张路径呢？根据生产均衡的分析，我们可以得到扩展线。

企业的扩展线也称为生产扩展线，表示当生产要素的价格保持不变时，对应于每个可能的产出量的最优要素投入组合的轨迹，如图 4-7 所示。

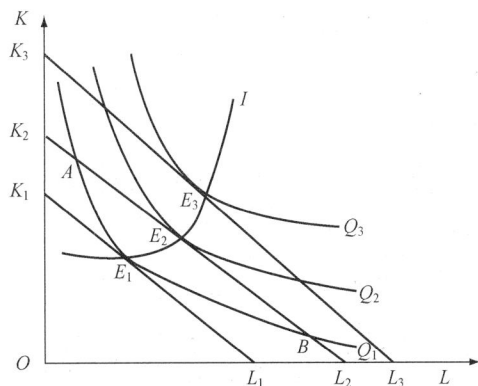

图 4-7　扩展线

生产扩展线能够反映重要的经济意义。如果扩展线的趋势是向左上的，那么意味着该企业在扩张生产时采用了多投入资本少投入劳动的方法；如果扩展线的趋势是向右下方的，就意味着生产者在扩张时选择的是多投入劳动少投入资本的方法。这两条不同的路径在经济学中称为资本密集型扩张和劳动力密集型扩张。还有一种情形是扩展线为直线。通常资本密集型扩张方法意味着生产更富有技术性，而直线意味着技术约束没有发生改变。

4.5　规模收益和范围经济

我们讨论了厂商在其他生产要素不变，只有一种可变的生产要素投入的选择和在长期中厂商的最优生产要素投入组合的问题。我们经常看到，造船厂、钢铁厂生产规模大得惊人，而服装店、饮食店雇用成百上千个员工的现象却少之又少。出现这种现象不是偶然的，现在我们来讨论厂商规模扩大情况下的生产函数的特征。

4.5.1　规模收益

1. 规模收益的含义

规模收益（Return to Scale）又叫规模报酬，是指厂商同比例地变动所有的投入量而产生的产量变动，也就是生产规模变动而引起的产量变动的情况。可能存在三种情况：①产出的增长比例高于要素投入增长的比例，例如投入增加一倍，产量增加超过一倍，经济学家称之为规模收益递增（Increasing Return to Scale）；②产出的增长比例等于要素投入增长的比例，即投入增加一倍，产出也增加一倍，称之为规模收益不变（Constant Return to Scale）；③产出的增长比例低于要素投入增长的比例，即投入增加一倍，产出低于一倍，这种情形称之为规模收益递减（Decreasing Return to Scale）。新古典生产函数理论认为随着各种生产要素的增加，生产规模的扩大，收益（即产量）的变动大致要经历三个阶段，即规模报酬递增阶段、规模报酬不变阶段和规模报酬递减阶段。一般来说，大多数厂商的生产规模连续扩大，都会经历这三个阶段。

在理解这一规律时，要注意这样几点：第一，这一规律发生作用的前提是技术水平不变；第二，这一规律所指的是生产中使用的两种生产要素都在同比例地增加。例如，农业中土地与人力的同时增加，或把若干小农场合并为大农场。

我们可以用生产函数的概念来说明这一点。

对于生产函数，$Q = f(K, L)$，若 $f(\lambda K, \lambda L) > \lambda f(K, L)$，则该生产函数为规模收益递增的生产函数。

对于生产函数，$Q = f(K, L)$，若 $f(\lambda K, \lambda L) = \lambda f(K, L)$，则该生产函数为规模收益不变的生产函数。

对于生产函数，$Q = f(K, L)$，若 $f(\lambda K, \lambda L) < \lambda f(K, L)$，则该生产函数为规模收益递减的生产函数。

我们还可以用图 4-8 表示收益的不同情况。

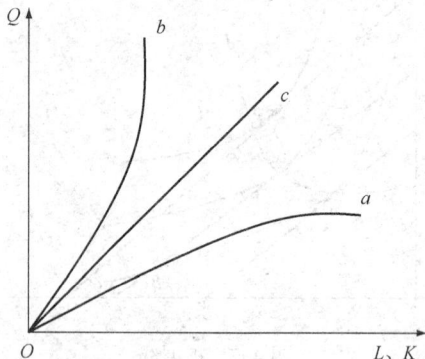

图 4-8　规模收益的三种不同情况

在图 4-8 中，曲线 *Oc* 代表规模收益不变，*Ob* 代表规模收益递增，*Oa* 代表收益递减。

2．规模收益变动的原因

经济学家认为规模收益变动的主要原因是内在经济（Internal Economy）与内在不经济和外在经济（External Economy）与外在不经济。

内在经济是指一个厂商在生产规模扩大时由自身内部引起的收益增加。例如，一个厂商的规模扩大可以实现更加精细的内部分工，可以使用更先进的机器设备，可以提高管理效率，综合利用副产品，在购买和销售中处于更有利的地位等。但是如果一个厂商的生产规模过大则会由自身内部原因引起收益的减少，这就是内在不经济。例如，一个厂商的生产规模过大，会使得管理不便，效率下降，沟通成本上升以及购销费用上涨等。

一个厂商的产量与收益不仅仅受它自身的生产规模的影响，还存在一个行业生产规模的影响问题。外在经济是指整个行业规模扩大时给个别厂商所带来的收益增加。例如，整个行业的发展可以使个别厂商在交通、信息、人才等方面获得某些好处而增加收益。但是一个行业规模过大也会使个别厂商的产量与收益减少，从而形成外在不经济。引起外在不经济的原因主要有对原材料、销售市场和人才等竞争加剧，交通拥挤，环境污染更加严重，使个别厂商为此付出更大的代价。

问题探索：调查一下，服装企业与传媒企业在规模上会有什么不同？为什么？

4.5.2　范围经济

通常一个企业并不只生产一种产品，在生产一种产品的时候通常生产多种附属产品，一个养鸡的企业也生产鸡蛋，生产剃须刀的企业也生产刀片。企业生产两种或两种以上的产品时，可以发挥生产成本上的优势，这些优势能有效地降低成本，即比单独生产一种产品时成本更低，这种情况我们称为范围经济。形成范围经济是因为，联合生产可以提高生产设备的利用率，可以联合市场计划，共同管理还能有效降低管理成本。企业同时生产基本技术和设备相同或相关的多种产品所拥有的生产和成本的优势，使联合生产能超过个别生产。例如，某大型食品企业生产系列产品。这些食品在生产过程中由于能联合使用某些设备，又具有共同的知名品牌，因而可联合营销，这样，这些系列食品的成本会低于单独生产这些食品的企业。范围经济是利用相同设备或相关联的生产要素生产多种产品时形成的效应。

由于存在明显的范围经济，再加上卫星电视、互联网等媒介新技术的出现以及美国、英国等西方国家先后放松对媒介市场的管制，直接推动了跨媒介经营的迅速发展，使得传媒产业中出现大量的现代媒介集团。它们生产、传播多样的信息产品，既出版报纸、期刊，也拥有广播、电视、电影、互联网等电子媒介和数字媒介。近些年我国传媒业也随着行政条块分割趋势减弱及思想观念的改进，不断出现一些大规模多种媒介的传媒集团，并得到大力的发展。

【本章小结】

1. 市场经济中企业的主要形式有三种，业主制、合伙制以及公司制。业主制企业数量最多，但是在经济中起主要作用的是公司制企业。企业的存在是对市场的一种替代。

2. 生产函数描述的是任意特定的投入品组合下一家企业所能生产的最大产出。

3. 总产量表示生产出来的、用实物单位衡量的产出总量。平均产量是每单位劳动的产量，等于总产量除以总投入劳动力的单位数。边际产量是总产量的变化量与投入的劳动的变化量的比值。

4. 在短期内，一种或多种投入品是固定不变的，而在长期中所有的投入品都可能变化。

5. 根据报酬递减规律，当一种或多种投入品固定不变时，可变投入品（通常为劳动）的边际产品通常会随着投入的增加而下降。

6. 等产量线描述的是生产同样产量所需要的各种不同数量的要素投入组合。边际技术替代率 $MRTS_{LK}$=资本投入的改变量/劳动投入的改变量。

7. 生产者均衡的条件是，每一种投入要素的价格之比等于该要素的边际产出之比。

8. 长期中，企业按原比例增加一倍的要素投入，得到大于一倍的产出称为规模经济，反之称为规模不经济，企业不应选择规模不经济的规模进行生产。

【经济观察】

中国的劳动力成本究竟高不高

2016 年北京师范大学中国收入分配研究院发布了一项研究成果——《中国劳动力成本问题研究》，指出：尽管劳动力成本在一定程度上有所提高，但工资的持续提升是合理的，企业政策要提高经营效率而非降低劳动报酬。实际上，随着中国经济增速放缓，企业各项成本急剧攀升，触发了当下劳动力成本是否过高的话题，引起了劳动者、企业家和政府三方面的高度关注，以至于中国劳动力成本过高将拖累经济增长的观点成为舆论争议的焦点。很多人力资源专家认为，我国劳动力成本快速提高，回报率快速下滑，广大中小企业投资增速骤降，主张压低职工工资。

在中国已进入中等收入国家的背景下，不能再指望通过压低工资和消费不足的方式来保持经济稳定增长，而是要在不断提高百姓的福利的前提下，保证职工工资合理、稳定的增长。日益提高的劳动者报酬不但不会阻碍经济增长，反而还会通过促进消费来拉动企业产品需求，由此实现经济的可持续增长。

中国的劳动力按劳动报酬占国民总收入比例来看并不算高。企业的较高运营成本主要是与公积金上涨过快、生产率低下等因素有关，与工资涨幅关系不大，所以盲目"降工资"达不到给企业"降成本"的目标。要想真正给企业减轻高成本压力，还需通过提高劳动生产率、减少公积金征缴比例等方式来降压。

来源：张平. 金融界. 2016-08-15

讨论题

1. 我国劳动力成本上升为什么导致制造商外迁？
2. 我国劳动力成本上升会不会导致我国经济竞争力损失？

【能力训练】

组织一个团队，调查一下我国省级电视媒体企业的规模是一个什么样的现状，是不是处在一个最佳规模状态；如果不是最佳规模经营，讨论这种企业的最佳规模会是一种什么样的状态。再调查一下你们学校所处的城市服装店的规模，最佳的规模是什么样的状态？对两种企业的调查结果进行比较并讨论。以小组为单位提交调查报告。

【概念复习】

生产函数　生产要素　短期和长期　总产量　平均产量　边际产量　边际报酬递减规律　等产量曲线　边际技术替代率递减规律　等成本线　扩展线

【同步练习】

1. 当生产函数 $Q=f(L，K)$ 中的 AP_L 为正且递减时，MP_L 可以是（　　）。
   A. 递减且为正　　　B. 递减且为负　　　C. 为零　　　　　　D. 上述任何一种情况

2. 关于生产函数 $Q=f(L，K)$ 的生产的第二阶段应该（　　）。
   A. 开始于 AP_L 开始递减处（即 AP_L 的最高点），终止于 MP_L 为零处
   B. 开始于 AP_L 曲线和 MP_L 曲线的相交处，终止于 MP_L 曲线和水平轴的相交处
   C. 上述两种说法都对

3. 在维持产量水平不变的条件下，如果企业增加 2 个单位的劳动投入量就可以减少 4 个单位的资本投入量，则有（　　）。
   A. MRTS$_{LK}$=2，且 MP$_K$/MP$_L$=2　　　　B. MRTS$_{LK}$=1/2，且 MP$_K$/MP$_L$=2
   C. MRTS$_{LK}$=2，且 MP$_K$/MP$_L$=1/2　　　D. MRTS$_{LK}$=1/2，且 MP$_K$/MP$_L$=1/2

4. 对于生产函数 $Q=f(L，K)$ 和成本方程 $C=w\cdot L+r\cdot K$ 来说，在最优的生产要素组合点上应该有（　　）。
   A. 等产量曲线和等成本线相切　　　　　B. MRTS$_{LK}$=w/r
   C. MP$_L$/w=MP$_K$/r　　　　　　　　D. 以上说法都对

5. 基数效用论的基本假设条件有（　　）。
   A. 效用是可以用具体数字衡量的　　　　B. 边际效用递减
   C. 商品的边际替代率递减　　　　　　　D. 货币边际效用不变

【问题讨论】

1. 表 4-4 为一种生产要素可变的短期生产函数的产量表。

表 4-4　　　　　　　　　　　　　　　　　一种要素可变的产量表

可变要素的数量	可变要素的总产量	可变要素的平均产量	可变要素的边际产量
1		2	
2			10
3	24		
4		12	
5	60		
6			6
7	70		
8			0
9	63		

（1）在表中填空。

（2）该生产函数是否表现出边际报酬递减？如果是，是从第几单位的可变要素投入量开始的？

2. 在分析企业时，1 年是不是一定是短期？为什么？

3. 比较消费者均衡与生产者均衡的相同与不同之处。

【补充读物与资源】

《经济学原理》[美] N. 格里高利·曼昆，著. 人民邮电出版社，2013 年

《企业的性质》罗纳德·哈里·科斯，著，
中华人民共和国国家发展与改革委员会网站
中国中小企业信息网站

第 5 章

企业成本与收益

成本记录的是竞争的吸引力。

——弗兰克·奈特

学习目标

能力目标

- 能够运用短期成本理论，分辨出现实企业是如何计算成本的，并且能够分析企业固定成本与可变成本的构成。
- 通过学习机会成本理论，能够分析企业是如何进行经营决策的。
- 能够运用长期成本理论，分析和解释为什么越来越多的企业选择开分店和进行连锁经营。
- 运用企业利润最大化原则，能够分析和解释企业为何始终在寻找最有效的生产方法，即以最低成本生产的方法。

知识目标

- 理解总成本、平均成本、边际成本、机会成本等概念。
- 掌握短期成本的分类及各种短期成本变动的规律。
- 掌握短期中平均可变成本、平均成本与边际成本的关系。
- 理解长期内，总成本、平均成本、边际成本的变动规律及其相互关系。
- 掌握收益与企业利润最大化实现条件。

重要概念

显成本　隐含成本　会计成本　经济成本　短期总成本　固定成本　可变成本　短期平均成本　边际成本　经济利润　总收益　平均收益　边际收益　利润最大化原则

上一章我们讨论了企业的投入与产出之间的物质关系，本章进一步探讨企业的生产成本与产量之间关系。在现代经济社会中，生产无处不在，而生产的背后又是与之相随的成本。企业必须要支付生产过程中工人的工资、管理人员的薪水、原材料的价格、机器的费用，乃至汽油费、电费、水费等。盈利是企业生产过程中首先要考虑的核心指标，成本的增加必然引起企业利润相同金额的减少。如何选择有效的生产方法，使企业在最低成本处进行生产，这是厂商十分关注的问题。这一章，主要对成本进行系统的分析，这对理解下一章将要分析的在不同市场结构中企业和行业的供给决定，有着十分重要的意义。

5.1　成本与成本函数

5.1.1　成本的基本概念

成本（Cost）也称生产费用，是企业在生产过程中使用的各种生产要素的支出。在财务人员看来，成本是衡量企业经营业绩的一个重要参数，同时也是进行企业管理的重要考核指标；而在经济学家看来，成本既可被认为是企业进行生产活动所使用的生产要素的价格，也可被认为是生产要素的所有者必须得到的报酬或补偿。下面我们介绍几个成本的概念。

1．会计成本、机会成本和经济成本

会计成本（Accounting Cost）一般在财务分析中使用，是指企业在生产过程中按市场价格直接购买生产要素所支付的一切费用，这些成本一般可通过会计账目反映出来。

经济分析中主要使用机会成本（Opportunity Cost），是指企业将一定资源用作某种用途时所放弃的该资源用于其他用途可能获取的最大收益，或者说是一定资源用作这种用途所必须支付的成本。为什么分析企业的生产成本时必须考虑机会成本呢？这是因为经济分析是从稀缺资源配置的代价而不是从会计学的意义上来考察企业的生产成本的。从资源配置的角度来看，生产成本不仅包括生产产品的各种费用支出，还包括放弃其他产品生产时可能获得的最大收益。

经济成本（Economic Cost）是所有投入要素的机会成本的总和。由于每一种资源都存在多种用途，用于某种特定生产经营时都存在机会成本，因此，厂商生产经营的总成本就是实际使用的所有资源的机会成本的总和，我们将这种所有资源的机会成本的总和称为"经济成本"。不难发现，在单一资源投入生产经营的情况下，机会成本是等于经济成本的。从另一个角度来看，经济成本也等于经济活动中显成本和隐含成本的总和。

2．显成本与隐含成本

经济学家和财务人员都要考虑显成本。所谓显成本（Explicit Cost），是指企业从事一项经济活动时所花费的货币支付，包括企业支付给管理人员和工人的工资、所借贷款或资金的利息、租借土地和厂房的租金、购买原材料和机器设备的费用、支付的交通能源费用等总支出额，也就是企业对于经营活动的全部货币支出。从这个意义上说，显成本也就是财务分析中的会计成本。

隐含成本（Implicit Cost），是指企业使用自有生产要素时所花费的成本。之所以称为隐含成本，是因为应支付给厂商自有生产要素，但实际上并没有支付的报酬。它包括企业主因付出劳动、资本而丧失的把这些生产要素用于其他用途可能获益的机会成本。例如，王先生受聘在其他企业从事经营管理工作可得到 10 万元的年薪。另外，他还拥有一间临街店铺门面，若出租给别人使用，每年最多可获取 15 万元的租金。如果王先生不受聘于别的企业，其门面也不出租给别人使用，而是自己拥有门面并直接从事经营，这 25 万元的成本可能没有反映在自己的会计账目上。但经济学认为，这 25 万元也应该纳入成本中，因为这 25 万元是王先生利用自己的生产要素从事生产而放弃这些生产要素用于其他用途获得收益的一种机会成本。可见，隐含成本也是一种机会成本。在经济学中，隐含成本也被称为正常利润（Normal Profit）。

> **问题探索**：既然人的一个行为既有看得见的会计成本，也有看不见的机会成本，那么政府的一项政策会不会也同样存在着会计成本和机会成本？为什么？

5.1.2　成本函数

成本函数（Cost Function）反映了成本与产量之间的关系，即指在技术水平和要素价格不变的条件下，投入各生产要素的成本和产量之间的关系。厂商的成本函数不仅取决于它的生产函数，而且取决于它在生产过程中所投入的生产要素的价格。一般用 C 表示成本，用 P 表示投入的生产

要素的价格，则成本可以表示为

$$C=P_1X_1+P_2X_2+\cdots+P_nX_n \tag{5-1}$$

我们可使问题简化，假定只投入 K、L 两种生产要素，其价格分别为 P_K、P_L，则有

$$C=P_KK+P_LL \tag{5-2}$$

成本是生产过程中所支付的费用，成本总额要随着产量的变化而变化，如果生产要素的价格与技术水平不变，那么成本的大小取决于生产要素的投入数量，进而成本可以用反映产量变动的成本函数来表示：

$$C=f(Q) \tag{5-3}$$

如果把 $Q=f(L,K)$ 代入成本函数，则

$$C=f(L,K) \tag{5-4}$$

这说明成本函数与生产函数是一致的。所以厂商在生产过程中要增加产量，就必须增加生产要素的投入量，厂商所要支付的成本或者说费用也随之增加。

5.2 短期成本分析

短期成本是指厂商在短期中进行生产的支出。分析短期成本对厂商的短期决策是十分重要的。

5.2.1 短期成本的分类

1. 短期总成本

短期总成本（Short-run Total Cost，STC），指厂商在短期内为生产一定量的产品对全部生产要素所付出的总成本。它是短期内每一产量水平下固定成本和可变成本之和。

2. 固定成本

固定成本（Fixed Cost，FC），是指厂商在短期内为生产一定量的产量对不变生产要素所支付的费用。这种成本不随产量的变动而变动，是固定不变的，如建筑物和机器设备的维护费用和折旧费用以及管理人员的工资等。

3. 可变成本

可变成本（Variable Cost，VC），是指厂商在短期内为生产一定量的产量对可变的或者说可以调整的生产要素所付出的费用，如工人的工资、原材料购置费用、燃料费等。

固定成本与可变成本之和为短期总成本，用数学表达式表示，即

$$STC=FC+VC \tag{5-5}$$

4. 短期平均成本

短期平均成本（Short-run Average Cost，SAC），是指厂商在短期内平均每生产一单位产量所消耗的全部成本，平均总成本可分为平均固定成本和平均可变成本。一般以 Q 表示产量，那么

$$SAC=STC/Q \tag{5-6}$$

5. 平均固定成本

平均固定成本（Average Fixed Cost，AFC），是指厂商在短期内平均每生产一单位产量所消耗的固定成本，其公式为

$$AFC=FC/Q \tag{5-7}$$

6. 平均可变成本

平均可变成本（Average Variable Cost，AVC）是厂商在短期内平均生产一单位产量所消耗的可变成本，其公式为

$$AVC=VC/Q \tag{5-8}$$

各短期平均成本的关系是

$$SAC=AFC+AVC \tag{5-9}$$

7. 短期边际成本

短期边际成本（Short-run Marginal Cost，SMC），是指厂商在短期内增加一单位产量时所增加的总成本量。若用 ΔQ 代表增加的产量，用 ΔSTC 代表总成本的增加量，用公式表示为

$$SMC=\Delta STC/\Delta Q \tag{5-10}$$

这里要注意的是，短期中固定成本并不随产量的变动而变动，所以，短期边际成本实际是指可变成本而言的。用 ΔVC 代表可变成本的增加量，即

$$SMC=\Delta VC/\Delta Q \tag{5-11}$$

5.2.2　各类短期成本的变动规律及其关系

1. 总固定成本、总可变成本和总成本

为了分析各类短期成本的变动规律及其关系，我们先列出某一厂商的短期成本表，如表 5-1 所示。表中的平均成本和边际成本的各栏均可以分别由相应的总成本的各栏推算出来，该表体现了各种短期成本之间的相互关系。

表 5-1　　　　　　　　　　　　　　短期成本表

产量 Q	总成本			平均成本			边际成本
	总固定 成本（FC）	总可变 成本（VC）	总成本 （STC）	平均固定成本 （AFC）	平均可变成本 （AVC）	平均总成本 （SAC）	边际成本 （SMC）
0	1 200	0	1 200	—	—	—	—
1	1 200	600	1 800	1 200	600	1 800	600
2	1 200	800	2 000	600	400	1 000	200
3	1 200	900	2 100	400	300	700	100
4	1 200	1 050	2 250	300	262.5	562.5	150
5	1 200	1 400	2 600	240	280	520	350
6	1 200	2 100	3 300	200	350	550	700

固定生产要素的数量短期内是不变的，所以不管企业的产量是多少，固定成本不会发生变化。厂商的固定成本函数如图 5-1 所示。

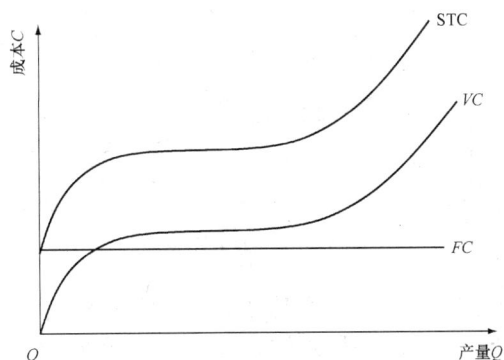

图 5-1　短期总成本、固定成本与可变成本的关系

可变成本是企业为可变生产要素付出的成本，它们随企业产量的增加而增加。因为较大的产量水平需要较多的可变要素数量，所以这意味着要有较高的可变成本。它的变动规律是：最初在产量开始增加时由于固定生产要素与可变生产要素的效率未得到充分发挥，因此成本增加幅度比产量的增加幅度要大，可变成本曲线很陡峭。以后随着产量的增加，固定生产要素与可变生产要素的效率得到充分发挥，可变成本上升幅度明显比产量增长幅度小，成本曲线平缓。最后由

于边际产量递减规律，可变成本的增加幅度又大于产量的增加幅度，可变成本曲线又变得陡峭（见图 5-1）。

我们来看短期总成本，它是固定成本和可变成本的和，即 STC=FC+VC。因此，总成本必然大于零。表 5-1 中的总成本一列是通过把每个产量水平上的总固定成本和总可变成本相加而得到的。与此相应的总成本函数由图 5-1 表示。总成本函数与可变成本函数形状相同，因为它们之间只相差一个固定的数额，这一数额就是固定成本。

2. 短期平均成本、平均固定成本和平均可变成本

短期平均成本可以细分为平均固定成本和平均可变成本两个部分。由于固定成本是不变的，所以随着产量的增加，分摊到每一产量上的固定成本不断减少。我们就得到一条不断下降的平均固定成本曲线，如图 5-2 所示的 AFC 曲线。或者说企业卖出的产品越多，那些固定不变的成本就会为越来越多的产量所分摊。例如，电视台制作的电视节目，播放的次数或者卖出的拷贝数量并不直接影响节目的制作成本，这使得制作成本成为固定成本，播放的次数越多，卖出的拷贝越多，每个拷贝上分摊的成本就越小。

平均可变成本变动的规律是：起初由于生产要素之间的配合有一个磨合过程，所以平均可变成本较高，随着产量的增加，生产要素的效率逐渐得到发挥，因此平均可变成本减少；但是产量增加到一定程度后，平均可变成本由于边际产量递减规律而增加。我们看图 5-2 中的 AVC 曲线和表 5-1 中平均可变成本的变动趋势可知，平均可变成本曲线是先下降后上升，呈"U"形。

短期平均成本的变动规律由平均固定成本与平均可变成本决定。当产量增加时，由于平均固定成本迅速下降，平均可变成本也不断下降，故而短期平均成本是不断下降的。当产量增加到一定的程度后，越来越小的平均固定成本对短期平均成本的影响变得无关紧要，这时平均成本随着平均可变成本变动而变动，随着产量的增加而下降，当产量达到一定的程度以后，又随着产量的增加而增加。平均成本曲线也是一条"U"形曲线，只不过它在平均可变成本曲线之上，如图 5-2 中的 SAC 所示。

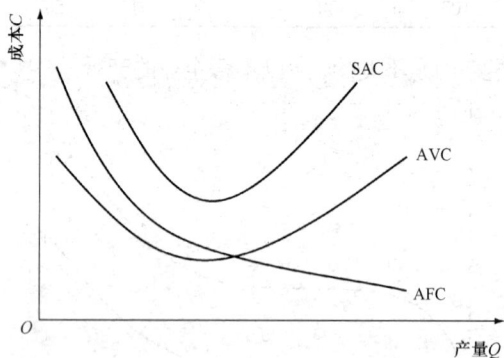

图 5-2　几种平均成本

3. 边际成本及其与短期平均成本、平均可变成本的关系

短期边际成本，在经济活动中是最重要的概念之一。边际成本表示新增加一单位的产量，所增加的总成本。例如，一个企业生产了 1 000 支钢笔，一共花费 5 000 元成本，如果生产第 1 001 支钢笔，总成本为 5 007 元，那么第 1 001 支钢笔的边际成本就是 7 元。短期边际成本的变动取决于可变成本，因为所增加的只是可变成本。边际成本的变动规律是，开始比较高，以后边际成本随着产量的增加而减少，当产量增加到一定程度时，就随着产量增加而增加，所以边际成本曲线也是一条先降后升的"U"形曲线，如图 5-3 所示。有一些企业增加一单位产量的边际成本很低，甚至没有成本支出，如电影院增加一个观众的成本几乎是微不足道的。但是有些企业增加一单位的产量的边际成本可能很高，比如，满载了的长途汽车，如果再增加一个旅客，可能要新开一趟

长途汽车，那么边际成本就大得惊人。

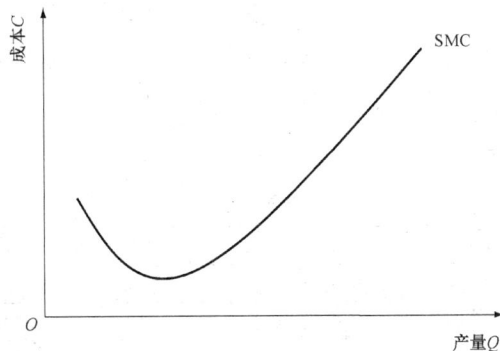

图 5-3　短期边际成本

短期边际成本（SMC）与短期总成本（STC）的关系：每一产量上的短期边际成本值是短期总成本曲线的斜率，所以当 STC 曲线的斜率增加时，SMC 也递增；当 STC 曲线递减时，SMC 也递减；STC 处于拐点处时，SMC 处于拐点。

我们再来分析短期边际成本与平均成本的关系。不要将平均成本与边际成本相混淆，边际成本要么比平均成本小很多，要么比平均成本大很多，如图 5-4 所示。

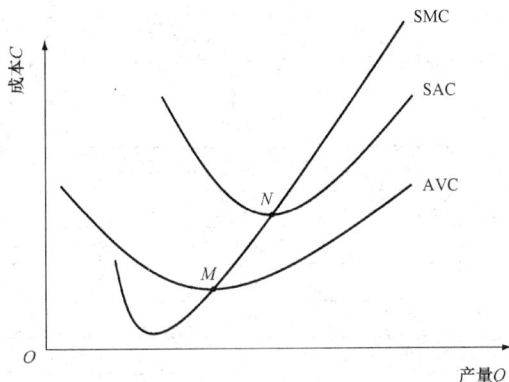

图 5-4　短期平均成本、平均可变成本、边际成本关系图

图 5-4 表明，短期边际成本 SMC 与短期平均成本 SAC 有很重要的关系，当增加一单位产量的 SMC 低于 SAC，则 SAC 随着产量增加而下降。当新增一单位产量的 SMC 高于 SAC，则 SAC 随着产量的增加而上升。短期边际成本 SMC 与短期平均成本 SAC 相交于 SAC 的最低点 N，那么这个相交点也是 SAC 达到的最低水平的点。我们要记住这些重要的规律：当 SMC 在 SAC 之下，它将平均成本拉下来；当 SMC 在 SAC 之上，它将平均成本拉上去；当 SMC 等于 SAC，则 SAC 不上升也不下降并且位于最低点。因此在"U"形 SAC 曲线底部，SMC=SAC=平均成本的最小值。点 N 被称为收支相抵点。这是一个非常重要的关系，企业要追求最低平均成本，那么就要使自己的产出位于平均成本与边际成本相等的水平。

短期边际成本与平均可变成本的关系和平均成本的关系相同，同样地，短期边际成本 SMC 与平均可变成本 AVC 相交于 AVC 曲线的最低点 M。在 M 点上，SMC=AVC。在 *M* 点的左边，SMC 在 AVC 之下，SMC 小于 AVC，AVC 随着产量的增加而降低，一直到 M 点，短期边际成本等于平均可变成本；在 *M* 点的右边，SMC 在 AVC 之上，SMC 大于 AVC，AVC 随着产量增加而增加。*M* 点被称为停止生产点，即在这一点上，价格只能弥补平均可变成本，如低于这一点，不能弥补可变成本，企业无论如何都不能再行生产了。

案例 5.1

房屋粉刷业

为了挣点钱，小明同学打算在修完经济学入门课之后，在夏季开设一个粉刷公司。开设公司需要一笔固定费用。小明同学在他家里做生意，因而没有租借办公室的成本。他把固定费用列入表 5-2。

表 5-2　　　　　　　　　　需投入的成本

成本项目	固定成本（元）
旧车	5 000
涂料和其他用品	2 000
宣传单和招牌	1 200
名片和估价单据	500
电话线路和录音电话机	300
总计	9 000

小明同学雄心勃勃地开展工作，到工地和小区里寻找客户，上门估计粉刷房屋需要多少钱，然后报价。当然，他的价格必须与竞争对手的价格差不多。小明同学发现，请工人的现行价格是每小时 10 元，还有添加刷子和油漆的成本。但是为了简便，我们假设他在夏天开工前就已经有了刷子和油漆。因此他的可变成本只与他雇佣的工人有关。可变成本还与粉刷一幢房子所耗费的时间有关，这又取决于他所雇佣的工人的劳动技能。小明公司的可变成本如表 5-3 所示。

表 5-3　　　　　　　　　　可变成本

粉刷房屋数	雇佣工人的小时数	工资支付（元）
5	100	1 000
10	300	3 000
15	600	6 000
20	1 000	10 000
25	1 500	15 000
30	2 100	21 000

根据这些信息，小明同学可以计算出其公司的成本，如表 5-4 所示。

表 5-4　　　　　　总成本、平均成本与边际成本

房屋数	总成本（元）	平均成本（元/每栋房屋）	边际成本（元/每栋房屋）
0	9 000	—	—
5	10 000	2 000	200
10	12 000	1 200	400
15	15 000	1 000	600
20	19 000	950	800
25	24 000	960	1 000
30	30 000	1 000	1 200

根据边际成本曲线和平均成本曲线，小明同学计算出，如果市场条件允许他向每栋房屋索取 1 000 元，那么他至少要粉刷 25 栋房屋才能赚取利润。这也就是他夏天的打算：粉刷 25 幢房屋，每幢 1 000 元。因此，他一共赚取 1 000 元。

5.3 长期成本分析

在长期中，厂商的所有生产要素都是可变的，没有什么固定成本与可变成本之分，即厂商的产出和生产规模可以根据市场需求进行调整。在这种条件下所形成的总产量与成本之间的关系，就是长期总成本函数。我们分析长期成本时应分析总成本、平均成本与边际成本。

5.3.1 长期总成本

长期总成本（Long-run Total Cost，LTC），是指长期中生产特定产量所花费的最低成本，它随着产量的增加而增加，当没有产量时就没有总成本。

在长期中，厂商拥有足够的能力且拥有足够的时间将生产规模调整到成本最低的水平，因此，长期总成本曲线实际上也就是厂商生产各种产量时一系列最低成本点的轨迹，如图 5-5 所示。

长期总成本曲线是一条 "S" 形曲线，是从原点出发向右上方倾斜的，如图 5-6 所示，它表示，没有产量，即产量为零时，长期总成本为零，以后随着产量的增加而增加。在开始生产时，要投入大量的生产要素，且产量较少时生产要素的效率没得到很好的发挥，或者说没有被充分利用，使得成本一开始增加的幅度比产出增加的幅度要大，表现为曲线比较陡峭。在图 5-6 中总成本曲线 OQ_1 段就是这种情形。当产量增加到一定的程度以后，或者企业产量已累积到一定的程度，生产要素开始得到充分利用，企业也得以累积一定的经验，这时长期总成本增加的幅度小于产量增加的幅度，LTC 曲线表现为比较平缓，这就是企业的规模经济的收益，如图 5-6 所示的总成本曲线 Q_1Q_2 段的情形。最后，由于规模收益递减规律，成本上升的幅度又大于产量增加的幅度，如图 5-6 所示的总成本曲线 Q_2Q_3 段的情形。

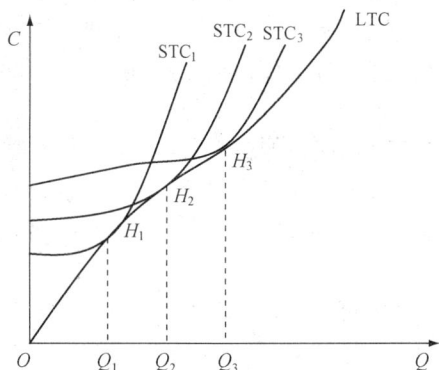

图 5-5　长期总成本与短期总成本　　　　图 5-6　长期总成本曲线

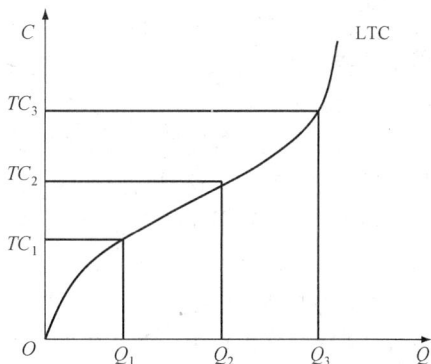

5.3.2 长期平均成本

长期平均成本（Long-run Average Cost，LAC），是指长期中平均每单位产品的成本。它等于长期总成本 LTC 除以产量 Q，即 LAC=LTC/Q。

1. 长期平均成本曲线

长期平均成本是生产各种产量所需要的最低平均成本点的轨迹，可由短期平均成本曲线 SAC出，如图 5-7 所示。

在图 5-7 中，假设某个企业生产一种产品可以选择的生产规模有五种，分别记为 SAC$_1$、SAC$_2$、SAC$_3$、SAC$_4$、SAC$_5$。越往上，表示成本越高；越往右，表示生产的规模越大。从长期生产考虑，当企业决定生产 Q_1 产量时，它必定会选择 SAC$_1$ 的生产规模；当产量为 Q_2 的时候，企业会选择 SAC$_2$ 的生产规模；那么当选择产量为 Q_3 时，它会选择 SAC$_3$ 的生产规模；以此类推。由此可见，企业的长期平均成本曲线 LAC 是各个既定生产规模的短期平均成本曲线 SAC 的包络线，即图 5-7

中的 *ABCDE* 线。或者说各条短期平均成本线与长期平均成本曲线都各有一个切点，长期平均成本曲线就是各切点的连线。长期平均成本曲线把各条短期平均成本曲线包在其中，因此，长期平均成本曲线又称包络曲线。在长期中，生产者按这条曲线做出生产计划，确定生产规模，因此，这条长期平均成本曲线又称为计划曲线。

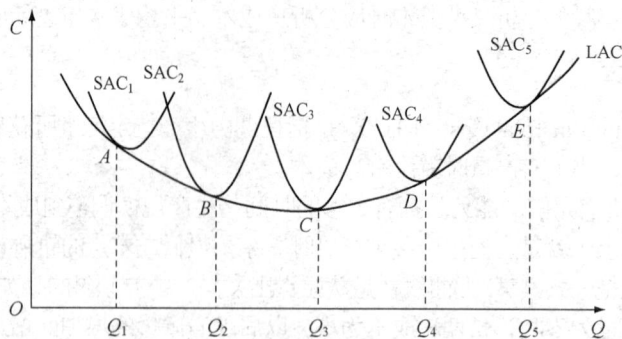

图 5-7　短期平均成本与长期平均成本

问题探索：在实际经济活动中，企业在短期中是不是总是在平均成本的最低处组织生产？为什么？

2. 长期平均成本曲线的特征

长期平均成本曲线呈现先降后升的"U"形，这和短期平均成本曲线十分相似，但是这两条"U"形曲线产生的原因并不相同。短期平均成本曲线呈"U"形是短期的边际收益递减规律的作用。在长期内，所有生产要素的投入量都可变，边际收益递减规律不对长期平均成本曲线的形态产生影响，长期平均成本曲线的"U"形是由长期生产的规模经济与规模不经济所决定的，即由规模报酬的变动规律所决定。此外，外在经济使得平均成本曲线下移，相反，外在不经济将导致平均成本曲线上移。

长期平均成本曲线与短期平均成本曲线还存在着一定的区别，即长期平均成本曲线无论是上升还是下降都比较平坦，这说明在长期中，平均成本无论是减少还是增加变动较慢，这是由于在长期中全部生产要素可以调整，企业可以有更多的回旋余地。相反；短期内企业回旋余地小，甚至是不可能的。

关于长期平均成本曲线的形状，西方经济学家近些年来进行了大量的实证分析，结果表明，在大多数行业的生产过程中，企业获得了规模内在经济的全部好处，企业的内在不经济情况往往要在很高的产量后才出现。也就是说，LAC 在很大的范围内是持续下降的，只有当产量足够高后才使得 LAC 开始上升，曲线形状被称为"L"形，如图 5-8 所示。尽管如此，在经济分析中，仍然使用"U"形的 LAC 曲线的假定。

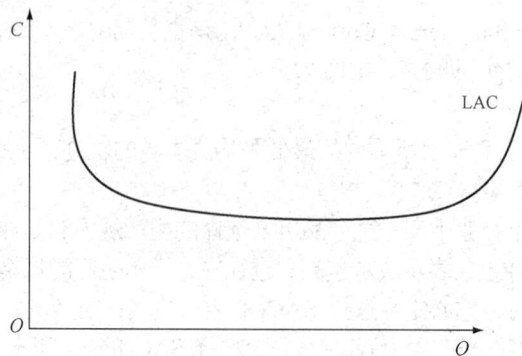

图 5-8　"L"形长期平均成本曲线

3. 不同行业的长期平均成本

如果我们考虑一下生产要素的价格变动，则会发现各行业长期平均成本变动的特点是有所不同的。经济学里，一般可根据长期成本变动的情况把不同的行业分为成本不变、成本递增和成本递减这三种情况。

（1）成本不变的行业。在这种行业里，企业的长期平均成本不受整个行业产量的变化的影响，无论产量如何变化，长期平均成本是基本不变的。这就是所谓的"成本不变行业"。导致这种情况出现的主要原因：一是这个行业在整个经济中所占比例很小，产量变动引起的对生产要素的需求对整个生产要素市场的影响也很小，以致对生产要素的价格不发生影响；二是这个行业使用生产要素的种类与数量与其他大多数的行业不同，甚至是反其道行之，从而保持长期成本不变。在现实经济领域中，具有这种特性的行业并不多见，一些小商品生产行业具备这一特点。

（2）成本递增的行业。这种行业中的各个企业的长期平均成本要随着整个行业产量的增加而增加。这种情况在经济领域中普遍存在，尤其是以自然资源为主要生产要素的行业，如农业、渔业、矿业等特别明显。形成的原因是，由于生产要素有限，所以整个行业产量增加就会使投入的生产要素价格上升，从而引进各企业的长期平均成本增加。一个行业扩大给某一个企业带来"外在不经济"。例如，猪肉价格上涨，会吸引更多的人从事生猪养殖业，这个行业扩大，又推动猪饲料的价格上涨，使得某一个养猪企业的长期生产成本上涨。

（3）成本递减的行业。这种行业中各个企业的长期平均成本要随着整个行业产量的增加而减少。也就是说，这种行业存在着外在经济现象。如在经济开发区里，一个政府倡导发展的行业企业越多，会促使政府在基础设施、辅助服务、信息等领域做更多的投入和建设，市场形成更完备的产业集群，使得企业的长期平均成本不断下降。但是应该注意的是，这种外在经济现象可能只是在一段时期内存在，行业内企业大规模增加，竞争加剧，会导致长期平均成本上升。

案例 5.2

家电连锁业规模最适化内生增长模式

家电电子连锁业走规模最适化内生增长模式的发展路径，经历了时间的检验。

创立于 1966 年的世界最大的家电电子连锁企业美国百思买（Best Buy），经过 50 多年的持续经营，始终坚持内生性增长的发展模式，致力于服务创新、品类经营、社会责任，稳步推进经营战略和企业发展战略。特别是在企业成熟阶段，其通过以自有门店新增、可比门店改善为主，以自有资本并购为辅的战略推进国内市场和国际市场，收到可喜的回报。2009 年 4 月 2 日百思买公布 2008 财年第 4 季度财报，国内店面销售可比增长 1.9%，海外门店可比增长 9%，合计可比店面增长 2.9%。

而创立于 1949 年的美国第二大家电电子连锁企业电路城（Circuit City），在企业的创业期（1949—1970 年）和发展期（1970—1990 年）同样坚持内生性增长的模式，致力于经营创新、服务改善、业绩优化，使得企业稳步发展。但是 1990 年以后，电路城启动多元化并购战略和海外并购扩张战略，实施了进军二手车、电子商务市场，收购加拿大 InterTan 公司等一系列快速扩张战略，导致企业发展失衡，以致 2004 年开始业绩减速下滑，风光不再。该公司 2008 财年第 4 季度财报显示，亏损 3.21 亿美元，亏损率达 2.7%。

有趣的是日本家电连锁业 BEST 电器、小岛电器都曾经是昔日的"霸主"，也经历了由内生增长模式到并购扩张的外延式增长模式的改变。规模最大化的追求导致恶果呈现，最终，目前境况不佳，是非缠身，影响程度和影响时限非常可怕。

家电连锁业是一场没有终点的马拉松竞赛。中国家电连锁业要基于企业自身力量，选择内生性发展模式，提高投资收益，通过经营创新、服务创新、价值营销、技术运用等手段寻求"规模最适点"。不放弃对最佳规模的追求，进行并购扩张，必将是家电连锁后规模化时代的必由之路！

5.3.3 长期边际成本

长期边际成本（Long-run Marginal Cost，LMC）是指长期中每增加一单位产量所增加的长期总成本，它等于长期总成本的变动量 ΔLTC 除以产量的变动量 ΔQ，即 $LMC=\Delta LTC/\Delta Q=dLTC/dQ$。如前所述，在几何意义上，原点到 LTC 曲线各点射线斜率与相应产量的轨迹构成 LAC 曲线；而 *LTC* 曲线各点切线的斜率与相应产量的轨迹构成 LMC 曲线。

长期边际成本也是随着产量的增加先减少而后增加，因此，长期边际成本曲线也是一条先下降而后上升的"U"形曲线，但是它要比短期边际成本曲线平缓。

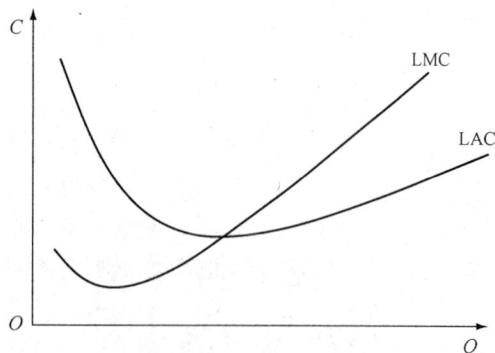

图 5-9　长期边际成本与长期平均成本

长期边际成本与长期平均成本的关系和短期边际成本与短期平均成本关系一样。当长期边际成本小于长期平均成本时，长期平均成本下降，它的下降是由长期边际成本带下来的；长期边际成本大于长期平均成本时，长期平均成本上升，它的上升是由长期边际成本带上去的；长期边际成本相交于长期平均成本的最低处。如图 5-9 所示，当 LMC＜LAC 时，LAC 曲线呈下降走势；当 LMC＞LAC 时，LAC 曲线呈上升走势；当 LMC＝LAC 时，LMC 曲线在 LAC 曲线的最低点与 LAC 相交，在交点处，LMC＝LAC＝SAC＝SMC。

5.4　企业收益与利润最大化

经济效益是成本与收益之间的关系，本节以生产理论、成本理论为基础讨论收益、利润和利润最大化的实现条件。

5.4.1　收益与利润

1. 收益的概念

（1）收益（Revenue），就是厂商的销售收入，即价格与销售量的乘积。收益中既包括了成本，又包括了利润。

收益又可以分为总收益、平均收益和边际收益。

总收益（Total Revenue，TR），是指厂商销售一定量产品所得到的全部收入。如果企业生产的是多种商品，那么，总收益就等于每种商品的价格与这种商品销售量的乘积。如果以 P 表示价格，Q 表示销售量，则

$$TR=\sum P_iQ_i \tag{5-12}$$

式中，i 为从 1 到 n 的自然数，$\sum$ 表示各种销售收入求和。

如果企业只生产一种产品，则有

$$TR=P\cdot Q \tag{5-13}$$

如果产品的价格是既定的，而且所有产品都能销售出去，那么总收益 TR 就是产量的函数。

平均收益（Average Revenue，AR），是指厂商销售一定量产品时平均每单位产品所获得的收入，有

$$AR=TR/Q \tag{5-14}$$

边际收益（Marginal Revenue，MR），是指每增加一单位产品销售所增加的收入。它等于总收入增量与总销售增量之比。若 ΔTR 为总收益的增量，ΔQ 为总销售的增量，那么

$$MR=\Delta TR/\Delta Q \tag{5-15}$$

当产销量的增量可以变得无穷小的时候，有

$$MR= \lim_{\Delta Q \to 0} \frac{\Delta TR}{\Delta Q} = \frac{\mathrm{d}\,TR}{\mathrm{d}\,Q} \qquad (5\text{-}16)$$

（2）收益与产量的关系。收益是产量与价格的乘积。以 P 代表价格，那么总收益（ TR ）与总产量（ TP ）、平均收益（ AR ）与平均产量（ AP ）、边际收益（ MR ）与边际产量（ MP ）之间的关系就是

$$TP \cdot P=TR \qquad (5\text{-}17)$$
$$AP \cdot P=AR \qquad (5\text{-}18)$$
$$MP \cdot P=MR \qquad (5\text{-}19)$$

我们理解收益的概念时要注意以下几个方面的问题。

一是收益并不等于企业所挣到的钱，而是出售产品所得到的收入，它包括成本和利润。成本又包括员工工资、资本的利息、土地的租金等费用。特别要强调的是，支付给企业家才能的高额报酬即正常利润，也是成本中的一种。

二是在不同的市场结构中，收益变动的规模并不完全相同，特别是在不完全的市场结构中，企业同一种产品可能是以不同的价格销售出去的，而不是同一种价格。

2. 收益曲线

既然成本是用货币或价格表示的投入，那么当产量与销售量相等时，收益就是用货币表示的产量。因此，总收益、平均收益和边际收益及其相互关系是受总产量、平均产量和边际产量及其相互关系的变化规律所支配的。在不考虑价格因素，而且假定生产量等于销售量时，总收益曲线、平均收益曲线和边际收益曲线也就与总产量曲线、平均产量曲线和边际产量曲线基本相同。但当我们考虑到价格因素时，收益的曲线就受到价格变动的影响而改变了。

在价格不变的市场条件下，企业出售每一单位产品都是在同一个价格下实现销售的，也就是说，企业第一单位产品与最后一单位产品都收取同一个价格。那么我们就可以知道，单位产品的价格既等于平均收益，又等于边际收益。如图 5-10 所示，企业的边际收益曲线与平均收益曲线是重叠的。

在价格可变的市场条件下，我们只讨论一种情况，总收益随着销售的增加而增加，由于市场是一个价格可变的市场，那么企业的产量与价格呈相反的方向变化，产量越小，价格越高，产量越大，价格越低。当总收益曲线到达一个高点后，就开始下降了。第一份产品价格最高，平均收益也最高，最后一份产品价格最低，平均收益也最低，平均收益曲线一直处于下降趋势。既然平均收益曲线向下倾斜，应该是由一条更下方的边际收益曲线拉动所致，如图 5-11 所示。

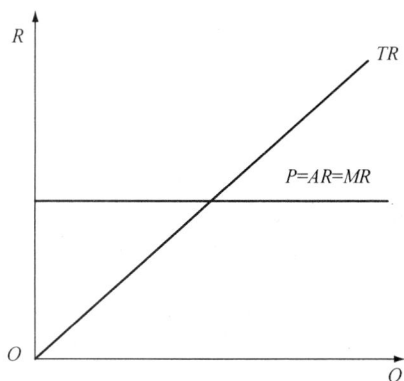

图 5-10　价格不变市场的收益曲线　　　　　图 5-11　价格可变市场的收益曲线

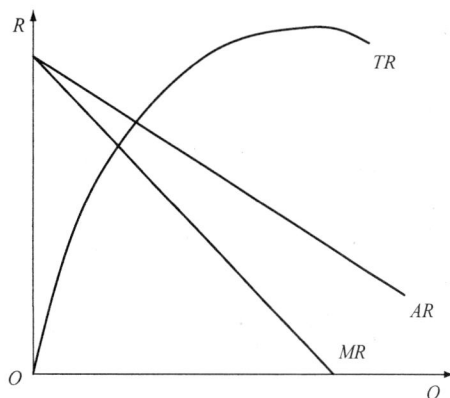

3. 利润

利润（Profit）是总收益与总成本的差额。经济学家把利润分为会计利润、正常利润和经济利润。

会计利润是厂商的总收益与会计成本的差额。即厂商的总销售收入减去显性成本。

正常利润是企业家才能的价格，也是企业家才能这种生产要素所得到的收入。它包括在成本之中，其性质与工资相类似，也是由企业家才能的需求与供给所决定的。不同的只是由于对企业家需求和供给的特殊性（边际生产力大和培养成本高），决定了它的报酬数额远远高于一般劳动所得的工资。当厂商的总收益减去总成本差额为零时，厂商的正常利润实际上已经实现了。

经济利润是指厂商的总收益与厂商经济成本的差额。经济成本既包括显性成本，又包括隐性成本。经济利润小于零时，说明厂商出现亏损，当厂商的经济利润大于零时，厂商这个时候的利润叫做超额利润。在经济学中，厂商所追求的最大利润，指的就是经济利润，或者说是超额利润。

5.4.2 利润最大化原则

厂商作为一个经济单位，它进行经济活动或从事生产的目标是多种多样的。大致说来，厂商的目标有这样几个：追求利润最大化；保持或扩大市场份额；为增长而增长；创造或保持一种良好的社会气氛；履行社会责任；保持满意的财务状况；建立融洽的劳资关系。这些目标是互相联系着的，但其中最主要的目标是追求最大利润。

厂商利润最大化原则就是指厂商产量的边际收益等于边际成本。边际收益是指厂商最后增加一单位的产量（销售量）所增加的收益，边际成本是指厂商最后增加一单位产量（销售量）所增加的成本。如果厂商最后增加一单位产量的边际收益大于边际成本，就意味着厂商是有利可图的，增加这一产量总利润在增加，只要边际收益大于边际成本，厂商将会继续增加产量。如果厂商增加一单位产量的边际收益小于边际成本，那么意味着厂商增加这一产量不但不能增加总利润，相反会使总利润减少，厂商是不会增加这一产量的，可能会减少产量。只要边际收益小于边际成本，厂商减少产量的动作就不会停止。只有在某一产量的边际收益等于边际成本时，厂商的总利润才能达到最大值，所以 MR=MC 成为利润最大化的必要条件。这一利润最大化的原则对于所有类型市场结构的厂商均适用。

这一原则我们也可以通过数学论证。

我们知道，利润来自于厂商经营收入减去厂商成本的部分，即利润=总收益−总成本。总收益和总成本都是产量 Q 的函数，因此利润也是产量的函数，如以 π 表示利润，则可写成

$$\pi(Q) = TR(Q) - TC(Q) \tag{5-20}$$

利润最大化的必要条件是利润的一阶导数等于零，即

$$\frac{\mathrm{d}\pi}{\mathrm{d}Q} = \frac{\mathrm{d}TR}{\mathrm{d}Q} - \frac{\mathrm{d}TC}{\mathrm{d}Q} = 0$$

$$\frac{\mathrm{d}TR}{\mathrm{d}Q} = \frac{\mathrm{d}TC}{\mathrm{d}Q}$$

$$\frac{\mathrm{d}TR}{\mathrm{d}Q} = MR, \quad \frac{\mathrm{d}TC}{\mathrm{d}Q} = MC$$

则利润最大化的条件为

$$MR = MC$$

如果 $MR > MC$，即 $\frac{\mathrm{d}\pi}{\mathrm{d}Q} > 0$，这意味着每增加一单位产品生产，收益的增加大于成本的增加，

说明此时增加产量会使利润增加；如果 $MR < MC$，$\frac{\mathrm{d}\pi}{\mathrm{d}Q} < 0$，则每增加一单位产品生产收益的增加小

于成本的增加，说明此时增加产量会使利润减少。所以厂商应增加或缩减规模，直至 $MC=MR$。只有当边际收益等于边际成本时，增加的收益正好与增加的成本相抵，边际利润为 0，总利润达到最大，这时生产者就会将生产量稳定下来，以实现厂商的利润最大化。

> **问题探索**：分析讨论一下，目前市场上的企业是不是都是按照边际收益等于边际成本这一利润最大化的原则组织生产的？

案例5.3

大商场平时为什么不延长营业时间

节假日期间长沙的友谊、王府井等许多大型商场都延长营业时间，那为什么平时不延长呢？现在在我们用边际分析理论来解释这个问题。

从理论上说延长时间一小时，就要支付一小时所耗费的成本，这种成本既包括直接的物耗，如水、电等，也包括由于延时而需要的售货员的加班费，这种增加的成本就是我们这一章所学习的边际成本。假如延长一小时增加的成本是 1 万元（注意这里讲的成本是西方经济学成本概念，包括成本和正常利润），那么在延时的一小时里他们由于卖出商品而增加收益大于 1 万元，作为一个精明的企业家他还应该再将营业时间在此基础上再延长，因为这时他还有一部分该赚的钱没赚到手。相反，如果他在延长一小时里增加的成本是 1 万元，增加的收益却不足 1 万元，他在不考虑其他因素情况下就应该取消延时的经营决定，因为他延长一小时的成本大于收益。节假日期间，人们有更多的时间去旅游购物，使商场的收益增加，而平时紧张的工作、繁忙的家务使人们没有更多时间和精力去购物，就是延时服务也不会有更多的人光顾，增加的销售额不足以抵偿延时所增加的成本。这就是能够解释在节假日期间延长营业时间而在平时不延长营业时间的经济学的道理。

无论是边际收益大于边际成本还是小于边际成本，厂商都要进行营业时间调整，说明这两种情况下都没有实现利润的最大化。只有在边际收益等于边际成本时，厂商才不调整营业时间，这表明已把该赚的利润都赚到了，即实现了利润的最大化。

案例发散

711 为什么 24 小时营业？

思考题：小便利店为什么有 24 小时营业的？

【本章小结】

1. 在短期内，厂商的短期成本可以做如下分类：总固定成本、总可变成本、总成本、平均不变成本、平均可变成本、平均总成本和边际成本。它们的英文缩写依次为 TFC、TVC、TC、AFC、AVC、SAC 和 MC。

2. 当仅有一种投入时，在短期内，边际报酬递减规律决定了成本曲线的形状，平均可变成本曲线和平均总成本曲线是"U"形的。短期边际成本曲线从一定点开始向上延伸，并从两条平均成本曲线的下方穿过它们的最低点。

3. 长期中，生产的所有投入要素均是可变的，长期成本曲线可以通过扩展线，也可以通过短期成本的包络线获得。长期总成本曲线的形状和短期成本曲线的形状是一样的，但不同的是，长期总成本曲线通过原点，即当产出量为零时，成本为零。

4. 长期平均成本曲线虽然与短期平均成本曲线一样，均呈"U"形，但长期平均成本曲线较为平滑。其原因在于，短期平均成本受边际报酬递减规律的制约，而长期平均成本则受到规模报酬规律的影响。长期平均成本曲线是企业短期平均成本曲线的包络线。

5. 总收益减去会计成本等于企业的会计利润，总收益减去经济成本等于企业的经济利润，企业最利润最大化的原则是边际收益等于边际成本。

【经济观察】

电视剧生产中的成本因素

电视剧的制作分为筹备期、拍摄期和后期制作三个阶段，以下基于 2010 年的情况对前两个阶段的成本因素进行分析。

（1）前期筹备。前期筹备主要是围绕剧本来进行的，包括购买剧本版权、创作和修改剧本、取得拍摄许可等，这期间所发生的费用包括以下几个方面：①购买原著改编权，从国内情况看，原著的剧本改编权并没有规范的价格标准，一般在 5 万～20 万元，也有高到数十万乃至上百万的，价格的高低很大程度上取决于作家的名气和其作品在社会上的影响力以及题材本身的市场价值；②编剧稿酬，在国内剧本创作的费用很大程度上取决于所聘请的编剧的身价和剧作的质量，国内著名的编剧每集剧本的编剧费一般都在 1 万以上，个别编剧甚至可达到 2 万以上，而那些刚出道没有名气的编剧则只能拿到 2 000～4 000 元；③剧本讨论费及咨询费用，选题或剧本论证的费用一般都在万元到数万元；④其他费用，主要包括交通费、食宿费、通信费及各种交际费用等。

根据我国情况，现代题材的电视连续剧每集费用通常是在 1 万～3 万元，占总投资的 6%～10%左右。

（2）拍摄费用。电视剧的制作成本绝大多数是在电视剧拍摄的过程中发生的，主要包括以下几项。① 演职员酬金，包括演员的酬金和工作人员的酬金两部分。根据我国的情况，一般来说，主创人员所得酬金比非主创人员高出许多，例如导演每集的酬金一般都在 1 万～3 万元。一流的摄像师每集的酬金一般不超过 5 000 元，普通摄像师不低于 2 000 元。摄像助理在 1 000～1 500元。演员的身价差别很大，目前最红的演员每集的酬金都在 6 万～10 万元，近些年有少部分演员酬金达到上百万之多的，而那些刚出道又没有名气的演员每集的酬金也就 2 000～4 000 元，相差10～20 倍。②设备使用费，设备主要包括摄像机及其各种辅助性设备、灯光设备、录音设备及发电设备等。在国内，拍摄电视剧所用的设备大多数情况下都是租赁来的，一般按使用的时间来进行计算，例如租用一台 BETACOM 摄像机每天的价格是 700～1 000 元，而租用一盏 2.5 K 阿莱灯每天的价格约为 1 000 元，租用一套录音设备每天的价格为 700～800 元。在国内拍摄一部 20 集的电视剧耗时在 60～80 天，花在设备租用上的费用大约 60 万元。③租用景地、置景、道具、服装、化妆等方面的费用。在国内当代题材的电视剧多采用实景拍摄，不到万不得已制片人一般都不会考虑造景。因为这可能花去很大的一笔费用，大大增加电视剧制作的成本。在国内，现代题材的电视剧，每集的平均成本约 20 万元，而历史题材的电视剧每集制作费一般在 30 万元以上。④缴纳税金。个人所得税，演职员的酬金都需要支付个人所得税。此外，按照税法规定，制片人还至少应该向国家缴纳营业税等税款。

讨论题

1. 讨论我国电视剧制作价格高的主要原因有哪些。
2. 目前我国明星酬金现状对我国影视产业有什么影响？

【能力训练】

核算店铺成本和收益

我们学校周围有许多经营饮食、服装、网吧、化妆饰品、水果等商品的规模不等的店铺和企业。以 2～5 人为一组，对校园周边规模稍大的一家小企业或者店铺进行一周的不间断的详细跟踪记录，核算这家企业或店铺一周的各种成本和收益，重点关注边际成本与边际收益的变化。

以组为单位做一份该企业一周的短期成本表和收益表。

提示：要完成这次实训，同学们要特别注意提高沟通和谈判能力，考虑如何利用以班级甚至系的名义与企业进行双赢合作，争取老板支持和配合。实训条件好的学校可利用实习超市等单位，来完成本次的实训任务。

【概念复习】

显成本 隐含成本 会计成本 经济成本 短期总成本 固定成本 可变成本 短期平均成本 边际成本 经济利润 总收益 平均收益 边际收益 利润最大化原则 会计利润 正常利润 收支相抵点 停止营业点

【同步练习】

1. 企业购买生产要素所引起的成本为（ ）。

    A. 显成本   B. 隐成本   C. 固定成本   D. 机会成本

2. 当 AC 达到最低点时，下列哪一条是正确的？（ ）

    A. $AVC=FC$ B. $MC=AC$ C. $P=AVC$

    D. $P=MC$ E. $MR=MC$

3. 厂商获得最大利润的条件是（ ）。

    A. $MR>MC$ 的差额为最大   B. $MR=MC$

    C. $P>AC$ 的差额为最大   D. $TR>TC$ 的差额为最大

4. 随着产量的增加，平均可变成本 AVC（ ）。

    A. 先降后升   B. 先升后降   C. 按固定比率上升   D. 按固定比率下降

5. 某厂商每年从企业的总收入中取出一部分作为自己管理企业的报酬，这部分报酬属于（ ）。

    A. 显成本   B. 隐成本   C. 经济利润   D. 正常利润

【问题讨论】

1. 假设你有一家音像制品租赁商店，列举一些你在经营这家商店时需要用到的固定投入和可变投入。

2. 思考观点"当收益递减时，总产量开始下降"，你对这一观点是否同意？请解释一下。

3. 为什么短期平均成本曲线和长期平均成本曲线都是"U"形曲线？为什么由无数短期平均成本曲线推导出来的长期平均成本曲线必有一点也只有一点相等？

4. 说明成本函数是怎样从生产函数求得的。

5. 说明为什么在产量增加时，平均成本（AC）与平均可变成本（AVC）越来越接近。说明在短时期内，平均可变成本（AVC）与边际成本（MC）的关系。

6. 某制造公司每天生产 1 000 个锤子。工厂每天的总固定成本为 5 000 美元，总可变成本为 15 000 美元，计算当前产量水平下的平均固定成本、平均可变成本、平均总成本和总成本。

7. 设企业的边际成本函数为 $MC=Q+2$，试求其平均可变成本函数。

【补充读物与资源】

《企业、合同与财务结构》[美] 哈特，著. 方费域，译. 上海人民出版社，2006 年

经济月刊
人民网经济频道

第 6 章

市场结构与产业组织行为

要坚信市场趋势的力量，顺势而为事半功倍，逆市而为最终难逃厄运。

——佚名

学习目标

能力目标

- 能够运用市场结构划分的原则，分析和判断现实市场上一些比较熟悉的行业的市场结构类型。
- 通过学习市场结构理论，能够正确评价竞争与垄断的关系及优缺点。
- 能够运用各种市场的厂商均衡原则，分析和解释市场结构与企业行为的关系。
- 能够运用厂商均衡理论，分析和解释一些企业现实运行中的行为方式和所采取的策略。

知识目标

- 掌握完全竞争市场、垄断竞争、寡头垄断和完全垄断四种市场结构的概念和特点。
- 掌握完全竞争市场、垄断竞争和完全垄断市场条件下均衡及其实现条件。
- 掌握垄断市场上厂商的差别定价（价格歧视）。
- 理解垄断竞争条件下，厂商的产品差别竞争。
- 理解和掌握勾结性寡头的定价策略。
- 了解各种市场结构价格与产量决定的比较。

重要概念

市场结构　完全竞争市场　垄断竞争市场　垄断市场　寡头市场　价格歧视　差别竞争
卡特尔　斯威齐模型

　　我们在前面分析了消费者行为决定的规律，又讨论了厂商在短期与长期中生产要素投入的规律，还研究了生产者的产出与成本的一些变化规律，以及利润最大化的实现条件。本章我们将考虑消费者与生产者的相互作用，以考察市场的整体行为，分析厂商在不同的市场类型中的市场均衡价格和产量的决定。例如，山东的菜农和上海一汽大众公司所面临的市场是不同的。在农产品市场上，一个菜农面临着与无数个菜农的激烈竞争；而上海一汽大众公司面临的竞争对手可能是数得清楚的汽车制造公司。每个企业都面临着不同的市场，不同市场上的企业都要决定应该如何确定自己的产量与价格，以实现企业利润的最大化。本章首先介绍市场结构，然后分析完全竞争市场的行为，考察厂商的供给决策，在掌握完全竞争的核心理论之后，再分析垄断和不完全竞争的其他形式。

6.1　市场结构

我们可以把独立的经济单位分成两大类，买方（Buyer）和卖方（Seller）。买方包括购买商品和服务的消费者，以及购买劳动力、资金和原材料用于生产商品和提供服务的厂商。卖方包括出售商品和服务的厂商、出售劳动力，以及向厂商出租土地或出售其他资源者。从中可以看出，大部分的个人和厂商既是买方又是卖方。买方和卖方相互作用就形成了市场。

再抽象地观察，市场指一种理论的时间和空间结构，是指从事商品买卖的交易场所或接洽点。它可以是有形的买卖商品的交易场所，也可以是利用现代化通信工具进行交易的接洽点。从本质上讲，市场是产品和劳务买卖双方相互作用并得以决定其交易价格和交易数量的一种组织形式或制度安排。市场是经济活动的中心。

任何一种交易物品都有一个市场，经济活动中有多少种交易物品，就相应有多少个市场，如服装市场、汽车市场、土地市场等。经济学常将所有物品市场分为商品市场和要素市场两大类，本章里只研究商品市场的均衡价格及产量的决定，要素市场将在下章介绍。

与市场相对应的另一个概念是行业。行业是指为同一个商品市场生产和提供产品的所有厂商的总体。市场和行业的类型是一致的。任何市场或者行业都处在一定的市场结构之中。市场结构是指市场的垄断与竞争的程度。不同的企业处于不同的市场，其竞争目标与手段都不相同。要了解市场结构，首先要了解划分市场结构的标准。

6.1.1　市场结构划分的标准

1. 市场结构

在分析市场结构的时候，市场就是指行业，例如，汽车行业就是汽车市场，金融行业就是金融市场，电视行业就是电视市场等。那么，市场结构是指市场的垄断与竞争程度。企业处在不同的市场结构，也就是处在不同的垄断与竞争环境里，其竞争目标与手段是不相同的，所以说，市场结构对企业竞争战略影响重大。

2. 市场结构划分的标准

市场的竞争与垄断程度不同，形成了不同的市场结构，我们根据四个标准来划分市场结构。

（1）市场上厂商的数目。一个市场或者一个行业，企业的规模越小，数量越多，那么这个市场的竞争程度就越大。相反，一个行业中，企业规模越大，企业的数量越少，大企业的市场占有额越大，那么这个市场的垄断程度就越高，竞争程度也就越低。

经济学家则用行业的市场集中度来分析市场上厂商的数目多少对市场竞争与垄断程度的影响。一般用两个标准来判断一个市场的集中度。

一是 CR_4 指数（前 4 位企业市场份额之和），指某一市场中最大的 4 家企业在整个市场销售额中所占的比例。很显然，CR_4 越大，市场的竞争程度越低，垄断程度越高。相反，CR_4 越小，则竞争程度越高，垄断程度越低。

二是赫芬达尔-赫希曼指数（简称 HHI），指的是某一市场上 50 家最大企业（如果小于 50 家企业就是所有企业）每家企业市场占有份额（百分数）的平方之和。显然，HHI 越大，表示市场集中度越高，垄断程度越高。

（2）厂商之间各自提供产品的差别程度。产品差别是同一种产品在质量、牌号、形式、包装等方面的差别。一种产品不仅要满足人们的实际需要，还要满足人们的心理需要。每个人由于收入、社会地位、文化教育程度、宗教信仰等不相同，偏好也各异，他们对同一种产品的细微差别都有各自不同水平的需要。产品差别正是为了满足消费者的不同偏好，消费者对此也愿意支付不同的价格，从而形成产品差异的垄断。

经济学家认为，产品差别引起垄断，产品差别越大，垄断程度越高。所以产品差别程度越高的市场，垄断越高；产品差别越低的市场竞争程度越高。

（3）单个厂商对市场价格的控制程度。厂商对市场价格的控制程度对市场结构具有十分重要的意义。企业对价格的控制能力越强，企业就越具有垄断势力，那么市场的垄断程度就越高。相反，一个市场中企业对价格的控制能力很弱，甚至没有控制能力，都是价格的接受者，那么市场的竞争程度就很高，垄断程度低。市场中企业的数量、企业的规模以及产品的差别程度等都会影响企业对价格的控制能力。

（4）厂商进入或退出一个行业的难易程度。一个行业的进入门槛越低，即进入限制越低，企业越容易进入，那么市场中的企业数量就越多，从而竞争程度就越高。反之，一个行业进入的门槛越高，即进入限制越高，企业进入越困难，那么这个市场的企业数量就越少，企业集中度越高，从而垄断程度就越高。

成本因素、规模经济以及政府立法等方面的因素影响着行业的进入限制。成本投入越高，规模经济显著以及知识产权、政府管制等因素提高了企业进入的门槛，从而提高了一个行业的垄断程度。

6.1.2 市场结构类型

根据上述标准，经济学家把众多行业划分为四种市场类型，即完全竞争（Perfect Competition）市场、垄断竞争（Monopolistic Competition）市场、寡头垄断（Oligopoly）市场和完全垄断（Complete Monopoly）市场。完全竞争市场又称为纯粹竞争（Pure Competition）市场，后面三个类型又称为不完全竞争市场（Imperfect Competition Market）。具体描述如表6-1所示。

表6-1　　　　　　　　　　　　　市场和厂商类型的划分和特点

市场和厂商的类型	厂商的数目	产品差别的程度	对价格控制的程度	进出一个行业的难易程度	接近哪种市场情况
完全竞争	很多	完全无差别（同质）	没有	很容易	一些农产品、期货市场，金融市场
垄断竞争	很多	有差别	有一些	比较容易	香烟、糖果、一般日用工业品
寡头	几个	有差别或无差别	相当程度	比较困难	钢铁、汽车、石油、有色金属
完全垄断	一个	唯一的产品，没有接近的替代品	很大程度，但经常受到管制	很困难，几乎不可能	公用事业，如水、电等

区分不同的市场结构是很重要的，大家知道，任一商品的价格是由市场上消费者对商品的需求和厂商对该种商品的供给这两种市场力量的相互作用形成和决定的。消费者追求效用最大化的行为决定了市场的需求曲线，而厂商追求利润最大化的行为则决定了市场的供给曲线。厂商的利润取决于收益和成本。其中，厂商成本主要取决于自身的生产技术水平，而厂商的收益则取决于市场对产品的需求状况。在不同的市场结构中，由于竞争程度不同，市场对厂商的影响就不同，自然而然，厂商所面临的对其产品的需求状况也不相同，因此，在分析厂商的利润最大化的决策时，必须要识别厂商所处的市场类型。

案例6.1

从完全竞争到寡头垄断的中国牙膏市场

完全竞争时代（20世纪80年代初至90年代初）。自80年代中期以来，中国日化行业经历了前所未有的繁荣。全国范围内，较有名气的牙膏有上海的中华，天津的蓝天六必治，重庆的冷酸灵，广西柳州的两面针，广州的洁银、黑妹，丹东的康齿灵，哈尔滨的三颗针……由于计划经济的原因，几乎每个省都有自己的牙膏厂。大部分牙膏的品质一般，包装粗糙，没有明确的品牌概念，品牌的含金量再谈不上。厂家只是单纯地追求销量，并没有市场份额等概念。

垄断竞争时代（20 世纪 90 年代中期至末期）。1994 年，美国高露洁公司（Colgate-Palmolive Company）在广州黄埔的工厂破土动工，2000 年，就以超过 20% 的市场份额，站在了国内牙膏销量的冠军台上。1996 年 7 月，宝洁公司（Procter&Gamble Company）推出佳洁士牙膏（Crest）。高露洁和佳洁士的加入，使得中国的高端牙膏市场形成。在高露洁、宝洁的大集团营销攻势下，国内的品牌在市场上都溃不成军。曾经声名显赫的中华，不得不"嫁"给联合利华公司（Unilever）。高露洁的冒进，加上宝洁的老谋深算，终于使得佳洁士在 2005 年超越高露洁，变为市场第一名。从此，中国的牙膏市场进入两雄争霸年代，兵败如山倒的是众多国产品牌，几乎全军覆没。

寡头垄断年代（2005 年之后）。2005 年之后，佳洁士新品不断，且促销攻势一浪高过一浪；高露洁则兵败如山倒，份额很快下滑到 17%，勉强排在第二位。两匹黑马是联合利华的中华牙膏（Zhonghua）和好来化工（hawleyhazel）的黑人牙膏（Darlie）。到 2005 年中期，佳洁士、高露洁、黑人牙膏、中华四个品牌占据了国内 70% 的市场份额，大的战略格局终于形成。国内牙膏市场实际上形成了三大板块：一是外资及合资强势品牌板块，主要由高露洁、佳洁士、黑人、中华组成；二是民族传统品牌板块，包括两面针、冷酸灵、黑妹、蓝天六必治、田七等；三是新兴品牌，如 LG 竹盐、纳爱斯、Lion、舒爽等。虽然理论上是三大板块，实际上，2008年 2 月新的市场份额显示，高露洁、佳洁士、黑人、中华这排在前四位的品牌合计份额已经超过了 70%。仅从这一点看，经济学的四企业集中度理论就显得令人难以置信地正确。

6.2 完全竞争市场的厂商均衡

6.2.1 完全竞争市场的特征

完全竞争（Perfect Competition），亦称纯粹竞争（Pure Competition），意指不存在丝毫垄断。经济分析中使用的"完全竞争"一词，具有十分严格的含义，具体来说，一种产品的市场具有完全竞争的性质，必须同时具备下述四个条件。

1. 市场上有无数的买者和卖者

每个卖者可能提供的产量或每个买者打算买进的产品数量在市场总量中所占比重都是微不足道的，以致每一单个卖者（或买者）增减其供给（或需求），对于市场价格的形成不产生任何影响。在这种情况下每一个生产者和消费者都是市场价格的接受者，单个市场主体对市场价格没有任何控制力量。

2. 市场上的产品是同质的（Homogenous）

这里的"同质"，不仅指商品之间的质量完全一样，还包括销售条件、商标、包装等方面完全相同或者完全无差别。对于买者而言，任何一个生产者的产品完全可以用另一个生产者的产品来代替，换言之，所有生产者的产品具有完全互相替代的性质。这就意味着如果价格相同，消费者不会介意从哪一个生产者手中购买，若一个生产者稍微提高他的产品的卖价，所有的消费者将会转而购买其竞争对手的产品。

3. 自由进入和退出该行业

完全竞争市场意味着不存在任何法律的、社会的、资金的障碍或其他的制约因素可以阻止新的厂商进入该行业。这意味着在长时期内，生产要素可以随着需求变化在不同行业之间自由流动。这样，任何一种资源都可以及时地投向能获得最大利润的生产，并及时地从亏损的生产中退出。就这样，缺乏效率的企业被市场淘汰，取而代之的是具有效率的企业。

4. 完全的信息或知识

生产者和消费者对有关市场的信息具有完全的知识。他们不仅掌握市场今天正在出现的情况，也了解明天、后天，等等，会发生的情况。每一个消费者和生产者可以根据自己所掌握的完全的信息，做出自己的最优的经济决策，从而获得最大的经济利益。

西方经济学家已承认，现实经济生活中，真正符合以上四个条件的市场是不存在的，通常一些农产品市场和证券市场，如大米市场、柑橘产区收购市场等，被看成是比较接近完全竞争市场的。之所以要对这一理论上的抽象市场模型进行分析，是因为极富效率的完全竞争市场的运作为我们比较、评价现实世界经济的效率提供了一个标准或规范，并且从中可以得到关于市场机制及其配置资源的一些基本原理，对现实中非完全竞争市场的理解有着极其重要的理论意义。

6.2.2 完全竞争市场的需求曲线和收益曲线

我们在前一节中介绍了，一个行业与行业里的一家厂商是不同的。在完全竞争市场里，整个行业和一家厂商面临着不相同的需求曲线。

完全竞争市场中，整个行业所面临的需求曲线，是一条从左上方向右下方倾斜的曲线，供给曲线是一条向右上方倾斜的曲线（详见第2章的供求原理）。整个行业产品的价格 P_e 就由整个行业的需求与供给决定，如图6-1（a）所示。

市场上对于某一个厂商的产品需求状况，可以用该厂商所面临的需求曲线来表示，该曲线也被简称为厂商的需求曲线。当市场价格确定之后，对个别厂商来就说，只要按照既定的价格出售其所有产品，有多少卖多少。例如，在湖南省柑橘主产区石门县，2012年10月蜜橘收购价格是每500克0.8元人民币，一旦价格行情确定下来，对于当地果农张三而言，他的蜜橘产量是无论100千克，还是10 000千克都只能在这个价格销售他全部的产量。市场对个别厂商来说需求是无限的。所以完全竞争厂商的需求曲线是一条由既定市场价格出发的平行于横轴的水平线，如图6-1（b）所示。

根据平均收益与边际收益的定义可知，此时厂商所获得的平均收益与边际收益与市场价格是相等的，即 $AR=MR=P$。也就是说，个别厂商的平均收益曲线（AR）、边际收益曲线（MR）、需求曲线 d 是三线重叠，如图6-1（b）所示。

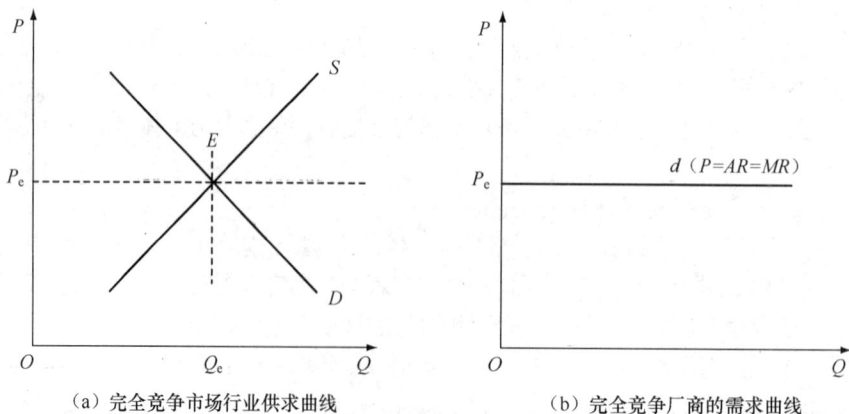

（a）完全竞争市场行业供求曲线　　　　（b）完全竞争厂商的需求曲线

图6-1　完全竞争市场和完全竞争厂商的需求曲线

如果行业市场价格因整个市场供求关系的变动而发生波动，出现上升或者下跌，那么肯定会对单个厂商的需求产生影响，个别厂商的需求曲线 d 还是一条平行线，只是随着市场价格上升而平行上移，或者随着市场价格下跌而平行下移。

厂商总收益 *TR* 指厂商按一定价格出售一定量产品时所获得的全部收入，即价格与销售量的乘积。以 *P* 表示商品的市场价格，以 *Q* 表示销售量，则有 $TR=P×Q$ 。

由于完全竞争市场的一个基本特征是，单个厂商无法通过改变销售量来影响市场价格，相反厂商每销售一单位的商品都接受相同的价格，也就是说厂商只能被动地接受价格。这样随着厂商销售量的增加，它的总收益是不断增加的。但由于商品的单位市场价格是固定不变的，所以总收益曲线是一条从原点出发的斜率不变的直线，如图 6-2 所示。

图 6-2 中横轴表示厂商的销售量 *Q*，纵轴表示收益 *R*，图中的收益曲线具有如下特征：由于每一销售量上的边际收益值是相应的总收益曲线的斜率，且边际收益是不变的，等于既定的市场价格，所以决定了总收益曲线是斜率不变的直线。

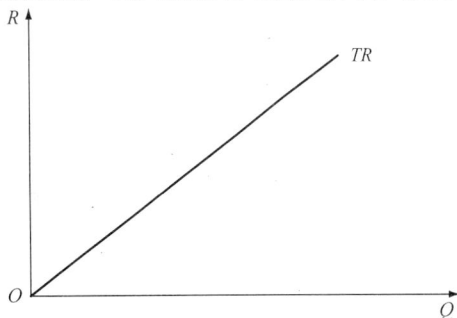

图 6-2 竞争市场厂商的总收益曲线

6.2.3 完全竞争市场的厂商的短期均衡

在短期内，企业不能根据需求来改变生产规模，同时作为市场价格的接受者，只能调整可变生产要素来调整产量以实现利润最大化目标。从整个行业来看，市场既有可能出现供不应求价格上涨的情况，也有可能出现供过于求价格降低的情况。厂商短期均衡就是要分析在这些情况下，个别企业产量的决定与赢利状况。

（1）分析供不应求情况下，厂商所接受的价格（市场价格）高于其平均成本最低点时的厂商均衡。

如图 6-3 所示，市场价格为 P_1，对个别企业来说，需求曲线 d_1 是从 P_1 引出的一条水平线。这条需求曲线同时也是平均收益曲线与边际收益曲线。SMC 为短期边际成本曲线，SAC 为短期平均成本曲线。

根据 $MR=MC$ 的利润最大化原则，边际收益曲线与边际成本曲线的交点 *E* 决定了厂商选择的最优产量为 Q_1，这时厂商单位产品的平均收益为 EQ_1，单位产品的平均成本为 KQ_1，平均收益大于平均成本，厂商在单位产品上平均所获得的利润为 *EK*，那么利润总量为 P_1EKG，此时厂商存在超额利润，且超额利润是最大的。

（2）分析厂商所接受的价格（市场价格）刚好等于其平均成本最低点时的厂商均衡。

如图 6-4 所示，当市场价格为 P_2 时，即厂商所面临的需求曲线 d_2 恰好与短期平均成本 SAC 相切于其最低点。这时厂商为了实现利润最大化，必须把产量调整到 Q_2。这时厂商的总收益与总成本相等，经济利润为零，但实现了正常利润。

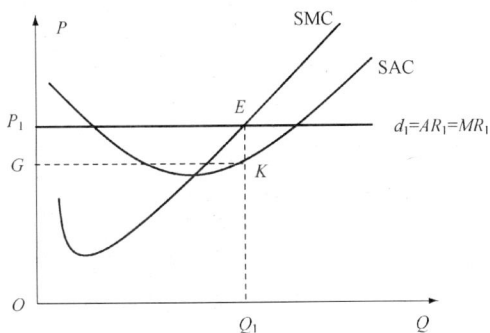

图 6-3 完全竞争市场厂商短期均衡（供小于求）　图 6-4 完全竞争市场厂商短期均衡（供等于求）

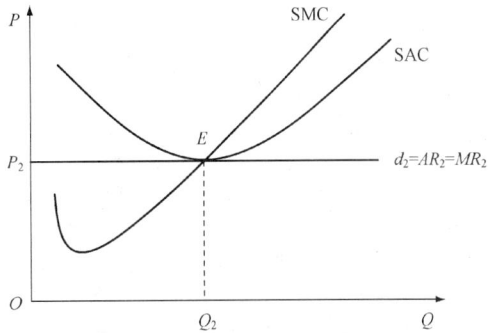

（3）分析供过于求情况下，厂商所接受的价格（市场价格）低于其平均成本最低点时的厂商均衡。

现在我们考察另一种情况，即市场价格很低，以致生产任何数量的产品，其平均收益都低于平均成本，因而厂商提供任何产量都会发生亏损。这种情况下，假如厂商停止生产，仍需支付全部固定成本；反之，只要市场价格超过平均可变成本（AVC）之最低点，厂商开工生产，不仅可以收回全部可变成本，还可使一部分固定成本（FC）得到补偿。这时，厂商把他的产量调整到该产量之最后一个单位的成本（即边际成本）恰好等于既定的市场价格，这个产量就是在既定的产品卖价和他的成本状况下亏损为最小的产量。

如图 6-5 所示，当市场价格为 P_3 时，厂商产品的需求曲线 d_3 在任何产量的平均成本（SAC）都大于平均收益（AR）。假如他停止生产，其固定成本支出并不因停产而减小。这时，由于厂商在短期内不能退出该行业，只要平均收益超过平均可变成本，则生产要比不生产强（因为固定成本是沉淀成本），所以，这时厂商仍然必须按利润最大化原则进行生产，不能停产，在边际收益等于边际成本点上生产，就是亏损也是最小的。使厂商亏损最小化的均衡产量为 Q_3。

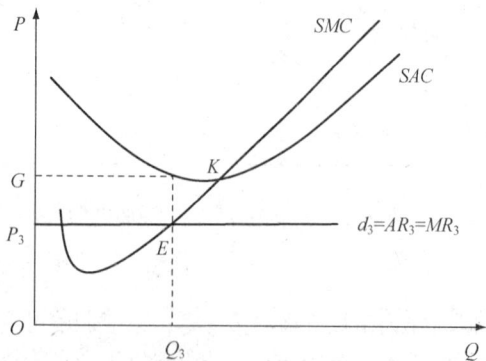

图 6-5 完全竞争市场厂商短期均衡（供小于求）

如果厂商接受的市场价格恰好等于平均可变成本的最低点，即这时的平均收益和平均可变成本相等，那么厂商生产与不生产就没有什么不同了，厂商处于停产的边沿，所以这个点叫做厂商的停止生产点。如果价格再度下降的话，厂商不生产就会比生产强。

综合上面的阐述，完全竞争厂商的短期均衡的条件是

$$MR=MC$$

厂商均衡的结果有三种可能，即获得超额利润、超额利润为零只获得正常利润和亏损。

案例 6.2

"蒜你完"是"蒜你狠"留下的后遗症

2017 年 4 月，因产量增加、气候影响等因素，河南多地出现蒜农来不及抽大蒜以及大蒜价格暴跌的情况，部分蒜农甚至直接将大蒜扔掉。大蒜价格暴跌、大蒜滞销，蒜农只好白送人、扔进沟里。毫无疑问，遭受经济损失最大的莫过于辛苦种植一季大蒜的蒜农，可能他们一年就这样白干了。大蒜价格暴跌、大蒜滞销，直接原因就在于供求关系失衡，大蒜市场出现了供大于求的局面。这背后主要是种植大蒜的蒜农多了，增加了大蒜种植面积，导致大蒜产量大幅增加，远远超过了市场的实际需求量，多到连储存大蒜的冷库都饱和了，进而让大蒜卖不上价、卖不出去。

但是，从深层次层面来看，造成大蒜产量大幅增加的市场局面，归根结底是"蒜你狠"惹的祸，是"蒜你狠"留下的后遗症。实际上前些年一轮又一轮的"蒜你狠"，都曾引起过"蒜你完"，都造成了大蒜滞销局面。说白了，今日的"蒜你完"，与之前的"蒜你狠"，其实是一对"双胞胎"，形成一种市场周期。

由于资本炒作等因素，大蒜价格猛涨，出现"蒜你狠"，让人们吃不起大蒜。而作为生产端却对市场信息了解不多的蒜农，一看到大蒜价格上涨，看到种植大蒜有钱可赚，就大面积种植。避免"蒜你完"伤害蒜农局面的发生，首先，必须进一步降低流通环节的成本，剔除不必要的费用，让收购商有钱可赚，增加收购商的收购和储存欲望。其次，有必要研究和考虑延长大蒜的产业链，打破大蒜只能作为时令蔬菜的状况。最后，最关键的是，要加强市场信息发布，

对接供需信息，让透明的市场信息引导农民有序种植包括大蒜在内的农产品，控制农产品的种植面积，稳定农产品产量。只有这样，才能避免一涨价就一哄而上种植，一降价就集体减少种植的情况。另外，政府还应强化对农产品市场的监管，防止资本炒作引起的农产品价格猛涨和市场误导。

来源：红网 2017-05-06

6.2.4 完全竞争市场厂商的长期均衡

在长期里，各个厂商都可以根据市场价格来充分调整产量，完全竞争厂商的调整可以表现为两个方面：一是表现为市场中厂商数量的调整，即新的厂商自由进入和市场中的厂商自由退出行业；另一个方面是行业内的厂商对生产规模的调整。这里主要分析市场中厂商数量的调整。

在长期内，如果行业内的厂商获得了超额利润，则会吸引其他新的厂商加入到这个行业中来，因为这对新厂商来说是有利可图的。随着更多的新厂商加入行业的生产中来，厂商的数量越来越多，使得整个行业的供给增加了，在市场需求不变的情况下，市场价格就会下降，这导致厂商的超额利润减少。但是只要行业的超额利润没有消失，就会有新的厂商不断进入行业中来，市场价格不断下降，直至超额利润消失为止。

相反，如果行业的厂商是亏损的，原来市场内的厂商要么减少生产规模来减少损失，要么退出行业去投资有更高收益的其他行业，行业的厂商数目就会减少。这使得整个行业的供给减少了，在市场需求不变的情况下，市场价格就会上升。但是只要行业的亏损没有消除，就会有厂商不断地从行业内退出，市场价格不断地上升，直到亏损消除。

最终，如果行业中的厂商处于一种既没有超额利润，也没有亏损的状态，那么既没有新的厂商加入进来，也没有厂商退出，行业内的厂商数目也不再变化。于是完全竞争行业和厂商便处于一种长期的均衡状态，厂商获得了正常利润，如图 6-6 所示。

从图 6-6 中可以看到，当完全竞争厂商实现长期均衡时，长期边际成本曲线（LMC）与长期平均成本曲线（LAC）相交于 E 点上，LAC 与厂商需求曲线、平均收益曲线、边际收益曲线也相切于 E 点上。这就表明，完全竞争厂商长期均衡的条件是

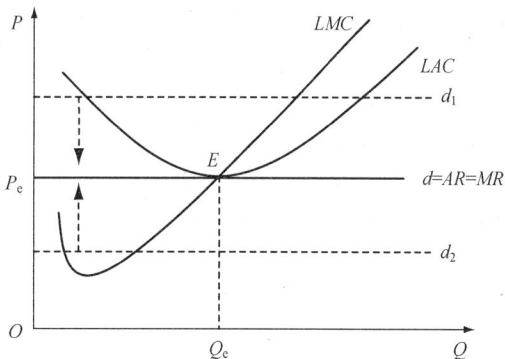

图 6-6 完全竞争厂商的长期均衡

$$MR=AR=LMC=LAC=P$$

我们在理解长期均衡点时要注意以下两点。

第一，长期均衡点 E 就是我们在成本理论那一章所说的收支相抵点。尽管厂商经济利润为零，没有超额利润，但是作为企业家才能的报酬，即正常利润，已作为生产要素支出，列入总成本之中。所以长期均衡中厂商已然得到了正常利润。

第二，完全竞争厂商实现长期均衡时，平均成本与边际成本相等。此时厂商的平均成本是最低的，说明厂商实现了成本最小，经济效益是最高的。

6.2.5 对完全竞争市场的效率评价

西方经济学家认为，完全竞争市场是一种效率最高的市场结构，可以实现资源的最优配置和社会福利的最大化。在这种完全竞争的条件下，价格可以充分发挥其"看不见的手"的作用，调

节整个经济的运行。完全竞争经济之所以能导致资源的高效分配，是因为企业和资源供应者都是自身利益的自由追求者。"看不见的手"在这个竞争的市场中发挥着作用，市场竞争不仅使单个生产商的利润最大化，同时也形成了使消费者效用最大化的资源分配模式。因此，在稀缺资源的使用上，看不见的手使得生产者的个人利益和社会利益完全一致。

但是，经济学家们同时指出，完全竞争市场的缺点也同样明显：第一，产品无差别，消费者多样性的需求得不到满足；第二，完全竞争市场上，厂商规模都很小，不利于或者没有能力进行重大的科学技术革新，从而不利于技术发展；第三，在现实经济活动中，完全竞争的情况很少，由于厂商对利润的无限追求，竞争必然会引起垄断。

不管怎么说，完全竞争市场的分析，为我们分析其他市场提供了一个理论基础。

> **问题探索：** 为什么近乎完全竞争市场结构的蔬菜产地市场，在十分滞销的情况下菜农没有意愿投入宣传广告？完全竞争市场厂商有动力进行广告宣传投资吗？

6.3 完全垄断市场

6.3.1 完全垄断市场的特征

知识拓展
垄断的边界在哪儿

完全垄断，又称垄断或独占，是指整个行业中只有唯一的一个厂商的市场组织。具体地说，完全垄断市场具有以下主要特点。

第一，市场上只有唯一的一个厂商生产和销售产品，或者说，这家企业是某种产品或服务的唯一供应商，该企业等于该行业。

第二，没有任何相近的替代品。垄断企业的产品是独一无二的，没有其他的近似替代品，从购买者的角度看，没有其他合适的选择。因此它不会受到竞争的威胁。

第三，其他厂商进入该行业，极为困难或不可能。限制其他厂商进入的壁垒可能是经济的、技术的、法律的或其他形式的。

视频案例
垄断时代

第四，价格制定者。垄断厂商控制着全部产量的供给，加之由于壁垒的存在排除了任何的竞争因素，因此它可以通过改变供给量来影响价格，所以说，垄断厂商是"价格制定者"。厂商可以独自定价或者差别定价。

与完全竞争市场一样，完全垄断市场的假设条件也十分严格，在现实生活中，完全垄断的市场也几乎是不存在的。在多数城市里，政府所有的和受政府管制的公用事业公司，如天然气和电力企业、自来水企业、有线电视企业，可能是完全垄断企业，或基本上是完全垄断企业。

形成垄断的原因主要有以下几个。

第一，独家厂商控制了生产某种商品的全部资源或基本资源的供给。这种对生产资源的独占，排除了经济中的其他厂商生产同种商品的可能性。

第二，专利与专营权控制。独家厂商拥有生产某种商品的专利权。由于政府政策与法规的保护，这便使得独家厂商可以在一定的时期内垄断该产品的生产。例如，制药厂研制一种新的特效药物，那么它可以获得专利，使得制药厂在若干年内保持着所研制药物的垄断权。

第三，政府的特许。政府往往在某些行业实行垄断的政策，如铁路运输部门、供水部门、供电部门等，于是，独家企业就成了这些行业的垄断者。

第四，自然垄断。有些行业的生产具有这样的特点：生产的规模经济效益需要在一个很大的产量范围和相应的巨大的资本设备的生产运行水平上才能得到充分的体现，以至于整个行业的产量只有由一个企业来生产时才有可能达到这样的生产规模。而且，只要发挥这一企业在这一生产规模上的生产能力，就可以满足整个市场对该种产品的需求，两家厂商很难获得利润。在这类产品的生产中，行业内总会有某个厂商凭借雄厚的经济实力和其他优势，最先达到这一生产规模，从而垄断了整个行业的生产和销售。这就是自然垄断。

除此之外，还有除政府许可、自然垄断等以外的原因，造就垄断。如美国的微软公司的 Windows 操作系统，它通过一系列非常规的竞争策略，使得该公司在网络时代取得了垄断地位。

6.3.2　垄断厂商的需求曲线和收益曲线

由于垄断市场中只有一个厂商，所以，市场的需求曲线就是垄断厂商所面临的需求曲线，它是一条向右下方倾斜的曲线。垄断厂商拥有其他企业没有的多项可选择的企业行为，它既可以用减少销售量的办法来提高市场价格，也可以用增加销售量的办法来压低市场价格。即垄断厂商可以通过改变销售量来控制市场价格，它是市场价格的制定者。

关于厂商的收益曲线我们用表 6-2 来说明。

表 6-2　　　　　　　　垄断市场中价格、总收益、平均收益与边际收益的关系

销售量	价格	总收益	平均收益	边际收益
0	—	—	—	—
1	6	6	6	6
2	5	10	5	4
3	4	12	4	2
4	3	12	3	2
5	2	10	2	-2
6	1	6	1	-4

从表 6-2 中可以看到，由于厂商每出售一单位产品所获得的收益等于产品的价格，即平均收益等于产品的价格，因此我们就可以知道，厂商的平均收益曲线与需求曲线重叠，表示厂商的平均收益随着产品销售量的增加而减少。同样的，厂商的边际收益也是随着销售量增加、价格下降而不断减少的。我们从前面的内容中学习到，当厂商的平均收益处于下降阶段时，边际收益小于平均收益，且平均收益递减是由下降的边际收益下拉所致的。因此边际收益曲线总是处在平均收益曲线的下方，如图 6-7 所示。

图 6-7 中，d（AR）是垄断厂商的需求曲线与平均收益曲线，MR 为垄断厂商的边际收益曲线。

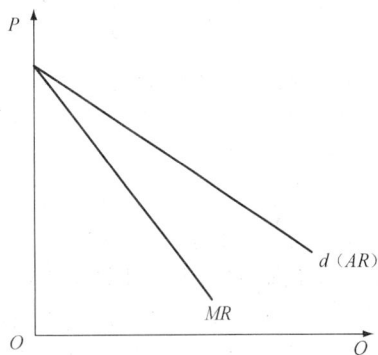

图 6-7　垄断市场平均收益与边际收益

6.3.3　垄断厂商的短期均衡

不管是垄断企业，还是竞争性企业，追求利润最大化是它们的经济目标。在垄断市场上，企业可通过调整产量和价格，实现利润最大化。一般来说，拥有价格与产量决定力量的厂商，是能够取得超额利润的。但是完全垄断厂商也并不能为所欲为，它受市场需求状况和自身的成本的影响很大，如果在短期中，垄断厂商因自身的成本过高或市场需求不足也会形成亏损。事实上像我国垄断部门邮政部门，多年来一直亏损。在垄断市场中，厂商仍然需要根据边际收益等于边际成本的原则来决定产量，在短期内厂商难以完全适应市场需求进行调整。因此，完全垄断厂商在短期内也有三种可能，即获得超额利润、只获得正常利润和出现亏损。

1. 存在超额利润的短期均衡

如图 6-8 所示，SMC 曲线和 SAC 曲线代表垄断厂商的既定的生产规模，d 曲线和 MR 曲线代表垄断厂商的需求和收益状况。垄断厂商根据 MR =SMC 的利润最大化的均衡条件，将产量和价格分别调整到 Q_1 和 P_1 的水平。在短期均衡点 E 上，垄断厂商的平均收益为 FQ_1，平均成本为

GQ_1，平均收益大于平均成本，垄断厂商获得利润。单位产品的平均利润为 FG，总利润量为 $HP_1 \times OQ_1$，相当于图中 P_1FGH 的矩形面积。

2. 获得正常利润的短期均衡

如果垄断厂商面临的需求曲线 d 正好与短期平均成本曲线 SAC 相切，如图 6-9 所示，厂商必须按照 $MR=MC$ 的利润最大化原则决定产量和价格分别在 Q_1 和 P_1 的水平。这时，单位产品的平均收益刚好等于平均成本，厂商的超额利润为零，垄断厂商只获得正常利润。

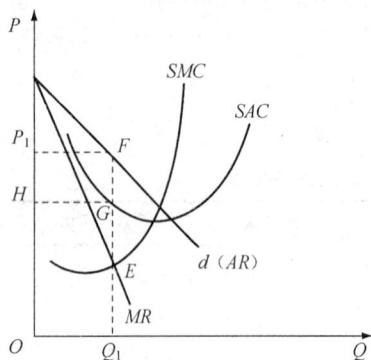

图 6-8　存在超额利润的短期均衡　　　　图 6-9　得到正常利润的短期均衡

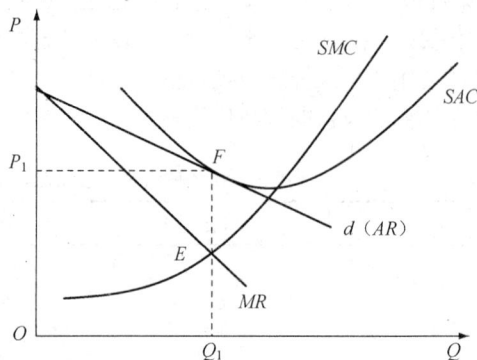

3. 存在亏损的短期均衡

在短期中，尽管垄断厂商按照最大化利润原则进行生产，但也可能是亏损的（亏损额是最小的）。在这里我们要提醒学习者，不要把垄断企业总想象成自来水公司、电力公司，甚至将其等同起来。事实上只要厂商向一个市场独家提供与众不同的商品，它就是一个完全垄断厂商。例如，如果你把海南岛上一些形态非常独特的贝壳拿到西宁市去贩卖，且没有别人做同样的事情，你就是一个完全垄断厂商。

造成垄断厂商短期亏损的原因，可能是既定的生产规模的成本过高（表现为相应的成本曲线的位置过高），也可能是垄断厂商所面临的市场需求过小（表现为相应的需求曲线的位置过低）。垄断厂商短期均衡时的亏损情况如图 6-10 所示。

在图 6-10 中，垄断厂商遵循 $MR=SMC$ 的原则，将产量和价格分别调整到 Q_1 和 P_1 的水平。在短期均衡点 E 垄断厂商是亏损的，单位产品的平均收益为 Q_1F，平均成本为 Q_1G，单位产品的平均亏损额为 GF，总亏损额相当于图中矩形 HP_1FG 的面积。与完全竞争厂商相同，在亏损的情况下，若 $AR>AVC$，垄断厂商就继续生产；若 $AR<AVC$，垄断厂商就停止生产；若 $AR=AVC$，垄断厂商则认为生产和不生产都一样。在图中，平均收益 FQ_1 大于平均可变成本 IQ_1，所以，垄断厂商是继续生产的。

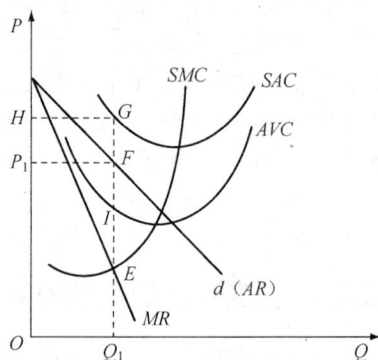

图 6-10　存在亏损的短期均衡

所以，垄断厂商的短期均衡条件为

$$MR=SMC$$

6.3.4　垄断厂商的长期均衡

垄断厂商在长期内可以调整全部生产要素的投入量即生产规模，从而实现最大的利润。垄断行业排除了其他厂商进入的可能性，因此，与完全竞争厂商不同，如果垄断厂商在短期内获得利润，那么，他的利润在长期内不会因为新厂商的加入而消失，垄断厂商在长期内是可以保持利润的。

垄断厂商在长期内对生产的调整一般有三种可能的结果。第一种结果，垄断厂商在短期内是亏损的，但在长期，又不存在一个可以使它获得利润（或至少使亏损为零）的最优生产规模，于是，该厂商退出生产。第二种结果，垄断厂商在短期内是亏损的，在长期内，它通过对最优生产规模的选择，摆脱了亏损的状况，甚至获得利润。第三种结果，垄断厂商在短期内利用既定的生产规模获得了利润，在长期中，它通过对生产规模的调整，使自己获得更大的利润。至于第一种情况，不需要再分析。对第二种情况和第三种情况的分析是相似的，下面利用图 6-11 着重分析第三种情况。

图 6-11 中的 d 曲线和 MR 曲线分别表示垄断厂商所面临的市场的需求曲线和边际收益曲线，LAC 曲线和 LMC 曲线分别为垄断厂商的长期平均成本曲线和长期边际成本曲线。

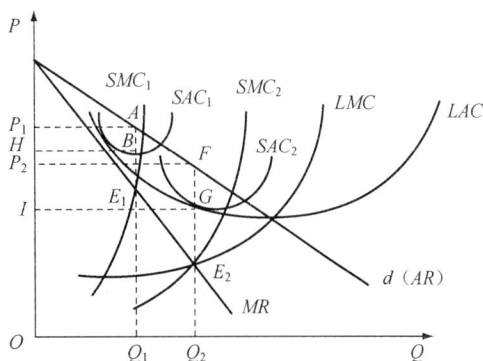

图 6-11 垄断厂商的长期均衡

假定开始时垄断厂商是在由 SAC_1 曲线和 SMC_1 曲线所代表的生产规模上进行生产。在短期内，垄断厂商只能按照 $MR=SMC$ 的原则，在现有的生产规模上将均衡产量和均衡价格分别调整到 Q_1 和 P_1。在短期均衡点 E_1 上，垄断厂商获得的利润为图中较小的四边形面积 HP_1AB。

在长期中，垄断厂商通过对生产规模的调整，进一步增大利润。按照 $MR=LMC$ 的长期均衡原则，垄断厂商的长期均衡点为 E_2，长期均衡产量和均衡价格分别为 Q_2 和 P_2，垄断厂商所选择的相应的最优生产规模由 SAC_2 曲线和 SMC_2 曲线所代表。此时，垄断厂商获得了比短期更大的利润，其利润量相当于图中较大的四边形面积 IP_2FG。

由此可见，垄断厂商之所以能在长期内获得更大的利润，其原因在于长期内企业的生产规模是可调整的和市场对新加入厂商是完全关闭的。

如图 6-11 所示，在垄断厂商的 $MR=LMC$ 长期均衡产量上，代表最优生产规模的 SAC_2 曲线和 LAC 曲线相切于 G，相应的 SMC_2 曲线、LMC 曲线和 MR 曲线相交于点 E_2。所以，垄断厂商的长期均衡条件为

$$MR=LMC=SMC$$

垄断厂商在长期均衡点上一般可获得利润。

6.3.5 垄断厂商的价格歧视

在垄断市场上，垄断厂商实现利润最大化的关键是确定一个合理的价格。由于垄断厂商控制了一个市场的全部供给，完全控制市场，所以厂商通过改变产量来决定价格，但是同时厂商必须考虑市场需求。一般来说，当一种产品需求缺乏弹性，垄断企业采用高价少销是有利的，通过高利润率实现利润最大化。当一种产品需求富有弹性时，垄断企业采取低价多销是有利的，因为如果降价则可以大大增加销售量，实现薄利多销。

现实中，追求利润最大化的垄断厂商更广泛地采取另一种定价策略——价格歧视。即作为价格制定者的垄断厂商，可以把成本相同的产品针对不同的购买者制定不同的价格，这就是价格歧视或者差别定价。比如 2012 年，广州市自来水公司（完全垄断厂商），其成本相同的自来水，对不同的用户制定不同价格。自来水综合水价调整为每立方米 2.53 元，居民生活用水基本水价为每立方米 1.98 元，非居民生活用水价格为每立方米 3.46 元，特种用水价格为每立方米 20.00 元。同样的一吨水，就有若干种不同的价格，这就是价格歧视。

垄断厂商实行价格歧视，必须具备一些基本条件：一是市场消费者具有不同的偏好，且这些不同的偏好可以被区分开。这样厂商可以针对不同的消费者制定不同的价格；二是不同的消费者

群体或不同的销售市场是相互隔离的；三是在相互隔离的市场上，商品的需求价格弹性是不同的，这样可以排除有人通过从低价区转手商品到高价区来获利。

价格歧视又可以分为一级价格歧视、二级价格歧视和三级价格歧视。

一级价格歧视是指垄断厂商在卖出产品时，对每一个产品都以不同的价格出卖，而且每一份产品均以消费者愿意接受的最高价出售。如一些律师、会计师可能根据当事人的经济状况来收取劳务费。

二级价格歧视，是指垄断厂商将产品按消费者的购买量分成两个或两个以上的组别，然后再按组分别收取不同的价格。这种现象在现实经济活动中普遍存在。例如，一些专卖店经常是根据消费者消费多少金额来给予消费者相应不同的折扣。

三级价格歧视，是指垄断厂商对同一种产品在不同的市场上（或者对不同的消费群）制定不同的价格。例如，相同的产品，国内市场与国外市场定价是不同的，城市与乡村定价是不同的。

案例 6.3

广州市自来水的阶梯价格

广州市物价局发布信息，广州市自来水价格调整方案经召开价格听证会论证，报市政府同意，新水价将自 2012 年 5 月 21 日起实行。自来水综合水价调整为每立方米 2.53 元，居民生活用水基本水价为每立方米 1.98 元，非居民生活用水价格为每立方米 3.46 元，特种用水价格为每立方米 20.00 元。并推进居民生活用水阶梯式计量水价。

用水人口为 4 人及以下的用水户，第一级水量基数为每户每月用水量 26 立方米及以下的部分，按基本水价计收水费；第二级水量基数为每户每月用水量 27 立方米以上至 34 立方米的部分，按基本水价的 1.5 倍计收水费；第三级水量基数为每户每月用水量 34 立方米以上的部分，按基本水价的 2 倍计收水费，用水户用水人口超过 4 人的，每增加一人，各级水量基数每月相应增加 6 立方米。月用水量超过 26 立方米但未达到 27 立方米时，按 26 立方米计算；26 立方米至 27 立方米之间的小数位水量将计入下一抄表周期。

自来水水价分类由原来的居民生活用水、工业用水、行政用水、行政事业用水、经营服务用水和特种用水五类，简化为居民生活用水、非居民生活用水和特种用水三类。为体现效率与公平，尽量降低水价调整对低收入困难群体影响，将继续按照《关于低收入居民消费性减免政策的通知》（穗府办〔2011〕33 号）规定，对广州市低收入困难家庭实行水价优惠，每人每月用水量在 7 立方米以下（含 7 立方米）的居民生活用水仍按 0.7 元/立方米计收，超出部分按居民生活用水价格第一阶梯水价计收。

6.3.6 垄断市场的经济效率评价

垄断市场被认为是经济效率最低的市场。垄断厂商可以通过控制产量和价格使利润最大化。和完全竞争不同，垄断厂商不是将生产进行到长期平均成本的最低点，而是进行到边际收益等于边际成本时为止。因此，垄断厂商的产量比完全竞争的低，价格比完全竞争的高。垄断厂商不能用最低的平均成本进行生产，这就不能最有效地利用生产要素，因而造成生产资源的浪费。垄断厂商按高于边际成本的价格出售产品，消费者就得按高于边际成本的价格购买产品。这意味着消费者所遭受的损失大于所得到的利益，因而无法获得最大满足。西方学者认为，这是社会福利的真正损失，垄断则是造成这种损失的原因。此外，垄断还加剧了收入分配的不平等。但是，西方学者又认为，许多小厂商被兼并为垄断厂商以后，实行大规模经营，可以降低成本，提高经济效益，这也有利于消费者。此外，垄断厂商资金雄厚，可以从事革新生产技术的长期研究，有利于技术进步。

问题探索：讨论一下，完全垄断市场下厂商投入广告的愿意强烈吗？为什么？

6.4　垄断竞争市场

6.4.1　垄断竞争市场的特征

完全竞争和完全垄断只是两种极端情况，普遍情况是垄断竞争或不完全竞争。垄断竞争是现实中最广泛存在的一种市场结构。垄断竞争或不完全竞争理论一度被认为是对西方市场和厂商理论的重大发展。

垄断竞争市场（Monopolistic Competition Market）是这样一种市场组织：一个市场中有许多个厂商生产和销售同种产品，但是这些产品是有差别的。这个市场既垄断又竞争。

垄断竞争理论的另一个重要概念是生产集团。在完全竞争和完全垄断条件下，行业有明确的定义，生产同质产品的所有厂商的总和，构成行业。而在垄断竞争条件下，各个厂商生产的产品互有差异，上述意义的行业就不存在了。为此，在垄断竞争理论上提出生产集团这一概念，把市场上大量的生产非常接近的同种产品的厂商的总和称为生产集团。

垄断性竞争市场主要具有以下特点。

第一，市场上厂商数量非常多，以至于每一个厂商都认为自己的行为影响很小，不会引起竞争对手的注意和反应，因此自己也不会注意竞争对手的任何行为。垄断竞争厂商一般具有较小的市场份额，对市场价格的控制力有限，厂商之间也不存在共谋，任何一家企业在做价格决策时都可以不考虑对手的可能反应。

第二，各厂商生产有差别的同类产品，这些产品彼此之间是非常相近的替代品。垄断竞争企业所生产的产品在产品特性、顾客服务、地理位置、可接近性或其他质量上与竞争性产品有或大或小的差别，垄断竞争市场的每一厂商提供的产品都存在某种差别，或者说，由于每种带有各自特点的产品都是唯一的，因而使得市场上带有垄断的因素。一般地，垄断程度取决于产品差别程度，产品差别越大，垄断程度越高。但是，由于厂商很多，新厂商进入比较容易，有差别的产品比较接近，具有不完全替代性，因而存在着竞争。总之在垄断竞争市场里，产品的差别化使得企业对其产品拥有一定的价格控制能力，而产品的不完全替代性和相对大量厂商的存在又使得垄断性竞争企业相互竞争，反过来也限制了垄断性竞争者对价格的控制能力。既然各大厂商生产的产品有差别，又存在竞争，因此一般都伴随大量的广告和非价格竞争。

第三，厂商的生产规模比较小，因此，进入和退出生产集团比较容易。

进入垄断性竞争行业相对来说比较容易，这是因为垄断性竞争企业无论从绝对量还是从相对量讲都是典型的小企业，少有经济规模，资本要求也很低。从垄断性竞争行业中退出也相对容易，没有什么能够阻止一家亏损的垄断竞争企业出售其资产退出生产集团。

现实经济生活中，在零售业和服务业中垄断竞争的市场是比较普遍的。

视频案例

百岁山广告案例

6.4.2　垄断竞争厂商的需求曲线

垄断竞争厂商的需求曲线是向右下倾斜的，在短期中，由于产品的差别使得企业与垄断厂商相似，成一个垄断者，以自己的产品差别在一部分消费者中形成垄断地位。这样垄断竞争厂商就可以像一个垄断者那样行事，高价少销，低价多销，或者进行歧视定价，以获得利润最大化。但是由于竞争因素的存在，垄断竞争厂商的需求曲线的弹性增加，变得比较平坦，竞争越激烈，需求曲线就越平坦。

同样地，垄断厂商卖出任一特定的产品所能达到的价格，受到与它竞争的整个生产集团的厂商的平均价格的制约。因为任何一厂商的价格超出其他厂商达到一定程度之后，购买者便会转向其他的竞争者。

既然垄断竞争厂商的需求曲线是一条向下倾斜的曲线，那么它的平均收益就是每一销售量下对应的价格，即垄断竞争厂商的平均收益曲线与其需求曲线重叠。既然平均收益是向右下倾斜，那么肯定可以推导出，垄断竞争厂商的边际收益曲线在平均收益曲线之下，且也是向右下倾斜的。与完全垄断厂商的需求曲线、平均收益曲线和边际收益曲线相似。

6.4.3 垄断竞争的短期均衡与长期均衡

1. 垄断竞争的短期均衡

在短期内，垄断竞争厂商是在现有的生产规模下按 *MR*=*SMC* 的原则，通过对产量和价格的同时调整来实现利润最大化的。和完全竞争厂商、完全垄断厂商一样，在短期中，只要平均收益能弥补平均可变成本，厂商就不会停止生产。因此，垄断竞争厂商的短期均衡也有三种可能，即具有超额利润，或者仅仅获得平均利润，甚至存在亏损。出现这些情况，与垄断竞争厂商面临的市场行情、价格状况以及其自身的平均成本是密切相关的，如图6-12 所示。

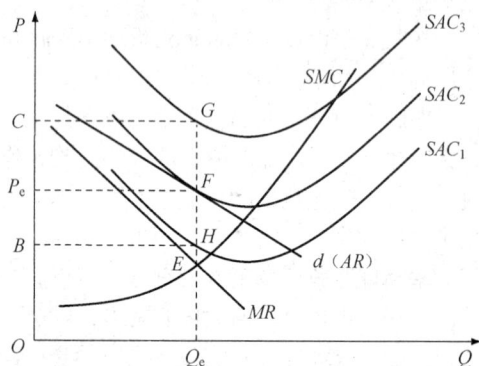

图 6-12 垄断竞争厂商的短期均衡

从图 6-12 来看，垄断竞争厂商短期均衡和完全垄断厂商相同，其均衡的条件是 *MR*=*MC*。均衡点为 *E*，决定产量 Q_e 和价格 P_e。这时垄断竞争厂商利润状况取决于其平均收益和平均成本。第一种情况，如果厂商的平均成本曲线是 SAC_1，那么每单位产品的平均收益 Q_eF 大于其平均成本 Q_eH，厂商具有超额利润，其总利润为矩形 P_eFHB；第二种情况，如果厂商的平均成本曲线是 SAC_2，那么，厂商在均衡状态下，平均收益等于平均成本，既没有超额利润，也没有亏损，厂商获得了正常利润或者说是平均利润；第三种情况，如果厂商的成本很高，其平均成本曲线是 SAC_3，每单位产品的平均成本 Q_eG 大于平均收益 Q_eF，厂商存在亏损，矩形 P_eFGC 就是垄断竞争厂商的亏损部分。

综上所述，垄断竞争的短期均衡条件是

$$MR=SMC$$

2. 垄断竞争的长期均衡

当垄断竞争厂商和其生产集团在短期内获得超额利润时，除了原来的厂商会扩大生产规模以外，新厂商也会进入市场。竞争的结果使价格下降。价格从短期内大于平均成本下降到在长期内等于平均成本。同样地，在长期内，如果垄断竞争厂商存在亏损，该厂商就会调整产量降低产出，甚至会退出生产集团，那么生产集团的厂商数目会不断减少，使得生产集团的厂商平均价格不断上升，直到价格达到平均成本的水平。这样，长期内既不存在超额利润，也不存在亏损，只存在正常利润。就此而论，垄断竞争的长期均衡和完全竞争的长期均衡相似。不同的是，垄断竞争的平均收益曲线和边际收益曲线向右下方倾斜，而且边际收益曲线位于平均收益曲线的下方，如图6-13 所示。完全竞争的平均收益曲线和边际收益曲线是水平的，而且二者完全重合。

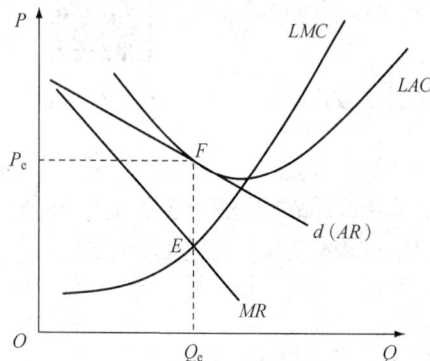

图 6-13 垄断竞争厂商的长期均衡

图 6-13 表示垄断竞争的长期均衡。图中 MR 和 LMC 的交点决定的产量为 Q_e。这一产量在需求曲线上的对应点确定的价格为 P_e，这和垄断竞争的短期均衡相同。区别在于，在垄断竞争的长期均衡中，需求曲线 d 必须同长期平均成本曲线 LAC 相切。

从图形中看到，垄断竞争的长期均衡条件是

$$MR=LMC, \quad AR=LAC$$

即边际收益等于长期边际成本，平均收益等于长期平均成本。

6.4.4　垄断竞争市场的差别竞争

在垄断竞争市场中，长期竞争的结果，使得厂商的经济利润变为零，垄断竞争厂商仅仅获得正常利润。但是在短期中，垄断竞争厂商可以凭借产品特色形成的垄断地位获得经济利润，或者说超额利润。这样做的关键则是创造产品差别，通过向市场传递自己的产品特色以保持自己的垄断地位。因此在垄断竞争市场中，厂商的生存与发展取决于产品的差别竞争。

有些产品差别是消费者可以轻而易举认知的实际差别，如产品的质量、外形、包装、款式等。企业创造产品差别就是要使自己的产品在质量、外形、款式、颜色、包装等方面不同于同类其他产品。例如，同是男式西装，雅戈尔公司生产的与杉杉公司、鳄鱼男装等企业的款式不同，这就形成产品差别。厂商实际差别的创造可以说是无穷的，这些不同差别的产品，满足不同的消费群体的消费偏好，从而在一部分消费者中形成垄断地位。

还有一些产品的差别，消费者不易识别，甚至有些产品根本就没有易于辨认的实际差别。那么，创造消费者认知的产品差别，从而获得垄断地位就成为这类厂商的战略选择。在现实经济活动中，企业通过广告等营销策略来创造消费者认知的差别，这正是垄断竞争企业花费巨资做广告的重要原因。例如，宝洁公司在 2016 财年投放的广告就达 7.2 亿美元。

品牌是一种重要的产品差别，它既有实际差别，又有消费者认知的差别。品牌是指企业及其所提供的商品或服务的综合标识，品牌包含着商标、属性、名称、包装、价格、历史、声誉、广告方式等多种因素，蕴涵企业及其商品或服务的品质和声誉。品牌价值取决于消费者对它的感性认识（印象及经验），品牌既是企业对消费者的质量承诺又是企业所获得的消费者的信任水平。品牌的形成需要一个较为长期的过程，除了厂商生产的产品与服务得到消费者的接受和认可，还需要广告宣传，提高消费者的认知。品牌创造的产品差别在现实经济生活中，被越来越多的厂商应用，也日益成为现代消费者消费的一种趋势。据调查，美国 70% 以上的消费者有品牌忠诚的习惯，即在购物时，习惯购买自己熟悉并一向购买的品牌产品。随着中国经济发展，人们生活水平不断提高，人们品牌购买的趋势也越来越明显。所以在垄断竞争的市场，企业创造品牌是十分重要的。

产品差别是厂商人为创造出来的，厂商通过努力创造产品的差别，获得市场上的成功，是完全有可能的。

案例 6.4

为什么经济学里有那么多数学公式

经济学使用数学模型已经有很长一段历史了，也因此得出了许多深刻揭示市场运行的观点。可到了 20 世纪中叶，经济学里数学形式主义越来越盛，连好多经济学者都感叹说，数学公式滥用成灾。为什么经济学家用数学公式用到走火入魔的程度呢？

数学形式主义步步升级，与经济学学术性研究竞争密不可分。在重视精确定量的职业里，两种求职的候选人，谁能让人觉得更精确，谁就占了优势。熟练运用和构建数学模型，不是一般人所能轻易办到的。掌握了公式，就成了候选人向他人展示自身能力的可靠信号。所以候选人有理由花大量工夫去磨炼数学技能。

和其他的地方一样，当越来越多的经济学家们在工作中提高了数学公式的应用程度，表现智力水平的门槛也逐渐提高了。也许，就是这一竞争导致了公式泛滥成灾吧。

经济学中的数学形式主义越演越烈，跟人在宴会上提高音量是同一个道理。在充斥着大量噪声的嘈杂空间，你必须大声说话才能叫人听见。而一旦所有人都提高了音量，噪声也提高了，于是人们必须用更大的音量说话。

6.5 寡头垄断市场

6.5.1 寡头垄断市场的特征

寡头垄断（Oligopoly），又称寡头、寡占，是指那种在某一产业只存在少数几个卖者的市场组织形式。几家厂商垄断了某一行业的市场，控制这一行业的供给。寡头垄断市场在当代经济生活中占有十分重要的地位，它是一种普遍存在的市场结构，如在钢铁、石油、汽车、家电、电子、民航、香烟、通信等行业中普遍存在。寡头垄断市场主要分为两类。一是无差别寡头（纯粹寡头），寡头厂商生产的产品无差别，如钢铁、石油等行业的寡头；二是有差别寡头，寡头厂商生产的产品有差别，如飞机、汽车、机械、电器、香烟等行业的寡头。如果市场中只存在两个卖主，就称为双卖主寡头垄断市场。

一般来说，寡头垄断市场形成的原因中，最主要的是规模经济的存在，这一行业产品的生产经营是建立在规模经济基础上的，产品生产的技术不容易为一般中小型厂商所掌握和模仿。其次是寡头厂商所采取的种种排他性措施，如知识产权、专利权、专营权、商业秘密等。此外政府对寡头厂商的扶植和支持，也是一个重要的原因。

寡头垄断市场具有以下几个主要特征。

第一，寡头厂商之间存在着相互依存性。由于行业中只有少数几家大厂商，它们的供给量均占有市场的较大份额。因此每个厂商的行为会对市场产生举足轻重的影响，相互依存是寡头垄断市场的基本特征。

第二，寡头厂商的决策互相影响，其决策产生什么样的结果具有很大的不确定性。一个寡头厂商做出决策，必然导致竞争对手的相应反应。每个寡头在决定自己的策略时，都非常重视对手对自己这一策略和政策的态度和反应。

第三，寡头厂商的竞争手段是多种多样的，价格和产量一旦确定之后，就具有相对的稳定性，所以，各个寡头厂商相互之间容易达成某种形式的相互勾结和妥协。也就是通常所说的在竞争中达成妥协，在妥协中展开竞争。

寡头厂商之间的相互依存性对寡头市场的均衡有至关重要的影响，要建立一个理想的模型解释寡头的行为是不可能的，而且仅用传统的均衡分析和边际分析方法也难以适应寡头行为的复杂性，在寡头市场上很难对产量与价格问题做出像前三种市场结构那么确切而肯定的答案。寡头之间的相互依存性使得各寡头之间容易形成某种形式的勾结、共谋合作，但是各寡头之间的利益矛盾，又决定了勾结并不能代替或取消彼此之间的竞争，往往寡头之间的竞争会更加激烈。竞争的方式，可能是价格竞争，也有可能是非价格的竞争。

如何解释寡头市场中各寡头的行为，经济学家们进行了大量有益的探索，也出现一批分析寡头行为的理论模型。常见的寡头垄断模型有古诺模型、斯威齐模型、卡特尔等经典模型，其中古诺模型、斯威齐模型是假定各寡头并不相互勾结，而卡特尔属于有正式勾结的寡头模型。近几十年来，博弈论被大量地用来分析寡头市场中各个寡头的行为。

6.5.2 传统的寡头垄断理论

1. 古诺模型

古诺模型是一个只有两个寡头厂商的简单模型，该模型也被称为"纯粹双头模型"，是法国经

济学家古诺在 1838 年提出的。其结论可以推广到
三个或三个以上的寡头垄断厂商的情况中。

古诺模型假设寡头市场只有两个卖矿泉水的
厂商，产品同质；每个厂商的产量都是独立变量，
其产量的总和影响市场价格；每个厂商都认为自
己变动产量时对手不会用变动产量的方式做出反
应；两家厂商的成本均为零，并且面临着共同的
线性市场需求曲线；两个寡头都不是通过调整价
格而是通过调整产量来使利润最大化；两个厂商
都独立行动，它们之间不存在任何形式的勾结。
古诺模型如图 6-14 所示。

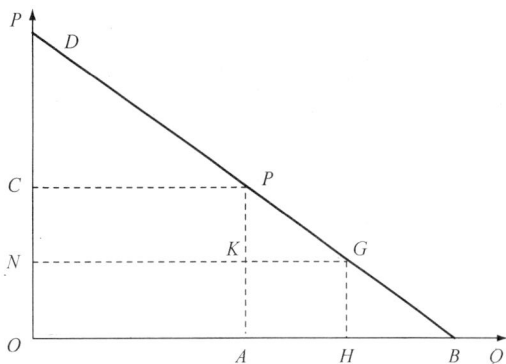

图 6-14　古诺模型

在图 6-14 中，DB 为两家寡头所面临的需求曲线。当不考虑生产成本时，总产量为 OB，价
格为零。

当市场中只有 A 寡头时，A 寡头为获得利润最大化，以市场供给量一半的产量进行销售，即
把产量定为 OA，那么价格为 OC（AP），此时获得的利润最大，即 OAPC 的面积最大（OAPC 为
直角三角形 OBD 的最大内接四边形）。

当 B 寡头进入市场，假设 A 寡头的产量不变，那么 B 寡头面临的剩余市场需求量只有原来
的一半 AB，B 寡头也追求利润最大化，肯定也以剩余市场容量的一半即 AH 来提供产量。由于市
场总供给量增加到 OH，那么市场价格从原来的 OC 下降到 ON，这时 A 寡头收益明显减少到
OAKN。

A 寡头收益减少后，肯定要调整产量来提高收益，A 寡头假定 B 寡头的销售量为 AH，那么
它面临的是剩下的市场容量 OA+HB，即总市场容量的 3/4，A 寡头在第二轮生产中以剩余市场容
量的一半即 3/8 市场容量供给销售，来实现利润最大化。

这时，B 寡头也采取行动。它认为 A 寡头的销售量不会变动，因而认为自己拥有的市场容量
增大，占市场全部容量的 5/8，并按这一容量的半数提供产量。5/8 的半数是 5/16，比原产量增加
1/16。B 寡头的产量有所增加，价格有所下降。

这样，在随后的行动中，A 寡头的产量逐渐减少，B 寡头的产量逐渐增大，直到最后两家厂
商的产量各占市场容量的 1/3 为止。这时，他们的总销售量将为市场总容量 OB 的 2/3，每个厂商
各占市场总容量 OB 的 1/3。

由此可以推出，当市场有三个寡头时，总销售量为市场总容量 OB 的 3/4，各个寡头各占市场
总容量 OB 的 1/4。我们进一步从双头寡头理论的古诺模型进行推导出一般的结论：当市场有 n 个
寡头时，

$$每个寡头垄断厂商的均衡产量=1/（n+1）OB（市场总容量）$$
$$行业的均衡总产量=n/(n+1)OB（市场总容量）$$

2. 斯威齐模型

斯威齐模型是美国经济学家斯威齐于 1939 年提出的，用以说明寡头垄断市场价格刚性现象的
寡头垄断模型。

斯威齐认为，寡头垄断厂商推测其他厂商对自己的价格变动的态度是跟跌不跟涨。之所以这
样认为，是因为他们认可以下的假设。寡头垄断市场里，一个寡头提高产品的价格，行业中的其
他寡头厂商都不会改变自己的价格，因而提价的寡头厂商的销售量将大幅减少；一个寡头厂商降
低价格，行业中的其他厂商会将价格下降到相同的水平，以避免销售份额的减少，因而该厂商的
销售量的增加是有限的。

在寡头垄断市场中，一旦价格决定之后，产品的价格具备比较高的稳定性，即存在着价格刚

性，即使成本或需求改变了，厂商也不大愿意改变价格。如果成本或市场需求下降，厂商担心这会给它的竞争者以错误的信息并引发一轮价格战而不愿降低价格；如果成本或需求上升，厂商不愿提价，因为担心竞争者可能不会跟着提价。这种情况在钢铁、汽车、家电等寡头垄断市场上广泛存在。例如，自2006年以来，铜等原材料普遍上涨，但是电视机行业产品价格却相对稳定，甚至液晶电视价格还在不断地下降。

3. 卡特尔

寡头垄断市场中厂商的数目很少，具有较强的相互依存性，这使得厂商认识到，如果相互间展开激烈竞争，势必两败俱伤，因此厂商之间进行勾结共谋合作成为必然。寡头垄断行业的厂商通过相互合作以达到协调行动的一种形式是建立卡特尔（Cartel）。

卡特尔为法语Cartel的音译，原意为协定或同盟。卡特尔是垄断组织形式之一，生产或销售某一同类商品的企业，为垄断市场，获取高额利润，通过在商品价格、产量和销售等方面订立协定而形成同盟，甚至是形成的垄断性企业联合。参加同盟者在生产、商业和法律上仍然保持独立性。

卡特尔是资本主义垄断组织的一种重要形式，1865年最早产生于德国，第一次世界大战后在各资本主义国家迅速发展，随着垄断资本的国际化产生了国际卡特尔。按协议内容卡特尔可以分成规定销售条件的卡特尔、规定销售价格的卡特尔、规定产品产量的卡特尔、规定利润分配的卡特尔、规定原料产地分配的卡特尔等。生产同类商品的企业作为卡特尔成员，各自在法律上保持其法人资格，独立进行生产经营，但必须遵守协议所规定的内容。卡特尔成立时，一般签订书面协议，有的采取口头协议形式。成员企业共同选出卡特尔委员会，其职责是监督协议的执行，保管和使用卡特尔基金等。由于成员企业之间的经济实力对比会因经济发展而变化，卡特尔的垄断联合缺乏稳定性和持久性，经常需要重新签订协议，甚至会因成员企业在争取销售市场和扩大产销限额的竞争中违反协议而瓦解。

对于卡特尔的态度，国外立法原则上予以禁止。根据美国反托拉斯法，卡特尔属于非法。但有些卡特尔虽然有着限制竞争的目的或效果，但同时又具有推动竞争的作用，或能显著地改善企业的经济效益，从而更好地满足消费者的需求，则可被视为合法，运用合理原则予以认定。有些国家通过立法规定对这类卡特尔予以豁免。

知识拓展 6.1

国际卡特尔——石油输出国组织

石油输出国组织，简称欧佩克（OPEC）。1969年9月，由伊朗、伊拉克、科威特、沙特阿拉伯和委内瑞拉的代表在巴格达开会，决定联合起来共同对付西方石油公司，维护石油收入。9月14日，五国宣告成立石油输出国组织（Organization of Petroleum Exporting Countries，OPEC），简称"欧佩克"。随着成员的增加，欧佩克发展成为亚洲、非洲和拉丁美洲一些主要石油生产国的国际性石油组织。欧佩克总部设在维也纳。由于利益的不同，欧佩克并不是非常稳定，该组织成员最多时达到14个。目前，除去印度尼西亚被暂停成员资格外，欧佩克共有13个成员国，它们是，阿尔及利亚（1969年加入）、伊朗（1960年加入）、伊拉克（1960年加入）、科威特（1960年加入）、利比亚（1962年加入）、尼日利亚（1971年加入）、卡塔尔（1961年加入）、沙特阿拉伯（1960年加入）、阿拉伯联合酋长国（1967年加入）、委内瑞拉（1960年加入）、安哥拉（2007年加入）和厄瓜多尔（2007年重新加入）、加蓬（1975年加入，1995年退出，2016年7月1日重新加入。）

欧佩克宗旨是协调和统一各成员国的石油政策，并确定以最适宜的手段来维护它们各自和共同的利益。欧佩克大会是该组织的最高权力机构，各成员国向大会派出以石油、矿产和能源部长（大臣）为首的代表团。大会每年召开两次，如有需要还可召开特别会议。大会奉行全体成员国一致原则，每个成员国均为一票，负责制定该组织的大政方针，并决定以何种适当方式加以执行。

欧佩克成员国曾分别确定提高或是减少该组织的总体石油产量，以便维持石油价格的稳定，为消费国提供稳定的短期、中期乃至长期的石油供应。

欧佩克成员国的石油储量约占世界总储量的三分之二，总产量占全世界的总产量的 45%，出口量曾占世界总出口量的 75%。2003 年该组织成员石油总储量为 1 191.125 亿吨，约占世界石油储量的 69%，其中排在前三位的成员分别是沙特阿拉伯（355.342 亿吨）、伊朗（172.329 亿吨）和伊拉克（157.534 亿吨）。2003 年该组织成员原油产量为 13.218 亿吨，约占世界原油产量的 39%，其中排在前三位的成员分别是沙特阿拉伯（4.215 亿吨）、伊朗（1.865 亿吨）和尼日利亚（1.060 亿吨）。

尽管如此，有趣的是欧佩克并不能控制国际石油市场，但是对国际石油市场具有很强的影响力，特别是当其决定减少或增加石油产量时。欧佩克组织在近年曾多次使得石油价格暴涨来抗衡美国等西方发达国家，对平衡世界力量有不可小觑的作用。

视频案例

产油国的联合减产
新闻

6.5.3　现代寡头理论：博弈论的运用

博弈论又被称为对策论（Games Theory），是研究具有斗争或竞争性质现象的理论和方法。它既是现代数学的一个新分支，也是运筹学的一个重要学科。博弈论是指某个个人或是组织，面对一定的环境条件，在一定的规则约束下，依靠所掌握的信息，从各自选择的行为或是策略进行选择并加以实施，并从中各自取得相应结果或收益的过程，在经济学上博弈论是个非常重要的理论概念。

博弈论思想古已有之，我国古代的《孙子兵法》就不仅是一部军事著作，而且算是最早的一部博弈论专著。最初人们对博弈局势的把握只停留在经验上，其正式发展成一门学科则是在 20 世纪初。1928 年冯·诺伊曼证明了博弈论的基本原理，从而宣告了博弈论的正式诞生。1944 年，冯·诺伊曼和摩根斯坦共著的划时代巨著《博弈论与经济行为》将两人博弈推广到 N 人博弈结构并将博弈论系统应用于经济领域，从而奠定了这一学科的基础和理论体系。博弈论天才纳什给出了纳什均衡的概念和均衡存在定理，推动了博弈论的发展。博弈论研究机智而又理性的经济活动主体，在其行为相互影响时的决策以及这种决策的均衡问题。博弈论是分析寡头垄断企业市场行为的有力工具。

1. 博弈论的基本概念

（1）博弈要素。

① 局中人。在一场竞赛或博弈中，每一个有决策权的参与者成为一个局中人。只有两个局中人的博弈现象称为"两人博弈"，而多于两个局中人的博弈称为"多人博弈"。

② 策略。一局博弈中，每个局中人都有可供选择的实际可行的完整的行动方案，即方案不是某阶段的行动方案，而是指导整个行动的一个方案，一个局中人的一个可行的自始至终全局筹划的一个行动方案，称为这个局中人的一个策略。如果在一个博弈中局中人都总共有有限个策略，则称为"有限博弈"，否则称为"无限博弈"。

③ 得失。一局博弈结局时的结果称为得失。每个局中人在一局博弈结束时的得失，不仅与该局中人自身所选择的策略有关，而且与全局中人所取定的一组策略有关。所以，一局博弈结束时每个局中人的"得失"是全体局中人所取定的一组策略的函数，通常称为支付（Payoff）函数。对于博弈参与者来说，存在着一个博弈结果。

④ 博弈涉及均衡。均衡是平衡的意思。所谓纳什均衡（Nash Equilibrium），是这样一个稳定的博弈结果，即在一策略组合中，所有的参与者面临这样一种情况，当其他人不改变策略时，他此时的策略是最好的。也就是说，此时如果他改变策略他的支付将会降低。在纳什均衡点上，每一个理性的参与者都不会有单独改变策略的冲动。

（2）博弈的类型。

① 合作博弈。研究人们达成合作时如何分配合作得到的收益，即收益分配问题。

② 非合作博弈。研究人们在利益相互影响的局势中如何决策使自己的收益最大，即策略选择问题。

③ 完全信息和不完全信息博弈。参与者对所有参与者的策略空间及策略组合下的支付有充分了解称为完全信息；反之，则称为不完全信息。

④ 静态博弈和动态博弈。静态博弈指参与者同时采取行动，或者尽管有先后顺序，但后行动者不知道先行动者的策略。动态博弈指双方的行动有先后顺序并且后行动者可以知道先行动者的策略。

对于非合作、纯竞争型博弈，只有二人零和博弈——好比两个人下棋或是打乒乓球，一个人赢一着则另一个人必输一着，净获利为零。应用传统决定论中的"最小最大"准则，即博弈的每一方都假设对方的所有策略的根本目的是使自己最大程度地失利，并据此最优化自己的对策。这个著名的最小最大定理所体现的基本"理性"思想是，"抱最好的希望，做最坏的打算"。

博弈论正在经济学中占据越来越重要的地位。实际上，博弈论甚至在我们的工作和生活中无处不在！在工作中，你在和上司博弈，也在和下属博弈，你也同样会跟其他相关部门人员博弈；而要开展业务，你更是在和你的客户以及竞争对手博弈。在生活中，博弈仍然无处不在。博弈论代表着一种全新的分析方法和全新的思想。诺贝尔经济学奖获得者保罗·萨缪尔逊如是说过，要想在现代社会做个有价值的人，你就必须对博弈论有个大致的了解。

2. 囚徒困境博弈

在博弈论中，含有占优战略均衡的一个著名例子是由塔克给出的"囚徒困境"（Prisoners' Dilemma）博弈模型。该模型用一种特别的方式为我们讲述了一个警察与小偷的故事。假设有两个小偷 A 和 B 联合犯事，私入民宅被警察抓住。警方将两人分别置于不同的两个房间内进行审讯，对每一个犯罪嫌疑人，警方给出的政策是，如果一个犯罪嫌疑人坦白了罪行，交出了赃物，于是证据确凿，两人都被判有罪。如果另一个犯罪嫌疑人也做了坦白，则两人各被判刑 8 年；如果另一个犯罪嫌疑人没有坦白而是抵赖，则以妨碍公务罪（因已有证据表明其有罪）再加刑 2 年，而坦白者有功被减刑 8 年，立即释放。如果两人都抵赖，则警方因证据不足不能判两人的偷窃罪，但可以私入民宅的罪名将两人各判入狱 1 年。图 6-15 所示为这个博弈的支付矩阵。

囚徒B

		坦白	抵赖
囚徒A	坦白	-8, -8	0, -10
	抵赖	-10, 0	-1, -1

图 6-15 囚徒困境

我们来看看这个博弈可预测的均衡是什么。对 A 来说，尽管他不知道 B 做何选择，但他知道无论 B 选择什么，他选择"坦白"总是最优的。显然，根据对称性，B 也会选择"坦白"，结果是两人都被判刑 8 年。但是，倘若他们都选择"抵赖"，每人只被判刑 1 年。在图 6-15 中的四种行动选择组合中，（抵赖、抵赖）是帕累托最优，因为偏离这个行动选择组合的任何其他行动选择组合都至少会使一个人的境况变差。不难看出，"坦白"是任一犯罪嫌疑人的占优战略，而（坦白、坦白）是一个占优战略均衡，是一个稳定的纳什均衡。

"囚徒的两难选择"有着广泛而深刻的意义。个人理性与集体理性的冲突，各人追求利己行为而导致的最终结局是一个"纳什均衡"，也是对所有人都不利的结局。他们两人都是在坦白与抵赖策略上首先想到自己，这样他们必然要服长的刑期。只有当他们都首先替对方着想时，或者相互合谋（串供）时，才可以得到最短时间的监禁的结果。"纳什均衡"首先对亚当·斯密的"看不见的手"的原理提出挑战。按照斯密的理论，在市场经济中，每一个人都从利己的目的出发，而最终全社会达到利他的效果。亚当·斯密在《国富论》中写道："通过追求（个人的）自身利益，他常常会比其实际上想做的那样更有效地促进社会利益。"从"纳什均衡"我们引出了"看不见的手"的原理的一个悖论：从利己目的出发，结果损人不利己，既不利己也不利他。两个囚徒的命运就是如此。从"纳什均衡"中我们可以悟出一条真理，合作是有利的"利己策略"。但它必须符合以下黄金律，按照你愿意别人对你的方式来对别人，但只有他们也按同样方式行事才行，也就是中国人说的"己所不欲勿施于人"。"纳什均衡"是一种非合作博弈均衡，在现实中非合作的情况要比合作情况普遍。从"纳什均衡"的普遍意义中我们可以深刻领悟司空见惯的经济、社会、政治、国防、管理和日常生活中的博弈现象。

3. 价格战博弈

寡头市场不是由一家企业完全垄断市场，而是由少数几个寡头企业占领的市场，每个企业都希望自己利润最大化，但他们也需要考虑其他几家企业的反应来决定自己的市场策略。举个简单的例子，由两家寡头企业垄断的市场，每家企业达到利润最大化的定价都是垄断定价，即满足 $MR=MC$（边际收益等于边际成本）的定价，这时两家企业平分市场。但只要其中一家企业定价稍低于这个价格，消费者就会都跑去购买低价商品，那么降价企业就将占有全部市场份额，而未降价的那家企业就会被踢出市场。因此两家企业都预料到这种情况，为防止对方降价把自己赶出市场，两家企业都会选择降价。最后的结果就是，两家企业定价都降无可降，达到完全竞争市场价格，即满足 $P=MC$，这种情况与最基本的博弈"囚徒困境"非常相似。

现实生活中我们经常会遇到各种各样的家电价格大战、彩电大战、冰箱大战、空调大战、微波炉大战……当然，这些大战的早期受益者是消费者。实际上，我们可以解释厂家价格大战的结局也是一个"纳什均衡"，而且价格战的结果是谁都没钱赚。因为博弈双方的利润正好是零。竞争的结果是稳定的，即是一个"纳什均衡"。这个结果可能对消费者是有利的，但对厂商而言是灾难性的。所以，价格战对厂商而言意味着自杀。从这个案例中我们可以引申出两个问题。一是竞争削价的结果或"纳什均衡"可能导致一个有效率的零利润结局。二是如果不采取价格战，作为一种合作博弈其结果会如何呢？每一个企业，都会考虑采取正常价格策略，还是采取高价格策略形成垄断价格，并尽力获取垄断利润。如果垄断可以形成，则博弈双方的共同利润最大。这种情况就是垄断经营所做的，通常会抬高价格。另一个极端的情况是厂商用正常的价格，双方都可以获得利润。从这一点，我们又可以引出一条基本准则，即"把你自己的战略建立在假定对手会按其最佳利益行动的基础上"。在这种状态下，厂商采取合作行动并决定转向垄断价格，那么社会的经济效率就会遭到破坏。这就是为什么世界贸易组织和各国政府要加强反垄断的原因所在了。

案例链接

生活中的家电价格
大战

6.5.4 寡头市场的经济效率

一般而言，在寡头垄断市场上，市场价格高于边际成本，同时价格高于最低平均成本。因此，寡头垄断企业在生产量和技术使用方面应该是缺乏效率的，但从程度上来看，由于寡头市场存在竞争，有时竞争还比较激烈，因而其效率比垄断市场要高。

但从另一方面看，寡头市场上往往存在着产品差异从而满足消费者的不同偏好。此外，由于寡头企业规模较大，便于大量使用先进的生产技术，而激烈的竞争又使厂商加速产品和技术革新，因此，其又有效率较高一面。在许多国家，人们试图通过限制寡头厂商低效率的方面，进一步鼓励寡头市场的竞争。

> **问题探索**：想一想，什么类型的市场结构最能激励企业进行创新？

【本章小结】

1. 根据市场垄断与竞争程度的强弱把众多行业划分为四大市场类型，即完全竞争市场、垄断竞争市场、寡头市场和完全垄断市场。后三个类型也称为不完全竞争市场。

2. 完全竞争市场必须同时具备下述四个条件，即众多的小规模卖者和买者，产品是同质的，自由进入和退出该行业，完全的信息或知识。完全竞争市场单个厂商的需求曲线与收益曲线及价格曲线重合在一起且是一条平行于 X 轴的曲线短期均衡条件是 $MR=SMC$，长期的均衡条件为 $MR=LMC=P=AR=LAC$。

3. 垄断市场是指整个行业中只有唯一的一个厂商的市场组织。市场没有任何相近的替代品，厂商是价格制定者，进入壁垒高。垄断企业的需求曲线向下倾斜，垄断企业可以通过限制产量和制定比完全竞争价格高的价格获得经济利润。

4. 垄断竞争市场是指市场中有许多个厂商生产和销售有差别的同种产品，容易进入和退出。在短期内，垄断性竞争企业既有可能赚取经济利润，也有可能遭受损失。由于进入和退出行业比较容易，垄断性竞争企业在长期只能获得正常利润。而差异竞争是垄断性竞争企业抵抗长期经济利润为零趋势的一种手段。通过产品差异化和广告，企业可以提高产品需求，并使需求提高所带来的收入增加高于因从事这类非价格竞争而增加的成本。

5. 寡头垄断市场是指少数几个厂商垄断了某一行业的市场，控制这一行业的供给。它包括无差别寡头（纯粹寡头）和有差别寡头两大类。业内企业相互依赖，任何一家企业的行为都会直接影响其对手的行动。产品既可能是同质的，也可能存在很大差异。包括规模经济在内的进入壁垒是寡头垄断存在和延续的基础。

西方经济学在比较各种市场结构的产量和价格时，按照产量从大到小的顺序排列，依次是完全竞争市场、垄断性竞争市场、寡头垄断和完全垄断市场；按照价格从高到低的顺序排列，价格最高的是完全垄断市场，其次是寡头垄断、垄断性竞争市场，最后是完全竞争市场。

6. 完全竞争市场既实现了生产有效，又实现了分配有效，因此被认为是经济效率最高的市场。垄断竞争市场的经济效率低于完全竞争市场，但高于寡头垄断和完全垄断市场。而完全垄断市场中由于厂商可以通过控制产量和价格使利润最大化，被认为是经济效率最低的市场。寡头垄断市场虽然没有实现生产有效和分配有效，但在促进研究开发和技术进步上，可能优于完全竞争市场。

【经济观察】

电商混乱价格战

"打苏宁指挥部"，挂在京东商城总部。京东、苏宁、国美三大家电打着价格战。"没有耐心陪着苏宁10元、10元地降价了，今天（2012年8月17日）上午11:00—12:00，直接发放满2 000元减300元和满3 000元减500元的大家电优惠券，相当于每件便宜300～500元。"电商价格大战一天之后，2012年8月17日一早，京东商城首席执行官刘强东再次更新微博信息。"我谨代表苏宁易购全体员工，向京东发出严正警告，玩火者必自焚！"这是苏宁易购执行副总裁李斌在其微博上的回应。

火药味除了体现在言语上，还表现在各自下一步的计划上。2012年8月17日国美电器宣布，从次日开始，国美北京区域的线下门店确保所有价格低于包括京东商城在内的所有电商网站。而苏宁也宣布，次日在全国范围1 700家门店，同步启动今年最大规模促销。这也预示着，京东、苏宁、国美的价格大战，将从网上蔓延至网下实体店。一家是我国市场占有率最大的自主经营式购物网站，另两家是我国家电连锁零售行业的巨头。而紧随加入的，还有当当、58同城、易讯等多家网站，原本的一场"三国杀"一天之间变成了"群雄战"。有媒体报道称，8月16日一上班，有人做的第一件事就是打开计算机，登录这几大网站进行采购。甚至，就连在街边遛弯的老太太，也都拽着会上网的孙子，去网上看谁家的价格更便宜。而根据第三方统计数据，在 8 月 15 日这一天，三家网站的网络流量明显上涨。京东稳坐流量第 1 位，增幅达 132%，苏宁易购的流量，涨幅达惊人的 706%；国美的涨幅，也达到 463%。然而，这样的血拼，是真是假？消费者，又是否得到了期待中的惊喜？

虽说是被称为"史上最惨烈的电商价格战"，但是大家不想同归于尽，所以没有出现"人家卖 1 元，我就卖 0 元"的盛举，与其说是"最惨烈"，不如说是"最混乱"。

经济学家马光远说，现在京东、苏宁、国美之间的价格战就是一部"烂片"，因为这个战争真的没有打响。

讨论题

1. 对于这样一场电商价格战，有没有可能避免？应不应该约束？
2. 产生电商价格大战的深层原因是什么？未来怎么样？

【能力训练】

你能为他做些什么

某一空调商认为他所在的行业是完全竞争行业。他觉得同其他空调制造商之间存在激烈的竞争，其他空调制造商一旦大做广告，采取降价措施或提高服务质量时，他也得做出反应。请你根据所学的有关完全竞争知识判断空调制造商所在行业是完全竞争市场吗？如果你否定了他的结果，请组织一个 2~5 人的团队，进行市场调研，运用所学的知识，给这位失望的空调制造商提出一套竞争方案吧。

以小组为单位，提交一份竞争策略报告。

【概念复习】

市场结构 完全竞争市场 垄断竞争市场 垄断市场 寡头市场 价格歧视 差别竞争 卡特尔 斯威齐模型 自然垄断

【同步练习】

1. 最需要进行广告宣传的市场是（　　）。
   A. 完全竞争市场 B. 垄断竞争市场 C. 寡头垄断市场 D. 完全垄断市场
2. 在完全竞争市场上，厂商长期均衡的条件是（　　）。
   A. $MR=MC$
   B. $AR=AC$
   C. $MR=MC=AR=AC$
   D. $MR=MC=P$
3. 对于垄断厂商来说，（　　）。
   A. 提高价格一定能够增加收益
   B. 降低价格一定会减少收益
   C. 提高价格未必会增加收益，降低价格未必会减少收益
   D. 以上都不对
4. 一个能够在两个市场实行差别价格的垄断者将会（　　）。
   A. 确定产品价格和销售量使两个市场上的需求价格弹性相同
   B. 在需求曲线更具有弹性的市场上定更低的价格
   C. 在需求曲线的弹性越高的市场出售越多的产品
   D. 如果在两个市场上禁止有差别价格，在两个市场上都将有一个比他要定得更高的价格
5. 垄断竞争厂商实现最大利润的途径有（　　）。
   A. 调整价格从而确定相应产量 B. 品质竞争 C. 广告竞争

【问题讨论】

1. 某些完全竞争市场上的企业能否进入垄断竞争市场？举例说明应该如何做。

2. 寡头市场与其他三个市场有什么不同？

3. 简述完全竞争厂商的长期均衡。

4. 为什么垄断下没有市场供应曲线？

5. 短期均衡时，完全竞争厂商与完全垄断厂商有何不同？

6. 为什么即使一个厂商不是市场上唯一的生产商，还可以有垄断势力？

7. 哪些因素决定一个厂商大约有多少垄断势力？简要解释每种因素。

8. 试比较不同市场组织的经济效益。说明政府创造公平竞争环境的意义。

9.《中华人民共和国反垄断法》2008 年 8 月 1 日起实施，它是如何限制市场势力的？给出该法的主要条款。

10. 完全竞争市场上一个行业与一个企业的需求曲线与价格有什么不同或相同？用图形说明这一点。

11. 智能手机是一个寡头市场，为什么必然会发生价格战？从长远看，这种价格战对社会有利还是不利？政府能否在其中发挥市场管制作用？为什么？

【补充读物与资源】

《博弈与信息》艾里克·拉斯穆森，著. 韩松，译. 中国人民大学出版社，2009 年

《并非有效市场》[美] 史莱佛，著. 赵英军，译. 中国人民大学出版社，2003 年

中国产业信息网站
国务院国有资产监督管理委员会　http://www.sasac.gov.cn/

第 7 章

要素市场

天下没有免费的午餐，某种东西的成本是为了得到它所放弃的东西。

——格列高里·曼昆

学习目标

能力目标

- 能够运用所学的生产要素需求规律，分辨和比较生产要素市场与产品市场的不同，价格是如何决定的。
- 能够分析企业如何决定生产要素的使用数量。
- 能够运用分配理论，分析和解释人力资本、收入不平等的个人原因和制度原因。
- 运用分配理论，能够分析和解释收入分配目标，以及我国目前的收入分配政策，并能够正确认识现阶段我国收入差距问题，并提出一些初步的政策建议。

知识目标

- 理解生产要素需要的性质，企业使用生产要素的原则。
- 掌握生产要素供给的特点以及生产要素价格的决定。
- 掌握劳动供给的规律、工资的决定、人力资本的概念以及工资差异产生原因。
- 理解利率、地租、利润的概念，以及它们是如何决定的。
- 了解洛伦兹曲线和基尼系数的概念、收入差距产生的原因及收入政策。

重要概念

派生需求　边际生产力　工资差异　人力资本　实际利率　地租　经济租金　平均利润
洛伦兹曲线　基尼系数

经济学家们习惯把生产要素分成土地、劳动、资本和企业家的才能等四大类，它们的价格分别被称为地租、工资、利息和利润。生产要素的价格与产品的价格一样，是由供求关系决定的，生产要素的需求与供给决定了生产要素的价格。市场经济中，生产要素一般都掌握在居民或者家庭手中，那么一个家庭或者居民所拥有的生产要素的数量多少，参与经济活动中所取得的价格的高低决定着这个家庭或者居民的收入的多少。收入（Income）指的是一定时期内（通常为 1 年）的工资、利息收入、股息和其他有价物品的流入。所有的收入加起来就是国民收入。国民收入中一般最大的部分是劳动收入，我们常见的劳动收入有工资、薪水、福利等。另外收入部分是各种形式的财产收入，如利息、租金、分红、利润等。市场经济里的收入以工资、利润、利息和租金等形式分配给生产要素的所有者。

因此生产要素价格理论涉及社会生产成果的分配问题，生产出来的产品按什么方式什么原则分配给社会各个阶层，即解决的是为谁生产的问题。故我们分析的要素市场或者生产要素价格理论，人们通常又称为分配理论。分配理论之所以重要，是因为它涉及人类社会的两大基本命题——效率与公平。

在市场经济的国家里分配的原则是要素所有者按要素贡献大小得到报酬。各种生产要素的报酬取决于生产要素的数量与价格。要素所有者之所以得到该报酬，是因为他们提供要素时遭受了等值的"负效用"损失，因而需要得到补偿。

7.1 生产要素价格的决定

7.1.1 生产要素的需求

厂商对生产要素的需求同消费者对产品的需求相类似。生产要素需求是指厂商对应于一定的要素价格愿意并且能够购买的要素数量，或者说是厂商为购买一定数量要素所愿支付的价格。我们要了解生产要素价格是如何决定的，首先要了解像劳动、资本等这些生产要素需求和供给是如何决定的，要了解它们与一般产品和服务的需求与供给是否相同。

1. 生产要素需求的特点

（1）生产要素的需求是派生需求（Derived Demand）。这种需求与普通消费者对产品的需求有本质的不同。消费者为了直接满足自己的某种需要而购买商品，直接提供效用满足欲望，所以是"直接"的需求。而在生产要素市场上，需求不是来自消费者，而是来自厂商。厂商购买生产要素不是为了自己的直接需要，而是为了生产和出售产品以获得利益。消费者对产品的需求最终决定了企业对生产要素的需求。因为消费者需要水果，才引起果农对果园、化肥、农药、工人的需求；因为手机需求进入了旺季，才引起销售商对促销员的需求。所以生产要素的需求又称为派生需求。

（2）生产要素的需求相互依赖。生产要素的需求还有一个特点，即对生产要素的需求是共同的、相互依赖的需求。即生产要素往往不是单独发生作用的，需要各种生产要素相互配合才能产生作用。只有计算机程序员，他什么产品也生产不出来，同样的，只有生产计算机软件的机器、设备也无法制造产品，只有计算机程序员与生产的设备（以及原材料等）相互结合起来才能生产出计算机软件。

由于厂商对生产要素的需求取决于人们对产品的需求，而产品的供求与要素的供求又有相互依存和相互制约的关系。即对厂商提供的产品的需求量大小取决于消费者的收入多少，消费者的收入水平取决于提供劳动及其他生产要素所得到的报酬，报酬的高低又是由厂商购买劳动以及其他生产要素所支付的价格决定的，因而厂商购买劳动以及其他生产要素支付的价格又决定人们对产品需求量的大小。所以，对生产要素需求的分析，比对产品需求分析更复杂。

生产要素市场的市场结构，会直接影响厂商对生产要素的需求状况，从而又会影响生产要素的价格。比如完全竞争市场与不完全竞争市场这两种市场中生产要素的价格会有不同的变动。

2. 边际生产力（Marginal Productivity）

厂商在一定的价格水平下，对要素需求量的大小是由要素的边际生产力决定的。边际生产力在分配理论中是一个核心概念。在其他条件不变的前提下，每增加一个单位某种要素的投入所增加的产量，就是这种要素的边际生产力。

假定生产中所用的要素只有资本和劳动。当劳动量不变的时候，最后增加一个单位的资本所带来的总产量的增加就是资本的边际生产力。同样当资本量不变的时候，最后增加一单位的劳动所带来的总产量的增加就是劳动的边际生产力。

边际生产力通常有两种表示方式，一种用实物量表示，即增加一个单位某种要素投入带来的产量，叫做边际物质产品（Marginal Physical Product，MPP），有时被简称为边际产品（MP）。另一种是以收益来表示边际生产力，即增加一个单位某种要素投入带来的货币收益，叫做边际收益产品（Marginal Revenue Product，MRP）。在经济学中，边际收益产品用得更为广泛，也是一个非常核心的概念。

在完全竞争的情况下，我们很容易计算出边际收益产品。在这种情况下，每一单位的工人劳动生产的边际物质产品（MPP_L）可以按产品市场竞争价格（P）出售。因为是完全竞争市场，价格等于边际收益（MR），即

$$边际收益产品（MRP）=边际物质产品（MPP）×价格（P） \tag{7-1}$$

如果电子厂最后一个工人生产 1 000 个电子元件，价格和边际收益均为 3 元人民币，那么最后一个工人的产出的货币价格——劳动的边际收益产品（MRP_L）为 3 000 元人民币。于是在完全竞争条件下，每个工人对于企业的价值等于最后一个工人边际产品的价值，每亩土地的价值等于土地的边际产品乘以产出的价格，对于其他各种要素可以此类推。

在不完全竞争条件下，每个企业所面对的需求曲线是向下倾斜的，新增产出每出售一单位所获得的边际收益低于价格，边际收益产品 MRP 等于要素的边际物质产品 MPP 和边际收益 MR（指增加一单位产品所增加的收益）的乘积，用公式表示即 $MRP = MPP×MR$。要素的边际收益产品 MRP 的变化取决于：① 增加一单位要素投入带来的边际物质产品 MPP 的变化；② 增加一单位产品所增加的收益 MR 的变化。这对于劳动（L）、资本（K）和土地（N）以及其他要素都适用，公式如下：

$$劳动的边际收益产品（MRP_L） = MPP_L×MR \tag{7-2}$$
$$资本的边际收益产品（MRP_K） = MPP_K×MR \tag{7-3}$$
$$土地的边际收益产品（MRP_N） = MPP_N×MR \tag{7-4}$$

一种要素投入量不断增加，而其他要素不变，可变要素的边际产量在一个时期内可以增加或保持不变，但是最终还是会递减，同样边际收益产品最终会递减。这个规律也称为边际生产力递减规律。

3. 生产要素的需求

（1）最低成本原则。厂商在决定使用多少生产要素投入时，必须考虑成本和收益的比较，即追加一单位生产要素所获得的收益 MRP 能否补偿他为使用该单位要素所需支付的成本。这种成本称为边际要素成本（Marginal Factor Cost，MFC），即增加一单位投入要素所增加的成本支出。只要一种投入的边际收益产品大于追加该投入的成本，企业就能通过不断增加这种生产要素使利润最大化，当边际收益产品等于投入要素价格（要素成本）时，厂商得到了利润最大化的要素投入量。同样我们可以得出这样一个结论，即企业在选择要素的最优组合时，为了取得最大利润，只要投入的边际收益产品大于该投入的边际成本或价格，就应该追加该种投入。在完全竞争条件下，当边际产品乘以产出价格等于投入价格时，厂商就得到了利润最大化的要素组合，公式如下

$$劳动的边际产品×产出价格=劳动价格=工资费用$$
$$土地的边际产品×产出价格=土地的价格=地租$$
$$资本的边际产品×产出价格=资本的价格=利息$$

其他情况以此类推。

我们可以将上述推理更进一步推广，在不完全竞争市场条件下，企业最低成本（或最大利润）实现的原则是：

劳动的边际产品/劳动的价格=资本的边际产品/资本的价格=土地的边际产品/土地的价格=…=每一元人民币投入所获得的边际产品

（2）厂商生产要素的需求。完全竞争厂商的生产要素需求量取决于要素的边际收益与边际成本。为了实现利润最大化，他必须使购买最后一单位生产要素所支出的边际成本与其所带来的边际收益相等。在完全竞争市场上，边际收益等于平均收益，等于价格。因此，厂商对生产要素的需求就是要实现边际收益、边际成本与价格相等，即

$$MR=MC=P \tag{7-5}$$

在完全竞争市场上，对一家厂商来说，价格是不变的。所以，厂商对生产要素的需求就取决于生产要素的边际收益。

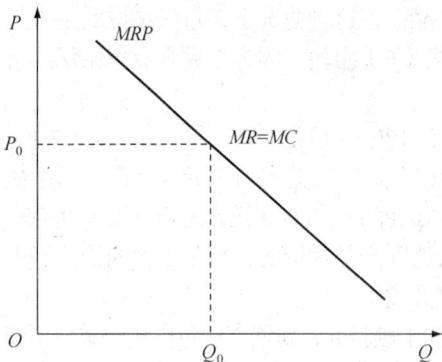

图 7-1　生产要素的需求曲线

生产要素的边际收益取决于该要素的边际生产力。经济学家认为，在其他条件不变前提下，边际生产力是递减的，因此，生产要素的边际收益曲线是一条向右下方倾斜的曲线。这条曲线也是生产要素的需求曲线，如图 7-1 所示。

图 7-1 中，横轴表示生产要素的需求量，纵轴表示生产要素的价格，MRP 表示边际收益产品曲线，即向右下方倾斜的边际生产力曲线，也是生产要素的需求曲线。当生产要素的价格为 P_0，需求量为 Q_0 时，使用的生产要素量可以实现 $MR=MC$。如果生产要素价格高，则 $MR<MC$，从而减少生产要素的需求量；如果生产要素价格低，则 $MR>MC$，从而增加生产要素的需求量。

在不完全竞争条件下，单个厂商具有控制市场的力量，所面临的是一条向右下方倾斜的需求曲线。不完全竞争市场上厂商生产要素的需求量仍决定于 $MR=MC$。

我们可以从最小成本法则进行推理。当一种投入要素价格上升而其他投入要素价格不变时，更多地使用其他要素，厂商将会获利。例如当劳动价格（P_L）上升时，会导致 MP_L/P_L 的下降，这时厂商将减少雇用劳工的数量，而增加资本或者土地等要素的投入，因此降低了对劳动的需求，提高了对资本或土地要素的需求。替代作用对生产要素市场同样适用，从而也可得出结论，某种要素的需求曲线是向右下倾斜的曲线。

7.1.2　生产要素的供给

生产要素根据其有无生产成本分为两大类。如果某种生产要素是由厂商生产出来的，如机器、设备、原料、厂房等资本品，其供给价格和供给量主要与生产和再生产该生产要素的成本有关；如果生产要素不是厂商生产的，如土地、劳动、货币资本等，其供给价格和供给量则主要由该生产要素在某一时期的存量、供给者的偏好、该要素的机会成本等因素决定。在市场经济条件下，大多数生产要素是私人拥有的。人们拥有他们的劳动是指人们能控制劳动的使用。资本一般由家庭和企业所拥有，土地在我国所有权虽然归国家所有，但使用权可以让渡给私人和企业使用。

1. 土地的供给

经济学上的土地，泛指一切自然资源。土地和其他自然资源的数量是由地理状况决定的，虽然受到水土保持、开垦方式和改良措施的影响，但是不大可能有大的改变，像城市中心的某一块地，不管价格如何变化，都不会增加或减少。因而，我们一般都认为土地的供给是固定不变的，供给曲线是一条垂直的直线，如图 7-2 所示。

图 7-2 中，横轴表示土地的数量 N，纵轴表示地租 R，垂直的直线 S 是土地的供给曲线。

2. 资本的供给

资本的供给依赖于企业、家庭和政府的投资。资本分为资本品和货币资本。资本品作为生产要素，其本身又是产出，即生产过程的产物，它包括机器、设备、原材料等。资本品的供给曲线与一般产品的供给曲线一样，价格越高，供给量就越大，是向右上方倾斜的。货币资本不是生产出来的，它的供给主要取决于借贷资本的供给，也就是取决于与一定利息率相关的储蓄的大小。短期内的资本存量像土地一样是固定的，但长期内的资本供给对于风险和回报率等经济因素非常敏感。在利息率一定时，收入越高，储蓄就越多；在收入一定时，利息率越高，一定收入中用于储蓄的部分也就越多，储蓄越多就意味着货币资本的供给越多。利息率越高，意味着持有货币的机会成本越高，要使用货币资本就要向其所有者支付更高的报酬。因此，货币资本的供给曲线同资本品的供给曲线一样，是向右上方倾斜的，如图 7-3 所示。

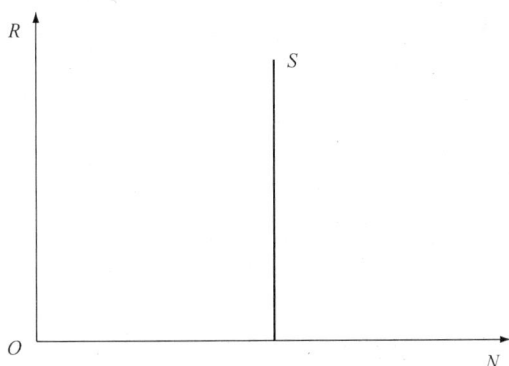

图 7-2　土地的供给曲线

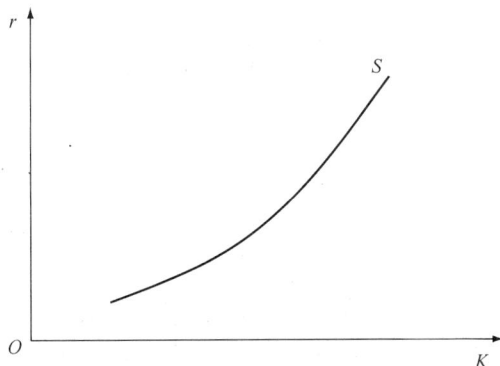

图 7-3　资本的供给曲线

图 7-3 中，横轴表示资本的数量 K，纵轴表示利息率 r，向右上方倾斜的曲线 S 就是资本的供给曲线。

3. 劳动的供给

劳动的供给是由许多经济和非经济因素决定的，重要决定因素有劳动的价格和人口特征，如年龄、性别、教育和家庭结构等。劳动供给主要取决于劳动的成本。劳动的成本包括：一是实际成本，即维持劳动者及其家属生活必需的生活资料的费用，以及培养教育劳动者的费用；二是心理成本，劳动是以牺牲闲暇的享受为代价的，劳动会给劳动者心理上带来负效用，补偿劳动者这种心理上负效用的费用就是劳动的心理成本。

劳动的供给有自己的特殊规律。一般来说，当工资增加时劳动会增加，但工资增加到一定程度后，如果再继续增加，劳动不但不会增加，反而会减少。这是因为货币工资增加到一定程度后，货币的边际效用递减，不足以抵消劳动的负效用，从而劳动就会减少，如图 7-4 所示。

图 7-4 中，横轴表示劳动的供给量 L，纵轴表示工资水平 W，向后弯曲的曲线 S 就是劳动的供给曲线。

但也有一些经济学家认为，从短期看，劳动供给曲线会向后弯曲，但从长期看，由于青年人逐渐加入劳动者行列，以及较低工资的工人总是愿意调整职业，用同样的劳动时间得到更高的工资，所以劳动市场的供给曲线是向右上方倾斜的。向后弯曲的劳动供给曲线只适用于高度发达和高度富裕的国家。在低收入工人占多数的国家是不会形成向后弯曲的劳动供给曲线的。

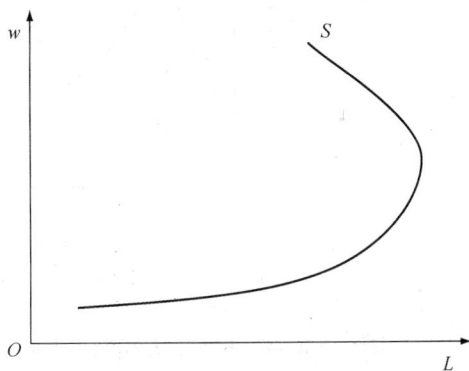

图 7-4　劳动的供给曲线

7.1.3　供给与需求决定要素价格

前面我们提到，在给定的要素价格下，追求利润最大化的厂商将按各种投入的边际收益产品选择投入组合。当劳动的价格比较低时，厂商们会用劳动去代替其他投入，如机器、设备和其他昂贵的工具。我们可以将每个厂商的单个需求累加起来，从而得到在给定价格的条件下，所有厂

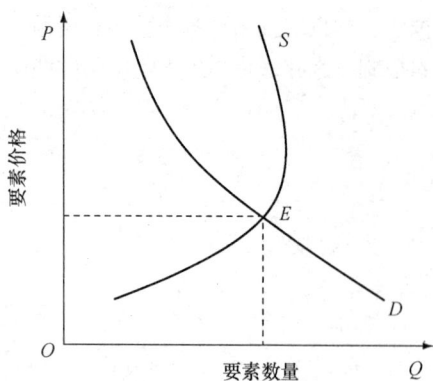

图 7-5　要素价格决定

商对某种要素的总需求。把每一种价格下的某一种要素总需求量在图中用平滑的线连接起来，就得到了这种要素的市场需求曲线。如我们将所有的单个厂商对土地的需求曲线进行水平加总，得到市场对土地的需求曲线。对每一种投入我们都可以用这种方法将所有厂商的派生出来的需求加总得到时其市场需求。

生产要素的价格与物品的价格一样，在完全竞争市场上是由要素的供求所决定的。在完全竞争市场中投入要素的均衡价格即供给量与需求量相等时的那个价格水平。图 7-5 中，一种要素的派生需求曲线与其供给曲线在 E 点相交，只有在此价格下，要素的所有者能够提供的数量与买方即厂商愿意购买的数量才平衡。

在生活中我们利用生产要素价格决定的知识，就很容易解释大学教授与一个农民工的收入差别，如图 7-6 所示。成为一个大学教授很不容易，需要接受很长时间的教育，需要具有较强的科研能力和教学能力，成本高，因此大学教授的供给相对是不足的。这些年来我们的大学教育蓬勃发展，对大学教授的需求急剧地增长。一方面，大学教授供给相对不足，另一方面，大学教授的市场需求却急剧增加，必然导致各高校提高条件引进或留住教授，大学教授的收入自然水涨船高。据统计，我国有超过 3 亿农村富余劳动力，需要到城市寻找工作，也就是流水线工人的数量极大，供给丰裕。而我国随着经济不断发展，特别是在信息经济和知识经济社会条件下，对流水线工人的需求是有限的。因此，供给大于需求，流水线工人的工资不高，也就不奇怪了。

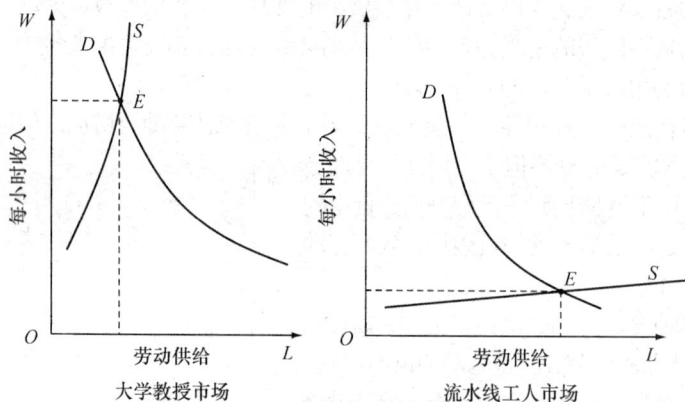

图 7-6　大学教授与流水线工人的工资对比

在市场经济条件下，富人和穷人的收入差别也可以用生产要素的供求来分析了。富人的资源多，投入经济运行的生产要素多，自然获得的回报多，穷人没有什么要素投入，自然也没有什么要素收入。要素的价格和人们的收入并不能仅仅由机会决定，供求的力量会使供给有限或需求很大的要素，产生很高的收益。

但各种要素有不同的需求与供给特征，也有不同的市场结构。因此，各种要素的价格与收入的决定也有不同。

问题探索：分析讨论，为什么当前文化程度不高的建筑工人，工资远高于刚刚毕业的大学生？甚至文化程度较低的工作并不熟练的工人工资也高于刚刚毕业的大学生？读书无用吗？

案例 7.1

为什么女模特比男模特收入高

　　时装模特海蒂·克香姆 2005 年挣了 750 万美元，其他几个顶尖女模特甚至挣得更多，最高的是吉赛尔·邦辰，年收入 1 500 万美元。5 名女模特跻身《福布斯》杂志该年度收入最高名人百强排行榜。该榜单上没有一名男模特。为什么顶尖女模特收入这么高呢？

　　要回答这个问题，我们首先要弄清时装模特帮助聘用他们的成衣商达成了什么目的。简单地说，他们的工作，是让厂商所制成的衣服，在潜在买家面前显得尽可能好看。因为大多数衣服穿在漂亮人身上更好看，成衣商必然会挑选最好看的男女模特来拍宣传照。所以，无论男女，模特总是长得好看的薪水高。又由于社会对男女两性的美丽各有标准，说女模特薪水高是因为她们比男模特长得好看，这不合道理。

　　女模特收入高，是因为女士时装产业比男士时装大得多。举例来说，美国的女性每年买衣服的花费，比男人多两倍，其他国家的差距更为明显。既然总数如此可观，对于女装制造商来说，在最能展现当代服装之美的模特身上花天价，也就合情合理了。像《时尚》和《Elle》这种读者众多的时装杂志，在女士服装和化妆品上有着无与伦比的巨大影响力。每一期杂志上都刊登着数以百计甚至千计的女模特照片。在如此喧嚣的环境下，最能吸引读者视线的模特，自然价值千金。所以，成衣商愿意给该领域稍微出众一点的模特更多钱，也就很容易理解了。

　　相比起来，聘用好看男模特的附加价值就黯然失色了。大多数男人都报不出一本男性时尚杂志的名字，更别说受其吸引了。聘用稍微好看一点的男模特，成衣商也能多卖衣服，但跟聘用好看女模特所卖出的衣服相比，相差颇远。

　　化妆品也会找女模特打广告，找一个更漂亮模特所带来的好处同样难以估量。由于大多数男人根本不使用化妆品，能参与这一劳动力市场的男模特数量就很少。

7.2　工资

　　工资（Wage）是在一定期间内，给予提供劳动的劳动者的报酬，也是劳动这种生产要素的价格。根据报酬的性质，工资可以分为狭义的工资和广义的工资。狭义的工资，仅指雇佣劳动者的报酬。广义的工资，包括雇佣劳动者和独立劳动者的一切劳心、劳力的报酬，以及除货币工资以外所享受到的一切货币和非货币利益。

　　根据支付的方法，工资可以分为计时工资（Time Wage）和计件工资（Piece Wage）。计时工资是按照劳动时间计算的，有日薪、周薪、月薪、年薪等。计件工资则是按照完成工作的数量计算的。根据工资的形式，其又可以分为货币工资（Money Wage）和实际工资（Real Wage）。货币工资以货币数量表示，又叫名义工资（Nominal Wage）。实际工资则是按照工资能够购买的实物价值计算的。

　　在某些发达国家，工资收入占国民收入的三分之二以上，构成国民收入的主要部分，也是生产成本的主要部分。我国工资占国民收入的比例大约在 50%，近些来还处在下降的趋势中。中国社科院 2008 年发布的《社会蓝皮书》显示，我国劳动者报酬比重逐年下降——2003 年以前一直在 50% 以上，到 2006 年降至 40.6%。而与之对比，企业利润则在上升，资本回报占国民收入的比重，由以前的 20% 左右上涨到 30.6%。

　　观察世界各个国家，劳资双方在工资、工作条件和组织权力等方面进行了长期而又激烈的斗争，劳动市场（Labor Market）已成为利益争端、社会冲突和政治骚乱的源泉。因此，工资理论是分配理论的首要课题。

7.2.1 劳动需求与供给

1. 劳动需求

前面我们在要素的需求中讲到，厂商决定要素投入量的时候要考虑成本和收益的问题。在劳动的需求上，也反映了劳动投入的边际生产率，即在给定的时间和给定的技术状况下，每单位劳动投入所带来的产出的比率；也体现了收益递减规律，即追加每单位的劳动投入带来的产出越来越少。企业或者厂商在购买劳动时要使劳动的边际成本（即工资）等于劳动的边际产品。如果劳动的边际产品大于工资，厂商对劳动的需求量就会增加；如果劳动的边际产品小于工资，劳动的需求就会减少。劳动的需求曲线也是一条向右下方倾斜的曲线。

我们深入地分析劳动的边际产品变化的本质。劳动边际生产率的高低与以下几个因素密切相关。一是劳动力有更多的或更好的资本品与之相配合，劳动生产率就会提高。例如一个用挖土机铲沙石的人的劳动效率要远远大于用铁铲铲沙石的人的劳动效率。二是劳动投入的质量决定一般工资水平。劳动质量一般用识字率、教育或者培训时间等标准来度量，体现为人力资本的积累。人力资本的积累对劳动生产率有极大的推动作用。改革开放三十多年来，我国不同阶层不同岗位就业人群的工资水平不管从货币量上，还是从实际购买力上都得到稳步的提高。其中至少有两个主要的原因：一是我国教育事业得到长足的发展，劳动素质极大提高了；二是劳动力占有更多更好的资本品，体现在劳动条件的改善，技术水平的提高等资本深化（人均占有资本品增多的趋势）的事实。

2. 劳动供给

劳动供给，是指人们愿意在有收益的活动中工作的小时数。劳动供给的大小与每个劳动力的工作时间，劳动力参与程度以及移民状况有密切关系。如果劳动者在现有的报酬条件下愿意工作更长的时间，劳动参与（愿意提供劳动的人口占总人口的比例）比重大，比如妇女和老人愿意更多地参与工作，且这个国家或地区不断地有新移民进入的话，那么劳动供给多，反之则少。从1990年到2017年，我国的就业人员每年均有一定的增长，但在7亿~8亿人之间。

2012年年末全国就业人员76 704万人，其中城镇就业人员37 102万人。全年城镇新增就业1 266万人。年末城镇登记失业率为4.1%，全国农民工总量为26 261万人，比上年增长3.9%。2016年年末全国就业人员77 603万人，其中城镇就业人员41 428万人。全年城镇新增就业1 314万人。年末城镇登记失业率为4.02%。全国农民工总量28 171万人，比上年增长1.5%，外出农民工16 934万人，增长0.3%；本地农民工11 237万人，增长3.4%。

案例 7.2

2015 年中国劳动力人数再减 487 万人

国家统计局 2016 年 1 月 19 日公布数据显示，2015 年中国劳动年龄人口连续第 4 年下降，16 周岁以上至 60 周岁以下（不含 60 周岁）的劳动年龄人口 91 096 万人，与去年相比再减少 487 万人。老龄化的势头进一步加速，目前每 10 个中国人中，就有 1 个是 65 岁以上的老人，每 6 个国人中，就有将近 1 个人年龄在 60 岁以上。

2012 年，我国 15～59 岁年龄段人数比上一年减少 345 万人，占总人口的比重为 69.2%，比上年年末下降 0.6%，系我国劳动年龄人口数量首次出现下降。2013 年，劳动年龄人口的统计范围调整为 16～60 岁，比上年年末减少 244 万人，2014 年，劳动年龄人口数量比上年年末又减少了 371 万人，劳动力的持续缩水已成为我国在相当长一段时间内面临的"新常态"。

劳动力绝对量下降的另一面是我国老龄化的严峻形势。国家统计局公布的 2015 年数据显示，60 周岁及以上人口 2.22 亿人，占总人口的 16.1%；65 岁及以上人口近 1.44 亿人，占 10.5%。未来我国人口老龄化速度依然将明显快于世界平均水平，再过 25 年到 2040 年，我国 65 岁及以上人口比重达 25.62%，达到 3.75 亿人。

劳动要素所有者在不同的工资水平上愿提供的劳动数量取决于他对工资和闲暇的比较。劳动可得到工资收入，工资收入给劳动者带来效用，闲暇也给他带来效用。劳动作为闲暇的牺牲会给劳动者带来负效用，即痛苦和不舒适的感觉，劳动得多，工资收入也多，但闲暇会减少，我们可以看到收入和闲暇之间存在着替代关系。

工资水平的提高对劳动供给有两种效应，即替代效应和收入效应。替代效应指的是，工资率越高，对牺牲闲暇的补偿越大，劳动者就越愿意用多劳动来代替多休闲。换言之，工资率上升时，不劳动（闲暇）所蒙受的损失要增大，即闲暇的机会成本增大，因此，劳动者会以多劳动来代替闲暇。收入效应反映的则是，工资率越高，个人越有条件以较少的劳动换得所需要的收入和消费品，因而就越不愿意增加工作时间即劳动的供给。这两种效应都是工资率提高的效应。当收入效应小于替代效应时，劳动供给则会随着工资率的提高而增加，劳动供给曲线向右上方倾斜，即曲线斜率为正值。当收入效应大于替代效应时，劳动供给量则可能随着工资率的提高而减少，劳动供给曲线向左上方倾斜，即曲线斜率为负值。一般来说，工资率较低时，替代效应大于收入效应；工资率很高时，收入效应将会大于替代效应。因此，随着工资率的提高，劳动供给曲线会从向右上倾斜转为向左上倾斜，将所有单位劳动者的供给曲线加总而形成的劳动的市场供给曲线也就会成向右上方倾斜转向向左上方倾斜的后弯曲的曲线，如图 7-7 所示。

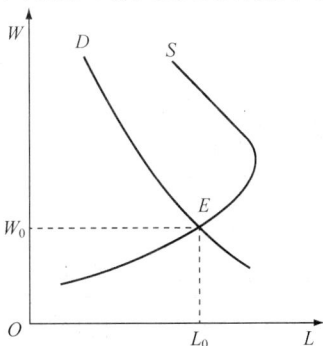

图 7-7　工资的决定

7.2.2　完全竞争市场上工资的决定

在完全竞争市场上，劳动的需求取决于劳动的边际生产力，由于劳动的边际生产力是递减的，所以劳动的需求曲线是向右下方倾斜的，表明劳动的需求量与工资水平反方向变动。而劳动的供给曲线我们已经介绍过了，是向后弯曲的。将劳动的需求曲线和劳动的供给曲线结合起来，即可得到均衡的工资水平，及均衡的劳动数量，如图 7-7 所示。

图 7-7 中，劳动的需求曲线 D 和劳动的供给曲线 S 相交于 E 点，决定了均衡的工资水平为 W_0，均衡的劳动数量为 L_0。劳动的需求或供给任何一个变化都会使均衡工资水平发生变化，工资水平的升降也可以调节劳动市场的供求，使劳动的供求实现平衡。

7.2.3　不完全竞争市场上工资的决定

不完全竞争市场有两种不同的情况：一种是买方垄断的市场，劳动的供给是由众多的相互竞争的劳动者提供的劳动所形成，而购买劳动的厂商只有一家，即对劳动的需求是垄断购买的情况；另一种是卖方垄断的市场，对劳动的需求是由众多的相互竞争的厂商购买形成的，而劳动者却由工会组织在一起，成为要素市场的卖方垄断者。在这种不完全竞争的劳动市场上，工会对工资的决定通常起着重大的作用，这里，我们重点介绍一下工会在工资决定中的作用。

工人通过工会组织在一起，集体出售他们的劳动。工会组织会尽量采取措施以提高工人的工资，具体有以下方法。

第一，工会可以减少劳动的供给。限制移民，最大工作小时立法，学徒期限延长，种族和性别的限制，拒绝接纳新会员加入工会或不让非工会会员参加工作，这些都是曾经被使用过的限制劳动供给的方法。此外还有迫使政府通过强制退休、禁止使用童工、减少工作时间等方法来减少劳动需求。在需求不变的情况下，工会通过减少劳动的供给，可以提高工资，但会使就业人数减少。从 2008 年到 2016 年，法国航空企业员工几乎每年都组织大罢工，要求提高工资而向资本方施加压力，导致每年法国空中交通出现瘫痪，这就是工会组织的。

第二，工会可以使劳动需求增加。工会通过支持保护关税、限制进口、支持出口、实行保护贸易政策、广告竞争等办法，增加对厂商产品的需求，以提高对劳动的需求。在供给不变的情况下，增加对劳动的需求，可以提高工资，同时还可以增加就业人数。

第三，最低工资法。最低工资法是规定企业支付工人的工资不能低于某个水平（最低工资）的法律。工会迫使政府通过立法规定最低工资，这样，在劳动的供给大于需求时也可以使工资维持在一定的水平上，但这种方法可能会带来一定的失业人口。

工会虽然在工资的决定中起了很重要的作用，但其影响程度同时也受到一些因素的限制，例如，整个经济形势的好坏、劳资双方力量对比、政府干预的程度与倾向性、工会的斗争方式与艺术、社会对工会的同情和支持程度等。工会只有善于利用各方面的条件，才能尽可能多地争取为工人提高工资。

案例 7.3

我国工资分配

2012 年全国城镇非私营单位就业人员年平均工资为 46 769 元，与 2011 年的 41 799 元相比，增加了 4 970 元，同比增长 11.9%，增幅下降 2.5 个百分点。2012 年全国城镇私营单位就业人员年平均工资为 28 752 元，与 2011 年的 24 556 元相比，增加了 4 196 元，同比增长 17.1%，增幅降低 1.2 个百分点。2012 年年末，外出农民工人均月收入水平为 2 290 元，比上年提高 241 元，增长 11.8%。

2012 年，全国共有 25 个省份调整了最低工资标准，平均调增幅度为 20.2%。月最低工资标准最高的是深圳市的 1 500 元，小时最低工资标准最高的是北京市的 14 元。

尽管如此，我国职工工资总额占 GDP 比重不高，全国平均在 12%～16%。2014 年我国城镇单位就业人员工资总额为 102 777.5 亿元，增长 10.4%；2014 年，我国 GDP：63.59 万亿元，工资比重：16.2%。

7.2.4 工资差异原因

前面我们介绍了在不同的国家和地区以及不同的职业中，工资差异十分巨大的。比如，职业经理人的年薪可能有 300 000 元，而生产线上操作的工人的年收入可能只有 6 000～7 000 元，一个大学教授的收入可能是物业公司保安收入的 10 倍，等等。工资差异不仅表现在不同的人之间，而且还表现在各种不同的产业中，例如，农业部门、零售部门的工资偏低，而信息产业、金融行业的工资就比较高等。解释产业间和个人之间的巨大工资差异我们主要从以下两方面进行。

1. 补偿性工资差异

工资差异中一个主要的原因是工种之间的差别，由工种本身的质量的差别引起。各种工种的吸引力不同，因此必须提高工资诱导人们进入那些吸引力较小的工种。那么这种由于各种工种的吸引力或非货币因素的不同而导致的工资补偿率的差别称为补偿性差异（Compensating Differentials）。例如，高空作业的工人，要求的工资肯定要比平地工作的工人高，因为高空作业人员承担着更大的风险；上夜班的人员要求比上白班的更高的工资。危险性的、季节性的、孤独的工作吸引力小，必须支付更高的工资才能雇佣到足够的人去工作。同样一些令人愉快和心理收益大的工作，如教师、公园管理员等工资水平可能不太高也能吸引大批的进入者，这些工作的工资水平处在中等就不奇怪了。另外一些政策准入等非货币差别原因也经常引起工资差异。

2．劳动质量的差异

补偿性的工资差异可以解释部分工资的差异，更多的工资差异用这个理论是很难解释的，例如，证券分析师，工作收入高且更有声望和享有更好的工作条件，工作本身也令人愉快，但是垃圾清理员工作环境不仅脏、乱、差，工作辛苦，同时挣钱更少。像这样的例子多得不可胜数。这就需要从补偿性工资差异之外，即人们的劳动质量的差异去解释。劳动力之间的差异是工资差异的另外一个重要原因，人们的劳动质量存在着巨大的差别。人们的劳动质量差别主要是由非经济因素决定的，主要体现在人们先天的智力和体力、教养、所受的教育和培训以及经验等。我们用人力资本这一概念作为度量的指标。人力资本（Human Capital）是指人们在其教育和培训过程中积累起来的有用的和有价值的知识和技能。大学教授、医生、科研人员、工程师等花费大量的学费和时间以及放弃的工资用于上大学和读研究生，接受正规教育和培训。这些专业人员高工资的一部分是对其人力资本投资的回报，即对教育的回报。研究人员发现，收入与受教育时间长短呈正相关，受教育多的人群与受教育少的人群相比，不仅收入起点高，而且增长速度更快。

拥有独特的技能和专长，可以获得很高的收入。如体育明星姚明、影视明星成龙等凭借其名气获得了天文数字的收入。经济学家把这种超高收入来源得益于其个人独特的"租金"。劳动市场的信息不对称导致的市场分割和非竞争性群体也是工资差异存在的原因。

知识拓展 7.1

人力资本

人力资本（Human Capital）是指劳动者受到教育、培训、实践经验、迁移、保健等方面的投资而获得的知识和技能的积累，亦称"非物力资本"。由于这种知识与技能可以为其所有者带来工资等收益，因而形成了一种特定的资本——人力资本。人力资本，比物质、货币等硬资本具有更大的增值空间，特别是在当今后工业时期和知识经济初期，人力资本有着更大的增值潜力。因为作为"活资本"的人力资本，具有创新性、创造性，具有有效配置资源、调整企业发展战略等市场应变能力。对人力资本进行投资，对 GDP 的增长具有更高的贡献率。

人力资本理论主要包含以下内容。①人力资源是一切资源中最主要的资源，人力资本理论是经济学的核心问题。②在经济增长中，人力资本的作用大于物质资本的作用。人力资本投资与国民收入成正比，比物质资源增长速度快。③人力资本的核心是提高人口质量，教育投资是人力投资的主要部分。不应当把人力资本的再生产仅仅视为一种消费，而应视同一种投资，这种投资的经济效益远大于物质投资的经济效益。教育是提高人力资本的主要手段，所以也可以把人力投资视为教育投资问题。生产力三要素之一的人力资源显然还可以进一步分解为具有不同技术知识程度的人力资源。高技术知识程度的人力带来的产出明显高于技术程度低的人力。④教育投资应以市场供求关系为依据，以人力价格的浮动为衡量符号。

人力资本的积累和增加对经济增长与社会发展的贡献远比物质资本、劳动力数量增加重要得多，发达国家是最明显的例子。美国 1990 年的人均社会总财富大约为 42.1 万美元，其中 24.8 万美元为人力资本的形式，占人均社会总财富的 59%。其他几个发达国家，如加拿大、德国、日本的人均人力资本分别为 15.5 万美元、31.5 万美元、45.8 万美元。

> **问题探索：** 提高劳动工资是扩大我国内需的重要措施，不过反对的声音也此起彼伏，认为提高工资将导致我国商品在国际市场的竞争力下降，使中国竞争力下降，外资逃离，你认为呢？

7.3 利息

7.3.1 资本和利息的基本概念

利息（Interest）是资本这种生产要素的价格。资本家提供了资本，得到了利息，也就是货币资本使用者向资本提供者支付的报酬。它是一个绝对量的概念。在经济分析中，通常使用的是利息率概念，简称利率（Interest Rate），它是指利息占使用资本总量的百分比。我们在讨论资本供求规律之前先介绍几个基本的概念。

1. 资本（资本品）（Capital or Capital Goods）

在日常生活中，资本常常被看成是一个包罗万象的东西。它代表一个经济系统的所有有形资源，包括劳动人口以及一切有用之物。但是在经济学中作为与劳动、土地并列的一种生产要素，资本有着独特特点。一是资本的数量可以改变，可以通过人们的经济活动生产出来；二是资本之所以被生产出来，其目的是为了获得更多的商品和劳务；三是资本作为投入要素，即通过生产过程来得到更多的商品和劳务。因此，资本是指由生产者生产出来的生产要素，它既是一种投入又是一种产出。资本品主要分为三类，即建筑（如工厂和住宅）、设备（耐用消费品，如汽车；耐用生产设备，如机器工具、计算机等）以及投入和产出的存货。

为什么资本可以带来利息？经济学家认为主要是基于以下两点。第一，人们往往有一种时间偏好，即在现期消费和未来消费中，人们偏好于现期消费，放弃现期消费把货币作为资本的人理应得到利息作为报酬。第二，迂回生产。迂回生产就是先生产生产资料，然后用这些生产资料去生产消费品。很明显，迂回生产提高了生产效率，而且迂回生产的过程越长，生产效率越高。现代生产的特点就在于迂回生产。但迂回生产如何能实现呢？这就必须有资本。资本能使迂回生产成为可能，从而提高了生产效率。这种由于资本而提高的生产效率就是资本的净生产力。资本具有净生产力是资本能带来利息的根源。

既然投入资本可获得报酬，那么如果资本所有者面临多个投资的机会怎样做出最佳投资决策？我们需要一种衡量资本报酬的标准——资本收益率（Rate of Return on Capital），即每一元资本投入在一年中能够获得的净收益。其计算公式是

$$资本收益率=净收益/投入资本总值×100\% \tag{7-6}$$

投资者投资时一个有效的方法是比较各种投资的收益率，然后找到最佳的投资决策。

2. 利息（Interest）

作为生产服务的源泉，资本作为一种投入，本身有一个市场价格，即使用资本的价格，或者说资本所有权所得到的价格，我们称之为利息率或者利率（Interest Rate）表示，用 r 来表示。

例如，一台价值50万元的挖土机，被使用一年得到的收入为10万元。用这个年收入来除以机器本身的价值即得出挖土机每单位价值服务的年收入

$$100\,000÷500\,000×100\%=20\%$$

这就是说挖土机服务的价格或（年）利率 $r=20\%$。

由此可见，资本的价格或者利率等于资本服务的年收入与资本价值之比，用公式表示，即

$$r = Z/P \tag{7-7}$$

式中，Z 为资本服务的年收入；P 为资本价值。如果使用的资本在一年内其本身的价值发生了变化（资本发生升值或贬值），那么利率计算时，要把资本增量部分视为收入，这时的利率公式为

$$r = (Z + \Delta P)/P \tag{7-8}$$

式中，Z 为资本服务的年收入；P 为资本价值；ΔP 为资本价值的增量，它可以大于零，等于零或小于零。不同的资本可能有不同的服务收入，但是它们有一个共同的可比较的利率标准。利率已成为人们资本投资选择的重要衡量指标。

资本来源于家庭和个人储蓄，家庭和其他储蓄者将金融资源或资金提供给那些想购买实物资本品的人或者企业，资本的拥有者是否做出投资决策主要基于对利率、风险、税收以及流动偏好等多方面的比较，利率无疑是最主要的指标。利率有长期利率和短期利率之分，有名义利率与实际利率之分。实际利率（Real Interest Rate），是以商品和服务为单位计量的资金的收益，通常用名义利率减去通货膨胀率。名义利率（Nominal Interest Rate），是以当期货币计价的投资所得到的收益。资本所有者在投资过程中需要考虑上述因素。

7.3.2 资本的需求

与厂商对其他要素的需求一样，对资本要素的需求也是由资本的边际收益产品曲线表示的。因而厂商对资本的需求价格，就取决于资本的边际收益产品。由于利率是一个相对数，为了具有可对比性，用相对数表示资本的边际收益产品，就是资本的净生产率。其含义是指投资获得的年收益率。资本的净生产率表示了厂商对资本的需求情况，而利率是厂商使用资本所要支付的价格。因此只要资本的净生产率高于利率，厂商使用货币资本进行投资就是有利可图的，那么厂商就会增加资本的使用量，如果资本的净生产率小于利率，意味着厂商会减少资本的使用量。由于资本的边际收益产品具有递减规律，因此厂商对资本的需求曲线是向右下倾斜的。将单个厂商对资本的需求曲线加在一起，即形成资本的市场需求曲线，它是一条由左上方向右下方倾斜的曲线，如图 7-1 所示。

7.3.3 资本的供给

资本的所有者向市场提供其资本的使用权就形成了资本的供给。资本的供给量，取决于人们愿意提供的资本，即人们的收入用于个人消费以后的余额，也就是储蓄。人具有偏好现期消费的特性，要想使之减少现期消费，就必须增加更多的未来消费，未来消费与现期消费的差额是人们减少现期消费、等待未来消费的报酬，这一报酬即为利息。储蓄是人们延期消费的选择，利息是延期消费的补偿。利息率越高，现期消费的代价越大，资本所有者越愿意把更多的收入用于未来消费，从而使资本积累和资本供给量增加。所以，一般地，利息越高，储蓄越多，资本的供给量越多。两者呈正向变动的关系，如图 7-3 所示。

资本的供给除受利率变动的影响之外，还受货币的机会成本、人们对通货膨胀的预期，以及持有货币的偏好等因素的影响。一般来说，货币资本的机会成本越大，资本供给量越少；反之，则越多。人们对通货膨胀率的预期越稳定，人们的货币供给越多，反之，则越少。同时货币持有的偏好也十分显著地影响资本的供给。

7.3.4 利息率的决定

利息率是由资本的需求和供给决定的。厂商对资本的需求，即投资，是由资本的边际生产力决定的，由于资本的边际生产力是递减的，也就决定了厂商对资本的需求曲线是向右下方倾斜的。

厂商对资本的需求我们还可以用利润率和利息率的关系来说明。厂商投资是为了实现利润的最大化，则投资获得的利润率与投资支付的利息率水平就决定了厂商的投资规模。利润率与利息率的差额越大，即利润率越高于利息率，纯利润就越大，企业就越愿意投资；反之，利润率与利息率的差额越小，即利润率越接近于利息率，纯利润就越小，企业就不愿投资；所以，在利润率既定的条件下，利息率就与投资（资本的需求）呈反方向变动，也证明资本的需求曲线是一条向右下方倾斜的曲线。资本的供给（储蓄）曲线前面已经讲过，是一条向右上方倾斜的曲线。我们把资本的需求曲线和供给曲线结合在一起，就可以得出均衡的利息率水平，如图 7-9 所示。

案例 7.4

人民币现行利率如表 7-1 所示。

表 7-1　　　　　　　　　　人民币现行利率表（2017 年）　　　　　　　　单位：年利率%

项目	利率水平	调整日期
人民银行对金融机构贷款利率		2010.12.26
二十天	3.25	
三个月	3.55	

续表

项目	利率水平	调整日期
六个月	3.75	
一年	3.85	
再贴现	2.25	
人民银行对金融机构存款利率		2008.11.27
法定准备金	1.62	
超额准备金	0.72	
金融机构人民币贷款基准利率		2015.10.24
一年以内（含一年）	4.35	
一至五年（含五年）	4.75	
五年以上	4.95	
金融机构人民币存款基准利率		2015.10.24
活期存款	0.35	
三个月	1.10	
半年	1.30	
一年	1.50	
二年	2.10	
三年	2.75	

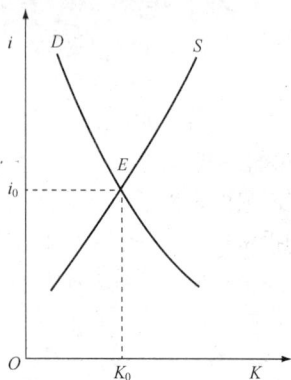

图 7-8 利率的决定

图 7-8 中，横轴表示资本量 K，纵轴表示利息率 i，资本的需求曲线 D 与供给曲线 S 的交点 E 决定了利息率为 i_0，资本量为 K_0。

这里分析的均衡利率是指资本市场上的纯粹利率，它是一种理论分析的利率水平。现实经济生活中，在不同的情况下，实际利率与纯粹利率并不完全相同，其差别主要是由以下原因造成的。一是贷款的风险程度。如果货币资本的所有者认为其提供资本的风险越大，则要求得到的利率也就越高。二是贷款的期限长短，贷款的时间越长，利率也就越高。微观经济学分析的利率，不是实际利率，而是指排除了上述因素的资本市场上的纯粹利率。

利率由资本的需求和供给共同决定，同时利率的变动又会影响资本的供求。如果政府干预或人为地提高、降低利率，资本市场的均衡就会被打破，出现资本供大于求或供小于求的情况。利率与资本供求的这一内在联系，使得利率具有调节投资和就业的功能。当出现通货膨胀时，提高利率可以抑制对可贷资金的需求，刺激可贷资金的供给，从而抑制通货膨胀；相反，当出现通货紧缩时，降低利率可以刺激对可贷资金的需求，抑制可贷资金的供给，从而抑制通货紧缩。所以，利用利率来调节经济是很重要的。

问题探索： 目前民间借贷等影子银行规模巨大，利息率也高得惊人，远远超过央行规定的基准利率，甚至一些银行资金也进入到民间借贷市场，是什么原因导致利率高企？这是市场利率吗？

7.4　地租

7.4.1　地租与地租的决定

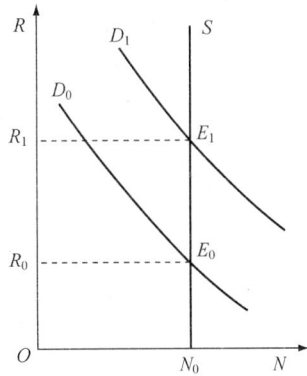

地租（Rent）是土地使用者对使用土地所支付的价格，或者是土地所有者因出让土地使用权而收取的报酬，有时称之为纯经济租金（Pure Economic Rent）。支付租金这一概念不仅适用于土地，同时也适用于任何供给固定的要素。所以租金是对使用供给固定的生产要素所支付的报酬。地租又可分为绝对地租和级差地租。

地租是由土地的需求和供给决定的。土地的需求曲线是向右下方倾斜的。这是因为，地租取决于土地的边际生产力，土地的需求价格决定于它的边际生产力，也就是土地的边际收益。随着土地使用量的增加，在其他要素投入不变的情况下，土地的边际生产力会不断下降，从而土地的边际收益不断递减，故土地的需求曲线是向右下方倾斜的。土地的供给是固定的，土地的供给曲线前面我们已经讲过了，是一条与横轴垂直的直线。把土地的需求曲线和供给曲线结合在一起，就可以得出均衡的地租水平，如图 7-9 所示。

图 7-9 中，横轴表示土地的数量 N，纵轴表示地租 R，土地的需求曲线 D 与供给曲线 S 交点 E 决定了地租水平为 R_0。

由于土地的供给是固定的，而随着经济的发展，对土地的需求量不断增加，这就导致了地租的不断攀升，如图 7-10 所示。

图 7-10 中，由于对土地的需求增加，土地的需求曲线从 D_0 向上移到 D_1，则地租也就随之从 R_0 上涨到 R_1。

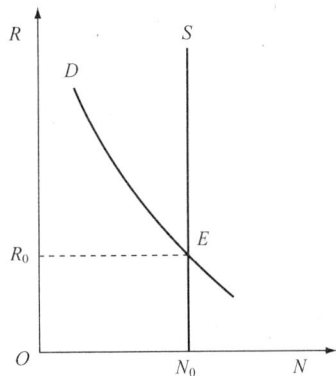

图 7-9　地租的决定　　　　　图 7-10　地租的变化

7.4.2　地租与地价

与其他资产一样，土地也具有市场价格。地租是使用土地的报酬，租借者仅有使用权。地价则是购买土地的市场价格，购买者具有所有权。一般来说，地价与地租成正比，与市场利率成反比，其关系式为

$$土地的价格=\frac{地租}{利率}\qquad(7\text{-}9)$$

例如，假定利率为 4%，每亩土地的年地租为 1 000 元，那么每亩土地的价格为

土地价格=1 000÷4%=25 000（元）

7.4.3　级差地租与绝对地租

土地有肥瘠不同，矿藏有贫富之分，再加上地理位置、气候条件等，可以把它们分为不同等级。一般来说，对土地的利用，会根据产品需求的大小，自优至劣依次进行。产品的价

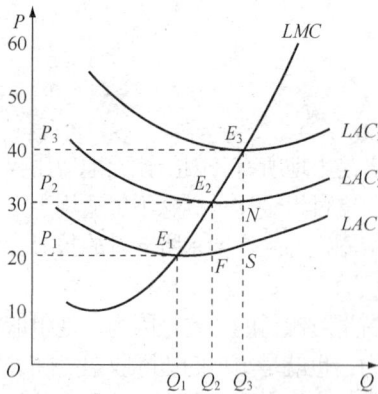

图 7-11　级差地租

格必须等于最劣土地的平均成本，否则没有人会去开发。由于最劣土地的平均成本等于市场价格，不会发生地租。这种不会发生地租的土地，叫做边际土地。由于边际土地以上的土地平均成本较低，便能得到平均成本以外的剩余报酬。市场价格与边际土地以上的土地平均成本之间的差额，就叫级差地租，如图 7-11 所示。

图 7-11 中，LAC_1 表示一级土地的平均成本，当只有一级土地被利用时，$P_1=LAC_1=20$ 元，没有地租发生。当需求增加，二级土地被利用时，$P_2=LAC_2=30$ 元，二级土地没有地租，一级土地就产生地租 E_2F。当需求进一步增加，三级土地被利用时，三级土地没有地租，二级土地便有地租 E_3N，而一级土地的地租进一步增加到 E_3S。

由于对产品的需求有增无减，边际土地以下更劣的土地也被迫利用。当可耕地全部利用以后，边际土地便脱离边际状态，任何土地都会发生地租。特别是在土地被私人占有以后，任何土地一经利用，地主便会索取地租，这个地租也就会成为产品价格的构成部分。这种地租不是平均成本的差额产生的，叫绝对地租。由此可见，边际土地仅有绝对地租，没有级差地租，而边际土地以上的各级土地，则兼有绝对地租和级差地租。

7.4.4　准地租与经济租金

在短期内，工厂、机器及其他耐久性设备固定性很强，不易从这个产业转往其他产业，类似土地。厂商利用这些较好的固定要素，以较低的平均成本进行生产，取得较大的经济利润，也类似地租。这种厂商的总收益与其变动成本的差额，即固定要素的报酬。由于这些要素只是在短期内暂时固定，所以它们的报酬称作准地租（Quasi Rent），如图 7-12 所示。

图 7-12 中，如果市场价格为 P_1，厂商生产 Q_1 产量，其总收益为四边形 OP_1EQ_1 的面积，总可变成本为四边形 OP_3GQ_1 的面积。总收益与总可变成本的差额四边形 P_3P_1EG 的面积便是厂商所取得的准地租，它是给固定要素的报酬。

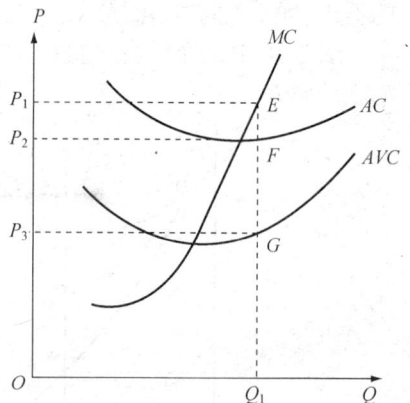

图 7-12　准地租的决定

这个准地租可分为两部分：固定要素的机会成本即四边形 P_3P_2FG 的面积，以及固定要素用于现产业而不用于最优替代用途而获得的经济利润即四边形 P_2P_1EF 的面积。

在长期中，一切要素都是可变的。因此，要使这些固定要素继续留在这个行业必须使它们的经济利润超过转移到其他产业的最大经济利润。这个经济利润的差额，叫做经济租金（Economic Rent），也称为经济地租。显然，当经济地租大于零时，这些固定要素会继续留在这个行业，若经济地租小于零，这些固定要素将转向其他产业。

由此可见，经济地租属于长期分析，而准地租属于短期分析。经济地租是对某些特定要素来说的，而经济利润是对整个厂商来说的。厂商存在经济利润，并不意味着其要素也存在经济地租。一种要素在短期中存在准地租，也不意味着长期中存在经济利润。

7.4.5　对土地的征税

土地供给数量固定，如果对土地进行征税，征税后人们对土地的总体需求并没有改变。人们仍然需求土地的全部固定供给。由于土地供给是固定的，土地服务的市场租金也就完全不会变动，仍然保持征税前的均衡价格。实际上土地的供给者承担了全部的租金。我们还可以把这一结论推广，税收完全由供给无弹性的要素所有者承担。由于对租金征税没有改变任何人的行为，也没有改变价格，因此对租金征税不会引起经济扭曲或导致非效率。进而还可能推论，对纯经济租金征税不会导致经济扭曲或非效率。

案例 7.5

房地产和实体经济失衡和五大长效机制

1. 房地产和实体经济存在失衡

一是土地供需失衡，国家每年批准供地中给房地产开发的建设用地只有 15%，摊到全部建设用地中只占到 10% 左右。大城市流入人口多土地却拿得少，中小城市反而用地指标会多一点，造成了资源配置在城市间的不平衡。二是土地价格失衡，原因是土地拍卖制度本身会不断推高地价，土地供应不足以及旧城改造的拍卖用地成本高，三个因素相互叠加，地价不断上升。三是房地产投资失衡，房地产投资占 GDP 比重偏高。四是房地产融资比例失衡，房地产绑架了太多的金融资源，导致众多金融"活水"没有进入到实体经济。五是房地产税费占地方财力比重过高。六是房屋销售租赁比失衡。七是房价收入比失衡。八是房地产内部结构失衡，一线二线城市房价过高。

2. 建立房地产调控五大长效机制

长效机制之一：土地。第一，控制土地供应总量。第二，控制用地结构比例。第三，控制拍卖土地价格。长效机制之二：金融。第一，坚决守住开发商自有资金拿地这条底线。第二，坚决防止开发商多账户借款。第三，认真管好住房按揭贷款。长效机制之三：税收。第一，形成高端有遏制、中端有鼓励、低端有保障的差别化税率体系。第二，适时征收房产税或物业税。第三，研究征收土地增值税。长效机制之四：租赁市场。第一，完善政府公租房体系。第二，培育商品房租赁市场。长效机制之五：地票制度。

来源：第一财经日报，2017-05-28

7.5　利润

利润是企业家才能这种生产要素的报酬。企业家不仅从事企业生产经营中的管理工作，而且要进行创新和承担风险。西方经济学家把利润分为正常利润和超额利润。

7.5.1　正常利润

正常利润是企业家才能的报酬，它被包括在成本之中。在长期内，如果企业家得不到正常利润，他就会退出生产。正常利润的决定与工资类似，取决于"企业家才能"的供求关系。由于企业家在生产过程中起着很重要的作用，因此对企业家才能的需求量很大。而另一方面，企业家才能的供给是很少的，并不是每个人都具有企业家的天赋，只有那些有胆识、有能力，又受过良好教育的人才具备企业家才能。又由于企业家才能是经过特殊训练和培养才获得的，其成本很高，所以，企业家才能的供求曲线的交点所决定的正常利润就会远远高于一般劳动者的工资。可以说，正常利润是一种特殊的工资，其特殊性就在于其数额远远高于一般劳动所得到的工资。

7.5.2　超额利润

超额利润是指超过正常利润的那部分利润，又可称为经济利润、纯粹利润。在完全竞争市场条件下，这种利润不会产生，只有在不完全竞争市场条件下和动态社会里，才会产生超额利润。动态社会涉及创新和风险，不完全市场条件下存在着垄断。超额利润主要有以下三个来源。

一是来源于创新（Innovation）。创新是指企业家对生产要素实行新的组合。创新包括引进一种新产品，引进一种新技术，开辟新市场，获得某种新原料或新能源，生产组织方法的某种新发明及其应用。上述五方面的任何一方面都可以使企业获得更高的劳动生产率，从而带来经济利润，我们可以把"创新的利润"看做创新者或企业家的暂时的经济利润。

当每一次成功的创新出现时，一个暂时性的垄断领域得以形成。在一个短时期里，创新利润可以被争取到。这些利润收入是暂时的，并且很快就会被对手们和仿效者们的竞争所消除。然而，当一个创新利润的来源消失时，另外一个又会出现。因此，创新利润会继续存在。

二是来源于风险（Risk）。风险是指投资者面临亏损的可能性。企业家进行某种有可能失败的生产活动时，他面临着由于遭到失败而导致经济损失的可能性。在社会经济发展过程中，总需要有人去承担风险。由于承担风险而获得的经济利润，不过是社会为冒险活动所支付的保险费用。生产中，由于供求关系可能发生难以预料的变化，由于自然灾害、政治动乱，以及其他偶然事件的影响使企业可能面临风险，因此，从事风险的生产就应该以超额利润的形式得到补偿。

三是来源于垄断（Monopoly）。垄断可使厂商抬高出售产品的价格或压低购买生产要素的价格，从而使厂商获得垄断利润。西方一些经济学家认为，在垄断情况下所获得的经济利润是一种剥削。

案例拓展

低调的垄断被打破

完全竞争的模型总是以假设技术水平不变为前提的，从而排除了创新活动；而且，通过"厂商拥有完全信息"的假设排除了市场的不确定性和由此而来的市场风险。所有这些假设合在一起又排除了任何形式的垄断因素。所以在完全竞争条件下，只要达到均衡状态就不存在任何形式的经济利润。

7.5.3　利润的作用

经济学家认为，利润是一种经济发展的原动力。利润影响着资源的利用，利润是企业创新的目的，而创新则带来投资、产量和就业的增加，使社会资源的利用率得到提高。其次利润影响着资源的配置。若某个行业中全部厂商都得到了超额利润，生产要素所有者就会把资源投入这个行业里来，但若一个行业里的厂商发生亏损，那么这个行业一部分生产要素就会转移到生产效率较高的行业中去。因此超额利润或者亏损成为资源转移流动的信号，把社会资源配置到生产效率更高的部门。

案例 7.6

怎么做才能成为企业家

做企业家，并不表示一定要去开一个高科技公司。很多企业家都是在大公司里从底层做起的。如果你经验还不够丰富，自己开公司成功率会很小。如果你不愿冒太大的风险，那么在大公司学习是最合理的。

创业是很艰辛的事情，且失败率很高。创业不但需要很多的时间和资源的投入，而且需要有商业头脑、管理经验和良好的人际关系。这都是大学生所欠缺的。从事管理工作需要在有工作经验后，一步步晋升。培养自己管理才能的最好方法就是在大学的环境里学习。读大学时，人的时间最多，可塑性最大。大学的环境是开放的，是允许犯错的。

至于如何成为一个成功的企业家，有几点简单的建议。①出国读书可以增进你的视野，值得考虑。但是必须考虑其他因素，例如很难拿到 MBA 奖学金。②除了"当企业家"，你还得挑个专业。大学可以主修你最有热情的专业。③如果你对专业不确定，可以多尝试不同专业，选修不同专业的课。④除了专业的"hard skills"（硬技能），所谓的"soft skills"（软技能）更重要。Soft skills 就是人品、沟通、主动性、情商等。当你的 hard skills 过时了，你的兴趣改变了，甚至你的人生目标都变了，你的 soft skills 将是你唯一能从一个企业带到另一个企业的财产。⑤挑选几个课外活动培养你的 soft skills。⑥假期可以去杰出的企业打工（能够学习的打工）。你在打工时实际学到的东西可能超过大学课程能给予你的。每年可以去不同的公司，以便了解不同的优秀企业文化。⑦如果要创业，你必须有坦然接受失败和从中学习的胸襟。⑧卓越的企业家必须有值得信赖的人品，值得跟随的领导力和以服务为宗旨的心态。企业家的工作就是服务——为客户服务，为股东服务，为员工服务。

视频案例

差生的成功之路

7.6　洛伦兹曲线和基尼系数

7.6.1　洛伦兹曲线（Lorenz Curve）

分配理论除了生产要素价格的决定，即个人收入分配问题外，还应包括社会总体收入分配是否平等问题。为了研究国民收入在国民之间的分配，美国统计学家 M·O. 洛伦兹提出了著名的洛伦兹曲线。所谓洛伦兹曲线是用来衡量社会收入分配（或财产分配）平均程度的曲线。

洛伦兹首先将一国总人口所得到的收入由低到高排队，然后，考虑收入最低的任意百分比人口所得到的收入百分比，例如，收入最低的 20% 人口，40% 人口……所得到的收入百分比分别是 6%、18% 等，如表 7-2 所示。

表 7-2　　　　　　　　　　　　　　　收入分配资料

等级	人口百分比	合计	占总收入的百分比	合计
1	20	20	6	6
2	20	40	12	18
3	20	60	17	35
4	20	80	24	59
5	20	100	41	100

注：表中的数据为假设的。

将表 7-2 中人口合计百分比和收入合计百分比的对应关系描绘在图形上即得到洛伦兹曲线，如图 7-13 所示。

图中，横轴表示人口百分比，纵轴表示收入百分比，曲线 OY 为洛伦兹曲线。由此曲线及表 7-2 可以看出，在这个国家中，收入最低的 20% 人口所得到的收入仅占总收入的大约 6%；而收入最低的 80% 人口所得到的收入才占总收入的 59%。

显而易见，洛伦兹曲线的弯曲程度具有十分重要的意义。一般来说，它反映了收入分配的不平等程度。弯曲程度越大，收入分配越不平等；弯曲程度越小，收入分配越平等。特别是，如果收入都集中在某一个人手中，而其余人口一无所获时，收入分配达到绝对不平等，洛伦斯曲线为折线 OPY；另一方面，如果任一人口百分比均等于其收入百分比，从而人口合计百分比等于收入合计百分比，则收入分配就是绝对平等的，洛伦兹曲线为对角线 OY。

一般来说，一个国家的收入分配，既不是绝对不平等，也不是绝对平等，而是介于两者之间，洛伦兹曲线也就介于对角线 OY 和折线 OPY 之间。图 7-14 中，给出的是几个不同的国家的洛伦斯曲线，我们可以看出它们收入的分配状况。英国和瑞典比美国收入相对平等，是由于欧洲国家的高水平的再分配税收制度，而美国是由于具有较大比例的低收入的少数民族人口。在这四个国家中，瑞典取得了收入的最大平等，而中等收入国家（如巴西）具有最明显的不平等。

造成收入分配不平等的一个重要因素是财富分配的不平等。在这些国家中，财富分配上的不平等远远大于收入分配的不平等。例如，在美国，1%的人占有大约全部财富的19%，同时，人口中最富有的0.5%的人占有全国财富的14%。而英国的财富分配比美国更加不平等，造成这一状况的部分原因是，英国的贵族和产业大王集中拥有大量的土地和其他财富。

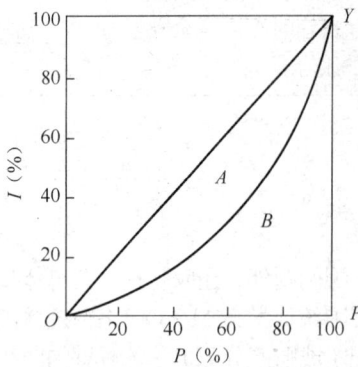

图7-13　洛伦兹曲线

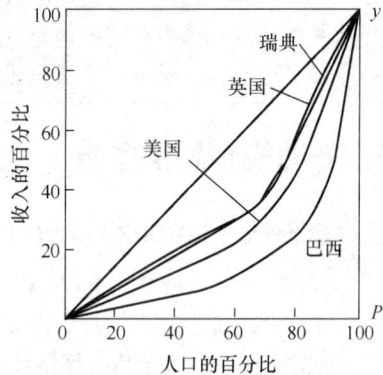

图7-14　几个不同国家的洛伦兹曲线

7.6.2　基尼系数（Gini Coefficient）

如图7-13所示，我们把洛伦兹曲线与对角线 OY 之间的面积用 A 表示，洛伦兹曲线与折线 OPY 之间的面积用 B 表示，则基尼系数为

$$基尼系数 = \frac{A}{A+B} \qquad\qquad (7\text{-}10)$$

基尼系数是衡量一个国家贫富差距的标准。当 $A=0$，基尼系数等于零时，表示该国收入分配绝对平等；当 $B=0$，基尼系数等于1时，表示该国收入分配绝对不平等。实际的基尼系数总是大于零而小于1的。基尼系数越接近零，表示收入分配越平等；基尼系数越接近1，收入分配越不平等。

按国际通用的标准，基尼系数小于0.2，表示收入分配绝对平等，0.2～0.3，表示收入分配比较平等，0.3～0.4，表示收入分配基本合理，0.4～0.5，表示收入分配差距较大，0.5以上表示收入分配差距悬殊，即存在着两极分化。我国在1978—1990年间，城镇个人收入的基尼系数从0.185提高到0.23，农村个人收入的基尼系数从0.212提高到0.31，2002年某些大城市的基尼系数已超过0.4。这说明改革开放以后，我国改变了过去收入平均分配的格局，收入分配发生了变化。

运用洛伦兹曲线分析，我们既可以像在上面介绍的比较各国收入的分配，又可以对政府的各种政策的收入效应进行比较，如图7-15所示。

如果我们把 a、b 分别作为实施一项政策前后的洛伦兹曲线，那就可以看出，在实施一项政策后，收入分配更不平等了。当然我们还可以根据劳伦斯曲线计算基尼系数来进行比较。

除了洛伦兹曲线和基尼系数之外，衡量社会收入分配状况的指数还有库兹涅茨指数、阿鲁瓦利亚指数和收入不良指数等。库兹涅茨指数是指最富有的20%的人口在收入中所占的份额，这一指数最低

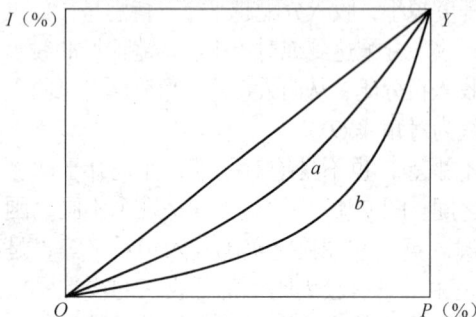

图7-15　用洛伦兹曲线比较政策收入效应

值为 0.2，指数越大，收入差别越大。阿鲁瓦利亚指数是指最穷的 40% 的人口在收入中所占的比例或份额，这一指数最高值为 0.4，指数越低，收入差距越大。收入不良指数是指最高收入的 20% 人口与最低收入的 20% 人口在收入分配中份额之比，这一指数最低值为 1，指数越高，收入差别越大。这些指数与基尼系数有相似的衡量结果。

7.6.3 收入政策

1. 收入分配不平等的原因

任何社会都存在着不同程度的收入分配不平等，在市场经济社会中这一问题更为突出。竞争性市场并不能保证收入和消费一定由那些最需要或最应当得到的人享有。自由放任的竞争可能带来普遍的不平等。各个社会收入不平等现象引起的原因可能各不相同，但是也有许多共同之处，研究引起收入分配不平等的原因，对解决分配不公问题十分重要。

（1）经济发展状况。收入分配不平等的状况与一个社会的经济发展状况相关。美国经济学家库兹涅茨研究发现，一个社会的收入分配状况，在经济开始发展时较为平等，随着经济发展，收入不平等加剧，当发展达到一定的程度之后，收入分配的不平等状况随着经济进一步发展又变得较为平等。库兹涅茨根据一些国家的资料作出了反映收入分配变化趋势的库兹涅茨曲线。库兹涅茨曲线是表示经济发展与收入分配不平等程度两者关系的一条曲线，如图 7-16 所示。他认为基尼系数随着 GDP 增加而上升，收入分配更为不平等，之后随着经济的进一步发展，基尼系数下降，收入分配趋向于平等。但是许多学者对库兹涅

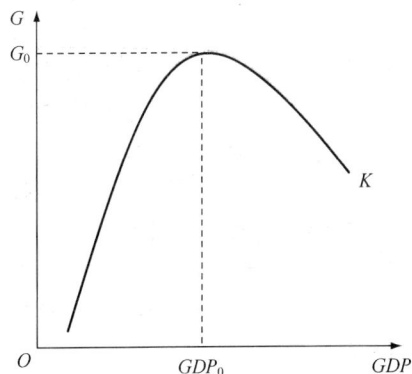

图 7-16 库兹涅茨曲线

茨曲线提出不同的看法。例如，经济学家发现，20 世纪 80 年代以后，一些发达国家随着经济发展加快，收入分配差别现象变得更为严重了，不平等加剧了。由计划经济向市场经济转轨的一些国家，不管经济状况如何，都出现了较为严重的收入分配不平等现象，甚至发展到两极分化。有人认为库兹涅茨曲线仅仅是两次世界大战原因导致的个别事件，市场经济并不必然导致分配公平。

（2）收入分配不平等的社会原因。各国收入分配不平等也与制度上存在的问题相关。如户籍制度等二元社会结构存在，受教育权利的不平等等，使得一部分人处在弱势地位，会造成收入分配上的不平等。一些国家的制度或社会习俗，一部分人对另一部分人的歧视，如对妇女的歧视，种族歧视等引起收入分配不平等。在发达国家，工会制度的存在也是引起收入分配不平等的原因，工会会员受到工会的保护，可以享有较高的工资，相反地，非工会会员则无法与强势的雇主抗争，工资较低。

（3）收入分配不平等的个人原因。个人因素在引起收入分配不平等方面不容忽视。个人收入不平等与个体差异是相关的。每一个人的能力、勤奋程度、机遇等是不同的。从能力上看，既有先天性的才能，也有后天受教育程度的不同。经济学家认为，人的受教育程度与个人的收入有强烈的相关性，受教育越多，能力越强，收入水平越高，社会实践已经证明这一事实。这些内容我们在劳动要素价格决定中有比较详细的描述。有的人能吃苦耐劳，工作勤奋，愿意从事较多的工作，收入自然就高，相反，收入自然就低。好运气让有的人赶上好机会，而另一些人没有发挥才能的机会，这也引起了收入的差别。

总之，收入分配不平等现象，是一种社会客观存在，既与经济发展阶段有关，同时又与社会、个人的因素有关，对不同社会不同阶层人的收入差别及其原因应进行具体研究。

2. 收入分配目标:平等与效率

平等和效率是一个永恒的话题。平等,指的是各社会成员收入分配平均;效率,是指资源配置有效,并得到充分利用。收入分配要兼顾平等和效率。经济学家认为,收入分配有三个标准。第一个是贡献标准,即按社会成员的贡献分配国民收入。这种分配标准能保证经济效率,但由于各成员能力、机遇的差别,又会引起收入分配的不平等。第二个是需要标准,即按社会成员对生活必需品的需要分配国民收入。第三个是平等标准,即按公平的准则来分配国民收入。后两个标准有利于收入分配的平等化,但不利于经济效率的提高。有利于经济效率则会不利于平等,有利于平等则会有损于经济效率,这就是经济学中所说的平等与效率的矛盾。

收入分配要有利于经济效率的提高,则要按贡献来分配,这样有利于鼓励每个社会成员充分发挥自己的能力,在竞争中取胜,从而提高整个社会的产出,这就是效率原则。但是这种分配方式,由于每个人资源禀赋的初始状况不同,会使不平等加剧,甚至出现严重的贫富两极分化。收入分配的公平原则,则要求收入分配平等化,但是过于平等化分配,将难以对每个人进行有效的激励,调动每一个人的积极性。收入分配必须兼顾好平等与效率的关系。效率优先、兼顾公平是许多国家收入分配的原则,如何处理好这两者的关系并不是一件容易的事。我国改革开放以来坚持效率优先,兼顾公平的收入分配政策,对我国的经济发展有着重大的意义,但是随着我国的收入分配不平等现象越来越严重,甚至出现了贫富两极化的征兆,已威胁到我国的长治久安。随着构建和谐社会理论的提出,在未来的经济政策中,公平原则可能会得到更多的考虑。

3. 收入再分配政策

各个国家十分重视收入再分配政策对收入分配不平等的调节,主要的工具有税收政策和社会福利政策。

税收政策,市场经济各国出于各种目的而征收税收。其主要目的是通过税收为政府各种支出筹资,在宏观经济政策中,政府运用税收来调节宏观经济,在收入分配中,政府也运用税收来实现收入分配的公平。税收政策的主要手段是个人所得税,此外还有遗产税、财产税、赠予税等。

个人所得税是税收的一项重要内容,它通过累进所得税制度来调节社会成员收入分配的不平等状况。累进所得税制就是根据收入的高低确定不同的税率,对高收入者按高税率征税,对低收入者按低税率征税。这种累进所得税,有利于纠正社会成员之间收入分配不平等的状况,从而有助于实现收入的平等化。但这种累进所得税不利于有能力的人充分发挥自己的才干,对社会来说也是一种损失。我国的个人所得税是按5%~45%的9级超额累进税率计征,2011年9月1日起,征税起点为3 500元人民币。

社会福利政策是要通过给穷人补助来实现收入分配平等化。从当前西方各国的情况看,社会福利政策主要有这样一些内容:各种形式的社会保障与社会保险;向贫困者提供就业机会与培训;医疗保险与医疗援助;对教育事业的资助;各种保护劳动者的立法,如最低工资法和最高工时法,以及环境保护法;改善住房条件;等等。

问题探索: 我国征收遗产税重要吗? 如果不征收会产生什么样的后果? 如果马上开征遗产税又存在着什么样的问题?

案例7.7

我国距离遗产税还有多远

有关"征收遗产税"的消息引发社会广泛关注,我国会不会征收遗产税? 征收范围、税率大小、税基高低如何确定? 起征点应该是多少? 我国何时开始征收遗产税? 我国距离遗产税还有多远?

在我国,遗产税的出现始于 20 世纪 30 年代。新中国成立后,1950 年 1 月颁布的《全国税收实施要则》,其中列有遗产税,但由于各种原因未能开征。1985 年,《关于〈中华人民共和国继承法〉(草案)的说明》也曾提到设立遗产税问题。2004 年制定了《中华人民共和国遗产税暂行条例(草案)》,只不过并未实际执行。最大的难点不是法律法规等软件条件,而是财产实名申报、物权实名登记制度建设及执行等硬件条件。

我国的研究机构和学者认为遗产税除了能够调节财产贫富差距、维护市场平等竞争,避免财富差距的代际延续,对调节收入分配意义重大。对于遗产税征收,起征点"一刀切"不科学,还应充分考虑地域发展水平、生活成本等差异,还需要信托制度、遗产评估制度、反避税制度等的配套。调查发现有 114 个国家在开征遗产税或对遗产课征其他税收,占比 61%,OECD(经济合作与发展组织)国家对遗产征税的占比则达到 91%。

总地来说,遗产税的开征是大势所趋,关键在于合理的制度。遗产税"一石激起千层浪",再次生动地表明了税法牵扯到千家万户的切身利益,也反映了纳税人意识正在逐步觉醒之中。

【本章小结】

1. 生产要素价格决定着收入分配。生产要素分为四种,即土地、劳动、资本和企业家的才能,它们的价格分别被称为地租、工资、利息和利润。收入分配取决于每一种生产要素的数量和价格。生产要素的价格与产品的价格一样,取决于生产要素的供求关系。

2. 工资是劳动的报酬,取决于劳动量和劳动供求决定的价格。一个国家工人教育程度较高,所受到的培训较多,与之配合的资本较好,使用的生产技术较先进时,工资水平会趋于上升。工资上升对整个劳动市场而言,劳动供给增加,但是对于个人劳动供给,更高的工资可能让个人的劳动供给减少,也就是在替代效应与收入效应的共同作用下,个人劳动供给曲线向后弯曲。

3. 利息是资本的报酬,取决于资本量和资本供求关系决定的价格利率。

4. 使用土地这种生产要素的报酬是地租,取决于土地的供给量和地租率。土地的供给是固定的,地租主要取决于土地的需求。像土地一样,凡是供给固定的生产要素都可以获得租金。对租金征税,一般是由这种生产要素的所有者承担。

5. 利润是使用企业家才能这一生产要素的价格,利润分为正常利润和超额利润。正常利润取决于企业家才能数量与供求决定的利润率。超额利润取决于企业的创新、承担的风险和垄断。

6. 衡量社会收入分配状态的主要是洛伦兹曲线和基尼系数。基尼系数越大,收入分配越不平等,基尼系数越小,收入分配越平等。按照国际上通用的标准,当基尼系数达到 0.4 时,收入分配不平等达到警戒水平,政府应给予足够的重视。

7. 引起收入分配不平等的因素主要有经济发展程度、社会制度与习俗以及个人在能力、努力和机遇等诸方面的差别。公平与效率的矛盾,是一个永恒的话题,兼顾效率与公平,各国政府应该给予足够的考虑。

8. 各国都通过个人所得税与社会保障和社会福利来纠正收入分配中的不平等。我国改革开放以来坚持效率优先,兼顾公平的分配原则,未来可能会更多地关注分配的公平性,让每一个人都能获得经济发展的好处。

【经济观察】

2015 年我国基尼系数为 0.462 降至 13 年来最低

国家统计局公布的 2015 年居民收入情况显示,2015 年全国居民收入基尼系数为 0.462,这是继 2008 年达到 0.491 之后的第 7 年下降,也是 2003 年以来的最低点。0.4 是国际公认的收入差距的警戒线。居民收入基尼系数下降的原因主要是近年来居民收入的上涨，且居民收入上涨幅度连年高于 GDP 的增速，不仅在职人员收入上涨，退休人员养老金也是连年 10%的上调。

2015 年我国全年 GDP 的增速为 6.9%。国家统计局数据显示，全年全国居民人均可支配收入 21 966 元，比上年增长 8.9%，扣除价格因素实际增长 7.4%。城镇居民人均可支配收入 31 195 元，比上年增长 8.2%，扣除价格因素实际增长 6.6%；农村居民人均可支配收入 11 422 元，比上年增长 8.9%，扣除价格因素实际增长 7.5%。城乡居民人均收入倍差 2.73，比上年缩小 0.02。全国居民人均可支配收入中位数 19 281 元，比上年增长 9.7%。按全国居民五等份收入分组，低收入组人均可支配收入 5 221 元，中等偏下收入组人均可支配收入 11 894 元，中等收入组人均可支配收入 19 320 元，中等偏上收入组人均可支配收入 29 438 元，高收入组人均可支配收入 54 544 元。

近 30 年来，中国居民收入基尼系数从 20 世纪 80 年代初的 0.3 左右上升到现在的 0.45 以上。中国家庭财产基尼系数从 1995 年 0.45 扩大到 2012 年的 0.73。顶端 1%的家庭占有全国约 1/3 的财产，底端 25%的家庭拥有的财产总量仅在 1%左右。

来源：郭晋晖，基尼系数降至 13 年来最低. 第一财经日报. 2016-01-20.

讨论题

1. 我国基尼系数为什么居高不下？会对社会产生什么样的影响？
2. 请你提出降低我国基尼系数的政策建议。

【能力训练】

征收个人所得税与控制贫富差距

我国的个人所得税在过去的二十多年中增加了近百万倍（1980 年开始征收个税，当年只征收了 18 万元，现在已超过 1 500 亿元），现在它占了全部税收的 7%。不过，和美国等发达国家比起来这个比例还很小。

累进制的个人所得税是控制个人收入的差距、缓解社会矛盾、缩小贫富差距的最直接，也是最有效的办法。基于现状，我国应该修改个人所得税征收办法，以限制收入差距，保持社会稳定。组织一个 3～5 人的调查团队，通过在网络、图书馆查询资料，以及访问专家和社会知名人士等方式探寻征收个人所得税与控制贫富差距的关系，并针对我国面临的问题提出改进的政策建议。

以小组为单位提交调查报告。

【概念复习】

边际生产力 边际收益产品 最低工资法 人力资本 准地租 经济租金 利息与利息率 创新 超额利润 洛伦兹曲线 基尼系数 库兹涅茨曲线

【同步练习】

1. 使地租不断上升的原因是（　　）。
   A. 土地的供给、需求共同增加　　　B. 土地供给不断减少，而需求不变
   C. 土地的需求日益增加，而供给不变　　D. 以上全不对
2. 如果甲行业的利率高于乙行业的利率，则（　　）。
   A. 甲行业的资本供给应该比乙行业的资本供给更缺乏弹性
   B. 甲行业的资本供给将逐渐减少，而乙行业的资本供给逐渐增加，直到利率相等为止
   C. 甲行业的资本供给将逐渐增加，而乙行业的资本供给逐渐减少，直到利率相等为止
   D. 甲行业的资本供给应该比乙行业的资本供给更富有弹性

3. 洛伦兹曲线越是向横轴凸出（　　　）。

  A. 基尼系数越大，收入就不平等   B. 基尼系数越大，收入就越平等

  C. 基尼系数越小，收入越不平等   D. 基尼系数越小，收入越平等

4. 在以下基尼系数中，哪一个说明了收入分配最不平均（　　　）。

  A. 0.21   B. 0.42   C. 0.5   D. 0.61

5. 某人在工资率为 40 元/小时时，每周工作 40 小时，挣 1 600 元，当工资率为 50 元/小时时，每周工作 35 小时，挣 1 750 元。由此可断定，对他来说，闲暇的（　　　）。

  A. 收入效应起着主要作用   B. 替代效应起着主要作用

  C. 收入效应和替代效应都发生作用   D. 收入效应和替代效应都没有发生作用

【问题讨论】

1. 决定厂商对于生产要素需求的因素有哪些？

2. 不完全竞争市场厂商对于要素的需求与完全竞争市场厂商对于要素的需求有什么不同？

3. 在多要素投入的情况下，为什么追求利润最大化的厂商要使生产要素的投入达到要素的边际收益与要素的边际成本相等点？

4. 劳动供给曲线为什么向后弯曲？

5. 从劳动的供求关系解释体育、文艺明星收入特别高的原因。从经济学角度看，这种高收入合理吗？

6. 在一些国家中，工会往往与企业一起反对进口自己也生产的产品，如美国汽车工人联合会与通用、福特这些汽车公司都反对进口日本汽车，钢铁工人联合会与钢铁公司向政府施加压力，要求提高进口钢铁的关税。同样，这两年来在我国的纺织品贸易中，也遭遇了类似的问题，欧盟、美国等国家违背世界贸易组织精神对我国的纺织品贸易进行限制。应该如何解释这种现象？

7. 从有关著作和互联网上查找我国基尼系数变动资料。这些资料说明我国自改革开放以来，收入分配状况发生了什么变动？你认为这种变动发生的根本原因是什么？这种变动合理还是不合理？为什么？

8. 西方发达国家建立了较为完善的社会保障与社会福利体系，这对实现平等是有积极意义的，但也引起社会效率下降等问题。根据发达国家的经验与教训，我们应该建立一种什么样的社会保障与社会福利体系？

【补充读物与资源】

《利息理论》[美] 费雪，著. 陈彪如，译. 上海人民出版社，1999 年

《收入分配理论》[美] 布朗芬·伯伦纳，著. 方敏，译. 华夏出版社，2009 年 9 月

经济学家的网上资源
清华大学中国与世界经济研究中心网站

第 8 章

市场失灵与政府干预

市场是没有心的。

——佚名

学习目标

能力目标

- 能够运用市场的基本理论，对市场经济的利弊进行基本的分析与判断。
- 能够分析和解释现实经济中存在的市场失灵现象，并提出基本的解决思路。
- 能够运用微观经济学理论，对政府干预市场失灵的政策做出分析和评价。

知识目标

- 掌握市场失灵的原因及表现形式。
- 理解政府干预的理由及方式。

重要概念

市场失灵　外部性　公共物品　信息不对称　道德风险　逆向选择　政府管制

经济学鼻祖亚当·斯密发明了"自由放任"一词，即让市场机制——"看不见的手"来配置资源。这只"看不见的手"通常会使市场有效地配置资源，实现消费者效用最大化和生产者利润最大化。在前几章，我们已经充分论述了这一点。但在实际经济生活中，市场机制并不像理论中那样完美。

在我国西北地区，有一种野生食用藻类植物叫发菜，这种植物呈墨绿色，细长丝状，像一头乱糟糟的头发，所以才有"发菜"这个名字。因为发菜是一种高蛋白低脂肪的营养品，名字又吉利，产量又极低，所以价格十分昂贵。当地居民为了增加收入，就用特制的工具从草皮上采集发菜来卖。结果，因为采集发菜，土地上的草根都被破坏了，造成草原沙漠化，沙尘暴一年比一年严重。市场机制提高了当地部分居民的收入，却破坏了整个地区居民赖以生存的环境。于是，市场机制的那只"看不见的手"在这里失去了它的效力。

经济学的核心问题是社会资源的有效配置。现实生活中，市场价格机制在某些领域不能或不能有效地发挥作用，从而导致市场失灵。市场失灵问题的存在，使政府干预成为提高资源配置效率的一种必要。因此，本章着重分析导致市场失灵的各种因素，并提出政府干预的手段。

8.1　市场失灵

8.1.1　市场失灵的含义

在完全竞争的条件下，价格机制这只"看不见的手"可以实现对产品交换和要素分配的有效配置，从而使社会福利水平达到最大。因此，从经济发展的现实看，正是价格机制的这些无可替代的作用，使得重视资源有效配置与经济发展的国家得以不断建立与扩大市场经济的范围，进而充分发挥价格机制的作用。但是，从社会福利角度来看，价格机制并不是万能的，其有效发挥作用是有前提条件的，因而它不可能调节人们经济生活的所有领域。对于价格机制在某些领域不能起作用或不能起有效作用的情况，我们称之为市场失灵，即市场在某种场合不能提供符合社会效率条件的商品或劳务。

8.1.2　市场失灵的原因

1. 公共物品

（1）公共物品的含义。人的活动具有两重性，即个体性和社会性。前者是指每个作为个体的人，需要一定的物品来满足其私人需要，如衣、食、住、行等，而后者则是指作为社会的人，他的生存依赖于社会环境，如国防、治安、城市道路、卫生等，这是人们生活中不能缺少的。与每个人的利益密切相关，但每个人又不能享受其消费独占权，而且是作为社会所共有的保证居民基本生活需要的物品就是公共物品。

公共物品（Public Goods）也称为公共商品、公共产品或公共品，是指私人不愿意或无能力生产而由政府提供的具有非排他性和非竞争性的物品。非竞争性是指，对于任何一个给定的公共产品产出水平，增加额外一个人消费该产品不会引起产品成本的任何增加，即消费者人数的增加所引起的产品边际成本等于零。非排他性是指很难禁止他人不付代价消费该种产品。

在一个社会中，公共物品的范围十分广泛，如政治、法律、国防、治安、政府行政管理、大中型水利设施、城市规划、公共道路、环境保护和治理、环境卫生、天气预报、科学研究以及铁路、城市公共交通设施、广播、电视、教育、电信，乃至抗旱、防洪等，都属于公共物品的范畴。公共物品直接或间接地为企业的生产和个人家庭生活提供服务，是社会总产品中重要的不可缺少的部分，而且，随着社会和经济的发展，社会公共物品生产总体上呈扩大的趋势。

（2）公共物品的分类。根据公共物品所具有的非排他性和非竞争性的不同程度，公共物品可以分成纯公共物品和准公共物品两类。

① 纯公共物品。纯公共物品（Pure Public Goods）是指同时具有非排他性和非竞争性的物品，如国防、外交等。纯公共物品必须以不拥挤为前提，否则随着消费者数量的增加会影响他人的消费，从而影响公共物品的性质。如节日期间，免费的露天广场就会由于拥挤而具有竞争性。

② 准公共物品。准公共物品（Quasi Public Goods）是指具有不完全排他性和竞争性的物品。准公共物品又分为两类：一类是具有非竞争性和排他性的物品，称为俱乐部物品，如有线电视、社区绿化等；另一类是具有非排他性和竞争性的物品，称为公共资源，如公海中的鱼类资源、拥挤的免费道路等。

与公共物品相对的是私人物品（Private Goods），它是指既具有排他性又具有竞争性的物品，如家具、衣服等。

案例 8.1

基础理论知识是公共物品

如果一个数学家证明了一个新定理，该定理成为人类知识宝库的一部分，任何人都可以免费使用。由于知识是公共物品，以营利为目的的企业就可以免费使用别人创造的知识，结果用于知识创造的资源就太少了。

在评价有关知识创造的适当政策时，重要的是要区分一般性知识与特殊的技术知识。特殊的技术知识，例如一种高效电池的发明，可以申请专利，因此，发明者得到了他的好处。与此相比，数学家不能为定理申请专利，每个人都可以免费得到这种一般性知识。换句话说，专利制度使特殊的技术知识具有排他性，而一般性知识没有排他性。

以美国为例，政府努力以各种方式提供一般性知识这种公共物品。政府机构，例如国家保健研究所和国家自然科学基金补贴医学、数学、物理学、化学等基础研究。一些人根据空间计划增加了社会知识宝库来证明政府为空间计划提供资金的正确性。的确，许多私人物品，包括防弹衣和快餐汤，都使用了最初由科学家和工程师在登月研究中开发出来的材料。当然，决定政府支持这些努力的合适水平是困难的，因为收益很难衡量。

（3）公共物品导致市场失灵。公共物品本身所具有的特性，使得任何私人部门都不愿意或不能充分提供。因此，其产量会低于社会需要的合理的水平，由此会造成社会福利的减少和资源的浪费。此时，市场机制在公共物品的提供上不能较好地发挥作用，导致市场失灵。

① 公共物品的非排他性导致市场失灵。非排他性使得任何购买公共物品的人都不能独自占有该物品所能提供的全部效用或收益，都不能阻止别人去无偿地享用该物品。因此，尽管公共物品的社会潜在收益大于它给单个购买者带来的收益，但潜在的购买者在做出支付决策时并不会将他人的潜在收益考虑在内，公共物品的提供者就要独自承担提供该物品的全部成本。这样一来，任何人都想无偿地去享用别人提供的公共物品，继而出现"搭便车行为"。搭便车者的增多，就会使得公共物品的提供者减少或几乎没有，最终导致资源配置效率低下，造成市场失灵。

知识拓展 8.1

"搭便车"一词的由来

"搭便车"一词的英文是"free rider"，它来源于美国西部城市道奇城的一个故事。当时，美国西部到处是牧场，大多数人以放牧为生。在牧场露天圈养的大量马匹对一部分人产生了诱惑，于是出现了以偷盗马匹为业的盗马贼。在道奇城这个城市，盗马贼十分猖獗。为避免自己的马匹被盗，牧场主就联合组织了一支护马队伍，每个牧场主都必须派人参加护马队伍并支付一定的费用。但是，不久就有一部分牧场主退出了护马队，因为他们发现，即使自己不参加，只要护马队存在，他就可以免费享受别的牧场主给他带来的好处。这种个别退出的人就成了"free rider"（自由骑手）。后来，几乎所有人都想通过自己退出护马队伍来占集体的便宜。于是，护马队解散了，盗马贼又猖獗起来。后来，人们把这种为得到一种收益但避开为此支付成本的行为称为"搭便车"，这样的人称为"搭便车者"。

② 公共物品的非竞争性导致市场失灵。非竞争性表明，对于任一给定的公共物品产出水平，增加额外一个人消费该产品不会引起产品成本的任何增加，即消费者人数的增加所引起的产品边际成本等于零。因此，从效率的角度看，应该让所有的人都免费享用公共物品，以任何方式阻拦一部分人享用公共物品都会造成效率损失。比如说，公路已经建成，每辆车通过公路的边际维修费用假设为零。假如公路管理局收过路费 10 元，那么，那些从使用高速公路中得到的利益低于10 元的车辆便不会进入这段高速公路。例如，某人并没有要事，为简单起见，且假定他时间的机会成本为每小时 4 元。如果他绕道而行，要多花半个小时，并多耗 2 元汽油钱，因此机会成本共为 4 元，与 10 元钱的过路费相比，绕道而行对此人来说是个人理性的决策。但对整个社会来说，绕道而行白白浪费了半个小时人力和 2 元钱的汽油，因此是一种效率损失。

"搭便车"问题和低效率问题都决定了市场机制对公共产品的配置无能为力。

2. 外部性

在我们的生活中经常会遇到如下一些现象。例如，张三是个很有情趣的人，经常在自己的住宅周围种花植树，洁净清新的环境在使张三全家享受的同时，也使其邻居李四受益，但是李四却不用为此而付给老张任何费用；又如，王五家楼下有一家快餐店，每天排出的油烟使王五一家大为烦恼，但是王五却无法从快餐店得到任何补偿。所有类似的现象都属于我们要探讨的外部性问题。

（1）外部性的含义。外部性（Externality），是指单个经济主体在从事经济活动时给其他人带来某种利益或者危害，而该行为主体又没有为此而得到报酬或进行补偿的现象。一般来说，当某个人的私人行为对其他人产生了单方面影响的时候，就会出现外部性问题。进一步看，这种单方面的影响有好有坏。当一个人的私人行为给其他人带来利益，产生好的影响的时候，我们就说这种外部性为"正的外部性"，上述第一个例子就是"正的外部性"。"正的外部性"又称为"外部经济"。根据经济活动的主体是生产者还是消费者，外部经济可以分类为"生产的外部经济"和"消费的外部经济"。当一个人的私人行为给其他人带来损害，即产生坏的影响的时候，我们就说这种外部性为"负的外部性"，上述第二个例子就是"负的外部性"。"负的外部性"又称为"外部不经济"。外部不经济也可以视经济活动主体的不同而分为"生产的外部不经济"和"消费的外部不经济"。

（2）外部性导致市场失灵。在完全竞争的市场中，当存在只增加社会福利而不增加个人收益的正外部性时，企业和个人的产量可能会低于社会最优产量；而当存在只增加社会成本而不增加个人成本的负外部性时，企业和个人的产量可能会超过社会最优产量。因此，外部性的存在，使私人的边际成本或边际收益与社会的边际成本或边际收益发生背离，所以，当个人做出决策时，为了实现个人利益最大化，会忽略其行为带给他人或企业的效益或成本，从而使竞争的结果变得没有效率，资源的配置达不到最优水平，最终导致整个社会福利的下降。

案例 8.2

当火车驶过农田的时候

20 世纪初的一天，列车在绿草如茵的英格兰大地上飞驰。车上坐着英国经济学家 A·C. 庇古。他边欣赏风光，边对同伴说，列车在田间经过，机车喷出的火花（当时是蒸汽机车）飞到麦穗上，给农民造成了损失，但铁路公司并不用向农民赔偿。这正是市场经济的无能为力之处，称为"市场失灵"。

1971 年，美国经济学家乔治·斯蒂格勒和阿尔钦同游日本。他在高速列车（这时已是电气机车）上想起了庇古当年的感慨，就问列车员，铁路附近的农田是否受到列车的损害而减产。列车员说，恰恰相反，飞速驰过的列车把吃稻谷的飞鸟吓走了，农民反而受益。当然铁路公司也不能向农民收"赶鸟费"。这同样是市场经济无能为力的地方，也称为"市场失灵"。

同样一件事情在不同的时代与地点结果不同，两代经济学家的感慨也不同。但从经济学的角度看，火车通过农田无论结果如何，其实说明了同一件事，即市场经济中外部性与市场失灵的关系。

问题探索： 用市场原理分析，市场会不会、能不能自动治理汽车排放污染超标问题？

---

3. 垄断

垄断是市场不完善的表现，垄断市场是一个产量较低而价格较高的市场。它的存在，不仅造成资源浪费和市场效率低下，而且使社会福利减少。

（1）垄断导致的低效率。由于资源配置的稀缺性和规模收益递增的作用，市场往往由一个或者几个厂商垄断。在这种情况下，垄断厂商利用其市场控制力，制定与均衡价格相背离的价格，以获得更多的超额利润。由于在垄断市场上，垄断导致了较高的价格和较低的产量，从而使得消费者剩余减少而生产者剩余增加，资源的配置难以达到帕累托最优的状态。这就是垄断导致的低效率。

（2）垄断对消费者的不利影响。当垄断者收取高于边际成本的价格时，一些潜在消费者对物品的评价高于其边际成本，但是低于垄断者的价格，这些消费者最后将不购买物品。由于消费者对物品的评价大于生产这些物品的成本，因此如果交易则是合意的，但实际结果是无效率的。

（3）垄断导致的其他不利影响。

① 大公司对市场的垄断往往会妨碍技术进步。一方面，在竞争市场上，企业只能通过改进技术和管理以降低成本、提高产品质量来获取更多的利润，而垄断者却可以凭借其垄断地位稳拿高额利润，从而会使改进技术和管理的动力大大下降；另一方面，由于大公司对市场的垄断，使得许多相关的技术和工艺不得不采用标准化的模式和大公司的产品相配套，这就有可能使得一些性能更优越的配套产品遭到淘汰。

② 由于被授予特许权而取得的垄断权利，往往会导致寻租现象。在西方国家，垄断权利的取得，往往靠政府有关部门赋予特权，因此，一些垄断企业为了维持自己的垄断地位，常常会采用贿赂或变相贿赂的方式把垄断高额利润的一部分塞进有关行政部门的腰包。这种所谓寻租行为不仅破坏了公平竞争，干扰了市场秩序，还使许多经济资源浪费在非生产性活动上。

4. 信息不对称

（1）信息不对称的含义及原因。现实生活中充满了不确定性因素，因而人们的任何经济活动都存在风险。所谓风险，就是指某行为所引发的各种可能结果的概率皆为已知时的状态。在风险存在的情况下，经济主体的决策是建立在有限信息基础之上的。如果经济主体拥有更多的信息，他们对未来就可以做出更准确的预计，就可以有效地减低风险。然而，在现实经济中，信息不对称的情况是广泛存在的。所谓信息不对称（Asymmetric Information），是指市场交易的双方掌握的信息状况不对等，其中一方掌握的信息多一些，另一方掌握的信息少一些。

信息不对称的产生是由多种因素造成的。首先，获取信息需要成本。其次，人们认识能力的局限性和差异性使其不可能掌握全部的信息。此外，充分占有信息的一方会为了自身利益而对对方隐藏信息。

（2）信息不对称导致市场失灵。在完全信息的情况下，市场机制可以实现资源的最优配置。市场以价格为信号，可以引导资源的流动，实现供求均衡。消费者根据市场价格购买到他愿意购买的数量，生产者根据市场价格生产出他愿意生产的数量，双方通过自由交易而实现均衡。但是在信息不对称的情况下，市场机制就不能充分发挥作用。例如，由于交易双方的信息不对称，价格不再是引导资源流动的明确的信号，消费者可能以较高的价格购买到质量很差的商品，生产者可能生产出市场并不需要的产品。而且，在市场交易中，信息优势方极有可能利用自己的信息优势地位损害信息劣势方的利益，而信息劣势方由于知道信息优势方有可能损害自己的利益，因此会对交易持怀疑态度，这样一些潜在的、对双方都有利益的交易可能无法达成，或是即使达成，效率也不高。在信息不对称的情况下导致的均衡结果对社会来讲将是一种无效率的状况。

知识拓展 8.2

劣币驱逐良币

"劣币驱逐良币"是经济学中的一个著名定律。该定律是这样一种历史现象的归纳：在铸币时代，当那些低于法定重量或者成色不足的铸币——"劣币"进入流通领域，并与成色优良的铸币一样在市场上流通之后，人们就倾向于将那些足值货币——"良币"收藏起来。最后，市场上流通的就只剩下"劣币"，"良币"就这样被"驱逐"出流通领域了。

当事人的信息不对称是"劣币驱逐良币"现象存在的根源。因为如果交易双方对货币的成色或者真伪都十分了解，"劣币"持有者就很难将手中的"劣币"用出去；即使能够用出去，也只能按照"劣币"的"实际价值"而非"法定价值"与对方进行交易。

"劣币驱逐良币"现象不仅存在于货币流通中，也存在于社会生活的各个方面。

在商品流通领域，我们常常能够看到这样的现象，当某名牌产品十分畅销，受到消费者追捧时，假冒伪劣产品马上就会跟踪而至。当大批的假冒名牌充斥市场时，如果不受到干预，最后的结果必然是真名牌被迫退出市场。如前些年曾占领大半个中国市场的云南红塔山牌香烟，就由于不断遭受全国各地假烟仿冒，消费者真假难辨，最后真的"红塔山"在市场上遭受冷遇，市场份额急剧缩小。同样的，廉价的盗版图书、盗版光盘所到之处，正版图书、正版光盘纷纷被挤出市场，并造成一些拥有自主知识产权的软件厂商、电影制片人血本无归。

视频案例

在"劣币驱逐良币"的现象中，假冒伪劣淘汰了名优正品，"李鬼"打败了"李逵"，优胜劣汰这一市场竞争的基本规律在这里似乎不起作用。事实真是如此吗？其实不然，"劣币驱逐良币"只能在信息不对称、规则不完善、管理不到位的条件下起作用，一旦我们完善了市场规则，加大了信息透明度，加强了市场管理，就可以逐渐避免和杜绝这类现象。

褒扬造假是劣币驱逐良币

8.2　政府干预

8.2.1　对公共物品造成的市场失灵的干预

1. 政府对公共物品的供给

对于纯公共物品，如国防、法律、政策等，必须由国家提供，对于这些公共物品，消费者无须支付费用，由国家的财政预算支付更有效，因为政府能够以税或费来支付其成本。政府提供公共物品也并不等于政府生产公共物品，如军事装备、路灯等，政府并不一定直接生产，可通过企业生产、政府采购的方式，也可以采用签订合同、授权经营、经济资助、政府参股和社会自愿服务的方式。但是免费搭车的问题存在使人们错误地显示他们的偏好时，政府如何确定某种公共物品值得生产及生产多少呢？西方经济学经常提到的决策方法是成本—收益分析法。

成本—收益分析是指政府在考虑实施一项公共项目时，应像私人企业一样比较项目实施的成本和收益。假如政府考虑修建一条铁路，为了决定要不要修建这条铁路，政府必须比较所有使用这条铁路的人的收益和修建这条铁路的成本。为了做出这个决策，政府会组织由经济学家、工程师、环境专家等组成的专家组对该项目进行研究。这种研究称为成本—收益分析。其目的是核算该项目作为一个整体而言的社会总成本和总收益，如果社会总收益大于总成本，则该铁路就应该修建；反之，就不应修建。

不能回避的是，成本—收益分析是一项艰难的工作。因为公共工程关系到所有人的利益，从工程中获利者可能夸大工程的价值，从工程中受损者可能夸大工程的成本，有时一些成本和收益可能并不容易用统一的价值衡量。

对于公共物品的最优供给量的决定问题，如果能够确定生产公共物品的成本与收益，就可以通过社会边际成本等于社会边际利益的均衡分析方法决定；否则，就得通过投票表决的方式决定。

具体来说，政府往往通过以下方式提供公共物品。一是由政府直接经营企业并生产公共物品。二是政府与私人部门签订合同，共同提供公共物品。三是政府以授权、许可的形式委托私人部门提供公共物品。四是政府对私人部门提供补贴，鼓励其提供公共物品。

2. 对公共资源的保护

公共资源是指具有竞争性而不具有排他性的公共物品，想使用公共资源的任何人都可以免费使用，但是，公共资源的竞争性决定了一个人使用公共资源减少了其他人对它的享用。对于这种资源经常会出现公共资源的悲剧（也称"公地悲剧"）。假设某地有一条公共的河流，是当地居民生活用水的主要来源，它不排除任何人使用。当有一个化工厂建在河边，并将生产污水排到河中时，由于河的自清性，并不影响人们的生活。但当其他人看到这个化工厂获得利润，纷纷在河的两岸建起若干工厂，并增加生产规模，寻求更多的利润，使更多的污水排进河中时，公共河流的竞争性就表现出来了。过量的排污超过了河的自清能力，最终导致河水变质，失去了生活用水的价值。这就是作为公共资源的河流的悲剧。

造成公共资源悲剧的原因是对公共资源的使用具有负的外部性，即当一个人使用公共资源时影响了他人的使用，使个人利益与公共利益背离。所有权与使用权分离的结果导致个人在追求自身利益最大化时，对公共资源不恰当地、过度地使用。为了避免资源的过早耗竭，防止"公地悲剧"发生，政府可以进行直接管理。例如，政府可以限定河流两边的厂商数量，或限定排污标准，或对污染企业征收排污费用以治理污染等，甚至可以尝试明确产权。无论哪种方式都可以达到工厂适度生产与保护环境的目的。

再如在公共湖泊中捕鱼。公共湖泊中的鱼是一种公共资源，如果渔民可以无限制地进入公共湖泊捕鱼并从中获利，渔民就会采取各种方法进行捕捞，如采用机械化捕捞、不顾是否是繁殖期捕捞、采用小眼渔网捕捞等手段，以追求捕鱼的最大产量。当这种掠夺式捕捞超过一定限度后，湖泊中鱼的繁衍能力将大大降低，最终导致鱼产量下降，造成公共资源悲剧。这种只顾个人自身利益最大化而并不关心公共资源最大化的行为，是造成公共资源悲剧的原因。正像古希腊哲学家亚里士多德指出的："许多人共有的东西总是被关心最少的，因为所有人对自己的东西的关心都大于与其他人共同拥有的东西。"

为了防止渔业这类公共资源悲剧的发生，各国政府都对捕捞机械和捕捞时期有所管制，如限定网眼大小、制定休渔期等对湖泊鱼类进行保护，以保护公共湖泊的持续发展和利用。

公共资源很多，如清洁的空气和河流、石油矿藏、公海或公共湖泊中的鱼、土地等，为了防止公共资源的悲剧，政府应采取相应积极的措施。

案例 8.3

公地的治理

哈丁在《公地的悲剧》一书中提出的一个概念：一群牧民一同在一块公共草场放牧。一个牧民想多养一只羊增加个人收益，虽然他明知草场上羊的数量已经太多了，多养后将使草场的质量下降，但他不增加别人也会增加，所以，他肯定会选择多养羊获取收益，因为草场退化的代价由大家负担。如果每一位牧民都如此思考时，草场退化，所有牧民都会遭到损失，"公地悲剧"就上演了。解决"公地悲剧"的办法就是给草场找一个主人，主人自然会采取措施保护草场。

8.2.2 对外部性的处理方法

外部性的根本问题是，经济行为主体的经济活动对其他经济行为主体的经济活动产生了影响，而这种影响却没有在相互以价格为基础的交换中得到补偿。这种不能补偿或是因为其影响的大小难以估计，或是对影响的范围、对象难以界定。要解决外部性问题，就得针对不同情况，探索不同的解决方法。

1. 政府行为

政府在解决外部性上主要有以下几种方式。

（1）直接管制。政府可以直接禁止某些行为来解决外部性问题。例如，如果工厂排放的废水中含有有毒物质，那就禁止将其排放到居民供水区内。如果某种化学物质会污染环境，那就禁止这种物质的使用。在这些负的外部性的情况下，社会成本远远大于私人的收益。除直接禁止之外，政府还可以做出硬性规定，从法律法规上来根本禁止某些行为或制定某些标准，消除外部性问题。直接管制的方法简单易行，而且收效较快。

但是直接管制也存在一些缺陷。首先，直接管制不可能使外部性彻底清除。其次，在直接管制的情况下，政府部门要制定有效的法规制度，需要详细了解某些行业的技术细节。在现实经济当中，要做到这一点往往是比较困难的。再次，直接管制下的规章制度往往不能得到有效的实施。被管制单位总是会千方百计逃避管制。这样会加大管制的社会成本，影响直接管制方法的实施。

（2）税收和补贴。政府对外部性可以不采取行政力量直接管制，而是采用以市场为基础的政策向经济个体提供符合效率的激励或惩罚。对于具有负的外部性的行为，政府可以征税，税额的大小应该等于该行为给社会带来的损失。对于具有正的外部性的行为，政府可以给予补贴，补贴的大小应该等于该行为给社会带来的利益。无论采取税收，还是补贴，只要是私人成本与私人收益和相应的社会成本与社会收益相等，就可以解决外部性问题，使资源配置富有效率。

案例 8.4

从电池回收看外部性

"忽如一夜春风来"，在北大的各个宿舍楼及教学楼内，出现了一个个朴素的纸箱，这是环境发展协会的同学为回收废电池、减少环境污染特意设立的。这一举措不仅有利于保护环境，而且也为环境的可持续发展出了力，可谓一箭双雕。

废弃的电池污染环境，具有负外部性。于是，生产电池的社会成本加上受到污染不利影响的旁观者的成本，成本总额加大。此时，电池的消费者获得的收益大于生产它的社会成本；电池的最适当的数量，即最优的数量，小于均衡数量，即市场量。这时市场无效率。

面对这种负外部性，我们并非束手无策，既可私人解决，也可设立针对外部性的公共政策。环发的电池回收箱就是私人解决的一个很好的例子，为回收提供了外部条件。但他们的宣传力度还是不够，很多人对回收箱眼到心不到，视若无物。这时，他们通过发传单、搞演讲等活动来扩大它的影响，用道德规范和社会约束来解决，即利用外部性的内在化。

对于生产电池的厂家，政府应进行管制或征收庇古税。如国家环保总局可以告诉每家工厂每年的排污量减少为 50 吨，或指定某些厂商生产环保型电池。当然，政府也可以用以市场为基础的政策向私人提供符合社会效率的激励，如可以对每个厂家每排出 1 吨废物征收 1 万元的税收。

若想从根本上解决污染问题，还需要政府投资科研领域，使环保型电池的成本降低，使之趋于完善。这才符合市场规律，才能赢得消费者。

---

2. 实行"内部化"政策

所谓"内部化"政策，就是采用一体化经营机制，扩大企业经营规模，组织一个大规模的经济实体将外部成本或收益内部化，从而矫正外部效应带来的效率损失。比如养蜂者给果园主带来利益，养蜂者若与果园主组合成一个企业，使所养蜜蜂在自己的果园采蜜，自己果园不让外来蜜蜂进入，这样外部收益就内部化了。当外部性的影响范围和对象具有确定性时，"内部化"政策是解决问题的思路

3. 产权界定与科斯定理

以科斯为代表的产权经济学家指出，只要明确界定产权，经济行为主体之间就可以有效地解决外部性问题。所谓产权，是指厂商或个人对某种资源或财产所享有的权利，一般包括资源或财产的使用权、收益权和自由转让的权利。科斯定理强调明确产权的重要性，认为只要产权是明确的，而且交易成本极低或等于零，则不管产权的最初配置状态如何，都可以达到资源的有效配置。根据这一理论，如果私人各方可以无成本地就资源配置进行协商，那么，私人市场就总能解决外部性问题，并有效地配置资源。

人物志

罗纳德·哈里·科斯

为了说明这一定理，我们举一个具体的例子。假设一户农户养了 10 头牛，这 10 头牛经常跑到 5 户邻居的菜地里去吃菜，由此造成的损失为每户 60 元，从而 5 户的损失总额为 60×5=300（元）。假设现在有两种处理办法：一种是把该农户家的 10 头牛用栅栏圈起来，其成本为 30 元；另一种是把 5 户邻居的菜地用栅栏围起来，使牛不能进去，其总成本为 200 元。在这两种解决办法中，很显然，第一种办法成本很低，因此是最有效率的解决方案。

根据科斯定理，最初的权利分配对市场达到有效率结果的能力无关紧要，即私人市场可以自己达到有效的结果。在上面的例子中，不论给予农户养牛的权利，还是给予邻居的菜不被吃掉的权利，只要养牛的农户与邻居进行磋商，并且交易成本为零或者很小，那么私人市场就总能解决外部性问题，并有效地配置资源。这里采用的是用栅栏把该农户家的 10 头牛圈起来的解决办法。

虽然无论最初的权利怎样分配，养牛的农户与邻居都可以达到有效率的结果，但权利的分配并不是毫不相关的，它决定了经济福利的分配。如果把权利分配给养牛的农户，那么，5 户有菜地的邻居便会联合起来，共同给养牛的农户把牛用栅栏圈起来，因为其成本仅为 30 元，远低于把5 家菜地用栅栏围起来的费用 200 元，更加低于菜地里的菜被牛吃掉带来的损失 300 元。另一方面，如果把权利分配给邻居，那么，养牛的农户便会自动地把牛用栅栏圈起来，因为这种方法的费用最低。否则，他必须把 5 家菜地用栅栏围起来，费用为 200 元，或者赔偿 5 家的损失，总额为 300 元。

当然，科斯定理的结论只有在交易成本为零或者很小的情况下才能得到。如果不是这样，那么结果就会不同。例如，假设最初的权利是分配给养牛的农户的，如果 5 户邻居联合起来共同行动的费用很大，设为 200 元，那么共同给养牛的农户把牛用栅栏圈起来的成本就是 200+30=230（元）。在这种情况下，5 户邻居便会各自把自己家的菜地用栅栏围起来，总成本为 200 元。但是，这不是一个最有效率的结果。

科斯定理告诉我们，在产生外部性的场合，只要明确产权，就可以解决外部性问题，达到资源的优化配置。但实际上这往往是很难行得通的，因为科斯定理的有效性依赖于其前提是否成立。事实上，涉及外部性的当事人很多，很难达成完美的解决方案，而使科斯定理的前提难以成立。科斯定理还有一个重要前提，即交易成本为零。交易成本是指围绕自由交易而发生的任何谈判或使契约强制执行的成本。交易成本不同于生产中所耗费的资源成本，它包括信息成本、谈判成本、订立或执行契约的成本、防止交易的参与者在议价时进行诈骗的成本、维持所有权的成本以及监督和执行成本等。如果交易成本过大，通过市场机制也许无法有效地解决外部性问题，使资源达到有效配置状态。事实上，谈判费用及交易成本不会极低，更不会为零，这决定了在许多场合仍然需要某种形式的政府管理。

8.2.3 对垄断造成的市场失灵的干预

垄断常常导致资源配置缺乏效率。此外，垄断利润通常也被看成是不公平的。这就有必要对垄断进行政府干预。政府对垄断的干预是多种多样的。

1. 政府管制

因为垄断厂商一般会采用降低产量、提高价格的形式进行经济活动。如果管制的目的是为了提高经济效率，一般采用最高限价的方式进行管制，通常情况下将平均成本作为管制价格。

例如，天然气、电话、供水等垄断行业，相对于竞争性行业来说，享有极大的成本优势和规模经济优势。而且这些行业产品的需求价格缺少弹性，也就是说消费者在消费这些产品时，不论这些产品价格多高，他们都必须消费，没有多少选择余地。为了控制这些行业抬高价格获取垄断超额利润，政府往往对这些垄断行业实施平均成本定价管制。以城市供水系统为例，城市供水系统应取其全部成本（修建水库、地下水管铺设、供水设备等），并将这些成本分摊到所销售的产品（自来水）上，然后对每个消费者所使用的消费量按分摊平均成本进行收费。

自然垄断行业多是固定投入巨大的行业。为了弥补巨大的固定成本，企业可以收取一定数量的固定费用（如月租费），而用可变费用（据使用量而定的费用，如通话费）来支付边际成本。这种方法比平均成本定价法更能接近理想的边际成本定价。

虽然从理论上来说，通过价格管制可以使垄断厂商的生产实现经济效率，但是价格管制的前提是政府必须清楚地知道垄断厂商的生产成本情况。如果没有对企业的经营成本进行严格约束的法定依据，垄断企业将豪华装修、对员工的实物分配及高出社会平均报酬几倍的工资等都计入成本，那么这种价格管制的效率就值得怀疑。

由此可见，要对垄断厂商进行管制，政府必须设立专门机构，专职对垄断厂商的生产、成本和服务进行监督，以确定垄断企业的成本和定价管制。

另外，政府在进行最高限价管制的同时，还要防止垄断企业的大幅降价。因为一般垄断企业具有规模优势，可以通过大幅降低价格，阻止新企业进入。

2. 反垄断法

许多国家都从不同程度上制定了反垄断法，从法律上对垄断进行管制。为了预防和制止垄断行为，保护市场公平竞争，提高经济运行效率，维护消费者利益和社会公共利益，促进社会主义市场经济健康发展，我国于 2008 年 8 月 1 日起施行了《中华人民共和国反垄断法》。反垄断法在减轻垄断和防止以提高价格为目的的企业兼并行为、联合行为等方面发挥了重要作用。但是，它同时也阻碍了企业实现规模经济。企业如果要得到规模经济的好处，只有企业的规模在达到一定程度时才可以实现。大企业之间的一些兼并有相当一部分是出于这种目的。制定反垄断法的目的在于增进社会福利，因此在具体实施中，政府必须能够确定哪些合并是有益的，哪些合并是不当的，对不合理的、限制竞争的合并加以禁止。

3. 公有化

政府还可通过由自己经营私人垄断行业来解决垄断问题，这种解决方法称做公有化或国有化。这种情况在欧洲国家曾经很常见，如英国和法国就曾对各自国家的电力公司、电话公司、煤气公司和自来水公司等公共事业部门实行公有化。在美国，政府经营邮政服务。

然而，政府的经营效率通常不高。因此，经济学家们通常赞成把公有制的垄断行业私有化，所以欧洲许多国家都先后实行了把政府企业变为私有企业的私有化运动。今天，在英国和法国等国家仍被政府经营的公共事业已为数不多了。

知识拓展 8.3

中华人民共和国反垄断法

《中华人民共和国反垄断法（以下简称《反垄断法》）已由中华人民共和国第十届全国人民代表大会常务委员会第二十九次会议于 2007 年 8 月 30 日通过，自 2008 年 8 月 1 日起施行。《反垄断法》素有"经济宪法"之称，是维护市场竞争秩序，充分发挥市场配置资源的重要法律。中国《反垄断法》从 1994 年开始起草，到 2007 年 8 月 30 日全国人大常委会讨论通过，再到 2008 年 8 月 1 日起正式实施，经历了 14 个春秋。

有关法律专家指出，该法规的出台和施行，是中国市场经济前进道路中的重要里程碑，将从一定程度上扭转大企业挤压小企业生存空间的现状，建立平等竞争的市场环境，消除垄断对市场经济造成的破坏，有利于普及竞争理念和竞争文化。有效维护消费者合法权益，成为保护公平竞争市场秩序的重要的法律武器。

法规链接

《反垄断法》

8.2.4　风险、信息不对称与市场行为

风险以及导致风险的信息不对称给市场机制的正常运行带来许多问题。在信息不对称所导致市场失灵的领域，通过一些有效的制度安排，可以消除信息不对称带来的影响。实施这些制度安排防范措施，可以通过市场机制本身，也可以通过政府干预来做到。

1. 利用市场机制传递和获得信息

（1）发信号进行信息沟通。发信号（Signaling）是指有信息的一方向无信息的一方披露自己私人信息所采取的行动。企业会花钱做广告向潜在客户发出它们有高质量产品的信号。应聘大学生会向招聘单位展示他们有能力承担某项工作的信息。文凭就是一个信号，也正因为它是一个信号，才使得很多大学生找到认为满意的工作。但是学历不等于能力，在老板对员工熟悉起来以后，他提拔员工的标准就不只是学历了。一些好高骛远、眼高手低的大学生不再受到重用。路遥知马力，日久见人心，因为这时的老板已经和员工信息非常对称了。

（2）甄别和筛选信息。筛选（Screening）就是无信息的一方引起有信息的一方披露私人信息的现象。信息甄别的机制非常常见。不同的劳动报酬机制就是一个例子，一家工厂同时实行计件工资制和计时工资制，其结果是，生产率高于平均生产率的工人都会选择计件工资制，而生产率较低的工人则倾向于选择计时工资制。

再如，保险公司出售汽车保险。由于保险公司知道车主中有的人驾驶技术较好，有的驾驶技术较差，根据他们的平均出事概率确定费率定会导致技术好的车主退出保险市场。于是保险公司便同时实行两种保险方案，一种是费率较高的全额保险，另一种是费率较低的部分保险。显然，驾驶技术较差的车主会选择前者，而选择后者的则是车技较高的车主。

2. 政府管制

政府针对不对称信息情况下出现的很多问题采取了许多弥补的行为。政府可以运用其公共权力，整治虚假广告、打击假冒伪劣产品，强制生产经营者落实产品担保承诺等。政府还可以制定行政法规，强制生产经营者向市场提供真实的、比较全面的信息。此外，政府也能直接提供信息。

例如，在医生和病人之间，病人对医生的了解少于医生对自己的了解。为保证患者能享受到相应的服务，政府通过一套执业资格考试和签发许可证的系统来解决这一问题。

在劳动力市场上，当工人拥有充分信息时，他们就不会去到不安全的企业工作。而工人对所在企业的危险与否不清楚，于是政府在像煤矿、化工产品生产等存在危险的企业，实行较强制的安全措施检查和规定，从而保障工人工作的安全性。

案例链接

汤臣倍健打造"透明工厂"

> **问题探索**：政府干预市场理论上讲是十分必要的，可是为什么往往出现与期望相反的负效果？什么是政府失灵？

【本章小结】

1. 所谓市场失灵，就是说完全依靠市场机制的作用，无法达到社会福利的最佳状态。市场失灵主要包括公共产品、外部性、垄断和不完全信息引起的市场失灵。

2. 私人产品是指一般生产要素供给者通过市场经济所提供的产品和服务，它由私人或厂商提供。私人产品具有两大特征，即排他性和竞争性。

3. 在经济中存在的许多不能同时满足或完全不满足竞争性和排他性的物品通常被称为公共产品。按照公共产品所具有的非竞争性和非排他性的程度不同，公共物品可分为纯公共产品和准公共产品。

4. 纯公共产品具有非竞争性和非排他性。准公共产品是指具有有限的非竞争性和非排他性的物品。准公共物品又可分为两类：自然垄断型公共物品和公共资源。公共产品既可由政府直接提供，也可由私人生产政府间接提供。

5. 政府对市场失灵的干预主要包括对公共产品、外部性以及垄断等引起的市场失灵的干预。

【经济观察】

"学习社会理论"：政府干预有可能矫正市场失灵

2014 年，斯蒂格里茨与他的老搭档格林沃德（Bruce C.Greenwald）正式推出了"学习社会理论"，为包括产业政策在内的积极政府干预主义奠定了理论基础。格林沃德是哥伦比亚大学商学院教授，价值投资理论的领军人物。学习社会理论提出三个重要观点，即：贫富国家的基本差别不在于资源之差，而在于知识之差；发展中国家发展速度是填平知识鸿沟速度的函数；知识生产和传播的机制有别于普通产品。

斯蒂格里茨和格林沃德建立了一系列模型，为这些想法提供"科学的"论证。这些模型在内生经济增长模型的基础上，纳入了学习的因素，共分为五个部分：封闭经济中学习的基础模型；内生劳动力供给的两阶段—多产品模型；垄断竞争条件下的学习模型；熊彼特竞争条件下的创新与长期增长模型；婴儿经济的保护主义模型——贸易政策与学习。

基于这些模型，两位教授提出，市场本身并不足以创建一个充分的学习社会，这是市场失灵的一种体现，因为：（1）学习具有溢出效应，呈现正外部性；（2）市场化的学习在一定时期和一定空间具有垄断性；（3）知识传播是一种产业（行业）公共物品。

为促进学习，政府干预有可能弥补市场不足、矫正市场失灵，其具体作为的空间如下。（1）产业政策与贸易政策：将有助于在产业范围促进知识积累和扩散。（2）财政和金融政策：产业政策的实施需要抓手。（3）投资政策：政府补贴投向知识的生产和扩散。（4）知识产权制度建设：为知识发明者、生产者和扩散者提供正向激励。

资料来源：节选《重新认识市场失灵：诺奖得主斯蒂格利茨论产业政策》，澎湃新闻，2017年1月3日

讨论题

1. 关于市场失灵治理的主要理论流派有哪些？
2. 如何保护我国的绿水青山？政府应该怎么办？为什么？

【能力训练】

市场失灵现象调查

调查某种具有外部性的经济活动，看看它的外部性有没有得到有效的解决？如果没有解决，请给出建议；如果得到解决，它是如何得到解决的？

3～5 人为一组，根据题目进行进度安排，收集资料，列出讨论提纲，参与讨论，总结后制作PPT，选一个代表进行 7～8 分钟的陈述，其他人完成论文。

【概念复习】

市场失灵 外部性 公共物品 信息不对称 道德风险 逆向选择 政府管制

【同步练习】

1. 以下哪一个特征不是公共产品的特征（　　　）。
    A. 非排他性　　　　B. 竞争性　　　　　C. 外部性　　　　　　D. 由政府提供
2. 解决外部不经济可争取以下哪一种方法（　　　）。
    A. 通过征税的办法　　　　　　　　B. 通过产权界定的方法
    C. 通过将外部性内在化的方法　　　D. 以上各项都可行
3. 关于科斯定理，正确的论述是（　　　）。
    A. 科斯定理阐述产权和外部性的关系
    B. 科斯定理假设没有政府的干预
    C. 科斯定理一般在涉及的交易主体数目较少时才较为有效
    D. 以上各项都正确
4. 交易双方信息不对称，比方说买方不清楚卖方一些情况，是由于（　　　）。
    A. 卖方故意要隐瞒自己一些情况　　B. 买方认识能力有限
    C. 完全掌握情况所费成本太高　　　D. 以上三种情况都有可能

5. 导致市场失灵的因素有（　　　）。

    A. 公共物品　　　　B. 外部性　　　　　C. 垄断　　　　　D. 信息不对称

【问题讨论】

1. 什么叫市场失灵？哪些情况会导致市场失灵？

2. 政府应当在什么样情况下实行反垄断政策？

3. 什么叫外部性？如何纠正外部影响造成的资源配置不当？

4. 公共物品与私人物品相比有什么特点？这种特点怎样说明在公共物品生产上市场是失灵的？

5. 垄断或不完全竞争为什么可能会降低效率？

6. 你认为我国出现环境污染的原因是什么？应当如何治理？

7. 如何解决市场信息不完全与不对称问题？

【补充读物与资源】

《为何资本不从富国流向穷国》[英] 卢卡斯，著. 江苏人民出版社，2003 年

《通往奴役之路》[英] 哈耶克，著. 王明毅、冯兴元，译. 中国社会科学出版社，1997 年 9 月

《产业政策大论辩：张维迎林毅夫面对面 PK》观察者网站

第 9 章

国民收入核算

发展经济的全部目的无非是为了现在和将来提供物品与劳务，而且这个义务我认为最好是永远交给那些宁肯少生产一些而不是多生产一点的人来承担。

——詹姆斯·托宾

学习目标

能力目标

- 能够分辨国民生产总值与国内生产总值概念及其区别。
- 能够运用国民收入核算的基本理论,理解和分析最近几年国家统计局公布的国内生产总值及其构成。

知识目标

- 掌握国内生产总值的含义。
- 掌握国内生产总值计算方法。
- 掌握国内生产净值、国民收入等几个概念的含义。
- 掌握实际 GDP 的含义。

重要概念

国内生产总值　国民生产总值　国民收入　可支配收入　实际 GDP

从这一章开始，我们就进入到宏观经济学的学习中。在市场经济国家里，为什么产出和就业会不时地下降？怎样才能减少失业？通货膨胀的原因是什么？如何控制它？一国如何提高经济增长率？这些问题是宏观经济学面临的核心问题。如何实现高水平和较快的经济增长、低水平的失业率和稳定的物价水平是宏观经济学要研究的主要内容。宏观经济学以整个国民经济活动为研究对象，而整个国民经济活动的状况和结果又是通过一系列国民收入总量指标来反映的。分析研究国民经济总量及其相互关系，中心是国民收入，所以国民收入如何核算和决定构成现代宏观经济学理论的前提和基础。本章主要介绍国内生产总值的含义与核算。

衡量一个社会经济活动的基本尺度是国民生产总值。在 1993 年以前，各国用的是国民生产总值（Gross National Product，GNP），但是 1993 年以后随着全球经济一体化趋势日渐明显，越来越多的国家和地区改用国内生产总值（Gross Domestic Product，GDP）作为它产出的主要统计衡量指标。因此，阐明国内生产总值及其有关总量衡量的规定与技术是宏观经济学的前提。

9.1 国内生产总值

9.1.1 国内生产总值的含义

国内生产总值是衡量一国经济总产出最全面的指标。国内生产总值是指一国在一定时期内（一般是一年）在本国境内所生产的最终产品（包括产品与劳务）的市场价值的总和。

理解这一定义，应把握以下几点。

第一，国内生产总值是指一国在本国境内生产的全部最终产品，既包括本国企业在本国所生产的产品和劳务，也包括外国企业或者合资企业在本国生产的产品和劳务。

第二，国内生产总值是指一年内新生产的最终产品和劳务的价值。以前生产的在该年售卖掉的存货的价值不在计算之内。如远东服装公司2013年生产100万元人民币的产品，2013年只卖掉80万元，所剩20万元产品为存货，同样属于2013年的GDP。同样要注意，2013年建成的商品房，开发商在2014年4月才出手售出的部分房屋，也不能计算到2014年的GDP中去。

第三，这里的"最终产品（产品和劳务）"指的是由最终使用者购买的产品和劳务，而不是被用做投入品以生产其他产品和劳务（即中间产品和劳务）。中间产品和劳务的价值不计入国民生产总值中，否则就会产生重复计算。一件物品和劳务究竟是最终产品还是中间产品，取决于谁购买它以及将它用于什么目的。比如，汽车生产商和印刷厂购买的电力属于中间产品，而居民用电则是最终产品。

在实践中，区分最终产品与中间产品有时是很难的，因而可以采用增值法来计算。所谓增值法是指只计算在生产各阶段上所增加的价值量。例如，一件西服从生产到消费者使用共经过5个阶段，即棉花及羊毛生产、纺纱、织布、制衣、销售。假设棉花及羊毛生产价值为50元，纺纱后售价为70元，于是纺纱厂生产的增加价值为20元，即增值20元。70元纱织成布售价为100元，即增值30元。100元的布制成衣服卖给售衣商为150元，于是制衣商在制衣过程中增值50元。西服销售商以300元卖给消费者，销售过程中增值150元。这件西服在这5个阶段中的增值共计50+20+30+50+150=300（元）。整个过程中的增值之和恰好等于这件西服的最后售价，如表9-1所示。

表9-1　　　　　　　　　　　　　增值法

生产阶段	产品价值（元）	中间产品成本（元）	增值（元）
棉及羊毛	50	—	50
纺纱	70	50	20
织布	100	70	30
制衣	150	100	50
销售	300	150	150
合计	670	370	300

第四，国内生产总值中的最终产品不仅包括有形的产品，而且还包括无形产品——劳务，即要把旅游、服务、卫生、科研、教育等行业提供的技术与劳务，按其所获得的报酬计入国内生产总值中。一些发达国家第三产业（主要是提供劳务的服务业）的GDP占到整个国民经济的60%～70%。

第五，国内生产总值指的是最终产品的市场价值的总和，这就要按这些产品和劳务的现期价格来计算。这里有两个要注意的方面。其一，不经过市场销售的最终产品（如自给性产品，自我服务性劳务等）没有价格，也就没有办法

知识拓展

绿色 GDP

计入 GDP 中去。其二，价格是变动的，国内生产总值不仅要受最终产品数量的影响，而且还要受其价格变动的影响。

> **问题探索：** 分析一下，一个国家和地区真实产出水平与计量的 GDP 相比较谁更大？

9.1.2 名义 GDP、实际 GDP 与潜在 GDP

1. 名义 GDP 和实际 GDP

衡量 GDP 的方法有两种，即名义 GDP 和实际 GDP。名义 GDP，是指按当年市场价格计算的国内生产总值。例如，2012 年的名义 GDP 就是用 2012 年的市场价格计算的当年的总产出的价值。实际 GDP，是按固定的价格或不变价格计算的某一年的国内生产总值，不变价格是指统计时确定某一年（称为基年）的价格。例如，用 2011 年的价格计算 2012 年的国内生产总值，和用 2012 年的价格计算 2012 年的国内生产总值，那么可以分别称为 2012 年实际 GDP 和 2012 的名义 GDP。

GDP 的各种变动被广泛地用来衡量一国产出水平和波动，可用来长期关注一国经济的运行轨迹。从中国 2000 年以来 GDP 总值的情况可以看到，我国 2000 年以来经济运行良好，如表 9-2 和表 9-3 所示。

数据查询方法

国家统计局官方网站

表 9-2 　　　　　　　　　中国 2000 年以来国内生产总值及增长率

单位：亿元

年份	GDP	增长率%
2000	99 215	8.4
2001	109 655	8.3
2002	120 333	9.1
2003	135 823	10.0
2004	159 878	10.1
2005	184 937	11.3
2006	216 314	12.7
2007	265 810	14.2
2008	314 045	9.6
2009	340 903	9.2
2010	401 513	10.3
2011	472 881	9.2
2012	519 322	7.9
2013	595 244	7.8
2014	643 974	7.3
2015	685 092	6.9
2016	744 127	6.7

来源：国家统计局年度统计公报

2. 潜在 GDP（Potential GDP）

潜在 GDP 是指在保持价格相对稳定的情况下，一国经济所能生产的最大产量。潜在 GDP 有时又称为充分就业时的产出。当一国经济在潜在能力生产运行时，这个国家的所有的劳动、资本、土地和企业家的才能等生产要素都基本上参与到生产过程中去，没有闲置，那么失业率就会比较低而生产水平则会比较高。

潜在 GDP 的大小是由一个经济体的生产能力大小决定的，而生产能力又是由这个经济体所能获得的生产要素投入（资本、劳动、土地等）总量多少和该经济体的技术水平和效率高低来决定。一般地，一个国家潜在 GDP 多呈现缓慢而稳定的增长。经济政策会对实际 *GDP* 的大小产生明显的作用，但对潜在 GDP 的影响可能要几年后才会有体现。

表 9-3 列示了改革开放后，中国主要经济指标在世界排名的变化。

表 9-3　　　　　　　　　　　　　　　　中国主要指标居世界的位次

指标	1978 年	1980 年	1990 年	2000 年	2008 年	2009 年	2010 年	2012 年
国土面积	4	4	4	4	4	4	4	4
人口	1	1	1	1	1	1	1	1
国内生产总值	10	11	11	6	3	3	2	2
人均国民总收入	175（188）	177（188）	178（200）	141（207）	127（210）	124（213）	120（215）	94（215）
进出口贸易总额	29	26	15	8	3	2	2	1
出口额	30	28	14	7	2	1	1	1
进口额	27	22	17	9	3	2	2	—
外商直接投资	—	60	12	9	3	2	2	1
外汇储备	38	37	7	2	1	1	1	1

9.2　国内生产总值的核算

在国民经济核算体系中计算国内生产总值的方法主要有支出法、收入法和部门法三种。

9.2.1　支出法

支出法又称最终产品法、产品流动法。这种方法从产品的使用出发，通过核算在一定时期（一般是一年）整个社会购买最终产品的总支出来计算国民生产总值。

如果用 Q_1，Q_2，$\cdots$，Q_n 代表各种最终产品的数量，用 P_1，P_2，$\cdots$，P_n 代表各种最终产品的价格，则支出法表示的国内生产总值为

$$GDP = Q_1 \cdot P_1 + Q_2 \cdot P_2 + \cdots + Q_n \cdot P_n \qquad (9-1)$$

统计上，用于购买最终产品的全部支出可分为四个部分，即消费支出（*C*）、投资支出（*I*）、政府购买（*G*）、净出口（*NX*）。

（1）消费支出（*C*）即个人当期消费支出，指的是现期本国公民对最终物品、技术和服务的购买，是一个国家总需求中最主要的一个部分。消费支出又可分为四类，即耐用消费品支出、非耐用品消费支出、住房租金支出及服务（旅游、医疗等）支出。

（2）投资支出（*I*）是指增加或替换资本的支出，即总投资，如厂房和住宅建筑、机器设备以及存货。它包括固定投资和存货投资两大类。固定投资是指新厂房、新设备、新商业用房、居民住房等的投资。存货投资指企业存货的净变动额（年终存货–年初存货）。存货投资可能为正值，也可能是负值。

案例 9.1

购买住房是投资支出

为什么购买住房不是消费而是投资呢？消费是为了获得效用，例如，购买冰箱、彩电、汽车等都是为了使满足程度更大。但投资是为了获得利润，或称投资收益。在发达的市场经济中，人

们购买房子不仅为了居住或得到享受，而且还为得到投资收益。住房的收益有两个来源。一是租金收入（自己住时所少交的房租也是自己的租金收入），二是房产本身的增值。正因为这样，许多人把购买住房当成一种不动产投资。

（3）政府购买（G）是指各级政府购买产品和劳务的支出，包括政府在国防上的支出、修路建桥的支出以及提供警察、法院、医院、教育等服务的支出。政府购买只是政府财政支出的一部分，政府财政支出的另一部分政府转移支付不计入 GDP，因为转移支付只是简单地把收入进行重新分配，即从一些人或一些组织转移到另一些人或组织，没有相应的产品和劳务的交换发生。如政府给残疾人发放救济，并不是这些人创造了收入。政府购买支出不仅是对国内生产的产品和劳务的购买，还包括对国外生产的产品和劳务的购买。

知识拓展 9.1

中国国民经济核算体系

国民经济核算体系（National Economic Accounting System），广义上指关于国民经济核算的理论、方法、指标体系。世界各国主要采用的核算体系分为两大类，即国民核算体系和物质产品平衡表体系。国民经济核算体系狭义上专指国民核算体系，又称国民账户体系（System of National Accounts，SNA），是从国民经济总体出发，按照借贷必相等的原则，对社会产品的生产、分配、流通和使用进行综合考察和统一核算的制度。

中国国民经济核算体系由基本核算表、国民经济账户和附属表三部分构成。基本核算表包括国内生产总值表、投入产出表、资金流量表、国际收支表和资产负债表；国民经济账户包括经济总体账户、国内机构部门账户和国外部门账户；附属表包括自然资源实物量核算表和人口资源与人力资本实物量核算表。基本核算表和国民经济账户是本体系的中心内容，它们通过不同的方式对国民经济运行过程进行全面的描述。附属表是对基本核算表和国民经济账户的补充，它对国民经济运行过程所涉及的自然资源和人口资源与人力资本进行描述。

从新中国成立初期到改革开放初期，我国国民经济核算采用的是产生于苏联、东欧国家的物质产品平衡表体系（MPS）。20 世纪 80 年代中期以后，随着改革开放的不断深入和国民经济的迅速发展，MPS 体系表现出明显的不足，我国在继续实行 MPS 体系的同时，逐步引进产生于发达的市场经济国家、并被世界大多数国家广泛采用的国民账户体系（SNA）。

经过 10 年的改革，《中国国民经济核算体系（2002）》对《中国国民经济核算体系（试行方案）》进行了全面系统的修订，取消了其中的 MPS 核算内容，清理了基本概念，修订了机构部门和产业部门分类，调整了基本框架，补充了核算内容，修改和细化了有关表式的指标设置，基本上与新的国际标准相衔接。

（4）净出口（NX）指进出口的差额。出口以 X 表示，进口以 M 表示，净出口 $NX=X-M$。其中出口指的是外国对本国物品、技术或劳务的购买，进口指的是本国对外国的物品、技术或劳务的购买。当一个国家的出口大于进口时，净出口为正；当出口小于进口时，净出口为负。净出口代表了外国购买本国当期生产的最终物品、技术或劳务的净支出。

改革开放前，我国对外贸易规模较小，1978 年，进出口总额只有 200 多亿美元，利用外资基本是空白。1990 年以来我国进出口一直保持着可观的净出口值。如图 9-1 所示，2016 年进出口总额达 243 387 亿元，进出口贸易总额在世界的位次跃居第 1 位。中国一跃成为世界第一进出口贸易大国。

GDP 用支出法的计算公式为

$$GDP = C + I + G + (X-M) \tag{9-2}$$

图 9-1　2012—2016 年货物进口和出口总额

9.2.2　收入法

这种方法又称为要素支付法，或称要素收入法。这种方法是从收入分配的角度出发，把生产过程中各种生产要素所得到的收入相加来获得 GDP。这些收入包括：劳动所得的工资、土地所得的租金、资本所得的利息以及企业家的才能所得的利润等。

由于最终产品的市场价值除了生产要素收入构成的生产成本外，还应该加上厂商间接税、资本折旧和公司未分配利润等内容，所以还必须对收入进行调整才能得出国内生产总值，用公式表示为

$$GDP=生产要素收入的总和+资本折旧+公司利润+（间接税-政府补贴）$$
$$=工资和其他福利+利息+地租+利润+资本折旧+公司利润+（间接税-政府补贴）\quad（9\text{-}3）$$

按此法计算国民收入时要减去企业的转移支付，然后加上政府的补贴，因为 GDP 只包括了支付产品和劳务上的开支，不包括在转移支付上的支出。

政府的转移支付是对个人的一种支付，这种支付并不用来交换受益人所提供的产品和劳务。政府转移支付的项目很多，包括失业保险、退伍军人抚恤金、老龄及残疾人的补助等。转移支付的目的在于满足某种社会需要，而不是用来购买当前产品和劳务，因而不应该计算在 GDP 中。企业的转移支付如捐赠、奖励、个人对企业造成的坏账等，并没有发生要素服务的相应交换，也未发生产品和劳务的实际生产。政府对企业的补贴类似于转移支付，实际上它是企业的一种未发生产品与劳务交换的收入。但是企业得到补贴能使企业降价产品价格或提高对要素的支付报酬，前者会使国内生产总值减少，后者会使国民收入增加，从而影响国民收入的总量，因此，政府对个人的转移支付不能计入国民收入中，而政府给企业的补贴应该计入国民收入里。

9.2.3　部门法

部门法是指把提供物质产品和劳务的各个部门产值加总计算国内生产总值的方法。这种计算方法反映了国内生产总值的来源，所以又称生产法。

在一国经济中，各物质部门所使用的中间产品的产值扣除，仅仅计算本部门的增值。商业、服务业等部门也是按增值法计算。卫生、教育、行政等无法计算增值的部门则按该部门职工的工资收入来计算，用工资收入代表他们所提供的劳务的价值。

各国对各部门的分类方法不一定相同。按一般的标准可以分为：农林渔业；采掘业；建筑业；制造业；交通运输业和公用事业；商业；金融、保险、不动产业；服务业；教育、卫生、体育、文化和社会福利事业；政府机构等十大部门，也有把文教卫等归到服务业中。

按以上三种方法计算所得出的结果，从理论上看应该是一致的，它们是从不同的角度来计算

同一国的国内生产总值。但是在实际中，这三种方法所得出的结果往往并不一定相同。国民经济核算体系以支出法为基本方法，即以支出法所计算出的 GDP 为标准。如果按收入法和部门法计算出来的结果与它不同，就要通过误差调整项来进行调整，使之达到一致。

案例 9.2

表 9-4 列示了 2012—2016 年世界各国 GDP 排名前十位的基本信息。

表 9-4　　　　　2012—2016 年世界各国 GDP 前十位排名

序号	国家	2012 年			2016 年		
		GDP（亿美元）	实际增长率	排序	GDP（亿美元）	实际增长率	排序
1	美国	158 300	2.2%	1	185 691	1.6%	1
2	中国	83 000	7.8%	2	112 182	6.7%	2
3	日本	53 000	1.7%	3	49 386	1.0%	3
4	德国	34 000	0.7%	4	34 566	1.8%	4
5	法国	26 000	0.4%	5	24 532	1.2%	6
6	英国	25 000	-0.3%	6	26 291	1.8%	5
7	巴西	23 000	1.0%	7	17 986	-3.6%	9
8	意大利	21 000	-2.3%	8	18 507	0.9%	8
9	俄罗斯	20 000	3.5%	9	12 907	-0.2%	12
10	印度	18 000	5.3%	10	22 563	6.8%	7

表 9-5 列示了 2016 年"金砖国家"GDP 的基本信息

表 9-5　　　　　2016 年"金砖国家"GDP 排名

排序	国家	国内生产总值（亿美元）	实际增长率	排序	国家	国内生产总值（亿美元）	实际增长率
1	中国	112 182	6.7%	2	印度	22 563	6.8%
3	巴西	17 986	-3.6%	4	俄罗斯	12 907	-0.2%
5	南非	2 941	0.3%				

9.3　国民收入核算中其他总量

9.3.1　GDP 中的五个经济总量及其相互关系

在国民收入核算体系中除了国内生产总值外，还必须计算国内生产净值（NDP）、国民收入（NI）、个人收入（PI）和个人可支配收入四个总量指标。

1. 国内生产净值（Net Domestic Product，NDP）

国内生产净值是指一个国家一年内新增加的价值，它等于从国内生产总值中减去固定资本折旧的价值，用公式表示为

$$NDP=GDP-折旧 \tag{9-4}$$

2. 国民收入（Nation Income，NI）

国民收入是指一个国家或地区在一年内以货币计算用于生产的各种生产要素所得到的全部收入，即等于工资、利润、利息和租金的总和。

| | |

166 经济学基础（视频案例 第2版）

国内生产净值与国民收入是有差别的，其差别在于，国内生产净值包括间接税，而国民收入则不包括间接税。这是因为，国内生产净值是从生产角度来计算的，而国民收入则是从分配的角度来计算的。从分配的角度看，间接税是产品价格的附加，而不是某一生产要素的报酬，所以不应计入国民收入中。国民收入用公式表示为

$$NI=NDP-间接税=工资+利润+利息+租金 \tag{9-5}$$

需要注意的是，国民收入的概念有狭义和广义之分。广义的国民收入是指五个总量的总称。当提到国民生产五个总量中的"国民收入"指标时，国民收入是狭义的。国民收入决定理论中所讲的国民收入就是指国内生产总值。

3. 个人收入（Personal Income，PI）

个人收入是指一个国家一年内个人所得到的全部收入。生产要素报酬意义上的国民收入并不会全部成为个人收入，例如，利润收入中要给政府缴纳公司的所得税，公司还要留下一部分作为留存收益，只有一部分利润才会以红利和股息形式分给个人。职工劳动收入中也有一部分要以社会保险费的形式上缴到有关机构。另一方面，人们也会以各种形式从政府那里得到转移支付，如退伍军人津贴、工人失业救济、职工养老金、职工困难补助等，因此，从国民收入中减去公司未分配利润、公司所得税及社会保险税（费），再加上政府给个人的转移支付，大体上就得到个人收入，用公式表示为

$$PI=NI-公司未分配利润-企业所得税+转移支付 \tag{9-6}$$

4. 个人可支配收入（Personal Disposable Income，PDI）

个人可支配收入指一个国家一年内个人可以支配收入的累加，个人收入减去个人所得税的余额，就是个人可支配收入，它可以分为消费与储蓄两个部分，用公式表示为

$$PDI=PI-个人所得税=消费+储蓄 \tag{9-7}$$

图 9-2 显示了 2012—2016 年我国居民人均可支配收入及增长速度的情况。

图9-2 我国 2012—2016 年居民人均可支配收入及其实际增长速度

9.3.2 国民生产总值与国内生产总值、人均国内生产总值

1. 国民生产总值与国内生产总值

国民生产总值（GNP）是指一年内本国常住居民所生产的全部最终产品（产品和劳务）的市场价值的总和。GNP 是按"国民原则"计算的，以人口为统计标准。在 GNP 中既包括本国常住公民在国内生产的最终产品，也包括本国常住公民在国外生产的最终产品，但不包括外国公司在本国生产的最终产品。

国内生产总值按"国土原则"计算，以地理上的国境为统计标准。也就是说凡在本国领土范围内所生产的最终产品和劳务，无论所有权属于谁，经营者是谁，服务对象是谁，其价值都计入本国的 GDP。具体来说，它是一国国境内所有产出的总价值，而不管其所有者是本国公民还是外国公民。

GDP 与 GNP 之间的关系也可以互相换算，其公式为

$$GNP = GDP + （本国公民的国外收入-外国公民在国内的收入） \qquad (9\text{-}8)$$

其中，本国公民的国外收入减去外国公民在国内的收入的差额被定义为净要素支付，以 NFP 表示，上述公式可表示为

$$NFP = GNP - GDP \qquad (9\text{-}9)$$

在封闭经济情况下，GDP=GNP。但是在全球经济一体化的现代社会里，这种情况是不可能存在的。通常有两种情况：如果在国外投入生产的本国生产要素所获取的收入大于在国内投入生产的外国生产要素所获取的收入，即 NFP>0，GNP 就会高于 GDP；反之，当 NFP<0 时，GNP 则低于 GDP。

2. 人均国内生产总值

国内生产总值是一个总量的概念，可以反映一国的经济实力与市场规模。人均国内生产总值是一个平均总量，可以反映一国的富裕程度和国民的生活水平，是估量一国国民福利水平的基本准则。两个概念都很重要。

用某一年的国内生产总值除以人口数量就可以得出此年的人均 GDP，即

$$某年人均国内生产总值 = \frac{某年国内生产总值}{某年人口数} \qquad (9\text{-}10)$$

这里所用的人口数量是当年年初与年底的人口平均值，或者是年中（当年 7 月 1 日）的人口数。我国 1978—2007 年人均国内生产总值如图 9-3 所示。

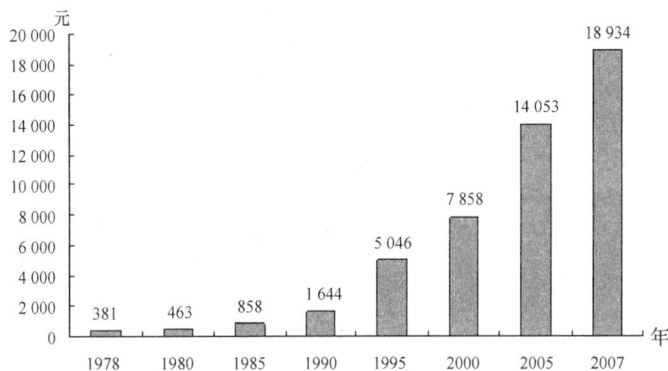

图 9-3　我国 1978—2007 年人均国内生产总值

9.3.3　国民收入核算的缺陷

国民收入核算体系基本上能反映一国经济状况，其计算方法有许多优点，但是它本身仍然存在一些缺陷。

第一，非市场交易活动得不到反映。有些经济活动本身不以交换为目的，因此，没有价格，如家务劳动、义务劳动、农民自足自给部分等，还有不少地下经济活动也得不到反映。

第二，不能反映出人们所得到的福利情况。如产品质量的高低、社会保障体系的完美性、收入分配状况、环境状况等均不能得到体现。

针对国民收入核算体系存在的问题和缺陷，经济学家和各国政府以及相关的国际组织均在积极探索和尝试一些改良或者提出新的核算制度，试图弥补。如经济学家们提出经济福利尺度（Measure of Economic Welfare，MEW）、纯经济福利（Net Economic Welfare，NEW）以及绿色 GDP 等新的核算方法，但均因操作性不足等问题而得不到足够的重视。

问题探索： 讨论一下，GDP 与人们的收入水平直接相关吗？

【本章小结】

1. 宏观经济学研究整个国民经济活动中有关总量的决定及其变化规律，以实现经济的稳定和增长。宏观经济学所研究的各种经济总量是通过国民经济核算得到的。因此，国民经济核算理论是宏观经济学产生和发展的前提和基础。

2. 衡量一个社会经济活动的基本尺度是国民生产总值。但是国内生产总值概念比国民生产总值更加普通地被使用。国内生产总值（Gross Domestic Product，GDP）是指一国在一定时期内（通常是一年）在本国境内所生产的最终产品（包括产品、技术与劳务）的市场价值的总和，它是核算国民经济活动的核心指标。国民生产总值（Gross National Product，GNP）是指经济社会（一国或一地区）在一定时期内运用生产要素（在国内外）所生产的全部最终产品（物品、技术和劳务）的市场价值的总和。GNP=GDP+（本国公民的国外收入-外国公民在国内的收入）。

3. 我们可以通过支出法、收入法、增值法等方法来统计国内生产总值。

4. 国民收入核算体系存在着核算范围的局限性、核算内容的片面性、国际间的不可比性等缺陷，有必要通过实际 GDP、物价指数等对其进行矫正。

【经济观察】
我国的国民经济核算制度

国民经济核算制度在地区实施，包括地区生产总值核算制度、投入产出核算制度、资金流量核算制度等。

1. 地区生产总值核算制度

（1）为了全面反映我国国民经济的发展规模、结构等方面的情况，为各级政府制定政策和计划、进行宏观管理提供依据，依照《中华人民共和国统计法》制定本制度。

（2）核算范围。地区生产总值核算的范围是地区内所有常住单位在一定时期内生产活动的最终成果。地区生产总值有三种计算方法，即生产法、收入法和支出法，分别从不同方面反映地区生产总值及其构成。

（3）核算内容。生产法地区生产总值，从生产的角度衡量常住单位在一定时期创造的价值，即从生产的全部货物和服务总产品价值中，扣除生产过程中消耗和使用的中间货物和服务价值得到的增加值，具体指标包括总产出、增加值等。

收入法地区生产总值，从常住单位从事生产活动形成收入的角度来核算生产活动成果，具体指标包括增加值、劳动者报酬、生产税净额、固定资产折旧、营业盈余等。

支出法地区生产总值，从常住单位对货物和服务的最终使用情况出发，根据最终使用的不同类型，核算相应最终使用指标，具体指标包括最终消费支出、资本形成总额、货物和服务净流出等。

文化及相关产业增加值，核算《文化及相关产业分类（2012）》中规定的全部文化及相关活动创造的增加值，具体指标包括总产出、中间投入、增加值、劳动者报酬、生产税净额、固定资产折旧、营业盈余等。

（4）资料来源。地区生产总值核算的基础资料来自经济普查资料、国家统计局统计调查资料、部门统计资料和财务资料、财政收支和决算资料等。

（5）数据公布。地区生产总值数据由各地区自行选择适当方式对外公布。部分指标通过国家统计局外网、统计年鉴或其他统计资料等形式对外发布。

2. 投入产出核算制度

（1）为满足宏观经济管理与调控的需要，为研究国民经济综合平衡、产业结构调整、地区经济协调发展、制定国民经济发展计划等提供依据，依照《中华人民共和国统计法》的规定，特制定本核算制度。

（2）核算依据。《投入产出核算制度》是国家统计调查制度的一部分。根据国务院办公厅国办发〔1987〕18 号文件"每五年进行一次全国投入产出调查，编制投入产出表"的规定，逢二、逢七份编制投入产出基准表，逢零、逢五年份编制投入产出延长表。

（3）核算内容。《投入产出核算制度》共有三张总表表式。分别为投入产出表、产出（供给）表和使用表。投入产出表以矩阵形式，描述国民经济各部门在一定时期生产中的投入来源和产出使用去向，揭示国民经济各部门间相互依存、相互制约的数量关系。

（4）资料来源和编表方法。编制投入产出表所需要的基础数据，包括投入产出调查汇总资料，统计系统内工业、农业、投资和住户资料，以及海关总署、国家外汇管理局等部门资料。按照各基准年《投入产出表编制方法》编制表格。

（5）数据发布。投入产出核算一般滞后两年完成。投入产出表通过国家统计局外网、投入产出学会网页和统计年鉴对公众发布。基准年表（尾数 2、7 年）公开出版并附有数据光盘。

3．资金流量核算制度

（1）为全面、完整、系统地描述我国社会资金活动，清晰地反映国民经济的运行状况，为宏观经济调控提供依据，依照《中华人民共和国统计法》制定本制度。

（2）核算范围。资金流量核算的范围是本地区各机构部门的资金流量状况。资金流量核算反映一定时期内各机构部门的收入分配和使用等情况，同时反映各机构部门的资金筹集和运用情况，其核算内容覆盖了整个国民经济运行过程以及相伴随的金融活动。资金流量核算包括"资金流量表（非金融交易）"和"资金流量表（金融交易）"两张核算表。

（3）核算内容。非金融交易表以增加值为起点，全面记录机构部门之间以及与国外之间的收入分配、收入使用以及非金融投资过程，基本指标包括劳动者报酬、生产税净额、财产收入、初次分配总收入、经常转移、可支配总收入、总储蓄、资本转移、资本形成总额、净金融投资等。金融交易表从金融过程角度，全面记录各机构部门通过金融交易提供、获得的资金，显示资金在部门之间以及与国家之间的流动状况，基本指标包括通货、存款、贷款、未贴现银行承兑汇票、准备金、证券、证券投资基金份额、中央银行贷款、直接投资、国际储备资产等。

（4）数据来源。资金流量核算按照交易的项目和机构部门的类别，逐项、逐部门收入基础资料，基础数据主要来源于国内生产总值核算、财政决算、社会保险决算、金融统计、国际收支等。

（5）数据发布。各地区（除西藏自治区外）按照本制度要求编制年度资金流量表（非金融交易），数据发布方式由各省、自治区、直辖市自行决定。资金流量表（金融交易）由各地区根据实际情况选择编制和发布。

来源：国家统计局官网 2017-01-09

讨论题

1. 我国目前的国民经济核算制度与 20 世纪 80 年代有何变化？
2. 讨论 GDP 与 GNP 的差异以及对国民收入计量的影响。

【能力训练】

GDP 增长率与污染增长率调查

沉寂 5 年，2011 年地方重启绿色 GDP 核算。2011 年当时的江西省省长指出，未来 5 年将用好国家赋予的先行先试政策，"率先在鄱阳湖生态经济区内开展绿色 GDP 核算、生态补偿、流域综合管理体制、排污费改环境税等改革试点。"时任湖南省省长也提出，"完善以资源有偿使用、生态环境补偿、绿色 GDP 考核评价为重点的发展政策体系和保障机制，建立推进节能减排的价格及补偿机制，推进主要污染物排污权交易和生态补偿试点。"

以小组为单位，调查当地近 5 年来 GDP 的增长率与环境污染的增长情况，然后对当地经济的发展模式进行评价。

建议授课老师组织本次本章问题讨论时，至少提前两周安排，每个小组分工收集材料，提高讨论质量。以小组为单位提交讨论报告。

【概念复习】

国内生产总值　国民生产总值　实际 GDP　通货膨胀缺口　可支配收入

【同步练习】

1. 一国的国内生产总值大于国民生产总值，则该国公民从国外取得的收入（　　）外国公民从我国取得的收入。

　　A. 大于　　　　　　B. 小于　　　　　　C. 等于　　　　　　D. 不能确定

2. 下列四种产品应该记入当年国内生产总值的是（　　）。

　　A. 当年生产的一辆汽车

　　B. 去年生产而今年销售出去的汽车

　　C. 某人去年收购而在今年转售给他人的汽车

　　D. 一台报废的汽车

3. 在用支出法计算国内生产总值时，本国国民购买私人住宅的支出属于（　　）。

　　A. 消费　　　　　B. 投资　　　　　C. 政府购买　　　　　D. 净出口

4. 在一般情况下，国民收入核算体系中，数值最小的是（　　）。

　　A. 国内生产净值　B. 国民收入　　　C. 个人可支配收入　D. 个人收入

5. 下列项目中，属于政府购买的是（　　）。

　　A. 政府给低收入者提供一笔住房补贴　　B. 政府购买一批军火

　　C. 政府给公务员增加薪水　　　　　　　D. 政府建造三所中学

【问题讨论】

1. 核算国内生产总值有哪几种方法？

2. 说明国民生产总值与国内生产总值的区别和联系。

3. 如果某一经济社会生产 6 种产品，它们在 2006 年和 2007 年的产量和价格如表 9-6 所示。

表 9-6　　　　　　　　　　　　各产品产量及价格

产品	2006 年产量	2006 年价格（美元）	2007 年产量	2007 年价格（美元）
A	25	1.50	30	1.60
B	50	7.50	60	8.00
C	40	6.00	50	7.00
D	30	5.00	35	5.50
E	60	2.00	70	2.50

4. 试计算：

（1）2006 年和 2007 年的名义国内生产总值；

（2）如果以 2006 年作为基年，则 2007 年的实际国内生产总值为多少？

（3）计算 2006—2007 年的国内生产总值价格指数，2007 年价格比 2006 年上升了多少？2007年国民经济发展速度是多少？

【补充读物与资源】

《经济学》 [美]保罗·萨缪尔森，威廉·诺德豪斯，著，萧琛，等译. 人民邮电出版社，2008年 1 月

中华人民共和国统计局统计公报

21 世纪经济网

第 10 章

国民收入决定

我们赖以生存的经济社会的突出问题，是不能提供充分就业和武断而又不公平地分配财富和收入。

——J·M. 凯恩斯

学习目标

能力目标

- 能够运用消费函数理论，分析和解释我国居民边际消费倾向偏低的原因。
- 能够运用简单的国民收入决定模型，分析和解释我国目前所采取的宏观经济政策。
- 能够分析和讨论，如何提高投资乘数系数。

知识目标

- 掌握总需求与总供给曲线如何决定实际 GDP 与物价水平。
- 掌握消费函数、储蓄函数和投资的含义。
- 掌握二部门、三部门经济国民收入的决定与变动。
- 理解四部门经济国民收入的决定与变动。
- 了解乘数原理及其运用。

重要概念

均衡产出　总供给　总需求　消费函数　边际消费倾向　边际储蓄倾向　投资　投资边际效率　投资乘数

消费与投资是一个国家国内生产总值的两个主要的成分。消费、储蓄和投资在一国经济中起着十分重要的作用，消费、储蓄和投资比较多的国家，其产出水平、收入水平以及工资率水平都比较高。但是一个国家的收入水平取决于该国的总供求水平。总需求与总供给的均衡水平决定着这个国家的实际 GDP 水平、物价水平以及就业水平。

10.1　均衡产出

10.1.1　总供给和总需求

一国的总供给和总需求水平，决定着这个国家的产出、价格水平和就业水平，同时，影响总供给与总需求的因素或者变量，如这个国家的生产能力、价格水平、成本因素、国家的宏观经济政策等也会影响这个国家的产出水平、价格水平、就业和对外贸易等，如图 10-1 所示。

1. 总供给（Aggregate Supply，AS）

总供给是指一定时期内一国企业所愿生产和出售的产品和劳务的总量。总供给取决于价格水平、经济的生产能力和成本水平。

一般来说，企业总是希望以较高的价格出售所生产的全部产品。在有些情况下，价格和消费水平可能会出现下降趋势，这时企业会发现其生产能力过剩。而在另外一些情况下，如在经济繁荣时期，当企业竭尽全力完成订单任务的时候，工厂的生产能力就被发挥到极点。

由此可见，总供给不仅取决于企业能够获得的价格水平，而且也取决于该经济的生产能力或潜在产出水平。而潜在产出水平又取决于可利用生产投入（其中最主要的是劳动和资本）的数量和将这些投入组合在一起的管理和技术效率。

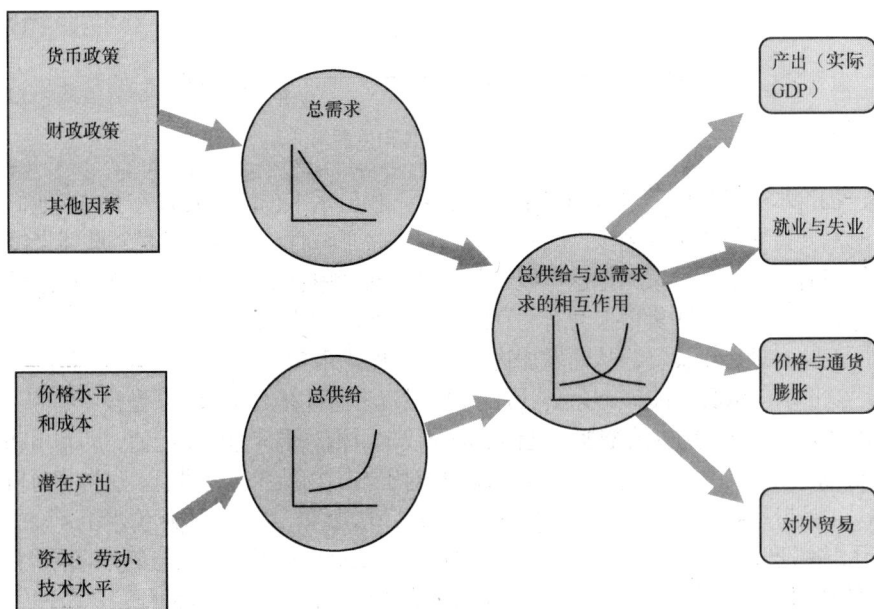

图 10-1　总供给和总需求决定主要的宏观经济变量

2. 总需求（Aggregate Demand，AD）

总需求指的是一定时期内一个经济体中各部门所愿支出的总量。总需求是消费者、企业和政府支出的总和，它取决于价格水平，也取决于财政政策、货币政策和其他因素。

总需求组成部分包括，消费者所购买的衣、食、住、行、教育、医疗等消费品，企业所购买的厂房、设备和劳动、原材料等投资品，政府所购买的武器和计算机，支付公务员薪水等政府支出，以及净出口。总购买量会受商品成交的价格水平的影响，会受战争和天气等外部因素的影响，还会受政府政策的影响。

3. 总供给曲线和总需求曲线

总供给曲线和总需求曲线是分析宏观经济状况的常用工具。图 10-2 表示整个经济的总供给曲线和总需求曲线。横轴表示经济的总产出（实际 GDP）。纵轴表示价格总水平（例如用消费者价格指数即 CPI 来衡量），这里以 GDP 表示产出量，以 P 表示价格水平。

（1）图 10-2 中向下倾斜的曲线为总需求曲线，简称 AD 曲线。总需求曲线反映了在其他影响因素不变的条件下，总需求与价格水平之间的关系。总需求曲线是向下倾斜的，意味着总需求与价格水平是反向变化的。即整体价格水平越高，总需求越小，整体价格水平越低，总需求越大。

总需求曲线向下方倾斜的原因如下。

第一，当物价下降时，货币就更值钱了，因为这时可以用这些货币买到更多的物品和劳务。

因此，物价水平下降使消费者感到更富裕，这会鼓励他们更多地支出。消费支出增加意味着物品和劳务的需求量会更大。

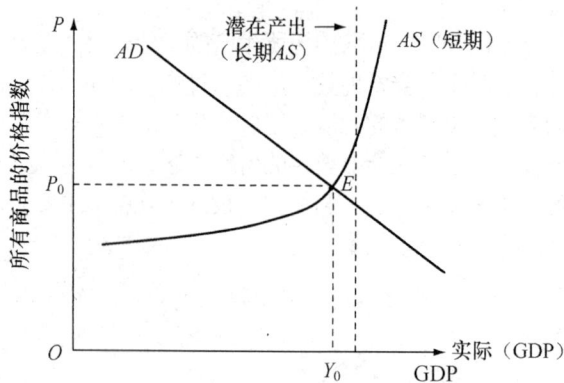

图 10-2　总供给曲线和总需求曲线

第二，物价水平是货币需求量的一个决定因素。物价水平越低，家庭为了购买他们想要的物品与劳务所需要持有的货币就越少。因此，当物价水平下降时，家庭通过把一些钱借出去而努力减少货币的持有量。例如，家庭把这些钱储蓄起来，或者用它来购买有价证券。在这种情况下，由于家庭努力把自己的一些货币换为有利息的资产，所以就使利率水平下降。反过来，较低的利率又鼓励厂商更多地用于投资，从而增加物品和劳务的需求量。

第三，物价水平越低，利率就越低。因此一些投资者通过在国外投资来寻找更高的利益，这使得本国货币在外汇市场上的供给增加。这种增加导致本币相对于其他通货贬值，即本币在国际市场上的购买能力降低了。由于这种贬值，外国物品相对于本国物品变得更昂贵。这种相对价格的变化增加了本国物品与劳务的出口，并减少了进口，净出口增加了。因此，当物价水平下降引起利率下降时，实际汇率贬值，而且，这种贬值刺激了净出口，从而增加了对物品与劳务的需求量。

（2）图 10-2 中，向上倾斜的曲线为短期总供给曲线，简称短期 AS 曲线。这条曲线所示的是在每一个价格水平上（假定其他影响总供给的因素保持不变），企业所愿意生产和出售的商品和服务的数量。根据这条曲线，当价格水平较低时，企业愿意出售一定的数量，如果价格上升，它们所愿意出售的数量也就上升。对总产出的需求上升时，企业将力图以较高的价格出售更多的商品和服务。

总供给曲线反映了其他因素不变时，总供给与价格水平的关系。在长期中，一国的物品与劳务供给取决于资本与劳务的供给以及用来把资本与劳务变为物品与劳务的生产技术。由于物价水平并不影响实际 GDP 的长期决定因素，所以，长期总供给曲线是一条直线。换句话说，经济的资本、劳动和技术决定了物品与劳务的供给量，而无论物价水平如何变动，供给量总是相同的。然而，短期总供给曲线是一条向上倾斜的曲线，意味着总供给与价格水平同方向变化。即整体价格水平越高，总供给越大；整体价格水平越低，总供给越小。

为什么长期总供给曲线是垂线，而短期总供给曲线是向上倾斜的？原因是某种物品和劳务的供给取决于相对价格——这些物品与劳务和经济中其他物品和劳务价格相比较的价格。例如，当冰激凌价格上升时，冰淇淋生产者可以从奶酪这类产品那里得到劳动、牛奶、巧克力和其他投入来增加其生产。与此相比，经济中物品与劳务的整体生产受到资本、技术和劳动的限制。因此经济中所有物价上升时，物品与劳务的总供给量没有变化。

短期总供给曲线向上倾斜的原因如下。

第一，物价总水平的变动会暂时误导供给者以为他们出售其产品的市场发生了变动。由于这些短期的错觉，供给者对物价水平的变动做出了反应，而这种反应引起了总供给曲线的向上倾斜。

当供给者看到他们的产品价格下降时，他们可能会错误地认为，他们的相对价格下降了，这种情况下，低物价水平引起对相对价格的错觉，而且这种错觉引起供给者对较低物价水平的反应是减少他们对物品和劳务的供给量。

第二，工资具有"刚性"，由于工资不能根据物价水平迅速调整，较低的物价水平对就业与生产不利，这就使企业减少物品与劳务的供给量。

第三，由于调整价格需要成本，这些成本包括印刷和分发目录的成本，而改变价格标签需要时间，因此，一些物品与劳务的价格对经济状况的变动的调整也是缓慢的。正是由于这种原因，一些企业所提供的价格水平高于消费者所满意的物价水平，而这种高物价水平降低了销售量，并引起企业减少他们生产的物品与劳务量。

以上三种原因共同作用，使得短期总供给曲线是向上倾斜的。

要注意的是，三种原因强调的都是暂时性的问题，它们中任何一种情况都不可能长期存在下去。随着时间的推移，这三个问题都可得到解决，因此在长期中，总供给曲线是垂线而不是向上倾斜的。

必须强调一点，不能将宏观经济的 AD 和 AS 曲线与微观经济的 D 和 S 曲线相混淆。D 和 S 曲线指的是单个商品的需求与供给曲线，均衡的价格与数量是在假设国民收入和其他商品的价格不变条件下实现的。

10.1.2　总供给—总需求模型

现在将 AS 和 AD 放在一起，以便发现价格和产量的均衡值是如何达成的。也就是说，找到既能满足买方又能满足卖方的实际 GDP 和实际价格水平。在如图 10-2 中 AS 和 AD 曲线所示，整体经济在 E 点处达到均衡，只有在该点，即产出水平在 Y_0，价格水平在 P_0 时，买方和卖方才能同时满足。也只有在该点上，所有需求者所愿意购买的数量才正好等于所有企业愿意生产和出售商品和服务的数量。

宏观经济均衡是指总产量和总价格水平的一种组合。此时，买方和卖方都不再愿意改变他们的购买量、销售量或价格水平。一旦达到均衡状态，买方和卖方就不再愿意改变他们的需求量或供给量，这时也不再存在价格变动的压力。

10.1.3　均衡产出

均衡产出（又称均衡国民收入）是指在总需求等于总供给的均衡状态下，和总需求相等的产出。简单国民收入决定模型又称产品市场的国民收入决定理论，即暂时不考虑货币市场的影响，将利率、投资等当做外生变量，并假定价格水平不变。凯恩斯认为在短期中，不论社会需求量为多少，经济制度均能以不变的价格提供相应的供给量，这就是所谓的"凯恩斯定律"。

那么根据凯恩斯定律，经济社会的产量或者说国民收入就是由社会总需求决定的。所以均衡产出（又称均衡国民收入）是指在总需求等于总供给的均衡状态下和总需求相等的产出。均衡是一种不再变动的情况，当产出水平等于总需求水平时，企业生产就会稳定下来。如果生产超过需求，那么企业非意愿存货就会增加，企业就会减少生产；如果企业生产低于需求，企业库存会减少，企业就会增加生产。一般地，企业会根据需求来安排生产，所以一定会把生产定在和产品需求一致的水平上。

10.2　消费、储蓄与投资

10.2.1　消费函数理论

在总需求中，消费所占的比例是最大的，占到一半以上，在一些发达国家甚至占三分之二以上。所以我们在从总需求分析产出时，先从消费入手。

1. 消费函数（Consumption Function）

消费是指居民（家庭）用于各种商品和劳务上的开支。消费是国民收入的诸因素中首要的因素。在现实生活中，决定消费支出的因素很多，如收入水平、商品价格、收入分配状况、利率水平、消费者偏好、消费者年龄构成以及制度、风俗习惯等。其中收入水平是最重要的因素。

一般把消费与收入之间的关系称为消费函数。假设其他条件不变，收入就是影响消费的唯一因素。用 Y 表示收入，用 C 表示消费，消费是收入的函数，则消费函数关系式为

$$C = f(Y) \qquad (10\text{-}1)$$

一般地，消费与收入是同方向变动的，随着收入的增加，消费也会相应地增加。关于消费与收入的关系，凯恩斯认为存在一条基本的心理规律，即随着收入的增加，消费虽然增加，但是消费的增加不及收入的增加，这就是"边际消费倾向递减规律"。

所谓边际消费倾向（Marginal Propensity to Consume，MPC）指的是每增加一份收入中所引起的消费的增加量。我们用 ΔC 代表消费的增加量，ΔY 代表收入的增加量，则公式表示为

$$MPC = \frac{\Delta C}{\Delta Y} \qquad (10\text{-}2)$$

还有一个概念叫平均消费倾向（Average Propensity to Consume，APC），是指在每单位的收入中，消费所占的比例。若用 C 表示消费量，Y 表示收入，用公式表示为

$$APC = \frac{C}{Y} \qquad (10\text{-}3)$$

一般来说，边际消费倾向和平均消费倾向是大于 0 小于 1 的。这是因为，随着收入的增加，消费必然会增加，因而边际消费倾向大于零。同时，人们在正常的情况下不会把所增加收入全部用于消费，因而边际消费倾向要小于 1。

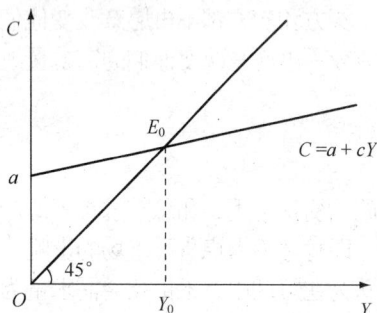

图 10-3　短期消费函数

在短期中，消费可分为自发消费（Automatic Consumption）和引致消费（Induced Consumption）两部分。自发消费指不取决于收入的消费，而引致消费指随收入变动而变动的那部分消费。若用 c 代表消费倾向，a 代表自发性消费，则短期消费函数可表示为

$$C = a + c \cdot Y \qquad (10\text{-}4)$$

短期消费函数又被称为凯恩斯消费函数，如图 10-3 所示。

在图 10-3 中，横轴 Y 表示收入，纵轴表示消费，45°线表示收入全部用于消费时的情况（$C = y$）；$C = a + cY$ 时的消费曲线是一条直线。因为短期内存在自发性消费 a，所以消费曲线的起点在 C 轴上 a 点，与 45°线相交于点 E_0。消费水平在 E_0 点时，消费等于收入。在点 E_0 右方表示消费小于收入，收入还有剩余，也就是有储蓄 S（$S = Y - C$）。在点 E_0 左侧，表示消费大于收入储蓄，$S = Y - C$ 为负值，也就是负债。

知识拓展 10.1

消费率走低影响我国经济增长潜力

近年来，我国消费品市场出现了增温的势头，增长速度虽然比较快，但是与投资和出口的高速增长相比，消费增速就显得略慢，内需不足问题已经成为制约我国经济持续健康发展的一个突出问题。

根据改革开放以来的经验数据，我国消费率在 61%～65% 的区间是较为合理的。统计数据显示，近年来我国消费占 GDP 总量的比重逐渐下滑。消费率由 1992 年的 62.4% 下降到 2005 年 51.9%，下降了 10.5 个百分点；其中居民消费率也从 1992 年的 47.2%

视频案例

中国的经济总量

下降到 2005 年的 38%，下降了 9.2 个百分点。国内消费需求相对不足问题凸显。

与此相对应，消费对经济增长的贡献也是在逐年下降，由 1992 年的 72.5%下降到 2005 年的 55%，下降了 17.5 个百分点。其中居民消费对经济增长的贡献率也由 1992 年的 55.1%下降到 2005 年的 40.3%，下降了 14.8 个百分点。2006 年前三季度，城镇居民的消费倾向为 73.6%，同比下降 1.7 个百分点；边际消费倾向为 59.1%，下降 10.5 个百分点。

> **问题探索：**课堂讨论，结合前面所学的知识，分析我国消费率偏低的主要原因是什么？

2. 储蓄函数

储蓄（Saving）是指收入中未用于消费的部分，储蓄与收入的关系为储蓄函数。用 S 表示储蓄，Y 表示收入，C 表示消费，则有

$$S = Y - C, \quad S = f(Y) \tag{10-5}$$

实践中居民、企业、政府等都进行储蓄。储蓄可以为正，也可以为负，负储蓄就是负债。储蓄与收入也是同方向变动的，一定水平的收入对应着一定水平的储蓄。随着收入的增加，储蓄也随着相应增加，但收入增加到一定程度后，储蓄的增加速度将快于收入的增加速度。这里我们也可以用平均储蓄倾向和边际储蓄倾向来说明。

所谓平均储蓄倾向（Average Propensity to Save，APS）是指储蓄在收入中所占的比例，公式为

$$APS = \frac{S}{Y} \tag{10-6}$$

边际储蓄倾向（Marginal Propensity to Save，MPS）是指在收入的增加量中，储蓄的增加量所占的比例，或收入每增加一单位时所增加的储蓄，公式为

$$MPC = \frac{\Delta S}{\Delta Y} \tag{10-7}$$

全部的收入可以分为消费和储蓄，所以有

$$APC + APS = 1 \tag{10-8}$$

全部新增的收入可以分为新增加的消费和新增加的储蓄，那么有

$$MPC + MPS = 1 \tag{10-9}$$

由储蓄与消费的关系 $S + C = Y$，和已知的消费函数 $C = a + cY$，可以得到储蓄函数 $S = -a + (1-c)Y$。相应的函数图形就是储蓄曲线，如图 10-4 所示。其中，$-a$ 是负储蓄，对应没有收入的自发消费，是独立于收入之外的；$1-c$ 是边际储蓄倾向（因为 c 边际消费倾向），也就是储蓄曲线的斜率。

在图 10-4 中可以看到，在储蓄曲线与 Y 轴的交点 E 处，表示收入为 Y_1 且储蓄为零，即收入全部用于消费。在 E 点的左侧储蓄为负值，表示收入小于消费，入不敷出。在 E 点的右侧，储蓄为正值，表示收入大于消费，且随着收入的增加而增加。

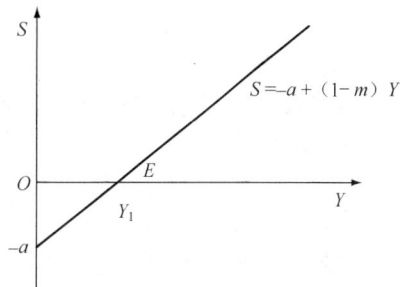

图 10-4　储蓄函数

储蓄函数和消费函数是互补的，两者之和总是等于收入。消费函数和储蓄函数中只要有一个确定，另一个即随之确定。前面已经利用消费函数导出了储蓄函数。正是由于储蓄函数与消费函数之间的密切关系，我们通常可以侧重于讨论其中的一个而一举两得。

后来的经济学家对消费函数理论进行了大量的研究产生了一系列新的消费函数理论，比较有影响的理论主要有三个。一是杜森贝利的相对收入假说。这个假说说明人们消费时存在着"相互

攀比"现象，人们合意的消费水平也只能从低到高，比如谚语"由贫入奢易，由奢返简难"。二是莫迪利安尼的生命周期假说。这个假说认为每个家庭都是根据一生的全部预期收入来安排自己的消费支出的，即每一个家庭在每一时点上的消费和储蓄决策都反映了该家庭希望在其生命周期各个时期达到消费的合理和平衡，以实现一生消费效用最大化的企图。三是弗里德曼的持久收入假说。这个理论认为，人们的消费支出不是由现期的收入决定的，而是由他的持久收入决定的，消费不仅取决于收入，还取决于财产。

10.2.2 投资

在总需求中，投资虽然所占比例不大，但它是除了消费之外最重要的组成部分，且波动比较大，对宏观经济的稳定十分重要。

1. 投资

投资（Investment），在经济学中是指资本的形成，即社会实际资本的增加，包括厂房、设备和存货等的增加，与我们生活中所说的投资是有差别的。这里的投资包括以下三个方面：固定投资，即用于厂房和设备等的支出；居民住房投资；以及存货投资，即企业用于购买原料、半成品的支出或未销售出去的制成品支出等。请注意这种存货投资是指的净存货，即年底存货与年初存货之间的差额。

按不同的标准，投资可分为不同的类型。从投资的原因来分，有自发投资和引致投资两类。自发投资是指由心理、资源、政府政策等国民经济外生变量所引起的投资，是不受国民收入和消费水平影响的投资；引致投资（又称诱发投资），则是指由于国民收入和消费水平的变动所引起的投资。

从投资与资本存量的关系来分，有重置投资、净投资和总投资。重置投资（即折旧）是指用于补偿资本损耗的投资，它取决于原有资本的量值、使用年限及构成，通常是在价值上每年按一定的折旧率提取，到期一次性投资形成实物（资本品）。重置投资是为了维持简单再生产。净投资是指扩张资本存量的投资，它取决于收入的变动情况，是为了扩大再生产。总投资就是一定时期内的投资总量，是重置投资与净投资的总和。

2. 影响投资的主要因素

大家知道，居民和企业投资是为了获得更多的产品和劳务，实现收益率最大化，这种收益率是实际的净收益率。影响投资的因素很多，主要有收益、风险、流动性以及税率。最好的投资机会应该是投资那些收益率高，风险小，流动性强而且税率低或者免税的产品，实际上这样理想的投资产品几乎是没有的。一般地，收益率高低与风险高低成正比，与流动性成反比。税收会直接降低收益率。

在这里，我们重点从收益率的角度来看人们对投资的考虑。影响收益率的因素主要有利率、预期的通货膨胀率以及预期的收益。投资无论是自有资金还是借贷资金都是有成本的，收益扣除资金利息成本就是净收益。利息的多少取决于利率，利率是决定投资的重要因素。现在的投资在未来才能收回，因此，投资收益是预期的收益率。

3. 资本边际效率

我们通过计算投资预期收益的净现值来比较和权衡这项投资是否值得进行，其中涉及资本边际效率。资本边际效率是指增加一笔投资预期可以得到的利润率。资本边际效率等于一个贴现率（或折现率），用这个贴现率把投资的将来预期收益折成现值会正好等于该项资本品的供给价格（或成本）。现值是未来的货币量在现在的价值，它取决于利率的大小。所谓现值（PV），通常可以指在一定的利率（贴现率）下，某项资本品几年后的本利之和在投资当期的时间价值。现值的公式如下：

$$CR = R_1 / (1 + r_m) + R_2 / (1 + r_m)^2 + R_3 / (1 + r_m)^3 + \cdots + R_n / (1 + r_m)^n \quad (10\text{-}10)$$

式中，CR 为现值；R_1 为第一个计息周期的收入流；r_m 为市场利率，在其他条件相同的情况下，供给价格越大，资本边际效率越小；预期收益越大，资本边际效率越大。

假设现有本金为 1 000 元，利率10%，且计算复利，则 1 年后本利之和为 1 000×（1+10%）＝1 100（元），2 年后本利为 1 000×（1+10%）^{2}＝1 210（元），3 年后本利和为 1 000×（1+10%）^{3}＝1 331（元）。以此类推，n 年后的本利和就是 1 000×（1+10%）^{n}元。反过来看，若利率同为 10%，则 1 年后的 1 100 元的现值就是 1 100/（1+10%）＝1 000（元），2 年后的 1 210 元的现值是 1 210/（1+10%）^{2}＝1 000（元），3 年后的 1 331 元的现值也是 1 000（元）。也就是说，在利率不变的情况下，今年 1 000 元与明年的 1 100 元是一样的，因为今年的 1 000 元要额外带来 100 元的利息。

净现值（NPV）是一笔投资未来所带来的收入的现值与现在投入的资金现值的差额。例如，一项投资为 2 755 元，利率为 4%，在以后 3 年中每年可以带来 1 000 元的收入，那么这项投资 3 年后的净现值（NPV）是

$$NPV = \frac{1\,000}{(1+0.04)} + \frac{1\,000元}{(1+0.04)^2} + \frac{1\,000}{(1+0.04)^3} - 2\,775元$$
$$= 961元 + 925元 + 889元 - 2775元$$
$$= 0$$

在年利率为 4%时，投资收益的现值与支出的现值相等，净现值为零。如果利率下降低于 4%，那么净现值为正数，投资是有利可图的；如果，利率上升大于 4%，那么，净现值将小于零，投资肯定不划算。我们从上述例子中可以看出，利率对投资的重要作用。同样的情况，如果通货膨胀率变动也将影响到投资者的选择。

凯恩斯认为，资本边际效率具有递减的趋势，就是说，随着投资的增加，资本边际效率会下降。这是因为，投资越多，对资本品的需求也就越多，因而资本品的供给价格上升，使得资本边际效率下降；另一方面，投资越多，未来产品的供给越多，产品的价格要下降，因而对预期收益有不利影响。

资本边际效率递减规律说明，在利率既定的前提下，由于资本边际效率随投资量的增加而递减，使得预期收益率相应递减，或使得投资成本相应递增。因此，社会投资量不会无限扩大，而必定存在一个上限。

4. 投资函数

由于利率是影响投资最重要的因素，因此投资与利率之间的关系，就称之为投资函数。以 I 代表投资，i 代表利率，则投资函数为

$$I = b \cdot i \tag{10-11}$$

式中 b 是投资利率弹性，即利率变动会引起投资多大程度上的变动。投资与利率之间是反方向变动，即利率上升投资减少，利率下降投资增加。投资函数曲线是一条向右下倾斜的曲线，如图 10-5 所示。

在图 10-5 中，横轴 I 代表投资量，纵轴 i 代表利率，投资曲线向右下倾斜，当利率从 i_0 下降到 i_1 时，投资从 I_0 增加到 I_1。

图 10-5　投资函数曲线

10.3　国民收入决定

10.3.1　两部门经济的国民收入决定

所谓两部门经济指只有厂商和居民户两个经济部门的经济。消费和储蓄发生在居民户或者家庭部门，生产和投资发生要厂商或者企业部门，且投资不变。当然两部门经济在现实中是不存在的，这只是为了简化说明国民收入决定原理。三部门经济是在

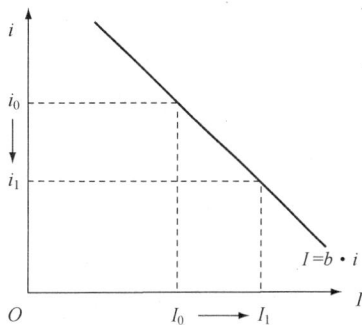

两部门经济中加了一个政府部门，四部门经济是在三部门经济中加了一个国外部门。

1. 两部门经济循环

两部门经济中只有居民户和厂商两个部门，假设为一个封闭经济社会，没有税收和政府购买，也没有进出口，经济关系比较简单。为了使分析简化，暂不考虑折旧。在这种经济中，居民既是最终产品的消费者，又是生产要素的提供者。厂商既是生产要素的消费者，也是最终产品的提供者。也就是说，居民户与厂商之间互为消费者和供给者，交换过程就在两者之间不断地循环进行。此时国民收入的经济循环过程就是，居民向厂商供给生产要素，并从厂商取得相应的报酬（工资、利息、租金和利润）；厂商则向居民户出售产品，从居民户消费支出中取得销售收入，如图10-6所示。如果居民户把一部分收入用来购买厂商生产的各种产品和劳务，把另一部分收入储蓄起来，那么这个经济循环中国民收入流量将会萎缩，但只要金融机构把居民户的储蓄转化为厂商投资，储蓄等于投资，这个经济就可以按不变的流量正常地循环下去。

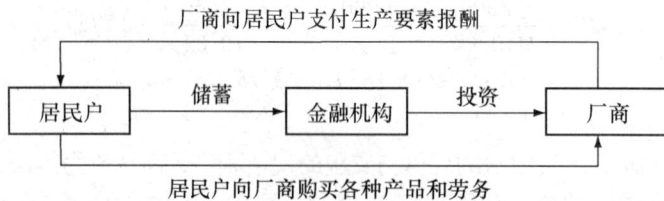

图10-6 两部门经济循环型模型

2. 两部门经济中国民收入的决定

（1）两部门经济中的国民收入的构成。我们在本章第一节里讲到，国民收入（用 Y 表示）可以从收入和支出等不同的角度加以分析，收入代表总供给，支出代表总需求。

从供给方面看，用收入法来计算国民收入，那么国民收入是一定时期内各种生产要素参与到生产过程中所得到的收入的总和。这些收入在居民手中，只能是两种用途，不是消费就是用来储蓄，那么国民收入又可以用消费与储蓄表示为

总供给=国民收入=各种生产要素收入的总和

=工资 + 利息 + 地租 + 利润

=消费 + 储蓄

即 $$Y=C+S \tag{10-12}$$

从需求方面看，国民收入是一定时期内用于消费支出和投资支出的总和，在两部门经济中，把对消费品需求与对投资品的需求加总就得到国民收入，因此

总需求=国民收入=消费支出 + 投资支出

=消费 + 投资

即 $$Y=C+I \tag{10-13}$$

在两部门经济中，国民收入的均衡条件是总需求等于总供给，那么

$$C+I=C+S$$

两边同时消除 C，有 $I=S$

$I=S$ 表示经济要达到均衡，计划的投资必须等于计划储蓄，否则经济处于非均衡状态。计划的投资等于计划的储蓄是国民收入均衡的条件。

（2）均衡国民收入的决定（消费-投资分析）。在短期内，价格水平和社会总供给是不变的，在总供给等于总需求的均衡条件下，国民收入等于总需求。在两部门经济中，$Y=C+I$，其中 $C=a+c \cdot Y$。假定投资是一个固定的量，不随国民收入水平变化而变化，即投资为自发性投资，为一个常数，$I=I_0$。这样，均衡的国民收入

$$Y = \frac{a+I_0}{1-c} = \frac{1}{1-c}(a+I_0) \tag{10-14}$$

上式中，c 是边际消费倾向，$(a+I_0)$ 为自发性总需求，又称自主性总需求。

例如，在一个两部门的经济社会里，消费函数 $C=1\,000+0.9Y$，自发性投资始终为 500（单位：亿元人民币），则这个经济体的均衡收入

$$Y = \frac{1\,000+500}{1-0.9} = 15\,000（亿元）$$

均衡收入决定也可以用图 10-7 来说明，用消费加投资的曲线和 45°线相交决定。

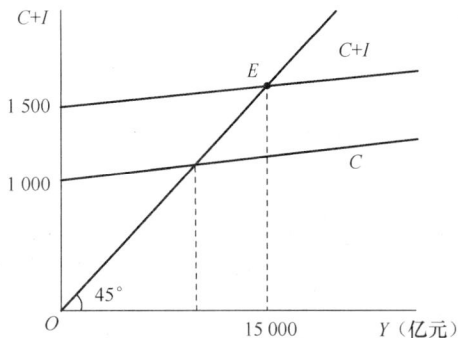

图 10-7　消费-投资法决定国民收入

图中，横线表示国民收入，纵轴表示消费与投资水平，45°线上的每一点表示总需求等于总供给的均衡点。$(C+I)$ 曲线，就是总支出曲线，与 45°线相交于 E 点，由 E 点决定的国民收入水平就是均衡的国民收入。在 E 点的左边，总需求大于总供给，厂商由于存货减少而扩大生产，引起国民收入扩张。在 E 点的右边，总需求小于总供给，厂商由于存货增加超过意愿水平而减少生产，引起国民收入收缩。只有在均衡点 E 点上，厂商的存货水平是合意的，不再扩大生产或减少生产，维持着相对稳定的均衡状态，这也是国民收入均衡的存货调节机制。

> **问题探索**：分析一下，为什么储蓄是国民经济的收缩因素，对扩张经济规模不利？

（3）均衡国民收入决定（储蓄-投资分析）。这里仍然假设是在两部门模型中，投资是常数。在图 10-8 中，横轴代表收入 Y，纵轴代表储蓄 S 和投资 I，曲线 S 是储蓄曲线，水平线 I 是投资曲线。

在两部门经济中，均衡的产出是与总需求相应的产出，$I=S$ 时就是均衡点，相应的国民收入 Y_0 就是均衡的国民收入。在 E_0 点左侧，I 曲线位于 S 曲线上方，表示总需求大于总供给，会引起国民收入上升。在 E_0 点右侧，I 曲线位于 S 曲线下方，表示总需求小于总供给，会引起国民收入下降，只有在 E_0 点是均衡的。因此，当国民经济处于不均衡状态时，结论同样是可以通过对投资的调整来实现均衡。

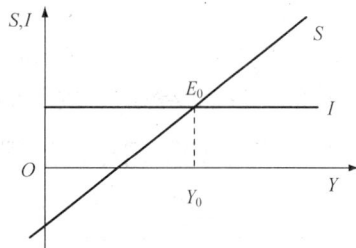

图 10-8　储蓄-投资法决定均衡国民收入

知识拓展 10.2

节约悖论

储蓄是对消费节俭的结果。一般而论，储蓄或节俭是一种美德。但是凯恩斯的理论对储蓄和节俭提出了不同的观点。他认为，节俭对个人来说可能是一种美德，但对整个社会而言，可能就不是美德，而是一种罪恶。因为大家都节俭，储蓄增加，如果这种储蓄不能及时转化为投

资形成新的消费力量，那就会减少社会需求，对国民经济活动造成一种紧缩的压力，导致经济萧条。国民收入也因此下降，就业减少。尤其是在经济萧条时期，这种节俭更会加剧萧条，形成恶性循环。所以，凯恩斯主张减少储蓄，增加消费。节约悖论，不仅是指在萧条时期储蓄会使经济更加萧条，而且，储蓄过多还可能减少实际储蓄，这是因为过多的储蓄会引起国民收入下降。

所以，储蓄越多越好是有条件的，只有在储蓄能够全部转化为投资的条件下这一命题才能成立。如果是在萧条时期，则会产生相反的结果。但是，在总需求膨胀时，投资资金缺乏的情况下，提出节俭又鼓励储蓄是有积极作用的。

在这里可以看到，消费—投资分析与储蓄—投资分析实质上是一致的。

通过以上分析可知，决定国民收入水平的因素是总需求。当总需求小于总供给时，国民收入下降，使得经济失去均衡。这时可以通过增加消费、投资等措施进行调整，以重新实现均衡。当总需求大于总供给时，则是相反另一方向的问题。

3. 通货膨胀缺口与通货紧缩缺口

在现实的经济运行过程中，均衡国民收入，仅仅是总需求等于总供给时的总产出水平，未必就是充分就业的国民收入。充分就业的国民收入是指一国的所有资源（劳动、资本、各种自然资源）都得到充分利用时的国民收入水平，又称潜在的国民收入水平。

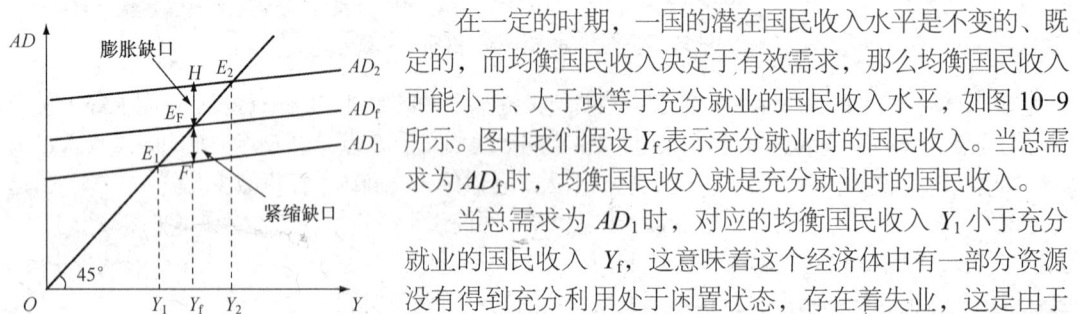

图 10-9　通胀缺口与通缩缺口

在一定的时期，一国的潜在国民收入水平是不变的、既定的，而均衡国民收入决定于有效需求，那么均衡国民收入可能小于、大于或等于充分就业的国民收入水平，如图 10-9 所示。图中我们假设 Y_f 表示充分就业时的国民收入。当总需求为 AD_f 时，均衡国民收入就是充分就业时的国民收入。

当总需求为 AD_1 时，对应的均衡国民收入 Y_1 小于充分就业的国民收入 Y_f，这意味着这个经济体中有一部分资源没有得到充分利用处于闲置状态，存在着失业，这是由于有效需求不足导致的。低于充分就业的总需求与充分就业的总需求之间的差额 FE_f 称做通货紧缩缺口（Deflationary Gap）。政府若采取扩张性经济政策，扩大总需求，消除通货紧缩缺口，可以达到充分就业的国民收入水平。

在总需求为 AD_2 时，对应的均衡的国民收入 Y_2 大于充分就业的国民收入 Y_f，这时的总需求大于资源充分利用所能达到的最高产出水平，必然会引起通货膨胀。这个结果是由于总需求过旺导致的。高于充分就业的总需求与充分就业的总需求之间的差额 HE_f 叫做通货膨胀缺口，政府在此时必须采取紧缩的宏观经济政策来降低总需求，消除通货膨胀缺口，达到充分就业的目的。

10.3.2　三、四部门经济的国民收入决定

1. 三部门经济的国民收入决定

三部门经济是在两部门经济中加入政府部门这个新的经济主体，包括厂商、居民户与政府的经济。政府在经济中的作用主要是通过政府支出与政府税收来实现的。一方面政府主要是向厂商和居民征税获得收入（通常以 T 表示），另一方面政府主要是向厂商购买产品和劳务及向居民转移支付形成支出（用 G 表示），如图 10-10 所示。

（1）三部门经济的国民收入构成。从供给方面看，经济中除了各种生产要素的供给之外，还有政府的供给，主要包括公共物品，如国防、法律、基础设施等，那么就要得到收入，即税收（T）。税收代表政府的供给，就有

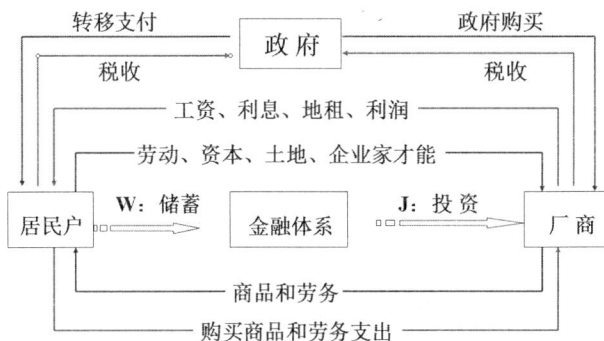

图 10-10 三部门经济循环

总供给＝国民收入＝各种要素供给 ＋ 政府供给

                  ＝工资 ＋ 利息 ＋ 地租 ＋ 利润 ＋ 政府税收

                  ＝消费 ＋ 储蓄 ＋ 税收

如果用 T 代表税收，那么国民收入

$$Y=C+S+T \qquad (10\text{-}15)$$

从需求方面看，经济中除了消费需求和投资需求之外要加上政府需求，一般政府购买（G）代表政府需求，就有

总需求＝国民收入＝消费需求 ＋ 投资需求 ＋ 政府需求

                  ＝消费支出 ＋ 投资支出 ＋ 政府购买

用 G 代表政府购买，则国民收入

$$Y = C+I+G \qquad (10\text{-}16)$$

在三部门经济中，国民收入均衡的条件是总需求等于总供给，即

$$C+I+G = C+S+T$$

两边同时消去 C，则得出

$$I+G = S+T$$

可得 $I = S+(T-G)$（投资–储蓄恒等式）

上式中，S 是私人储蓄；（$T-G$）为政府储蓄，计划的投资与计划储蓄相等是三部门经济均衡的条件。

（2）均衡国民收入的决定。按照凯恩斯的理论，在总供求均衡条件下，均衡国民收入等于总需求，那么，在三部门经济中，均衡国民收入是

$$Y = C+I+G$$

由于消费者支配的收入只能是税后收入，如果用 t 代表税率的话，那么消费函数就是 $C=a+c\cdot(1-t)Y$，在投资中，不管是自发性投资还是引致投资都用 I 表示，这样就得到均衡的国民收入

$$Y = \frac{a+I+G}{1-c(1-t)} \qquad (10\text{-}17)$$

式中，a 表示自发消费，c 表示边际消费倾向。

2. 四部门经济的国民收入决定

四部门经济是包括厂商、居民户、政府和国外部门的经济。国外部门在四部门经济中的作用，一是作为供给者，向国内各部门提供产品和劳务，对国内而言就是进口；二是作为国内产品和劳务的需求者，向国内各部门进行购买，对国内而言，这就是出口。

（1）四部门经济国民收入的构成。从供给方面看，四部门经济是在三部门经济上加了一个国外部门的供给，对于国内来说是进口，因此可以用进口来代表国外的供给，那么有

总供给＝国民收入＝各种要素供给＋政府供给＋国外的供给

＝工资＋利息＋地租＋利润＋政府税收＋进口

＝消费＋储蓄＋税收＋进口

如果以 M 代表进口，那么国民收入

$$Y = C + S + T + M \qquad (10\text{-}18)$$

从需求方面看，四部门经济中除了消费需求、投资需求、政府需求之外又要加上国外的需求，可以用出口来代表国外的需求，就有

总需求＝国民收入＝消费需求＋投资需求＋政府需求＋国外需求

＝消费支出＋投资支出＋政府购买＋出口

用 X 代表出口，则国民收入

$$Y = C + I + G + X \qquad (10\text{-}19)$$

在四部门经济中，国民收入均衡的条件是总需求等于总供给，即

$$C + I + G + X = C + S + T + M$$

两边同时消去 C，则得出

$$I + G + X = S + T + M$$

可得 $\qquad I = S + (T - G) + (M - X)$（投资-储蓄恒等式）

上式中，I 为投资；S 为私人储蓄；$(T-G)$ 为政府储蓄；$(M-X)$ 为国外部门的储蓄，计划的投资等于计划储蓄也就是四部门经济均衡的条件。

（2）均衡国民收入的决定。按照凯恩斯的理论，在总供求均衡条件下，均衡国民收入等于总需求，因此，在四部门经济中，均衡国民收入

$$Y = C + I + G + (X\text{-}M) \qquad (10\text{-}20)$$

式中 $(X\text{-}M)$ 为净出口。

一般地，进口由两个部分构成。一部分是自主性进口需求，它与收入水平无关，不随收入变动而变动，如有关国计民生的进口产品；另一部分为引致进口，这部分与收入水平密切相关，一般情况下，收入水平越高，进口需求就越大。进口函数为

$$M = M_0 + m \cdot (1\text{-}t) \cdot Y \qquad (10\text{-}21)$$

式中，M 为进口；M_0 为自主性进口；m 为边际进口倾向，即收入每增加一个单位所增加的进口量；$(1\text{-}t) \cdot Y$ 为税后收入；t 为税率。在开放经济条件下，出口会促进国民收入增加，进口引起国民收入减少。

案例 10.1

外贸对我国经济的贡献

改革开放前，我国对外贸易规模较小，1978 年，进出口总额只有 200 多亿美元，利用外资基本是空白。30 多年来，我国对外开放的广度和深度不断拓展，对外经济呈现加速发展态势。改革开放的 30 多年，是我国对外经济逐步实现大开放的 30 多年，是我国经济国际地位和国际影响力由弱变强、空前提高的 30 多年。

（1）进出口贸易总额在世界的位次大幅跃升。改革开放头 10 年，我国进出口总额由 1978 年的 206 亿美元扩大到 1988 年的 1 028 亿美元，此后速度不断加快，5 年后的 1993 年发展到近 2000 亿美元，8 年后的 2001 年增加到 5 097 亿美元。2002 年以来，进出口进入高速增长时期，连续 6 年实现了 20% 以上的增长，在 2004 年超过 1 万亿美元后，仅用 3 年时间就实现了从 1 万亿到 2 万亿的突破。2007 年进出口总额达 21 737 亿美元，比 1978 年增长 104.3 倍，年均增长 17.4%。其中，出口增长 18.1%，进口增长 16.7%。外贸对经济的贡献也不断提高。进出口

贸易总额占国内生产总值的比重由 1978 年的 9.7% 提高到 2007 年的 66.8%，提高 57.1 个百分点。2007 年，我国进出口贸易总额居世界位次由 1978 年的第 29 位跃升到第 3 位，仅次于美国与德国，占世界贸易总额的比重也由 0.8% 提高到 7.7%。我国成为一个名副其实的对外贸易大国。

（2）利用外资规模不断扩大。1978 年以来，为了弥补国内资金、技术、设备、管理以及人才方面的不足，我国利用外资迅速进入扩张时期，而且外资进入领域不断拓展，贡献也不断提高。1979—2007 年，我国实际使用外商直接投资 7 602 亿美元，平均每年 262 亿美元，2002 年以来利用外资一直居于世界前三位。2007 年实际使用外商直接投资 748 亿美元，1983 年为 9.2 亿美元，年均增长 20.1%。截止到 2007 年年末，我国规模以上工业总产值的 30% 以上，进出口总额的一半以上是由外资企业创造的。

10.4　乘数理论

10.4.1　乘数的概念

在分析国民收入决定的时候，投入量的增加会使得国民收入上升，不但新增加的产出大于投入量，而且投入所引起的国民收入往往是成倍增加，这引起了经济学家们了解这种现象背后原因的兴趣，从而提出了乘数的概念。乘数（Multiplier）概念最早是英国经济学家 R. 卡恩（R. kahn）在 1931 年提出来的，后来凯恩斯又对此加以发挥，把乘数与边际消费倾向联系起来，建立并完善了乘数模型，并把乘数作为国民收入决定理论的一个重要组成部分。

视频案例

社科院发布中国经济增长报告

乘数，又称倍数，是指国民收入的变动量与引起这种变动的注入的变动量的比率。由于投资、政府支出、出口等注入的变动是通过引起总需求的变动从而引起国民收入的变动的，且在其他条件不变的情况下，总需求的变动量等于引起其变动的注入的变动量，所以乘数又通常定义为国民收入的变动量与引起这种变动的总需求变动量的比率。

现在以 ΔAD 代表总需求变动量，以 ΔY 代表国民收入变动量，用 K 代表乘数，则乘数可表示为

$$K = \frac{\Delta Y}{\Delta AD} \tag{10-22}$$

在现实经济生活中，乘数总是大于 1 的，这是因为国民收入增加中必然有一部分用于支出，从而使总需求又一次增加，这种总需求的增加又会使国民收入增加。乘数是一把"双刃剑"，总需求增加，肯定会使国民收入呈倍数增加，相反，如果总需求减少，将意味着国民收入也成倍地减少。

一般而言，如果注入量是投资，那么就称投资乘数；如果注入量是政府支出，那么就称政府支出乘数；倘若注入量是净出口，则称为外贸乘数；等等。凯恩斯重点研究的是投资乘数，这里重点介绍投资乘数。

10.4.2　投资乘数

投资乘数（Investment Multiplier），是指投资引起的国民收入增加量与投资增加量之间的比率。我们假设一定时期投资增加量为 ΔI，由该项投资增加所引致的国民收入增加量为 ΔY，则投资乘数 K 可用公式表示为

$$K = \frac{\Delta Y}{\Delta I} \tag{10-23}$$

例如，有项投资支出增加 1 000 亿元人民币，它使国民收入最终增加了 5 000 亿元，那么投资乘数就等于 5。

投资乘数之所以产生，主要根源在于社会经济各个部分之间的关联性，它是一种产生于社会

化大生产条件下的客观经济现象或规律，是一种不断推进的连锁反应过程。以那项1 000亿元人民币的投资为例来观察这个连锁过程。1 000亿元最初投入经济中形成购买，肯定会变成某一个或几个部门的收入，这一个或几个部门会把这一笔收入按照其边际消费倾向，把其中一部分作为第二轮的消费和投资，第二轮的消费和投资又成为第二轮中相关部门的收入，相关部门又把其边际消费倾向比例的收入转化为第三轮投资与消费，以此类推，一定会形成第四轮、第五轮……第N轮的消费与投资，而且会不断地连锁反应延续下去，最终使国民收入成倍增长。

假设，该社会的边际消费倾向c为0.8，则1 000亿元人民币的收入增加中就会有800亿成为第二轮的消费与投资，又成为一些部门的收入，以此类推，可以得到第三轮、第四轮乃至第N轮的收入增量。投资乘数的作用过程如表10-1所示。

表10-1 投资乘数的作用过程

（社会边际消费倾向c=0.8） 单位：亿元

轮次	每轮增加额	收入总增量（ΔY）	收入总增量（ΔY）
第一轮	1 000	1 000	ΔI
第二轮	800	1 800	$(1+c)\Delta I$
第三轮	640	2 440	$(1+c+c^2)\Delta I$
第四轮	512	2 952	$(1+c+c^2+c^3)\Delta I$
…	…	…	…
		5 000	$\Delta I/(1+c)$

从表10-2中我们进一步分析当该社会的边际消费倾向为0.8时，1 000亿元人民币的新增投资是如何最终变成5 000亿元新增加的国民收入的。

从表10-2的计算中可以直观地看出投资乘数的计算公式

$$K = \frac{\Delta Y}{\Delta I} = \frac{[1/(1-c)]\Delta I}{\Delta I} = \frac{1}{1-c} \qquad (10\text{-}24)$$

由于边际消费倾向（c）与边际储蓄倾向（MPS）的和恒等于1，因此式10-24说明，投资乘数与边际消费倾向成正比，与边际储蓄倾向成反比，边际消费倾向越大，或者说边际储蓄倾向越小，投资乘数就越大。

$$K = \frac{1}{1-c} = \frac{1}{\text{MPS}} \qquad (10\text{-}25)$$

一般来说，乘数理论反映了现代经济的特点，乘数的存在得益于经济各部门之间的密切联系。乘数理论也是适用于各种经济的一般规律。但是，乘数的发挥作用是需要一定的条件的。一是经济中存在没有充分利用的资源；二是假定投资和储蓄相互独立，否则，乘数作用将减弱；三是货币供给量增加要能适应支出增加的需要。

必须看到，在经济运行的实际中，由于一些因素的不完全性和不稳定性等，会在一定程度上阻碍或抵消乘数作用的发挥，使得乘数的实际作用并非如公式所表达的那样确切。

问题探索： 我国的投资乘数为什么不大？如何提高我国的投资乘数？

知识拓展10.3

凯恩斯主义（Keynesian）与萨依定律

凯恩斯的经济理论认为，宏观的经济趋向会制约个人的特定行为。18世纪晚期以来的政治经济学或者经济学建立在不断发展生产从而增加经济产出的基础上，而凯恩斯则认为对商品总需求的减少是经济衰退的主要原因。由此出发，他认为维持整体经济活动数据平衡的措施可以在宏观上平衡供给和需求。因此,凯恩斯的理论和其他建立在凯恩斯理论基础上的经济学理论被称为宏观经济学,以与注重研究个人行为的微观经济学相区别。

凯恩斯经济理论的主要结论是经济中不存在生产和就业向完全就业方向发展的强大的自动机制。这与新古典主义经济学所谓的萨依法则相对,后者认为价格和利息率的自动调整会趋向于创造完全就业。试图将宏观经济学和微观经济学联系起来的努力成了凯恩斯《通论》以后经济学研究中最富有成果的领域,一方面微观经济学家试图找到他们思想的宏观表达,另一方面,例如货币主义和凯恩斯主义经济学家试图为凯恩斯经济理论找到扎实的微观基础。"二战"以后,这一趋势发展成为新古典主义综合学派。

萨依定律(Say's Law),也称做萨依市场定律(Say's Law of Market),一种自 19 世纪初流行至今的经济思想。萨依定律主要说明,在资本主义的经济社会中一般不会发生任何生产过剩的危机,更不可能出现就业不足。定律得名自 19 世纪的法国经济学家——让·巴蒂斯特·萨依(Jean-Baptiste Say),不过萨依并非最早提出定律内容的人,真正提出相关概念的是英国的经济学家、历史学家詹姆斯·穆勒(James Mill)。虽然当今经济学教科书已将其内容删去,然而还有不少微观或宏观经济理论还是依据萨依定律而做出结论的。

【本章小结】

1. 总供给等于总需求时,与总需求相等的产出水平,称之为均衡产出。

2. 可支配收入是消费和储蓄的一个重要因素。消费函数是一条将总消费与可支配收入联系起来的曲线。由于每一元人民币不是被消费,就是被储蓄起来,因此,消费函数与储蓄函数彼此是此消彼长的。$MPC+MPS=1$。

3. 每一个人的消费与储蓄情况都是比较复杂的,一个社会消费率的高低决定着一个国家的宏观经济政策。目前解释消费与储蓄的主要理论有相对收入说、生命周期说以及永久收入说等。

4. 支出的第二个主要组成部分是国内私人投资,包括对住宅、厂房、机器设备、汽车以及电脑、软件等投资。厂商投资的目的是为了获得更多的产品与服务,赚取利润。决定投资的因素主要有收益、风险、流动性以及税收。投资成本主要是包括利率与税收。对未来的预期也影响到投资。投资是总支出中最易变动的部分。

5. 从支出法、收入法、生产法所核算的国内生产总值具有一致性,由此可以得出国民经济中的一个基本的非常重要的核算恒等式,即总需求等于总供给,又称为储蓄-投资恒等式。两部门经济中投资—储蓄恒等式为 $I \cong S$;三部门经济中投资—储蓄恒等式为 $I \cong S+(T-G)$;四部门经济中投资—储蓄恒等式为 $I \cong S+(T-G)+(M-X)$。

6. 投入量的增加会使得国民收入上升,不但新增加的产出大于投入量,而且投入所引起的国民收入往往是成倍增加,这就是投资乘数。其实支出的增加,如消费、政府支出以及出口,降税都可以产生国民收入成倍的增长,不过,乘数效应是一把"双刃剑",支出增加时可以成倍地扩大收入,但是支出减少时,同样成倍地减少国民收入。

【经济观察】
政府投资效果取决于"投资乘数"

2008 年我国政府决定将实行积极的财政政策和适度宽松的货币政策,同时加大投资力度,计划在 2010 年年底前投资 4 万亿扩大内需,以此促进经济增长。投资规模的扩大有利于拉动经济增长,但是投资对经济规模的影响程度不仅仅取决于投资规模,还取决于投资乘数。

投资乘数主要取决于边际消费倾向、边际税率和边际进口倾向等因素。边际消费倾向越大,边际税率越低,人们的边际进口倾向越小,那么投资乘数也就越大,国内生产总值增长就会更快。

为了实现"保增长"的目标，增加投资拉动经济增长的规模，政府需要扩大投资乘数，使得投资支出对经济拉动作用更强。

首先要增加边际消费倾向来扩大投资乘数。增加边际消费倾向就是增加消费占收入的比例，提高居民的消费意愿。政府需要完善社会保障体系，解决居民的后顾之忧，才能有效刺激居民的消费支出。为此，财政部积极采取措施，增加财政补助规模，促进提高城乡居民收入；加大对"三农"、教育、医疗卫生、社会保障、保障性安居工程建设等民生领域的投入，这些都将有利于提高居民边际消费倾向。

其次是降低边际税率。如果政府减税，会增加居民的可支配收入，在一定的边际消费倾向下，消费会增加，因此也会引起国民收入若干倍的增加。这也是所谓的税收乘数。因此为了有效地刺激经济增长，还需要降低税率来配合。政府积极推动2009年1月1日起增值税全面转型改革的实施工作，这些措施都有利于降低边际税率，提高投资乘数。

最后是降低边际进口倾向。降低边际进口倾向就是降低收入中用于进口支出的比例。目前我国边际进口倾向存在下降的趋势，由于受美国次贷危机影响，我国经济增长面临变缓的风险，对进口的需求可能也会增幅放缓。另外，全球商品价格下降，我国进口一定数量的商品，进口支出将会减少，有利于降低边际进口倾向。

政府增加转移支付，同样可以增加居民的可支配收入，在一定的边际消费倾向下，消费也会增加，会促使国民收入若干倍地增加。这就是转移支付乘数的作用。我国政府通过减税和转移支付改善民生工程，刺激经济增长，对经济的拉动作用肯定会在一定程度上受税收乘数和转移支付乘数变动等因素的影响。

"投资乘数"是一笔投资促进国内生产总值增加的放大器，投资乘数的提高会对经济增长起到一定的拉动作用。也正因如此，在"保增长"的宏观经济目标之下，我们除了要关注投资规模的本身外，也应该密切关注边际消费倾向、边际税率、边际进口倾向等影响投资乘数诸因素的波动，以及投资乘数、税收乘数和转移支付乘数等的变化，以尽可能地使政府投资对经济的拉动效应最大化。

在投资者信心不足，私人投资下降的经济形势下，政府增加投资不会出现对私人投资的挤出，政府扩大投资能够最大程度地刺激经济，也是最有效的宏观经济政策。此外，政府还继续出台了一些积极的财政政策如提高个人所得税起征点、进一步减轻企业税负和完善出口退税政策等，增加居民的消费需求。

讨论题

1. 查找资料，分析目前我国的投资乘数是多少？
2. 如何提高我国的投资乘数？

【能力训练】

后金融危机与经济增长

2008年下半年爆发的金融危机对世界经济产生了深远的影响，许多国家的金融行业受到巨大打击，损失惨重，并且已经严重冲击了全球实体经济。得益于我国资本市场的严格管制，这次金融危机对我国金融业的直接影响相对有限。但是从长远来看，对我国实体经济仍有影响。按3~5人分组讨论，从简单国民收入决定理论出发，充分讨论四部门经济中，这些经济部门受到什么冲击？哪个部门受到的冲击最大？后果如何？提出政策建议来降低影响，促进我国经济持续高速增长。

建议授课老师组织本次本章问题讨论时，至少提前一周安排，每个小组分工收集材料，提高讨论质量。以小组为单位提交讨论报告。

【概念复习】

消费函数 储蓄 投资 平均储蓄倾向 边际消费倾向 通货膨胀缺口 乘数 投资乘数 边际进口倾向 均衡产出

【同步练习】

1. 下列哪一项不是投资储蓄恒等式? (   )

   A. $Y=C+I+G$　　　B. $C+I=C+S$　　　　C. $S+T=I+G$　　　D. $S=F(Y)$

2. 四部门经济体的均衡条件是 (   )。

   A. $I=S$　　　B. $I+G=S+T$　　　C. $I+G+X=S+T+M$　　D. $AD=AS$

3. 两部门经济指的是只存在 (   ) 的经济。

   A. 厂商与居民　　B. 政府与居民　　C. 出口与进口　　D. 投资与储蓄

4. 在两部门经济中,当投资增加 100 万元时,国民收入增加了 1 000 万元,那么此时的边际消费倾向为 (   )。

   A. 100%　　　B. 10%　　　C. 90%　　　D. 20%

5. 在总需求不变的情况下,长期总供给增加会导致 (   )。

   A. 总产量增加　　B. 总产量减少　　C. 物价下降　　　D. 物价上升

【问题讨论】

1. 简述凯恩斯的消费理论。

2. 什么是节俭悖论?

3. 两部门、三部门和四部门宏观经济模型中,国民收入在产品市场上的均衡条件是什么?

4. 解释乘数的公式及其前提条件。

【补充读物与资源】

《经济发展理论——对于利润、资本、信贷、利息和经济周期的考察》[美]约瑟夫·熊彼特,著,商务印书馆,1990 年

经济网

人大经济论坛

第 11 章

宏观经济政策依据

有效需求不足，可以妨碍经济繁荣。

——约翰·梅纳德·凯恩斯

学习目标

能力目标

- 能够运用货币需求相关理论，分析和判断中国人喜欢持有现金和进行储蓄的原因。
- 能够运用产品市场和货币市场一般均衡的基本思想，分析和解释政府出台一系列经济政策时的目标和用心。
- 通过学习 *IS-LM* 模型，能够把一些基本原则运用到本人现实投资行为和策略中去。

知识目标

- 理解和掌握 *IS* 曲线的含义及其变动规律。
- 掌握货币需求的动机、货币市场与利率的关系。
- 理解 *LM* 曲线的含义和变动规律。
- 理解 *IS-LM* 曲线，即产品市场和货币市场一般均衡的基本思想。

重要概念

IS 曲线　货币需求　货币供给量　交易需求　谨慎需求　投机需求　*LM* 曲线　*LS-LM* 模型

在前面的章节，我们讨论了消费、投资、政府支出和净出口这四个方面的总支出水平，如何决定一个国家和地区的总产出，或者说均衡的总收入水平。这些分析只是讲了产品市场的均衡。实际上，市场体系中，除了产品市场，还存在一个十分重要的市场即货币市场，而且这两个市场并不相互区隔，它们相互影响，相互依存。2008 年爆发的美国金融危机，就是从货币市场、金融市场传染到产品市场，使实体经济遭受重创。在产品市场与货币市场的相互作用中，若产品市场上总产出或总收入增加，需要使用货币的交易量相应增加，在利率不变时，货币需求会增加，如果货币供给量不变，则利率上升，而利率上升，会影响投资支出，从而对整个产品市场发生影响。产品市场上的国民收入和货币市场上的利率水平正是由这两个市场共同决定的。在这一章里，我们简要说明产品市场与货币市场一般均衡的 *IS-LM* 模型——凯恩斯经济学的思想体系的核心思想，并为下面介绍宏观经济政策提供基础。

11.1　产品市场的均衡

在商品市场，总产量、总就业量取决于总需求，即决定于消费和投资。投资取决于资本边际效率和市场利息率。当产品市场处于均衡时，既要求计划储蓄等于计划投资，也要求利息率处于产品市场所需求的均衡状态。所谓产品市场的均衡，是指产品市场上总供给与总需求相等。经济学进一步用 IS 曲线来说明产品市场的均衡条件。

11.1.1 *IS* 曲线

IS 曲线，是反映在产品市场达到均衡，即投资等于储蓄时，利率（r）与国民收入（Y）之间关系的曲线。I 表示投资，S 表示储蓄，IS 曲线如图 11-1 所示。

IS 曲线上的任何一点都代表一定的利率和收入的组合，在这样的组合下，投资和储蓄是相等的，即 $I=S$，从而产品市场是均衡的。

IS 曲线具有以下三个重要的假设。

第一，投资量是利率的递减函数。也就说，利率水平越高，投资量越少；利率水平越低，投资量就越多。

图 11-1 IS 曲线

第二，国民收入的平衡要求实现漏出与注入的相等。如果除了储蓄漏出，没有其他漏出，除了投资注入，也没有其他注入，那就要求投资等于储蓄，以实现国民经济的均衡。

第三，储蓄是国民收入的函数。一般说来，国民收入增加，储蓄增加，国民收入减少，储蓄减少。

在国民经济均衡的条件下，要实现投资与储蓄相等，利率与国民收入必须是反方向变动关系。即利率越大，投资越少，国民收入也就越少；利率越小，投资越多，国民收入也就越多。IS 曲线的斜率为负，意味着收入和利率成反向变动关系。这是因为投资是利息率的反函数，利率低刺激投资，收入增加，反之高利率会阻碍投资，形成低的收入水平。IS 曲线向下方倾斜，这说明，产品市场在 IS 曲线上的均衡位置，虽然由总需求的水平确定，但由于利率是总需求的一个决定因素，而它又依存于货币市场的均衡，由货币市场的供求确定，因此，产品市场的均衡也受货币市场的影响。

知识拓展 11.1

新自由主义经济学

所谓新自由主义经济学是相对于老自由主义即资产阶级古典经济学的经济自由主义来讲的，是适应当代国家垄断资本向国际垄断资本主义转变的要求而形成的一种理论思潮、一种思想体系和一套政策主张。

尽管新自由主义经济学是一个庞杂的体系，但就其主流学派的观点而言，可以将新自由主义经济学的核心观点归纳为三个"化"。一是"市场化"，二是"自由化"或"非调控化"，三是"私有化"。也可以说，新自由主义经济学的内涵具有市场化、自由化、私有化这样三层含义。

所谓"市场化"，是指市场是万能的，市场经济是一部能自动运转的配置社会资源的万能的机器。"市场化"，就是生产要素、产品、劳务都商品化，全部经济运行依靠市场机制自发调节。

所谓"自由化"，就是反对一切政府干预和宏观调控，让市场放任自由发展，认为充分的经济自由是提高经济效率的前提。在认为市场机制作用能形成一种"自然秩序"的同时，还认为个人自由是市场制度的保证和市场机制发挥作用的基础，只有保证个人的自由选择权利，才能使经济效率达到最高。

所谓"私有化"，就是极力主张全面的私有制。新自由主义经济学家全都是极力主张和推销彻底的私有化的。他们认为，只要实行生产资料私人所有制，就不能对私人的经济行为加以限制，从而可以使个人的潜能得以充分发挥，极大地提高经济效率。

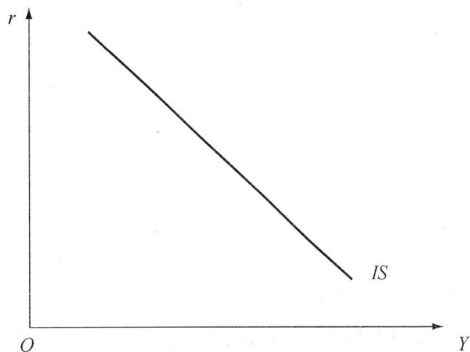

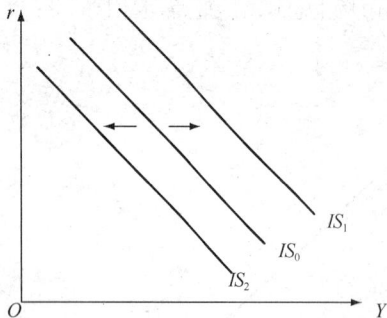

图 11-2　IS 曲线移动

11.1.2　使 IS 曲线移动的因素

如果投资或储蓄变动，IS 曲线也会相应发生变动。在四部门经济中，投资、政府支出、私人储蓄、税收以及进出口的变动都会引起 IS 曲线的移动。

如果由于出现技术革新，企业家对经济前景预期乐观，在同样利率水平上，投资需求增加，或者人们的储蓄愿望变小，更愿意花钱而更少储蓄，或者政府支出增加，并且减税，或者对外出口增加，等等，这些情况都会引起 IS 曲线向右上移动，如图 11-2 所示，IS_0 向右移动到 IS_1 的位置。

相反，企业家投资更加谨慎，相同的利率下投资更少了；人们不愿意消费，储蓄更多了；政府增加税收，而支出减少了；出口减少而进口增加。这些情况中的任何一种均会导致 IS 曲线向左移动，如图 11-2 所示，IS_0 向左移动到 IS_2 的位置。

增加政府支出和减税，都属于增加总需求的膨胀性的财政政策，而减少政府支出和增税，都属于降低总需求的紧缩性财政政策。因此，政府实行膨胀性财政政策，就表现为 IS 向右上方移动；政府实行紧缩性财政政策，就是表现为 IS 向左下方移动。IS 曲线的重要用途之一就是要说明政府政策是怎样影响国民收入的。

知识拓展 11.2

货币学派

货币学派是 20 世纪五六十年代，在美国出现的一个经济学流派，亦称货币主义，其创始人为美国芝加哥大学教授弗里德曼。货币学派在理论上和政策主张方面，强调货币供应量的变动是引起经济活动和物价水平发生变动的根本的和起支配作用的原因。布伦纳于 1968 年使用"货币主义"一词来表达这一流派的基本特点，此后被广泛沿用于西方经济学文献之中。

以弗里德曼为代表的货币主义的基本观点，可概括为以下几个命题。

（1）货币需求函数是一个稳定的函数，意指人们平均经常自愿在身边储存的货币数量与决定它的为数不多的几个自变量（如人们的财富或收入，债券、股票等的预期收益率和预期的通货膨胀率等）之间，存在着一种稳定的并且可以借助统计方法加以估算的函数关系。弗里德曼还在 1963 年出版的《1867—1960 年美国货币史》（与 A. J.施瓦茨合著）中估算出两个经验数据。其一是货币需求的利率弹性为-0.15，即利率增（减）1%，人们对货币的需求量减少（增加）0.15%，于是认为利率的变化对货币流通速度的影响是微不足道的。另一个数据是货币的收入弹性为 1.8，即人们的收入增（减）1%，对货币的需求量增（减）1.8%，这就意味着从长期趋势来看，货币的流通速度将随着国民收入的增长而有递减的趋势（《1867—1960 年美国货币史》1963 年第 1 版扉页）。

（2）引起名义国民收入发生变化的主要（虽然不是唯一）原因，在于货币当局决定的货币供应量的变化。假如货币供应量的变化会引起货币流通速度的反方向变化，那么，货币供应量的变化对于物价和产量会发生什么影响，将是不确定的、无法预测的。弗里德曼突出强调货币需求函数是稳定的函数，正在于尽可能缩小货币流通速度发生变化的可能性及其对产量和物价可能产生的影响，以便在货币供应量与名义国民收入之间建立起一种确定的可以做出理论预测的因果关系。

（3）在短期内，货币供应量的变化主要影响产量，部分影响物价，但在长期内，产出量完全是由非货币因素（如劳动和资本的数量，资源和技术状况等）决定的，货币供应只决定物价水平。

（4）资本主义经济体系本质上是稳定的，只要让市场机制充分发挥其调节经济的作用，资本主义将能在一个可以接受的失业水平条件下稳定发展，凯恩斯主义调节经济的财政政策和货币政策不是减少了经济的不稳定，而是加强了经济的不稳定性。因此，弗里德曼强烈反对国家干预经济，主张实行一种"单一规则"的货币政策。这就是把货币存量作为唯一的政策工具，由政府公开宣布一个在长期内固定不变的货币增长率，这个增长率（如每年增加 3%～5%）应该是在保证物价水平稳定不变的条件下与预计的实际国民收入在长期内会有的平均增长率相一致。

11.2　货币市场的均衡

在宏观经济中，利率并不是直接由储蓄与投资的水平所决定，而是由货币市场上货币的供求关系所决定。利率又影响总需求与实际国内生产总值。所以要了解利率是如何影响宏观经济的，就必须了解货币市场上利率决定的需求与供给的情况。

11.2.1　货币需求

个人、家庭和企业以及其他组织都会持有一些货币，这就构成了货币需求。货币需求是指个人与企业出于不同目的在参与经济活动中愿意持有货币数量的总和。货币需求取决于流动性偏好，是指人们喜欢以货币形式保持一部分财富的愿望和动机。凯恩斯主义经济学家认为，人们持有货币的动机有交易动机、预防动机和投机动机，我们在下面介绍决定货币需求的主要因素。

（1）交易需求，又称为交易动机。因日常交易需要而持有货币的动机称为交易动机。无论个人或企业都要应付日常生活或经营活动开支，出于交易动机所需的货币量，取决于惯例和商业信用制度。像我国人们在日常生活中购物均喜欢现金交易，而一些发达的西方国家刷卡消费则比较普遍，那么很显然同样的消费水平，中国人的货币需求要大一些。如果假定其他条件不变，交易需求主要取决于收入水平，并同收入水平有着函数关系。收入越高，交易动机需求的货币也越多。所以交易动机的货币需求取决于收入或实际国内生产总值，与之同方向变动。

（2）谨慎需求，又称之为预防动机，或称为谨慎动机，指人们为了预防意外的支出而持有货币的动机。在一个充满不确定性和风险的世界里，出现无法预料到的意外事件总是难免的。为了应对这种状况，人们需要持有货币。如消费者和企业为了应付事故、失业、医疗等意外事件出现，都要事先保持一定量的货币。人们在谨慎动机支配下，所需要的货币量既取决于个人对意外事件的看法，更取决于收入，也就是说，收入越多，用于预防动机的货币也越多。因此，出于谨慎动机所需的货币量也是收入或者国内生产总值的函数，二者呈正相关，如图 11-3 所示。

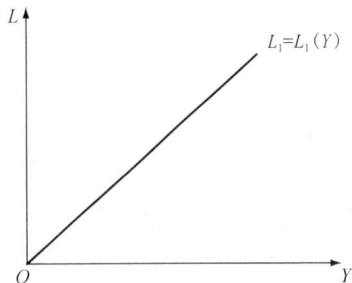

图 11-3　货币的交易和预防需求

交易动机和谨慎动机支配下所需货币量通称交易需求，用 L_1 表示，收入用 Y 表示，这种货币需求量和收入关系用函数表示为

$$L_1 = L_1(Y) \text{ 或者 } L_1 = kY \tag{11-1}$$

式中的 k 是上述两种动机所需要货币同实际收入的比例关系。例如，一个人的年收入为 50 000 元人民币，交易和预防动机需要的货币量占实际收入的 20%，则 $L_1 = 50\,000 \times 0.2 = 10\,000$（元）。

（3）投机需求，又称投机动机，指人们为了抓住有利的购买有价证券如债券、股票等的机会而保持货币的动机。货币是资产中的一种形式，人们的资产可以采取多种形式，例如，货币、债券、股票、黄金、不动产以及其他多种形式，目的是为了使自己的资产实现收益最大化。债券等有价证券的价格一般都随着利息率的变化而变化。利息率提高，有价证券市场价格下降；利息率降低，有价证券市场价格上升。投机者就是利用利息率水平和有价证券价格水平的变化进行投机获利活动的。为满足投机动机而持有货币量的多少，取决于人们对未来的价格水平，特别是有价证券价格水平的预期。在这里，货币也是执行价值贮藏职能的手段。在投机动机支配下，对货币的需求量是利息率的函数。如果用 L_2 代表投机动机所需货币量，用 r 代表利息率，这种货币需求量和利息率的函数关系可写成

$$L_2 = L_2 (r) \tag{11-2}$$

一般来说，r 高则 L_2 小；r 低则 L_2 大，如图 11-4 所示。但是如果利息率极高，投机动机所引起的货币需求量为零。这时，人们预计利息率不大可能再提高，或有价证券的价格不大可能再下降，因而会把持有的货币全部换成有价证券。反之，当利息率极低时，投机动机所引起的货币需求量就会是无限的。这时，人们预计利息率不大可能再下降，或有价证券的价格不大可能再上升，因而会把持有的有价证券全部换成货币。原因在于利息率极低时，有价证券所能得到的利息不多，而一旦价格下跌可能遭到严重的损失，这时人们不再购买有价证券，而是有多少货币就愿意保持多少货币。这种状况称为"流动偏好陷阱"或"凯恩斯陷阱"，也就是人们常说的"货币沉淀"，表现为图 11-4 中投机动机对货币的需求曲线接近于一条水平线。

> **问题探索：** 2008 年金融危机以来，欧美及日本经济遭到重创，这些国家央行纷纷下调基准利率，几乎进入零利率时代，寄予希望带动投资，提振经济，可是效果甚微，其中的原因你能解释吗？

综合三种动机引起的货币需求可以知道，货币需求主要取决于国民收入和货币市场的利息率，其中货币需求与收入水平同方向变动，与利息率反方向变动。以 L 表示货币需求，将 L_1 和 L_2 相加可得到货币需求公式

$$L = L_1 + L_2 = L_1 (Y) + L_2 (r) \tag{11-3}$$

一般地，在一定的时期内收入是既定的，那么，交易动机与预防动机的货币需求是既定的，表现为在图 11-5 中的 L_1 是一条垂直于 X 轴的直线，不受利息率的影响。

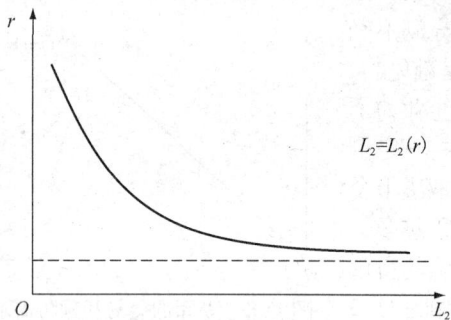
图 11-4　货币投机需求

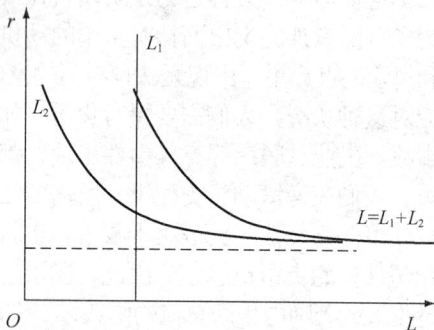
图 11-5　货币需求曲线

这时，货币的需求 L 随着利息率的上升而下降，随着利息率的下降而变大，如图 11-5 所示。图中 L 曲线是包括 L_1 和 L_2 在内的全部货币需求曲线，利率极低的时候，人们将不再购买证券，而愿意有多少货币就持有多少货币，因而为水平线。

要注意的是，随着收入增加或者说国内生产总值的增加，实际货币需求量增加，表现为图 11-5 中的货币需求曲线 L 向右方移动。

知识拓展

流动性陷阱

11.2.2　货币供给

货币供给是通过银行体系的资产业务形成的，是指一个国家在某一时点上保持的不属于政府和银行所有的硬币、纸币和银行存款的总和。货币供给量决定于国家的经济政策，按照货币政策，由中央银行来控制货币供给量的大小。经济学家们认

为，货币供给量是由国家用货币政策调节的，因而是一个外生变量，其大小与利率高低无关，因此货币供给是一条垂直横轴的直线，如图 11-6 所示。图中横轴 M 代表货币供给量，垂直直线 M 代表货币供给曲线。

2008 年 6 月月末，我国广义货币供应量 M_2 余额为 44.3 万亿元，狭义货币供应量 M_1 余额为 15.5 万亿元，流通中现金 M_0 余额为 3.0 万亿元。实际上 2008 上半年，CPI 指数曾达 8%以上，而 PPI 指数也居高不下，国家一直通过紧缩的货币政策，调节缩减货币供给量到合意的水平，从而达到缩小通货膨胀的宏观政策目标。不过到 2013 年 5 月，我国 M_2 达到创纪录的 104 万亿元，但当月的消费物价指数 CPI 却只有 2.4%，经济连续两年来一直处于下降通道。

11.2.3 利率的决定

利率是货币的价格，如同其他产品与劳务的价格一样，是由货币市场上货币需求与货币供给决定的。

图 11-7 说明了利率的决定。图中横轴 M 代表实际货币量，纵轴 r 代表利率，L 为货币需求曲线，向右下倾斜，表明货币需求与利率成反方向变动。M 为货币供给曲线，是一条垂直线，表示在某一时间，货币供给量是固定的，是由中央银行的货币政策和货币乘数决定的。货币供给与货币需求均衡时决定了利率为 r_0。

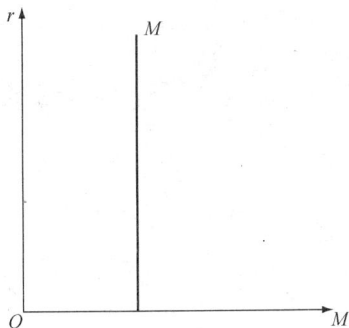

图 11-6 货币供给曲线　　　　　　　　图 11-7 利率决定

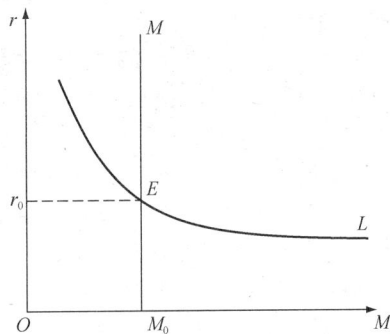

知识拓展 11.3

我国现行的利率体系

利率体系是一个国家在一定时期内各类利率的总和。

按利率结构划分我国现行利率是以中央银行利率为基础、金融机构利率为主体和市场利率并存的利率体系。

1. 中央银行利率——基准利率

基准利率是中央银行对金融机构的各种存贷款利率，包括法定存款准备金利率、一般存款利率、再贷款利率、再贴现利率。

2. 金融机构利率

（1）金融机构利率是金融机构对企业单位和个人的各种存贷款利息率。

（2）存款利率包括企业单位存款利率、城乡居民储蓄存款利率。

贷款利率包括短期贷款利率、中长期贷款利率、贴现贷款利率和优惠贷款利率。

（3）金融机构利率是实现中央银行货币政策的重要环节。

3. 市场利率

市场利率主要包括短期资金市场利率、长期资金市场利率和一般私人借贷利率等。

短期资金市场利率包括同业拆借利率和票据市场利率。长期资金市场利率包括各类有价证券利率和收益率。一般私人借贷利率包括民间各种私人借贷利率。市场利率是国家制定利率的重要依据。

知识拓展 11.4

计算利息的基本方法

1. 单利计息

单利计息指在计算利息额时，仅按原本金和规定利率计算利息，所生利息不再加入本金重复计算利息的计息方法，其公式为

$$利息（I）=本金（P）×利率（r）×期限（n）$$
$$本利和（S）=P（1+r×n）$$

2. 复利计息

复利法是指按复利计算利息的方法，即在计息时把按本金计算出来的利息再加入本金，一并计算利息的方法。其本利和公式为

$$利息（I）=本利和（S）-本金（P）$$

利率是由货币市场的供求决定的，因此，货币供求发生变动，都会对利率产生影响使之发生变动。如果货币供给不变，货币需求增加，货币需求曲线向右上方移动，从而使得均衡利率升高；反之，货币需求减少，均衡利率也降低。如果货币需求不变，货币供给增加，货币供给曲线向右移动，从而使得均衡利率下降，反之，货币供给减少，均衡利率上升。

知识拓展

利率的查询

案例 11.1

浙江温州民间金融借贷利率最高超过银行 10 倍

2008 年 6 月月初，在以民营经济著称的浙江，不少中小制造业企业感到来自资金链绷紧的考验。

从海盐到嘉兴，从温州到杭州，"资金饥渴"在各个行业的各类企业中蔓延，形势或重或轻，轻的靠高利率借贷度日，重的资金链断裂关门大吉甚至"人间蒸发"。本身以负债率高为特点的房地产企业，在此轮资金紧缺中首当其冲。

杭州一家皮具生产企业的董事长告诉记者，一个朋友刚刚从他这里短期拆借了几百万元，利率高达 36%，"他是做房地产生意的"。

总部位于杭州的美都控股公司将所持有的首开股份（600376）1 000 万股质押给民生银行，为获取流动资金贷款提供质押担保。位于嘉兴的广源地产以土地为抵押，从香溢融通（600830）获得 1 亿元贷款，年利率为 18%。浙江丽水万松房地产开发公司则未能力挽狂澜。这家曾经一度成为"丽水地王"的公司，由于资金链突然断裂，拖欠了 4.85 亿元的集资借款，2 000 多集资户的家产化为泡影。

浙江的制造业企业资金短缺现象同样明显。温州中小企业促进会会长告诉记者，温州民间金融借贷规模已经突破 600 亿元，而此前这一数字还只是 400 亿元。这些民间贷款的利率，最低也高于银行利率 4 倍以上，有的甚至高出 10 倍。

央行温州中心支行从三个方面分析了企业资金面绷紧的原因。首先，企业流动资金占用呈上升趋势，原材料价格上涨增加流动资金占用。2008 年 2 月月末，企业应收账款净额同比增加 14.8%，增幅较上年同期上升 14.78 个百分点。

其次，企业盲目扩张、多元化经营。几年前，房地产、矿产资源、证券资产等处于价格上涨周期，相当比例的投资者超越了自身的资金承受能力，过度举债进行投资。在信贷宽松时，企业能够较容易获得贷款，但在信贷紧缩时，很容易造成资金链断裂。

最后，企业贷款难度加大，利率上浮明显，对企业资金链又加了第三个绷紧的砝码。企业贷款难度和成本增加，主要表现在银行贷款门槛提高，担保贷款比重减少，普遍要求办理抵押贷款，抵押物不足或者保全措施不能落实的企业较难得到贷款。同时，利率上浮明显，如 2008 年以来温州银行贷款利率总体上浮幅度与上年相比提高了 15%左右，加之 2008 年民间借贷利率大幅上扬，导致企业的融资成本明显提高。

11.2.4　货币市场的均衡：*LM* 曲线

货币的供给等于货币的需求决定市场均衡利率。但是这一结论是在收入或者说国内生产总值既定条件下得到的。如果国内生产总值发生变动，货币的交易和预防需求就会发生变动，从而市场均衡利率也相应地变动。不同的收入水平将决定不同的货币市场均衡利率。下面我们通过 *LM* 曲线分析来考察国民收入与利息率之间的联系。*L* 表示货币需求，*M* 表示货币供给。

1. *LM* 曲线

LM 曲线是描述货币市场达到均衡，即 *L=M* 时，国内生产总值与利率之间同方向变动关系的曲线，如图 11-8 所示。

LM 曲线建立在以下几个假设的基础上。

第一，利率和货币的投机需求是反向变动的关系。利率越高，人们持有的现金就越少；利率越低，人们持有的现金就越多。货币的投机性需求是利率的函数。

第二，货币的交易需求是国民收入的函数，国民收入多则货币的交易需求就多，国民收入少则货币的交易需求就少。

第三，货币供给量是一个由中央银行决定的变量，但在一定时期内为既定的常数；货币需求则由货币交易需求与货币投机需求之和决定。货币需求要适应既定的货币供给，就只能是货币交易需求增加，货币的投机需求减少；或者，货币的交易需求减少，货币的投机需求增加。

在货币市场，利率和收入成正向变动的关系。这是因为，在货币供给给定的情况下，利率下降，投机性需求增加会减少交易性的需求货币，收入相应减少。反之利率上升则对应着收入增加，所以 *LM* 曲线向右上方延伸。这说明，较低的收入水平，是与货币市场较低的均衡利率相配合的，而较高的收入水平则与较高均衡利率相配合，因而均衡利率的水平，是由货币和商品两个市场的同时均衡收入水平来决定的。

2. *LM* 曲线移动

货币投机需求、交易需求和货币供给量的变化，都会使 *LM* 曲线发生相应的变动，如图 11-9 所示。

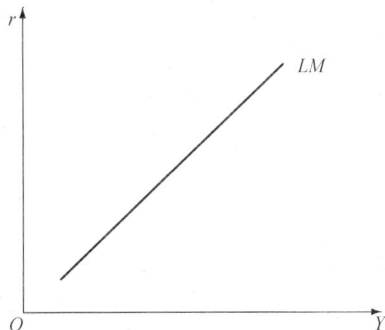

图 11-8　*LM* 曲线

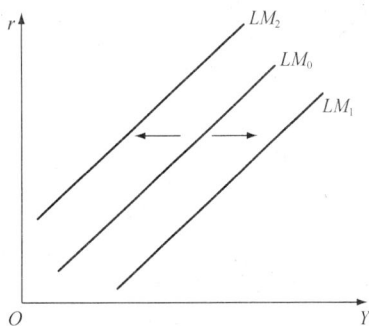

图 11-9　*LM* 曲线移动

第一，货币投机需求曲线的移动会引起 *LM* 曲线发生相反方向的移动。投机需求增加（即投机需求曲线右移），而其他情况不变，会使 *LM* 曲线左移，相反，则使 *LM* 曲线右移。

第二，货币交易需求曲线移动，会使 *LM* 曲线发生方向相同的移动，即如果交易需求曲线右移（即交易需求减少），而其他情况不变，则会使 *LM* 曲线也右移。

第三，货币供给量变动将使 *LM* 曲线发生同方向变动，即货币供给增加，*LM* 曲线右移，货币供给量减少，则 *LM* 曲线左移。原因是在货币需求不变时，货币供给增加必使利率下降，利率下降又刺激投资和消费，从而使国民收入增加。

使 LM 曲线移动的三个因素中，特别要重视货币供给量的变动的因素，因为货币供给量是国家货币当局根据需要而调整，这正是货币政策调节宏观经济的着力之处。

案例 11.2

利率上调是遏制经济过热的好工具

中国人民银行决定，从 2006 年 4 月 28 日起上调金融机构贷款基准利率。金融机构一年期贷款基准利率上调 0.27 个百分点，由原来的 5.58%提高到 5.85%。

尽管这次央行调整利率幅度不大，其调动的幅度对企业或个人信贷成本的影响不高，但是它向市场发出了一个十分强烈的信号，通过利率调整来改善中国金融市场的价格机制，通过利率调整向市场表明，企业与居民的经济决策必须把利率的风险考虑在其未来的行为决策中。

房地产业应该是这次政府宏观调控最为关注的第一行业。房地产业是一个资金密集型产业，资金成本的高低或利率的高低不仅决定了房地产市场发展速度，也决定了房地产炒作与投机的程度。

可以说，这次利率的调整明确地向房地产市场发出了一个强烈的信号，政府有决心有能力对国内过快的房地产市场投资、对上升过快的房价进行调整。而且这种调整并不在于这次利率上升的幅度，而是在于市场对这次加息的反应。既然利率工具启动了，国内的投资过热、银行信贷过热、房地产投资过热、房价的快速增长等市场面临的问题也就会逐渐地化解了。

11.3 产品市场与货币市场的同时均衡

11.3.1 *IS-LM*模型

IS-LM 模型是说明产品市场与货币市场同时均衡时利率与国内生产总值决定的模型。

在凯恩斯理论体系中，商品市场和货币市场是通过利率相互联系在一起的。产品市场均衡的条件是投资等于储蓄，即 $I=S$，货币市场均衡的条件是货币供给等于货币需求，即 $M=L$，产品市场和货币市场同时均衡的条件是 $I=S$，$L=M$。前面的分析表明，只有在 IS 曲线上，投资才等于储蓄，只有在 LM 曲线上，货币需求才等于货币供给。因此，只有在 IS 曲线和 LM 曲线的交点上，产品市场和货币市场才能同时达到均衡。如图 11-10 所示，IS 曲线和 LM 曲线相交于点 E，表示经济体系中产品市场和货币市场同时达到均衡状态，相应于 r_0 均衡利率，Y_0 是均衡的国民收入水平。当经济体系在 E 点达到均衡时，有总需求＝总供给，投资＝储蓄，同时有货币需求＝货币供给，利率与国民收入处于相对稳定的状态。

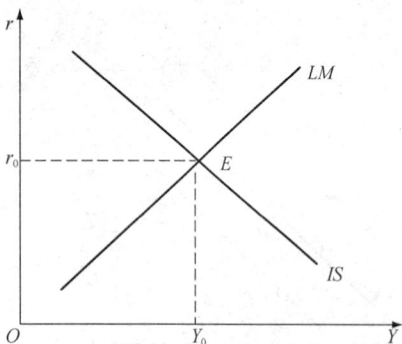

图 11-10 *IS-LM*模型

如果收入与利率的组合不在 IS 曲线与 LM 曲线的交点上，则国民收入和利率没有处于均衡状态。

产品市场的不均衡会使收入发生变动，即投资大于储蓄会导致收入上升，投资小于储蓄会导致收入下降。货币市场不均衡导致利率变动，即货币需求大于货币供给会导致利率上升，货币需求小于货币供给会导致利率下降。因此，经济社会会通过收入和利率的变动逐渐达到均衡。

11.3.2 *IS-LM*曲线的移动

IS 曲线和 LM 曲线的交点所确定的收入和利率组合不是固定不变的，将随决定它的两条曲线中任意一条曲线的变动或两条曲线的同时变动而变动。

1. IS 曲线的移动

投资的变动是影响两个市场中收入和利率的均衡组合变动的重要因素之一。投资增加，会使 IS 曲线向右移动；投资减少，会使 IS 曲线向左移动。在 LM 曲线不变的情况下，向右移动的 IS 曲线同 LM 曲线在较高的位置上相交，这个较高的均衡点表示一个较高收入和较高利率的均衡组合；向左移动的 IS 曲线同 LM 曲线在较低的位置上相交，这个较低的均衡点表示一个较低收入和较低利率的均衡组合，如图 11-11 所示。

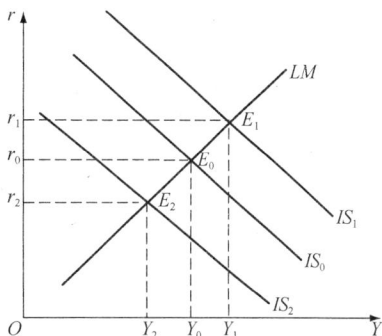

图 11-11　IS 曲线变动与 IS-LM 模型

图 11-11 中的 IS_0 是移动前的 IS 曲线。IS_0 和 LM 的交点 E_0，表示收入为 Y_0，利率为 r_0 的均衡组合。由于投资增加，IS_0 向右移动到 IS_1。IS_1 和 LM 的交点 E_1 表示收入为 Y_1、利率为 r_1 的均衡组合。相反，由于投资减少，IS_0 向左移动到 IS_2。IS_2 和 LM 的交点 E_2 表示收入为 Y_2、利率为 r_2 的均衡组合。

在简单的凯恩斯模型中，由于乘数的作用，投资的增加会引起收入按乘数的倍数增加。和简单的凯恩斯模型不同，在 IS-LM 模型中，由于存在货币市场，乘数的作用受到限制，投资增加时，收入不是按某一倍数增加，而是按小于某一倍数的比例增加。这是因为，在货币供给不变的情况下，投资增加在引起收入增加的同时，又引起利率的提高，而利率的提高会阻碍投资的增加，因而会阻碍收入的增加。

2. LM 曲线的移动

货币供给的变动也是影响两个市场中收入和利率的均衡组合变动的重要因素之一。货币供给增加，会使 LM 曲线向右移动；货币供给减少，会使 LM 曲线向左移动。在 IS 曲线不变的情况下，向右移动的 LM 曲线与 IS 曲线相交，这个均衡点表示一个较高收入和较低利率的均衡组合；向左移动的 LM 曲线与 IS 曲线相交，这个均衡点表示一个较低收入和较高利率的均衡组合。

如图 11-12 所示，图中的 LM_1 是移动后的 LM_0 曲线。由于货币供给量增加了，LM 曲线向右移动，LM_1 和 IS 的交点 E_1 表示收入为 Y_1、利率为 r_1 的均衡组合。由于货币供给的减少，LM_0 向左移动到 LM_2。LM_2 和 IS 的交点 E_2 表示收入为 Y_2、利率为 r_2 的均衡组合。

货币供给的增加通过投资的增加引起收入的增加。这是因为，在货币需求不变的情况下，货币供给的增加引起利率下降，利率的下降引起投资增加，投资增加引起收入增加。而收入的增加又会引起交易性货币需求量的增加。但是，货币供给的增加在引起收入和交易性货币需求的增加，同时也会抑制收入和交易性货币需求量的增加。这是因为，货币供给的增加同样也会引起投机需求的增加，投机需求增加会抑制交易性货币需求的增加，从而抑制收入的增加。

3. IS 曲线和 LM 曲线同时移动

以上分别说明 IS 曲线的移动和 LM 曲线的移动对两个市场的均衡的影响。IS 曲线向右移动时，收入增加，利率提高。LM 曲线向右移动时，收入增加，利率下降。现在假定，IS 曲线和 LM 曲线同时向右移动，结果是收入增加，利率不变。图 11-13 中，当投资增加时，IS_0 向右移动到 IS_1，即投资的增加，通过乘数的作用，使收入增加到 Y_2。但是，由于投资增加，利率上升，投资受到影响，结果收入只增加到 Y_1。为了不使利率上升，就必须同时增加货币供给。当货币供给增加时，LM_0 向右移动到 LM_1。IS_1 和 LM_1 的交点 E_2 决定的均衡收入为 Y_2，E_1 决定的均衡收入为 Y_1，而 E_2 决定的均衡利率和 E_0 的相同，都是 r_0。

扩张性或紧缩性财政政策可以使 IS 曲线向右或向左移动，扩张性或紧缩性货币政策可以使 LM 曲线向右或向左移动。

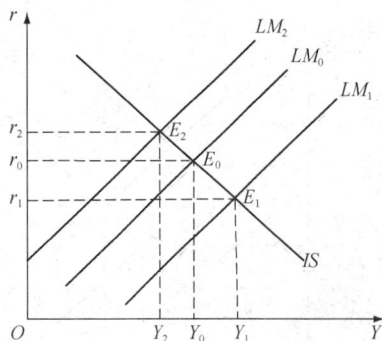

图 11-12 *LM* 曲线变动与 *IS-LM* 模型

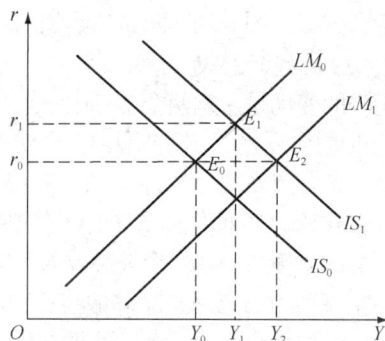

图 11-13 *IS* 和 *LM* 曲线同时变动

> **问题探索：** 西方的一些经济学派如货币供应学派认为，政府的宏观经济调控是没有必要的，原因是政府没有办法发现调控经济的最佳时机，更重要的是政府也缺乏一心为公的道德心，因此这些条件不具备，调控经济只会带来负效果，你认同吗？为什么？

【本章小结】

1. *IS* 曲线表示产品市场均衡时利率与国内生产总值之间是反方向变动的关系，即利率下降，国民收入增加。

2. 人们出于交易动机、预防动机和投资动机而需要货币。货币的需求取决于国民实际的收入水平以及利率水平。货币需求与国民收入水平同方向变动，与利率成反方向变动。

3. 货币供给由货币当局决定，市场上没有明确的供给规律。

4. 利率由货币需求与供给共同决定。货币供给不变，货币需求增加，利率上升，需求减少，利率下降；若货币需求不变，而货币供给增加，则利率下降，货币供给减少，则利率上升。

5. *LM* 曲线表示货币市场均衡时利率与国内生产总值之间是同方向变动的关系。

6. *IS-LM* 模型说明产品市场与货币市场同时决定均衡的利率与国内生产总值。

7. 可以用 *IS-LM* 模型分析自发总支出变动或货币供给量的变动对利率和实际国内生产总值的影响。

【经济观察】

互联网金融促进利率市场化

近年来，互联网金融迅猛发展恰恰推进存款利率市场化。由于互联网金融产品的冲击，不少商业银行也开始推出活期理财产品，放弃活期存款利率带来的巨大利差，事实上开启了存款利率市场化的步伐。

政府提出，要深化金融体制改革，继续推进利率市场化，扩大金融机构利率自主定价权。促进互联网金融健康发展，完善金融监管协调机制。对此，有业内专家表示，互联网金融将成为利率市场化的最大推手。

互联网金融是推进中国金融体系市场化改革的战略性力量，随着互联网金融的兴起，众筹等互联网金融产品具有收益高、低门槛等特点，能满足投资者的需求，而且，互联网金融契合了中国利率市场化改革的方向。在互联网金融如火如荼地发展过程中，我国始终秉持着积极、开明、宽容的态度，连续三年互联网金融被写入政府工作报告。互联网金融的蓬勃发展恰恰是为利率市场化提供了一个很好的试验田，对加快自主利率市场化进程，具有显著作用。

知识拓展

互联网金融

"在'十三五'国家战略的支持下，互联网金融促进利率市场化的作用将更加明显。"伴随利率市场化不断深入，互联网金融服务有望实现深度融合，为中国民众提供灵活多样的投资选项和资产增值手段，最终实现全民财富增值。

讨论题

1. 互联网金融能否降低民间借贷利率？
2. 我国推行利率市场化有什么好处？目前存在着什么制约因素？

【能力训练】

在世界金融危机日益影响到实体经济的严峻关头，我国政府采取负责的行为，不仅一改十多年来从紧的货币政策，更是大手笔地制定了投入高达 4 万亿元人民币的刺激经济计划，地方政府跟进投资达 10 万亿元人民币。分组讨论，利用 *IS-LM* 模型分析讨论，在经济萧条时期，应该采取什么样的财政与货币政策，并分析这两项政策有何不同，作用如何，会产生了什么样的问题。

2016 年乃至 2017 年我国经济形式如何？你认为政府还应该采用大笔投资刺激经济吗？

问题与注意：同学们先期分组，并把问题分配给小组成员。各成员对于其中某一问题收集现行政策、资料，然后在讨论会上讨论。以小组为单位提交讨论总结。

【概念复习】

货币　商业银行　货币乘数　货币需求　投机动机　流动偏好陷阱　*IS* 曲线　*LM* 曲线　*IS-LM* 模型

【同步练习】

1. 在 *LM* 曲线不变的情况下，*IS* 曲线的弹性大（　　）。
   A. 财政政策的效果好　　　　　　　　B. 货币政策的效果好
   C. 财政政策和货币政策的效果一样好　D. 无法确定

2. 在 *IS* 曲线不变的情况下，*LM* 曲线的弹性大（　　）。
   A. 财政政策的效果好　　　　　　　　B. 货币政策的效果好
   C. 财政政策和货币政策的效果一样好　D. 无法确定

3. 假定 *IS* 曲线和 *LM* 曲线的交点所表示的均衡的国民收入还低于充分就业的国民收入，根据 *IS-LM* 模型，如果不让利息率上升，政府应该（　　）。
   A. 增加投资　　　　　　　　　　　　B. 在增加投资的同时增加货币供给
   C. 减少货币供给量　　　　　　　　　D. 在减少投资的同时减少货币供给

4. 下列哪种情况增加货币供给不会影响均衡收入？（　　）
   A. *LM* 平缓而 *IS* 垂直　　　　　　 B. *LM* 垂直而 *IS* 平缓
   C. *LM* 和 *IS* 一样平缓　　　　　　 D. *LM* 陡峭而 *IS* 平缓

5. 下列因素中能够使得 *IS* 曲线向右移动的是（　　）。
   A. 政府增加支出　　　　　　　　　　B. 企业家积极增加投资
   C. 居民更加愿意消费　　　　　　　　D. 政府提高税率

【问题讨论】

1. 简述 *IS-LM* 模型的内容和意义。
2. 试述流动性陷阱产生的原因。
3. 人们需要货币的动机是什么？

4. 为什么在产品市场上 *IS* 曲线向右下倾斜，利率与实际国内生产总值成反方向变动？

5. 为什么在货币市场上 *LM* 曲线向右上倾斜，利率与实际国内生产总值成同方向变动？

6. 如果外资进入，投资增加，*IS* 曲线会如何变动？用 *IS-LM* 模型说明这对利率和实际国内生产总值的影响。

7. 如果中央银行采取紧缩性货币政策，货币供给减少，这对 *LM* 曲线有什么影响？用 *IS-LM* 模型说明这对利率和实际国内生产总值的影响。

【补充读物与资源】

《就业利息和货币通论》约翰·梅纳德·凯恩斯，著，陆梦龙，译. 中国社会科学出版社，2009
年12月

中国社会科学网
经济金融网

第 12 章

失业与通货膨胀

资本主义的原罪是，有福时并不一定为大家共享；社会主义的先天美德是，有难时大家一定同当。

——丘吉尔

学习目标

能力目标

- 能够运用失业理论，分析和解释我国的失业问题。
- 能够运用通货膨胀理论，分析和解释我国近年来的通货膨胀问题。
- 能够结合我国社会经济的实际，初步分析失业与通货膨胀的关系。

知识目标

- 掌握失业的种类及原因。
- 理解通货膨胀的原因及其对经济的影响。
- 理解菲利浦斯曲线并加以分析和应用。
- 理解奥肯定律并加以分析和应用。

重要概念

劳动力　失业　失业率　摩擦失业　周期失业　自然失业率　通货膨胀　CPI　PPI　菲利浦斯曲线

国家统计局的报告显示，2008 年 2 月中国 CPI 指数为 8.7%，这也是历经 14 个月 CPI 指数罕见直线上升的最高点，与 2007 年 2 月的 CPI 指数 2.70%相比上涨了 2.22 倍。这时候，宏观经济政策部门以及经济学家、老百姓都把目光聚焦在以 CPI 上涨为核心的通货膨胀上。防止通货膨胀已经成为宏观经济政策的首要目标，这当然是正确的和必要的。不过，2008 年由美国引发的世界范围的金融危机，导致全球经济下行，到了 2013 年，5 年来世界经济深陷衰退的泥淖，促增长已成为全球宏观经济政策的重要共识。宏观经济的另外一个问题是失业。国家统计局公布的数据显示，2007 年我国城镇登记失业率是 4%，与 2006 年基本持平，2012 年的我国城镇登记失业率是 4.1%。2013 年国家要求把我国城镇登记失业率控制在 4.6%以内。我国采用的城镇登记失业率，没有包括下岗职工和农村剩余劳动力。除了农村剩余劳动力以及下岗人员的问题依旧外，失业还出现了新的情况，即大学毕业生就业难。2013 年尤为突出，全年约有 980 万毕业生，到 2013 年 6 月，有近 4 成的应届毕业生找不到工作，这是个很大的数字，但并没有统计到失业人口中。所以，该年的就业形势非常严峻。那么，是什么原因引起通货膨胀和失业？通货膨胀与失业有什么关系？

它们对经济会产生什么样的影响？可以说，失业与通货膨胀是任何经济体在发展过程中不可避免的经济现象，是与我们的生活密切相关的问题，我们应该了解其发生的原因和可能产生的影响。

12.1 失业的类型

12.1.1 失业的概念

劳动就业是每个人的权利，也是绝大多数人获得收入、维持生存的主要手段，但是在现实生活中，总是有一部分人无法就业。2012年我国城镇登记失业率为4.1%，城镇登记失业人口达到917万，如果不能在短时间内找到合适的工作，那么这部分人口的生活就会陷入困境。当然，失业现象并非仅存在于我国，目前世界上所有的国家，无论是发达国家，还是发展中国家，都不同程度上存在着失业问题。

失业（Unemployment）是指在法定年龄内（一般是16～60岁）有劳动能力、愿意接受现行工资水平但仍然找不到工作的现象。所有那些未曾受雇以及正变换工作岗位或未能按当时通行的实际工资率找到工作的、有劳动能力的人都是失业者。

衡量失业最常用的指标是失业率。失业人数与就业人数之和就是劳动力人数，失业人数占劳动力人数的比重为失业率，即

$$失业率 = （失业人数/劳动力人数）\times 100\%$$
$$= [失业人数/（失业人数+就业人数）] \times 100\%$$

一般地，当经济衰退时失业率上升，经济回升时失业率下降。

知识拓展 12.1

城镇登记失业率

我国目前使用的城镇登记失业率概念，是指城镇登记失业人数同城镇从业人数与城镇登记失业人数之和的比例关系。城镇登记失业率，是指在报告期末城镇登记失业人数占期末城镇从业人员总数与期末实有城镇登记失业人数之和的比重。分子是登记的失业人数，分母是从业的人数与登记失业人数之和。在城镇单位从业人员中，不包括使用的农村劳动力、聘用的离退休人员、港澳台及外方人员。城镇登记失业人员是指有非农业户口，在一定的劳动年龄内（16岁以上及男50岁以下、女45岁以下），有劳动能力，无业而要求就业，并在当地就业服务机构进行求职登记的人员。登记失业率近年来多次被指难以反映失业真实情况。我国政府决定，在"十二五"期间，不再使用"城镇登记失业率"这一指标，而采用"调查失业率"。

图12-1显示2008—2012年我国城镇登记失业人数及登记失业率的情况。

单位：万人，%

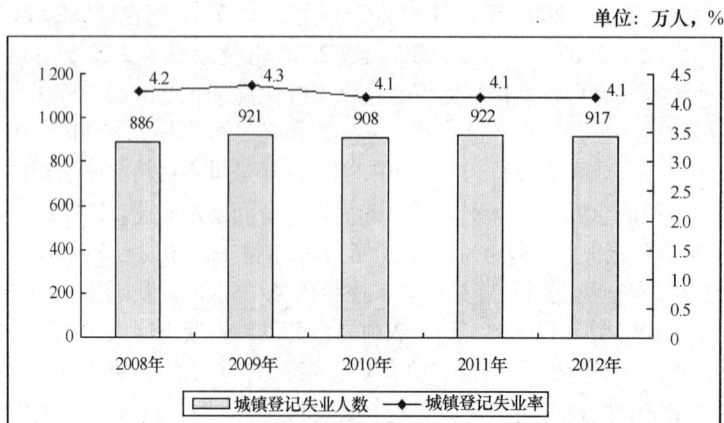

图 12-1　2008—2012 年城镇登记失业人数及登记失业率

12.1.2　失业的类型

失业有很多种类，根据就业意愿，划分为自愿失业与非自愿失业。所谓自愿失业是指劳动者不愿意接受现行的工作条件和收入水平而失业。由于这种失业是由于劳动人口主观不愿意就业而造成的，所以被称为自愿失业，无法通过经济手段和政策来消除。另一种是非自愿失业，是指有劳动能力、愿意接受现行工资水平但仍然找不到工作的现象。这种失业主要是由于信息不对称，社会的有效需求过低所造成的，因而可以通过经济手段和政策来消除。经济学中更多关注的失业是指非自愿失业。

一般来说，失业按照其形成的原因，大体上可分为以下类型。

1. 摩擦性失业

摩擦性失业是指生产过程中难以避免的、由于转换职业等原因而造成的短期、局部失业。这种失业的性质是过渡性的或短期性的。它通常起源于劳动的供给一方，因此被看做一种求职性失业，即一方面存在职位空缺，另一方面存在着与此数量对应的寻找工作的失业者，这是因为劳动力市场信息不完备，厂商找到所需雇员和失业者找到合适工作都需要花费一定的时间。摩擦性失业在任何时期都存在，并将随着经济结构变化而有增大的趋势，但从经济和社会发展的角度来看，这种失业存在是正常的。

2. 结构性失业

结构性失业是指劳动力的供给和需求不匹配所造成的失业，其特点是既有失业，也有职位空缺，失业者或者没有合适的技能，或者居住地点不当，因此无法填补现有的职位空缺。结构性失业在性质上是长期的，而且通常起源于劳动力的需求方。结构性失业是由经济变化导致的，这些经济变化引起特定市场和区域中的特定类型劳动力的需求相对低于其供给。特定市场中劳动力的需求相对低，可能由以下原因导致。第一是技术变化，原有劳动者不能适应新技术的要求，或者是技术进步使得劳动力需求下降。第二是消费者偏好的变化。消费者对产品和劳务的偏好的改变，使得某些行业扩大而另一些行业缩小，处于规模缩小行业的劳动力因此而失去工作岗位。第三是劳动力的不流动性。流动成本的存在制约着失业者从一个地方或一个行业流动到另一个地方或另一个行业，从而使得结构性失业长期存在。

3. 周期性失业

周期性失业也称为需求不足性失业，是指总需求水平太低所引起的失业。由于总需求会影响国民收入，从而也会影响企业对劳动力的需求。如果总需求不足，国民经济需要的劳动力数量少于愿意供给的劳动力数量，就会产生需求不足性失业。

需求不足性失业可能是周期性的。在经济的萧条或停滞阶段，总需求水平低，导致失业率较高。在经济繁荣或高涨阶段，总需求水平较高，需求不足性失业可能消失。

4. 隐蔽性失业

隐蔽性失业是指表面上有工作，但实际上对产出并没有做出贡献的人，即有"职"无"工"的人，也就是说，这些工作人员的边际生产力为零。当经济中减少就业人员而产出水平没有下降时，即存在着隐蔽性失业。

美国著名经济学家阿瑟·刘易斯曾指出，发展中国家的农业部门存在着严重的隐蔽性失业。

> **案例 12.1**
> ### 2013 年度人力资源和社会保障事业发展统计公报（部分）
> 2013 年年末全国就业人员 76 977 万人，比上年末增加 273 万人；其中城镇就业人员 38 240 万人，比上年末增加 1 138 万人。全国就业人员中，第一产业就业人员占 31.4%；第二产业就业人员占 30.1%；第三产业就业人员占 38.5%。2013 年全国农民工总量达到 26 894 万人，比上

年增加 633 万人，其中外出农民工 16 610 万人。全年城镇新增就业人数 1 310 万人，城镇失业人员再就业人数 566 万人，就业困难人员就业人数 180 万人。年末城镇登记失业人数为 926 万人，城镇登记失业率为 4.05%。全年全国共帮助 5.3 万户零就业家庭实现每户至少一人就业。组织 2.8 万名高校毕业生到农村基层从事"三支一扶"的工作。年末持外国人就业证在中国工作的外国人共 24.4 万人。

图 12-2 显示了 2008—2012 年城镇新增就业人数的情况。

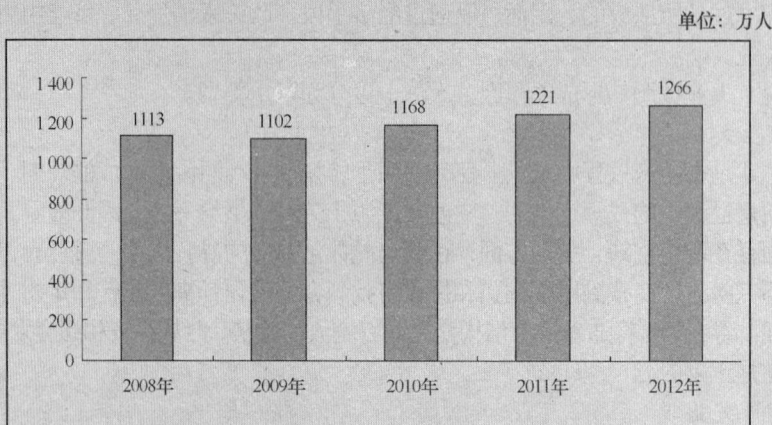

图 12-2　2008—2012 年城镇新增就业人数

12.1.3　失业的经济学解释

在对失业的解释中，最有名的是凯恩斯的有效需求不足失业论，它在现代西方经济学中占统治地位。凯恩斯认为，有效需求是由消费需求与投资需求构成，由于有效需求不足导致失业。在没有干预的情况下，有效需求是不足的。边际消费倾向递减规律导致人们消费需求不足；资本边际效率递减规律引起投资者信心不足而导致投资需求不足；人们对流动性偏好阻碍了利息率下降，从而在资本边际效率递减的共同作用下，导致了投资需求不足。因此，凯恩斯认为，既然有效需求是失业的根源，那么政府可以积极干预经济，刺激有效需求来消除失业。

此外还有许多经济学家提出失业的不同解释。如庇古的高工资失业论，认为就业人数与工资水平成反比，为了达到充分就业，必须降低工资；梅多斯的技术失业论，认为技术进步、生产自动化的进一步发展必然会减少对劳动力的需求，因而产生失业。华特的货币失业论，认为失业的原因在于流通中的货币量不足，因此，消除失业的办法只能是增加货币量。

12.2　通货膨胀

12.2.1　通货膨胀的概念

1．通货膨胀的含义

通货膨胀（Inflation），虽然经济学界没有给过统一的定义，但多数经济学家倾向于接受这样的解释，即通货膨胀是指一般物价水平普遍而持续的上涨。美国经济学家弗里德曼说："物价普遍的上涨就叫通货膨胀。"换句话说，通货膨胀就是单位货币的购买力（即单位货币所能购买的商品和劳务的数量）不断下降的现象，也就是一般人所说"钱不值钱了"。

从通货膨胀的概念，我们可以看出它有以下两个方面的特征。

第一，通货膨胀是指物价水平的普遍上涨。通货膨胀不是指一种或几种商品的价格上涨，

新闻链接

最新 CPI 数据

而是指物价水平的普遍上涨，即物价总水平的上涨。如果只是一种或少数几种商品的价格在上涨，我们不能断定就是发生了通货膨胀。比如，我们不能单从房价的上涨就推断发生了通货膨胀。

第二，通货膨胀时期物价水平的上涨必须持续一定时期。通货膨胀条件下的物价上涨必须持续一定时期。如果物价只是一次性、暂时性、季节性上涨，则不能称为通货膨胀。比如，节假日期间，宾馆、饭店的收费标准一般都会上升，我们不能就说是发生了通货膨胀。因为，节假日过后，这些收费标准都会由于客人的减少而降低。

2. 通货膨胀的衡量指标

在现实经济生活中，各种商品的价格变动情况是不同的。在通货膨胀时期，并非所有商品的价格都按同一比例上涨。比如有的商品价格上涨了 10%，有的商品价格只上涨了 5%，而有的商品价格反而下降了 1%，那么全社会的物价总水平变动了多少呢？对此，西方经济学使用了物价指数的概念，用物价指数来衡量通货膨胀。

物价指数是表明某些商品的价格从一个时期到下一个时期变动程度的指数。物价指数一般不是简单的算术平均数，而是加权平均数，即根据某种商品在人们日常生活总支出中所占的比例来确定其价格的加权数的大小。比如住房和食品，前者在人们的日常生活总支出中所占的比例大，它的价格变动情况在价格总水平中相应应占较大比例，其价格的加权数也就较大；后者在人们的日常生活总支出中所占的比例小，它的价格变动情况在价格总水平中相应应占较小比例，其价格的加权数也就较小。

物价指数需要用一个时期的物价作为基期物价，物价指数计算的就是报告期的物价比基期的物价变动了多少的相对值，用公式表示就是

$$物价指数 = \frac{报告期物价水平}{基期物价水平}$$

比如去年的物价指数是 100，去年为基期，今年的物价比去年上升了 10%，则今年的物价指数就是 $100 \times (1 + 10\%) = 110$。

物价指数根据其计算时所包含的商品品种的不同，通常有以下几种类型。

（1）居民消费价格指数，简称 CPI。它是衡量各个时期居民家庭日常消费的生活用品和劳务的价格变化的指标。世界各国在编制消费物价指数时尽管由于国情不同而列入编制范围的商品和劳务的具体项目有所不同，但都倾向于根据本国居民的消费习惯，选定一些有代表性的生活必需品和服务项目，并以这种方法编制出来的物价指数来判断本国是否发生了通货膨胀。以我国为例，就是以食物、衣服、住房、交通、通信、医疗等几大类商品和劳务为主编制得出消费物价指数。若以 2007 年为基期，指数定为 100，则 2008 年该指数为 105.9，说明 2008 年我国的居民消费价格指数为 5.9%。当一个国家一定时期的 CPI 超过 3% 的时候，经济学家就会认为这个国家出现比较明显的通货膨胀。因此，可以肯定地认为我国 2007—2008 年发生了通货膨胀。这符合当时我国的实际情况。消费物价指数能衡量消费品的价格变动，消费者比较关心，因此它是当今世界广泛使用的物价指数，目前我国也使用它来衡量通货膨胀状况。

我国全国居民消费价格指数（CPI）涵盖全国城乡居民生活消费的食品、烟酒及用品、衣着、家庭设备用品及维修服务、医疗保健和个人用品、交通和通信、娱乐教育文化用品及服务、居住等八大类、262 个基本分类的商品与服务价格。数据来源于全国 31 个省（区、市）500 个市县、6.3 万家价格调查点，包括食杂店、百货店、超市、便利店、专业市场、专卖店、购物中心以及农贸市场与服务消费单位等。

一般市场经济国家认为 CPI 增长率在 2%～3% 属于可接受范围内，当然还要看其他数据。当 CPI 同比增长大于 3% 时我们称通货膨胀；而当其大于 5% 时，我们称其为严重的通货膨胀。

案例 12.2

居民消费价格指数

全国居民消费价格指数是反映居民家庭购买生活消费品和支出服务项目费用价格变动趋势和程度的相对数。其目的在于观察居民生活消费品及服务项目价格的变动对城乡居民生活的影响，为各级相关部门掌握居民消费状况，研究和制定居民消费价格政策、工资政策以及为新国民经济核算体系中需要消除价格变动因素的不变价格核算提供科学依据。居民消费价格指数还是反映通货膨胀的重要指标。

图 12-3 显示了 1990—2013 年我国 CPI 变化情况。

居民消费价格指数

图 12-3 1990—2013 年我国居民消费价格指数

根据国家统计局消费价格统计方法制度，目前我国消费价格指数按对比基期不同，可分为，以 2000 年价格为基期的指数（定基比）、以上月价格为基期的指数（月环比）、以上年同月价格为基期的指数（同期比）、本年 1 月至报告期以上年同期价格为基期的指数（累计比）和以上年 12 月价格为基期的指数共五种。国家统计局目前公布的物价指数主要是以上年同月价格为基期的指数（同期比）和本年 1 月至报告期以上年同期价格为基期的指数（累计比）两种。

（2）生产者价格指数，又称工业品出厂价格指数，简称 PPI。它是衡量工业企业产品出厂价格变动趋势和变动程度的指数，是反映某一时期生产领域价格变动情况的重要经济指标，也是制定有关经济政策和国民经济核算的重要依据。目前，我国 PPI 的调查产品有 4 000 多种（含规格品 9 500 多种），覆盖全部 39 个工业行业大类，涉及调查种类 186 个。

根据价格传导规律，PPI 对 CPI 有一定的影响。PPI 反映生产环节价格水平，CPI 反映消费环节的价格水平。整体价格水平的波动一般首先出现在生产领域，然后通过产业链向下游产业扩散，最后波及消费品。

PPI 通常作为观察通货膨胀水平的重要指标。由于食品价格因季节变化较大，而能源价格也经常出现意外波动，为了能更清晰地反映出整体商品的价格变化情况，一般将食品和能源价格的变化剔除，从而形成"核心生产者物价指数"，进一步观察通货膨胀率变化趋势。

（3）国内生产总值折算指数，又称国内生产总值平减指数。它是衡量各个时期一切商品与劳务价格变化的指标。国内生产总值折算指数被定义为名义国内生产总值对实际国内生产总值的比率，即按当年价格计算的国内生产总值对按固定价格或不变价格计算的国内生产总值的比率。国内生产总值折算指数的统计范围包括一切商品和劳务，因此，它比消费物价指数和批发物价指数更能全面反映社会物价总水平的变动趋势，西方国家大多采用国内生产总值折算指数反映通货膨胀。但需要注意的是，由于国内生产总值通常每年统计一次，因此，国内生产总值折算指数不能迅速反映物价总水平的变动情况。

需要指出的是，上述三种物价指数由于计算时所包含的商品不尽相同，因此其数值也各不相同，但这三种物价指数都能反映出基本相同的通货膨胀变动趋势。

12.2.2 通货膨胀的类型

通货膨胀可以从不同的角度来划分成不同的类型。

1. 按照价格上升的速度划分

按价格上升的速度可以将通货膨胀分成三类。

（1）温和的通货膨胀，指每年物价上升的比例在10%以内。一般认为这种温和的通货膨胀不会对经济造成巨大的恶性影响，甚至还有经济学家认为这种缓慢而持续的价格上升能对经济和收入的增长有积极的刺激作用。

（2）奔腾的通货膨胀，指年通货膨胀率在10%以上和在100%以下。这时，货币流通速度提高而货币的实际购买力下降，这种通货膨胀对于经济具有较大的破坏作用。因为当这种通货膨胀发生以后，由于价格上涨速度快、上涨幅度大，公众预期价格还会进一步地上涨，因而会采取各种手段来保持自己财产（如将货币换成房产、汽车、黄金和珠宝等保值商品）的保值或者大量囤积商品，从而使得产品市场和劳动市场的均衡遭到破坏，正常的经济运行秩序被破坏，经济体系受损。

（3）超级通货膨胀，指通货膨胀率在100%以上。发生这种通货膨胀时，价格持续猛涨，人们都尽快地使货币脱手，从而大大加快货币流通速度。其结果是货币完全失去了人们的信任，货币的购买力大幅下降，各种正常的经济联系遭到破坏，以致价格体系最后完全崩溃，在严重的情况下，还会出现社会动乱。

视频案例

第一次世界大战后
德国的通货膨胀

2. 按照对价格影响的大小划分

按照对不同商品的价格影响的大小加以区分，存在着两种通货膨胀的类型。

（1）平衡的通货膨胀，即每种商品的价格都按相同的比例上升。这里所指的商品价格包括生产要素以及各种劳动的价格，如工资、租金、利率等。

（2）非平衡的通货膨胀，即各种商品价格上升的比例并不完全相同。如近几年，我国房地产价格上升迅速，而一般日用消费品如家电、电脑、汽车等商品的价格反而有下降趋势。

3. 按照人们的预期程度划分

按照人们的预期程度加以区分，可以把通货膨胀分成两种。

（1）未预期的通货膨胀，即人们没有预料到价格会上涨，或者是价格上涨的速度超过了人们的预期。

（2）预期到的通货膨胀，即人们预料到价格会上涨。

这两种通货膨胀对人们正常生活的影响是不同的，未被预期的通货膨胀可能会导致货币工资率的上升滞后于物价的上涨，从而使得利润上升，至少暂时会有一种扩大就业、扩大总产出水平的效应。如果通货膨胀事先已经完全被预料到，那么各经济主体将按其预期来调整其经济行为，如工会在物价上涨前就要求增加工资，从而使通货膨胀的短期扩张效应不会产生。

案例 12.3

最"经典"的通货膨胀

场景一：有位先生走进了咖啡馆，花8 000马克买了一杯咖啡，当他喝完这杯咖啡，却发现，原来同样的一杯咖啡，此时已经涨到10 000马克。

场景二：一个美国人，在离开德国之前，给了他的德国导游1美元小费。这个德国人居然拿着这1美元，成立了一个家族基金，掌管这笔款项。

场景三：有家大工厂发工资了。只见火车拉来了一车的钞票，火车还没停稳，就开始向焦急等候在铁路旁的工人们，大捆大捆地扔钱。

场景四：一个老人想买一盒鸡蛋，却数不清价格标签上的零。卖鸡蛋的小贩却说，你数数有多少个鸡蛋就行了。

这一组令人匪夷所思的"镜头"，绝不是什么虚构的故事，而是20世纪20年代德国恶性通货膨胀的真实写照。1919年1月到1923年12月，德国的物价指数由262上升为126 160 000 000 000，上升了4 815亿倍，被称为"最经典的通货膨胀"。迄今为止，也只有1 946年的匈牙利可与之相提并论。那么，这次通货膨胀严重到了什么程度？可以这样打一个比喻：如果一个人在1922年年初持有3亿马克债券，仅仅两年后，这些债券的票面价值就买不到一片口香糖了。据说，有两位教授曾将德国的通货膨胀数字绘成书本大小的直观柱状图，可是限于纸张大小，未能给出1923年的数据柱，结果不得不在脚注中加以说明："如果将该年度的数据画出，其长度将达到200万英里。"

12.2.3　通货膨胀的原因

通货膨胀形成原因主要有，需求拉动、成本推动、供求混合推动和结构性因素。

1. 需求拉动的通货膨胀

需求拉动的通货膨胀，是指当市场上商品和劳务的总需求增加时，市场所能供给的商品和劳务不能满足市场的过度需求而引起的物价上涨。

需求拉动的通货膨胀，是从总需求的角度来分析通货膨胀的原因，把通货膨胀归因于对社会资源的需求超过了按现行价格所能得到的供给。由于总需求的过度增长，总供给相对不足，总需求超过总供给的能力，供不应求引起价格上升，从而导致通货膨胀。

2. 成本推进的通货膨胀

成本推进的通货膨胀，是指在资源尚未充分利用时因成本因素推进而引起的价格上涨。

与需求拉动的通货膨胀从总需求的角度分析通货膨胀原因不同的是，成本推进的通货膨胀，是从总供给的角度分析通货膨胀的原因。它认为引起通货膨胀的原因在于成本的增加，成本的增加意味着只有在高于从前价格的水平时，才能达到与以前相同的产量水平（也就是说，由于成本的增加，厂商只有在高于从前的价格水平时，才愿意提供同样数量的产品），从而引起通货膨胀。

3. 供求混合推动的通货膨胀

前面分别从总需求和总供给的角度分析通货膨胀产生的原因。但是在现实生活中，很难分清通货膨胀究竟是哪种原因引起的，因为这两种原因可以互为因果。比如，最初由于政府增加支出造成总需求增加，引起需求拉动的通货膨胀；而工人出于对通货膨胀延续的担忧，会通过工会向企业施加压力，迫使企业增加工资，从而提高了企业的成本，引起成本推动的通货膨胀。结果物价、工资轮番上涨……因此，很难简单地说通货膨胀是由需求拉动的还是成本推动的，必须把总需求和总供给结合起来分析通货膨胀的原因。

供求混合推动的通货膨胀理论，是把总需求和总供给结合起来分析通货膨胀的原因，认为通货膨胀的根源不是单一的总需求或总供给，而是这两者共同作用的结果。如果通货膨胀是由需求拉动开始的，即过度需求的存在引起物价上升，这种物价上升又会使工资增加，从而供给成本的增加又引起了成本推动的通货膨胀。如果通货膨胀是由成本推动开始的，即成本增加引起物价上升，这时如果没有总需求的相应增加，工资上升最终会减少生产，增加失业，从而使成本推动引起的通货膨胀停止。只有在成本推动的同时，又产生总需求的增加，这种通货膨胀才能持续下去。

4. 结构性通货膨胀

结构性通货膨胀是指由于经济结构方面的因素而引起的通货膨胀。它是从社会各生产部门之间劳动生产率的差异、劳动市场的结构特征和各生产部门之间收入水平的赶超速度等角度来分析由于经济结构的特点而引起通货膨胀的过程。从经济结构的角度看，即使整个社会经济的总需求和总供给处于均衡状态，但由于经济结构方面的因素发生变动，如社会经济部门发展的不平衡，也会引起一般物价水平的上涨，从而导致通货膨胀。

在一个社会的经济中，社会各生产部门的劳动生产率存在差异，一些生产部门劳动生产率较高，生产扩张，需要更多的资源和劳动力（我们称这些部门为扩展部门）；而另一些生产部门劳动生产率较低，生产在收缩，资源与劳动力因需求减少而显得过剩（我们称这些部门为非扩展部门）。如果资源与劳动力能够自由而迅速地由劳动生产率低的部门转移到劳动生产率高的部门，结构性的通货膨胀就不会发生。但事实上现代社会经济结构的特点限制了劳动生产率低的部门的资源与劳动力向劳动生产率高的部门转移。这样，劳动生产率高的部门由于资源与劳动力的短缺，导致资源价格上升，工资上升。而劳动生产率低的部门尽管资源与劳动力过剩，其资源价格和工资也不会下降，特别是工资不仅不会下降，还会由于追求所谓的"公平"而在向劳动生产率高的部门"看齐"的过程中上升。这样，由于两类部门的成本增加，尤其是工资成本的增加而产生了通货膨胀。

总之，以上从不同角度阐述了通货膨胀产生的原因，但通货膨胀往往不是单个原因造成的，而是由各种因素共同作用所引起的，只不过有时候其中的某种因素更加主要而已。

12.2.4　通货膨胀对经济的影响

1. 对收入分配的影响

通货膨胀意味着人们手中持有货币的购买力下降，从某种程度上来讲，是人们过去劳动成果的缩水，也就是说通货膨胀会导致人们的实际收入水平发生变化。但是通货膨胀对不同经济主体的收入分配的影响是不同的。

第一，通货膨胀不利于靠固定货币收入维持生活的人。对于固定收入阶层来说，其收入是固定的货币数额，落后于上升的物价水平，也就是说他们获得货币收入的实际购买力下降，其实际收入因通货膨胀而减少，如果他们的收入不能随通货膨胀率变动的话，他们的生活水平必然降低。

第二，通货膨胀对储蓄者不利。随着价格上涨，存款的购买力就会降低，那些持有闲置货币和存款的人会受到严重打击，同样，像保险金、养老金以及其他固定价值的证券财产等，它们本来是用于防患未然和养老的，在通货膨胀中，其实际价值也会下降。

第三，通货膨胀还会在债务人和债权人之间产生收入再分配的作用。具体地说，通货膨胀牺牲了债权人的利益而使债务人得益。例如，甲向乙借款一万元，约定一年以后归还，假定这一年中发生了通货膨胀，物价上升了一倍，那么一年后甲归还给乙的一万元只能购买到原来一半的产品和劳务，也就是说通货膨胀使得乙损失了一半的实际收入。

2. 对产出和就业的影响

一般认为，温和的通货膨胀对经济发展比较有利。因为人们消费时有"买涨不买跌"的倾向，即当人们认为物价会涨时，会采取及时消费的策略，消费增加会刺激厂商扩大生产规模，从而就业增加、国民收入上升；而当人们认为物价将下跌时，会采取持币观望的策略，消费减少会导致厂商缩小生产规模，从而失业增加、国民收入下降。当然，这只是一般的分析，通货膨胀对产出的影响有以下几种情况。

第一，随着通货膨胀出现，产出增加。这就是需求拉动型通货膨胀的刺激，促进了产出水平的提高，这种情况产生的前提条件是有一定的资源闲置。当一个经济体系有一定的资源闲置时，物价温和地上涨会刺激人们的购买欲望，从而消费增加，拉动就业和产出水平的提高。

第二，成本推动的通货膨胀引起失业，也就是说通货膨胀引起就业和产出水平的下降。这种情况产生的前提条件是经济体系已经实现了充分就业，在这种情况下，如果发生成本推动的通货膨胀，则原来总需求所能购买的实际产品的数量将会减少，也就是说，当成本推动的压力抬高物价水平时，既定的总需求只能在市场上支持一个较小的实际产出。所以，实际产出会下降，失业会上升。

总的来说，西方学者认为，就通货膨胀在经济上所造成的影响本身而论，影响并不严重，影响的严重性在于财富和收入的再分配所导致的政治后果。在超级通货膨胀下，生产可以停滞，而高度的财富和收入再分配可以引起社会各阶层的冲突，造成不安和动乱，有时甚至会带来灾难性的结果。

> **问题探索：** 讨论一下，有人说失业是痛苦的，而适度的通货膨胀可以促进经济增长和就业，因此与失业相比，人们应该更加喜欢一定程度的通货膨胀，你认同吗？为什么？

12.2.5　抑制通货膨胀的对策

经济学家虽然对通货膨胀所产生的后果有不同的看法，但都一致认为严重的通货膨胀对经济发展是有害的，因此，各国政府都将抑制通货膨胀作为自己的宏观经济政策目标之一。那么，他们抑制通货膨胀的政策有哪些呢？西方经济学家提出的反通货膨胀政策，往往与他们对产生通货膨胀的原因的分析是密切相关的，由此，反通货膨胀的对策主要有以下几种。

1. 紧缩性的需求管理政策

紧缩财政和货币几乎是所有国家用来反通货膨胀的传统方法。紧缩性的财政政策包括减少政府支出和增加税收，其直接效果是降低总需求。紧缩性的货币政策包括减少货币供应量，提高贴现率或法定储备金率，其直接效果是利率的提高，进而抑制投资和消费，从而导致总需求的减少。在西方国家，有时也采用扩张性财政政策与紧缩性货币政策相结合来抑制通货膨胀。这样做是为了防止用来抑制通货膨胀的"双紧"政策可能会带来的经济衰退和失业。

货币主义者认为，要控制通货膨胀，实现经济的稳定增长，最根本的措施就在于控制货币供应量的增长。他们主张实行"单一规则"的货币政策，即以货币供给量作为货币政策的唯一控制指标，并且货币供给量按固定的比例增长。

2. 收入政策

经济学家认为，要应付需求拉动通货膨胀，可以采取紧缩性的需求管理政策，或者简单的货币规则。但是，要抑制成本推进通货膨胀，采取紧缩性的需求管理政策却难以奏效。为此，应该采取收入政策。

收入政策是指限制各种生产要素的收入（主要指工资收入，也包括利润利息、租金收入）的增长率，从而限制物价上涨的政策，又称工资和物价管制政策。它是政府从控制总供给方面抑制通货膨胀的主要手段。收入政策主要包括三方面内容。第一，规定工资和物价的增长率，即由政府根据长期劳动生产率来确定工资和物价的增长指标，要求把工资和物价的增长率限制在劳动生产率平均增长的幅度以内。第二，对工资和物价进行直接管制，即由政府颁布法令对工资和物价实行硬性管制，必要时冻结工资和物价，禁止工资物价上涨。第三，实行以税收为基础的奖惩制度。即对超过政府规定的工资和价格增长率的单位，政府提高税率进行处罚；反之，政府以税收优惠给予鼓励。

知识拓展 12.2

通货紧缩

通货紧缩（Deflation）该如何定义？诺贝尔经济学奖得主萨缪尔森对它的定义是，价格和成本正在普遍下降即是通货紧缩。经济学者普遍认为，当消费价格指数（CPI）连跌两季，即表示已出现通货紧缩。通货紧缩就是物价、工资、利率、粮食、能源等价格不能停顿地持续下跌，而且全部处于供过于求的状况。

在经济实践中，判断某个时期的物价下跌是否是通货紧缩，一看通货膨胀率是否由正转变为负，二看这种下降的持续是否超过了一定时限。通货紧缩分为显性通货紧缩和隐性通货紧缩。界定通货紧缩，在一般情况下可以而且能够用物价水平的变动来衡量，因为通货紧缩与通货膨胀一样是一种货币现象。但是如果采取非市场的手段，硬性维持价格的稳定，就会出现实际产生了通货紧缩，但价格可能并没有降低下来的状况，而这种类型的通货紧缩就是隐性通货紧缩。隐性通货紧缩的存在对我们的判断带来了困难，但并不影响我们以物价水平的变化作为通货紧缩的标准，就像隐性通货膨胀的存在，不影响我们以物价水平作为通货膨胀是否发生的判断标准一样。

12.3 菲利浦斯曲线

12.3.1 菲利浦斯曲线的概念

菲利浦斯曲线最初是说明失业率和货币工资变动率之间交替关系的一条曲线。它是由英国经济学家菲利浦斯（A.W.Philips）根据 1861—1957 年英国的失业率和货币工资变动率的经验统计资料提出来的，故称之为菲利浦斯曲线。

菲利浦斯在 1958 年发表的题为《1861—1957 年英国的失业和货币工资变动之间的关系》的论文中指出，失业率和货币工资变动率之间必然存在某种函数关系。"当对劳动的需求很高而失业率很低时，雇主们会非常迅速地提高工资水平，每家厂商和工业部门都会不断地被诱使把工资增加到现行水平之上，以便从其他厂商和部门中吸引最合意的劳动力。另一方面，当劳动的需求很低而失业率很高时，工人们显得不情愿在现行工资水平之下提供劳务，这使得工资水平只能很缓和地下降。因此，失业与货币工资变动率的关系就可能是高度非线性的。"这就是说，失业与货币工资之间存在着替换关系。当失业率较低时，劳动需求的增加，必将推动工资迅速增长；当失业率较高时，劳动需求的减少，本应促使工资成比例地下降，但由于工人要靠工资来维持起码的生活，使得工资的下降总是有一定限度的，这时工资下降较慢，于是表现失业与工资变动率关系的轨迹，便是一条凸向原点的曲线。

菲利浦斯曲线本来只是用来描述失业率与货币工资增长率之间的关系，但后来有的经济学者认为，工资是成本的主要构成部分，从而也是产品价格的主要构成部分，因此，可以用通货膨胀率来代替货币工资增长率。这样一来，菲利浦斯曲线就变成了一条用来描述失业率与通货膨胀率之间替代关系的曲线了。当失业率高时，通货膨胀率就低；当失业率低时，通货膨胀率就高。菲利浦斯曲线如图 12-4 所示。图中，横轴代表失业率 u，纵轴代表通货膨胀率 π，向右下方倾斜的曲线 PC 即为菲利浦斯曲线，菲利浦斯曲线说明了失业率与通货膨胀率之间存在着替代关系。

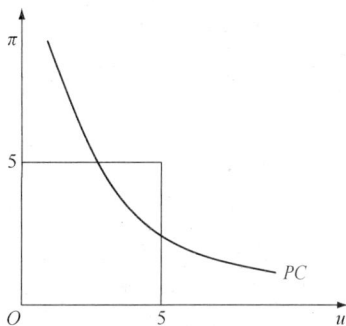

图 12-4 菲利浦斯曲线

12.3.2 菲利浦斯曲线的应用

西方国家政府根据菲利浦斯曲线所表明的通货膨胀率与失业率之间的关系，采取不同的措施进行需求管理。在运用菲利浦斯曲线进行政府决策时，首先要确定"临界点"。

所谓"临界点"，是指政府对于失业率或通货膨胀率的社会可接受程度。假设社会上有一定的失业率和通货膨胀率，但并没有超过"临界点"，此时政府不必采取任何措施进行调节。如果失业率和通货膨胀率超过了"临界点"，政府就不能容忍和接受了，此时政府必须采取有效措施进行干预，如图 12-5 所示。

在图 12-5 中，假定当时失业率和通货膨胀率在 5% 以内，经济社会被认为是安全的或可以容忍的，这时在图中就得到了一个临界点，即 A 点，由此形成的一个四边形的区域，称其为安全区域，如图中的阴影部分所示。如果该经济社会的实际失业率与通货膨胀率组合落在安全区域内，则政策制定者无须采取任何调节政策。

如果实际的通货膨胀率高于 5%，例如达到了 6%，该经济社会的失业率仍在可接受的范围内，经济政策制定者可以采取紧缩性政策，以提高失业率为代价降低通货膨胀率，从图中可以看到，当通货膨胀率降到 6% 以下时，经济社会的失业率仍然在可以接受的范围内。

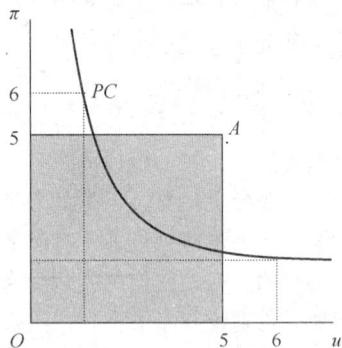

图 12-5 菲利浦斯曲线的应用

如果实际的失业率高于 5%，例如为 6%，这时根据菲利浦斯曲线，政策制定者可采取扩张性政策，以提高通货膨胀率为代价降低失业率，从图中可以看出，当失业率降到 5% 以下时，经济社会的通货膨胀率仍然在可接受的范围内。

12.4 奥肯定律

12.4.1 奥肯定律的概念

奥肯（A.M.Okun）是美国的著名经济学家，曾任约翰逊总统时期的经济顾问委员会主席。他为了使总统、国会和公众相信，如果把失业率从 7% 降到 4%，会使全国经济受益匪浅，便根据统计资料估算，因降低失业率而带来的实际 GDP 的增加数额，结果发现了著名的奥肯定律。这个定律是宏观经济学中最可靠的经验定律之一。他认为，由于就业工人有助于生产物品与劳务，而失业工人并非如此，所以，失业率提高必定与实际 GDP 的减少相关。人们将失业与实际 GDP 之间的这种负相关关系称为奥肯定律。

人物志

阿瑟·奥肯

萨缪尔森（P.A.Samuelsm）和诺德豪斯（W.D.Nordhaus）合著的《经济学》第 16 版中对奥肯定律做了确切表述：当实际 GDP 增长相对于潜在 GDP 增长下降 2% 时，失业率上升大约 1%；当实际 GDP 增长相对于潜在 GDP 增长上升 2% 时，失业率下降大约 1%。潜在 GDP，也称充分就业 GDP，是指在保持价格相对稳定情况下，一国经济所生产的最大产值。

案例 12.4

"奥肯定律"在中国碰壁

从国外经济高速发展阶段的经验看，经济高速增长一般都是伴随着充分就业。但是国内近年来却出现了一种反常，经济高速增长的同时，带动就业能力没有明显提升。

1985—1990 年，全国 GDP 年平均增长率为 7.89%，同期就业人口平均增长率为 2.61%；1991—1995 年，GDP 平均增长率为 11.56%，同期就业人口年增长率为 1.23%；1996—1999 年，GDP 年平均增长率为 8.30%，同期就业人口平均增长率为 0.96%。

再从整个 20 世纪 90 年代来看，我国 GDP 每增长 1 个百分点，大概能够带动 120 万就业岗位的增加；但是进入到 90 年代后期，GDP 每增加 1 个百分点，大概只增加了 80 万不到的就业岗位。在国外得到普遍认同的"奥肯定律"在国内出现了变化。

12.4.2 奥肯定律的应用

按照奥肯定律，可以相当准确地预测失业率。例如，美国 1979—1982 年经济滞胀时期，GDP

没有增长，而潜在 GDP 每年增长 3%，3 年共增长 9%。根据奥肯定律，实际 GDP 增长比潜在 GDP 增长低 2%，失业率会上升 1 个百分点。当实际 GDP 增长比潜在 GDP 增长低 9% 时，失业率会上升 4.5%。已知 1979 年失业率为 5.8%，则 1982 年失业率应为 10.3%（5.8%+4.5%）。根据官方统计，1982 年实际失业率为 9.7%，与预测的失业率 10.3% 相当接近。

奥肯定律的一个重要结论是，为防止失业率上升，实际 GDP 增长必须与潜在 GDP 增长同样快。如果要使失业率下降，实际 GDP 增长必须快于潜在 GDP 增长。

应当着重指出，奥肯定律论述的失业率与 GDP 的数量关系是失业率变动与潜在 GDP 增长率减实际 GDP 增长率这个差额的数量关系，即

$$失业率的变动 = -1/2 \times （实际 GDP 增长率 - 潜在 GDP 增长率） \qquad （12\text{-}1）$$

其中，潜在 GDP 增长率为 3%，当实际 GDP 增长率为 3%，这两个增长率的差额为 0 时，失业率保持不变；当实际 GDP 增长率为 5%，比潜在 GDP 增长率大 2% 时，失业率会下降 1%；当实际 GDP 增长率为 -1%，比潜在 GDP 增长率小 4% 时，失业率会上升 2%。公式（12-1）是从实际 GDP 增长率与潜在 GDP 增长率的差额求出失业率的变动，我们也可用公式（12-2）从失业率的变动求实际 GDP 增长率，即

$$实际 GDP 增长率 = 3\% - 2 \times 失业率的变动 \qquad （12\text{-}2）$$

如果失业率保持不变，实际 GDP 增长率为 3%；如果失业率上升 2%，实际 GDP 增长率为 -1%，即下降 1%；如果失业率下降 1%，实际 GDP 增长率为 5%。

需要注意的是，奥肯所提出经济增长与失业率之间的具体数量关系只是对美国经济所做的描述，而且是针对特定一段历史时期的描述，不仅其他国家未必与之相同，而且今日美国的经济也未必仍然依照原有轨迹继续运行。因此，奥肯定律的意义在于揭示了经济增长与就业增长之间的关系，而不在于其所提供的具体数值。

【本章小结】

1. 凡是在一定的年龄范围内愿意工作而没有工作并且正在寻找工作的人，都是失业者。测度失业的指标是失业率，失业率的变化与经济状况有关。一般来说，经济衰退时失业率上升，经济回升时失业率下降。失业的存在使个人和社会都蒙受损失。

2. 失业可以从不同的角度划分不同的类型，从微观层面可分为资源失业与非资源失业，从宏观层面可分为摩擦性失业、结构性失业、周期性失业以及临时性失业和季节性失业。

3. 自然失业率不是等于零的失业率，也不一定是最优的失业率，它与通货膨胀率密切相关，它是国家在不引起通货膨胀螺旋上升条件下所能平均具有的最低比率。

4. 通货膨胀是指物价水平普遍而持续的上升。西方各国一般用物价指数来衡量物价水平，如果一般物价指数持续不断上涨，则表明通货膨胀已发生。

5. 经济学家认为，通货膨胀对国民经济产生重大影响。一方面它对财富和收入起着再分配的作用，另一方面，通货膨胀对产量、就业和经济增长也发生影响。温和的通货膨胀可以刺激经济的增长，但温和的通货膨胀发展成较为强烈的通货膨胀，出现经济危机与通货膨胀同时并存的现象时，通货膨胀对经济就失去刺激作用而使资本主义经济陷入难以摆脱的困境之中。

6. 关于抑制通货膨胀的策略有紧缩性的需求管理政策、收入政策、人力政策等。

7. 菲利浦斯曲线是说明失业率和通货膨胀率之间交替关系的一条曲线。即失业率高，则通货膨胀率低；失业率低，则通货膨胀率高。失业率与通货膨胀率之间存在反向变动关系。西方国家政府根据菲利浦斯曲线所表明的通货膨胀率与失业率之间的关系，采取不同的措施进行需求管理。在运用菲利浦斯曲线进行政府决策时，首先要确定临界点。

8. 奥肯定律是美国经济学家阿瑟·奥肯对国内生产总值增长率变化与失业率变化关系的描

述。按照奥肯定律，GDP 增长比潜在 GDP 增长每快 2%，失业率下降 1 个百分点，GDP 增长比潜在 GDP 增长每慢 2%，失业率上升 1 个百分点。

【经济观察】

当前全球就业发展十大趋势

一是金融危机造成的就业缺口难以"愈合"。全球经济未能恢复到危机前的水平，就业岗位仍不足。数据显示，若按危机前就业增长趋势运行，金融危机使 2014 年岗位数量减少 6 100 万个。

二是失业人数不断增加。数据显示，2014 年，全球失业总数为 2.013 亿人，比上年增加了 120 万人，比 2007 年增加了 3 100 万人；全球劳动力中大约 5.9% 的人员处于失业状态，但各国失业状况差异极大。

三是近几十年来，劳动参与率一直处于下降的趋势。2013 年，全球劳动参与率稳定在 63.5%，但仍比 2007 年低 0.7 个百分点，表明全球劳动力减少了 4 000 万人。到 2030 年，全球工作年龄人口中劳动参与率将显著下降至 63% 以下。

四是年龄为 15～24 岁的青年人继续受到危机重创。2014 年，全球青年失业率达 13%，比成年失业率几乎高 3 倍。

五是劳动力市场中性别差距依然持续存在。妇女持续处于较高的失业率和较低的就业率状态，她们劳动参与率较低，而从事不稳定就业（自雇就业和无报酬家务工）的风险加大。

六是未来 5 年就业岗位创造主要集中在私营服务业。未来 5 年，私营服务业将创造大量的新岗位，私营服务业雇用的人数将占全球劳动力的 1/3。卫生保健、教育和行政管理方面公共服务业的就业数量也将出现小幅增长，占就业总量的 12%。而制造业工作岗位数量将继续减少。

七是高技能职业需求量不断增加。数据预测，自 2000—2019 年期间，低技能职业一直处于下降趋势，高技能就业一直处于上升趋势。

八是工资增长仍处于减缓的趋势。全球工资增长率尚未恢复到危机前的水平，2014 年的工资增长率有所减缓。在当前的环境下，在大多数国家，就业创造并未给雇主加大提高工资的压力。

九是不平等正在削弱人们对政府的信心，加剧了社会动荡的风险。不断上升的不平等削弱了人们对政府的信任。

十是未来的失业也将受到危机和缓慢复苏带来的影响。就业和社会前景是可以改善的，未来失业率变化情况将受到先前的经济增长是加速还是减速的影响。

来源：莫荣 孟彤．人社部国际劳动保障研究所．中国劳动保障报，2016-02-01

讨论题

1. 为什么就业领域中，在政府部门/科研机构就业的员工满意度高，而在民营企业/个体就业的员工满意度低？

2. 联系实际讨论，高等教育的就业职能是不是最为重要？如何提高毕业生就业率？

【能力训练】

通货膨胀率与失业率的测算

查阅历年《中国统计年鉴》及有关资料，找出 1990—2017 年间各年的居民消费价格指数及城镇登记失业率，以 3～5 人为一小组，完成以下任务。

（1）计算 1990—1995 年、1996—2000 年、2001—2005 年、2006—2012 年、2013—2017 等不同时间段内的通货膨胀率。

（2）分析其中高通货膨胀率阶段中通货膨胀产生的原因。

（3）根据查找的资料及数据，分析通货膨胀与失业的关系。

以小组为单位提交实训报告，考核实训成绩。

【概念复习】

劳动力　失业　失业率　结构性失业　隐蔽性失业　奥肯定律　摩擦性失业　周期性失业
自然失业率　通货膨胀　CPI　PPI　菲利浦斯曲线

【同步练习】

1. 假设某国总人口为 3 000 万人，就业者为 1 500 万人，失业者为 500 万人，则该国的失业率为（　　）。

　　A. 17%　　　　　　　B. 34%　　　　　　　C. 25%　　　　　　　D. 10%

2. CPI 指的是（　　）。

　　A. 生产者价格指数　　　　　　　　　B. 居民消费价格指数

　　C. 批发物价指数　　　　　　　　　　D. 国内生产总值折算总数

3. 已知充分就业的国民收入是 10 000 亿美元，实际国民收入是 9 800 亿美元，边际消费倾向是 80%，在增加 100 亿美元的投资以后，经济将发生（　　）。

　　A. 需求拉上的通货膨胀　　　　　　　B. 成本推进的通货膨胀

　　C. 结构性通货膨胀　　　　　　　　　D. 需求不足的失业

4. 菲利浦斯曲线说明（　　）。

　　A. 通货膨胀导致失业　　　　　　　　B. 通货膨胀是由行业工会引起的

　　C. 通货膨胀率与失业率之间呈负相关　D. 通货膨胀率与失业率之间呈正相关

5. 一般来说，失业按照其形成的原因，大体上可分为以下类型（　　）。

　　A. 摩擦性失业　　B. 结构性失业　　　C. 周期性失业　　　D. 隐蔽性失业

【问题讨论】

1. 什么是失业？失业可以分为哪几种类型？

2. 什么是通货膨胀？衡量通货膨胀的指标是什么？

3. 根据通货膨胀的形成原因可将通货膨胀分为哪几类？

4. 如何认识通货膨胀对经济的影响？

5. 菲利浦斯曲线有何政策含义？

6. 政府应如何减少失业和抑制通货膨胀？

【补充读物与资源】

《资本论》卡尔·马克思，著，中共中央马恩列斯著作编译局，译. 人民出版社，2004 年

中华人民共和国人力资源和社会保障部　http://www.mohrss.gov.cn/
中国就业网站

第 13 章

经济周期与经济增长

生产率不等于一切，但长期看它几乎意味着一切。

——保罗·克鲁格曼

学习目标

能力目标

- 能够运用经济增长理论，分析和解释一国经济增长与发展的原因。
- 能够运用经济周期理论，并结合社会经济的实际情况，初步分析一国经济的周期变化情况。

知识目标

- 掌握经济周期及其原因。
- 掌握经济增长及其原因。
- 了解各种经济增长模型。

重要概念

经济周期　基钦周期　朱格拉周期　库兹涅茨周期　康德拉季耶夫周期　经济增长

改革开放以来，中国经济一直保持着良好的增长势头。特别是 2003 年以来，中国经济连续 4 年保持了 10%以上的高速增长，且增长速度逐年提高。2006 年 GDP 增长 11.1%，2007 年 GDP 增长达到 11.8%，是 13 年以来增长最快的一年。2008 年美国爆发影响全球的金融危机，经济增长调头下行，到了 2011 年我国经济增长率为 9.2%，2012 年经济增长率为 7.8%。2016 年经济增长回落到 6.7%。有预测指出，在外部环境恶化和国内政策调整的双重变化下，2017 年中国经济增长将持续回落。不过 2017 年第一季度经济增长 6.9%，有企稳回升迹象，引起国际社会的积极关注。

视频案例

日本失去的十年

是什么力量使中国经济保持这种快速的增长？这样的速度会持续多久？中国经济下行趋势会否止底回升？要回答这些问题，我们需要学习有关经济增长和经济周期理论。

13.1 经济周期理论

13.1.1 经济周期的概念

经济周期是指总体经济活动水平（通常以国民收入来代表）的一种波动，它有一种规律性，即先是经济活动的扩展，随后是经济活动的收缩，接着是进一步扩张。萨缪尔森认为在繁荣之后，会有恐慌与暴跌，经济扩张让位于衰退，国民收入、就业与生产下降，价格与利润跌落，工人失业。当最终到达最低点以后，复苏开始出现。复苏可以是缓慢的，也可以是快速的。新的高涨可以表现为长期持续的旺盛的需求、充足的就业机会以及增长的生活标准，也可以表现为短暂的价格膨胀和投机活动，紧接而至的是又一次的、灾难性的萧条。

简单地说，经济周期就是国民收入和总体经济活动的扩张和收缩交替反复出现，呈现周期性波动。在理解经济周期内涵时需要注意以下三点。

第一，经济周期的中心是国民收入的波动，由于这种波动而引起了失业率、物价水平、利率、对外贸易等活动的波动。所以，研究经济周期的关键是研究国民收入波动的规律与根源。

第二，经济周期是经济中不可避免的波动，是经济发展过程中的自然现象。

第三，虽然每次经济建设周期并不完全相同，但它们有共同点，即每个周期是繁荣与萧条的交替。

13.1.2　经济周期四个阶段

经济周期可以分四个阶段，即繁荣、衰退、萧条、复苏，如图 13-1 所示。

繁荣阶段（高涨阶段），是国民收入与经济活动高于正常水平的一个阶段。在这一阶段，生产迅速增加，投资增加，信用扩张，价格水平上升，就业增加，公众对未来预期乐观。当就业与产量水平达到最高时，经济就开始进入衰退阶段。衰退阶段（危机阶段），在这一阶段，生产急剧减少，投资减少，信用紧缩，价格水平下降，企业破产倒闭，失业急剧增加，公众对未来预期悲观。萧条的最低点称为谷底，这时就业与产量跌至最低。萧条阶段，在这一阶段，生产、投资、价格水平等不再继续下降，失业人数也不增加。国民收入与经济活动低于正常水平，即在低水平上徘徊向前。但这时由于存货减少，商品价格、股票价格开始回升，公众的情绪由悲观逐渐转为乐观。复苏阶段（恢复阶段），在这一阶段经济开始从低谷全面回升，投资不断在增加，商品价格水平、股票价格、利息率等逐渐上升，信用逐渐活跃，就业人数也在逐渐增加，公众的情绪逐渐高涨。当产量或产值等相关经济指标恢复到衰退前的最高水平时，就进入了新一轮的繁荣高涨阶段。

新闻链接

美国次贷危机

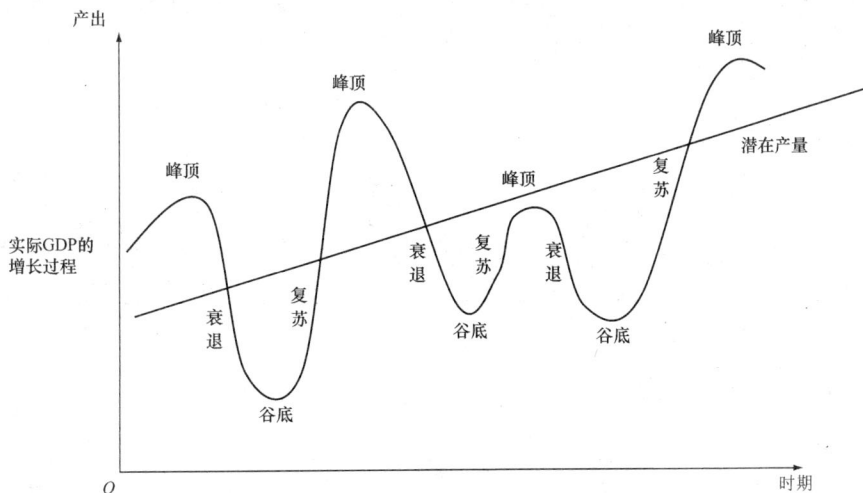

图 13-1　经济周期

13.1.3　经济周期分类

依据经济周期持续的时间长短，经济学家把它分为以下几类。

1. 基钦周期——短周期

1923 年，英国经济学家基钦研究了 1890 —1922 年间英国与美国的物价、银行结算、利率等指标，认为经济周期实际上有主要周期和次要周期两种。主要周期即朱格拉周期，次要周期为 3～4 年一次的短周期，人们把这种周期称为基钦周期。一般认为，一个朱格拉周期包含两个或三个基钦周期。

2. 朱格拉周期——中周期

法国经济学家朱格拉在 1860 年提出，危机或恐慌并不是一种独立现象，而是经济周期性波动的三个连续阶段（繁荣、危机、清算）中的一个，这三个阶段反复出现形成周期现象。他对比较长的工业经济周期进行了研究，并根据生产、就业人数和物价水平等指标，确定了经济中平均每一个周期为 9～10 年，这就是中周期，也称为朱格拉周期。

3. 康德拉季耶夫周期——长周期或长波

1925 年，苏联经济学家康德拉季耶夫通过研究美国、英国、法国和其他一些国家长期的时间序列资料，认为经济中存在着一个长达 50～60 年的经济周期，这种周期即经济中的长周期，又称为康德拉季耶夫周期。

4. 库兹涅茨周期——另一种长周期

美国经济学家库兹涅茨在 1930 年时提出了一种与房地产建筑业相关的经济周期，这种周期长度在 15～25 年，平均长度为 20 年左右。库兹涅茨主要研究了美国、英国等国从 19 世纪初叶或中叶到 20 世纪初叶 60 种工、农业主要产品的产量和 35 种工、农业主要产品的价格变动的长期时间数列资料，发现主要国家存在着长度从 15～25 年不等，平均长度为 20 年的长周期。这种长周期与人口增长而引起的建筑业增长与衰退相关，是由建筑业的周期性波动引起的，而且，在工业国家中产量增长呈现渐减的趋势。这个周期后又被称为库兹涅茨周期或建筑业周期。

人物志
西蒙·史密斯·库兹涅茨

案例 13.1

中国的经济周期

新中国成立以来，从 1953 年开始大规模的工业化建设，到 2007 年，GDP 增长率的波动共经历了 10 个周期。在前 9 个周期中，上升阶段一般只有一、二年。本轮经济周期从 2000 年开始，到 2006 年，GDP 增长率分别为：8.4%、8.3%、9.1%、10%、10.1%、10.4%、11.1%，2007 年为 13.8%左右，如图 13-2 所示。

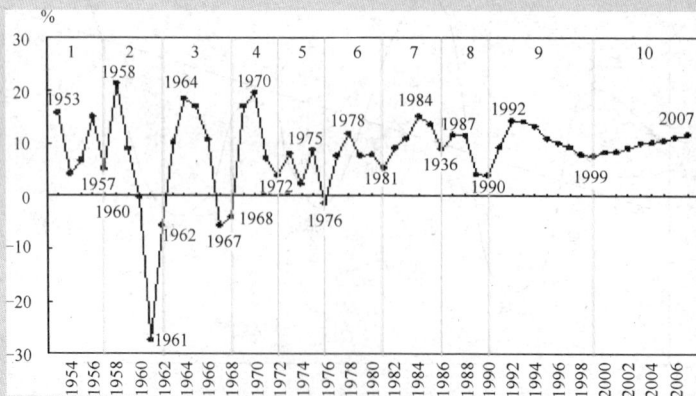

图 13-2　中国经济增长率波动曲线（1953－2007 年）

2008 年受美国爆发的影响全球金融危机的拖累，GDP 增长率下降到 9.6%，2009 年为 9.2%，虽然 2009 年国家出台 4 万亿元经济刺激计划的推动，2010 年 GDP 增长率重新回到两位数的增长 10.4%，但是全球经济萎靡不振下行，特别是欧洲主权债务危机抑制全球经济复苏，中国经济进入下行区间，2012 年到 2016 年 GDP 增长分别为 7.7%、7.7%、7.4%、6.9% 和 6.7%。高盛将中国 2017 年和 2018 年的 GDP 增速预期分别下调 0.4%～6.1% 和 5.8%，经济进一步放缓、周期性波动更大，如图 13-3 所示。

图 13-3　中国经济增长率波动曲线（2008－2018 年）

5. 熊彼特周期

熊彼特周期又称创新周期。奥地利经济学家熊彼特综合了前人的研究成果，认为经济中存在着长、中、短三种不同类型的周期，每个长周期的长度约为 48～60 年，其中包含了 6 个中周期；每个中周期的长度为 9～10 年，其中包含了 3 个短周期；短周期约为 40 个月，3 个短周期构成一个中周期，18 个短周期构成一个长周期。他以重大创新为标志，划分了 3 个长周期：第一个长周期从 18 世纪 80 年代到 1842 年，是"产业革命时期"；第二个长周期为 1842—1897 年，是"蒸汽和钢铁"时期；第三个长周期是从 1897 年以后，是"电气、化学和汽车时期"。在每个长周期中仍有中等创新所引起的波动，这就形成了若干个中周期，每个中周期中还有小创新引起的波动，这就形成了若干个短周期。

> **问题探索**：经济周期全是坏处吗？如果你是一个投资者，你的投资机会是在经济周期的哪个阶段？

13.1.4　经济周期的成因理论

经济周期是经济中一个非常重要的现象，许多年以来，很多经济学家一直都试图寻找周期现象背后的原因，并由此形成各种各样的理论来解释经济的周期波动。对经济周期的成因解释大致可以分为两类，即外因论和内因论。

1. 外因论

外因论是在经济体系之外的某些要素的波动中寻找经济周期的根源，如战争、革命、选举；石油价格、发现金矿、移民；新土地和新资源的发现；科学突破和技术创新；甚至太阳黑子和天气；等等。20 世纪 90 年代美国经济的长期繁荣，在很大程度上归功于信息技术部门所带来的投资增加和计算机处理器在科学技术上的根本变革。

（1）太阳黑子理论。太阳黑子理论把经济的周期性波动归因于太阳黑子的周期性变化。因为据说太阳黑子的周期性变化会影响气候的周期变化，而这又会影响农业收成，而农业收成的丰歉又会影响整个经济。太阳黑子的出现是有规律的，大约每十年出现一次，因而经济周期大约也是每十年一次。该理论是由英国经济学家杰文斯（W.S. Jevons）于 1875 年提出的。

（2）创新理论。创新是奥地利经济学家 J•熊彼特提出用以解释经济波动与发展的一个概念。所谓创新是指一种新的生产函数，或者说是生产要素的一种"新组合"。生产要素新组合的出现会刺激经济的发展与繁荣。当新组合出现时，老的生产要素组合仍然在市场上存在。新老组合的共存必然给新组合的创新者提供获利条件。而一旦用新组合的技术扩散，被大多数企业获得，最后的阶段——停滞阶段也就临近了。在停滞阶段，因为没有新的技术创新出现，因而很难刺激大规模投资，从而难以摆脱萧条。这种情况直到新的创新出现才被打破，才会有新的繁荣的出现。

该理论把周期性的原因归之为科学技术的创新，而科学技术的创新不可能始终如一地持续不断地出现，从而必然有经济的周期性波动。

（3）政治性周期理论。外因经济周期的一个主要例证就是政治性周期。政治性周期理论把经济周期性循环的原因归之为政府的周期性的决策（主要是为了循环解决通货膨胀和失业问题）。政治性周期的产生有三个基本条件：第一，凯恩斯国民收入决定理论为政策制定者提供了刺激经济的工具；第二，选民喜欢高经济增长、低失业以及低通货膨胀的时期；第三，政治家喜欢连选连任。

2．内因论

与外因论不同，内因论则在经济体系内部寻找经济周期的机制和原因。这种理论认为，任何一次收缩也都包含着可能的复苏和扩张。经济生活正是以这种近乎规律的方式不断地循环往复。

（1）乘数-加速数原理。根据该原理，产出的快速增长刺激了投资，大规模的投资反过来又刺激产出增长得更多。这个过程一直持续下去，直至潜在经济能力完全被利用殆尽。到达这一饱和点之后经济增长率便开始放慢，放慢的增长反过来又会减少投资和存货，这将使经济进入衰退直至到达谷底。然后经济过程又呈现相反的运行状态，经济回稳并重新兴起。经济周期的内因论显示了一种类似钟摆运动的机制，外部冲击通过一种循环方式在经济内部延绵传递。

（2）纯货币理论。该理论主要是由英国经济学家霍特里（R.Hawtrey）在 1913—1933 年的一系列著作中提出的。纯货币理论认为货币供应量和货币流通速度直接决定了名义国民收入的波动，而且极端地认为，经济波动完全是由于银行体系交替地扩张和紧缩信用所造成的，尤其以短期利率起着重要的作用。现代货币主义者在分析经济的周期性波动时，几乎一脉相承地接受了霍特里的观点。但应该明确的是，把经济周期性唯一地归结为货币信用扩张与收缩是欠妥的。

（3）投资过度理论。投资过度理论把经济的周期性循环归因于投资过度。由于投资过多，与消费品生产相对比，资本品生产发展过快。资本品生产的过度发展促使经济进入繁荣阶段，但资本品过度生产从而导致的过剩又会促进经济进入萧条阶段。

（4）消费不足理论。消费不足理论的出现较为久远。早期有西斯蒙第和马尔萨斯，近代则以霍布森为代表。该理论把经济的衰退归因于消费品的需求赶不上社会对消费品生产的增长。这种不足又根源于国民收入分配不公所造成的过度储蓄。该理论一个很大的缺陷是，它只解释了经济周期危机产生的原因，而未说明其他三个阶段。因而在周期理论中，它并不占有重要位置。

（5）心理理论。心理理论和投资过度理论是紧密相连的。该理论认为经济的循环周期取决于投资，而投资大小主要取决于人们对未来的预期。而预期却是一种心理现象，心理现象具有不确定性的特点。因此，经济波动的最终原因取决于人们对未来的预期。当预期乐观时，增加投资，经济步入复苏与繁荣；当预期悲观时，减少投资，经济则陷入衰退与萧条。随着人们情绪的变化，经济也就周期性地发生波动。

13.2　经济增长理论

13.2.1　经济增长的含义

一般说来，经济增长（Economic Growth）是指一个国家或一个地区生产产品和劳务能力的增长。如果考虑到人口增加和价格变动情况，经济增长应当包括人均福利的增长。经济增长一般包括两重含义：第一，指一个国家或地区在一定时期内实际产出量的增加，包括居民所需要的商品和劳务的总产出量增加，集中表现为经济实力的增强，即实际 GDP 的增长；第二，指潜在生产能力的扩大，包括决定一个国家或地区生产能力的各种资源、资本形成和技术水平等诸方面因素的改进。

在理解经济增长时，我们要区分经济增长（Economic Growth）和经济发展（Economic Development）两个概念。这是两个既紧密联系又不完全相同的概念。经济增长是明确的产量（总产量、人均产量）增加，具体表现为 GDP 增加；经济发展是指社会从落后进入先进状态的过程，它不仅包括经济增长，还应该包括国民的生活质量、教育水平、健康卫生质量以及整个社会经济结构和制度结构的总体进步。

经济增长是一个"量"的概念。经济发展是一个比较复杂的"质"的概念，是一个反映经济社会发展水平的综合性概念。由于各国发展的经济基础、历史背景、社会结构和政治体制各不相同，经济发展的结果也各不相同，因此在经济学里有一门专门研究经济发展的学科，称做"发展经济学"。在宏观经济学里，我们重点分析经济增长的规律。如果说经济发展是讨论一个国家怎样发生"质变"，那么在这里我们要讨论的是引起这种质变的最重要因素"量变"，即经济增长。

13.2.2　经济增长的原因

经济增长问题是人类社会所面临的共同问题，对于像中国这样的发展中国家更为重要，那么究竟是什么因素导致了经济增长呢？纵观人类社会近二百多年的经济发展史，我们会发现，无论是发展中国家还是发达国家，其经济增长的源泉主要包括四个方面的因素，即劳动、资本、自然资源和技术。将上述因素综合考虑可以用总生产函数表示如下：

$$Q = A \times f(K, L, R) \tag{13-1}$$

其中，Q 为产出；K 为投入的资本；L 为投入的劳动力；R 为投入的自然资源；A 代表经济中的技术水平。下面我们一一加以分析。

1. 资本

资本可以分为物质资本和人力资本。物质资本是指用于生产物品与劳务的设备和建筑物等的存量。物质资本的增加是经济增长的重要条件。现代经济学家认为，在经济增长中，一般规律是资本的增加要大于劳动力的增加，从而人均资本量是提高的。人均资本量提高，会使人均产出提高。

人力资本是指体现在劳动者身上的投资，如劳动者的知识、技能、健康状况等。和物质资本一样，人力资本提高了一国生产物品与劳务的能力。很多经济学家认为，人力资本是一国经济增长中最重要的因素。提高人力资本能极大地提高劳动生产率。很多经济高速发展的国家，如日本、新加坡、中国等，都在教育和职业培训上进行过大量的投资。

2. 劳动

这里的劳动是指劳动力，包括劳动力的数量和劳动队伍的技术水平。一个国家可以购买最先进的设备和装置，但这些设备和装置需要那些有技术的受过训练的劳动力来使用，才能使其发挥真正的效用。提高劳动力的阅读能力、健康程度、纪律意识以及适应新技术发展的操作能力，都将极大地提高劳动生产率。因此劳动力的质量是一国经济增长的最重要因素。

3. 自然资源

自然资源是影响一国产出水平的最显而易见的因素，主要包括耕地、石油和天然气、水资源、矿产资源和森林草原等。一些国家正是依靠其丰富的自然资源而获得高速发展的，如加拿大和挪威，凭借其丰富的自然资源，在农业、渔业和林业等方面获得高产而迅速发展。还有中东地区的沙特阿拉伯、科威特等国，因为拥有丰富的石油资源而快速致富。

4. 技术

马克思曾说"科学技术是最高意义上的革命力量"，邓小平同志指出 "科学技术是第一生产力"。物质资本和人力资本的增长对经济增长具有重大影响，而科学技术的发现和应用因为可以更为有效地利用资源，所以对于经济发展做出的贡献更大。

自从工业革命以来，技术变化就已成为人们日常生活的一部分。为了从技术革新中受益，必须增加资源的投入。大部分技术被物化在物质资本中，例如，内燃机的发明替代马车，使人们的移动速度更快、运输能力更强；个人电脑和打印机替代手工书写，使人们文书编辑效率更高。当然，最强大且具有深远影响的技术，却体现在人力资本中，被物化的技术来源于人力资本的创新活动。

在当代，技术进步在经济增长中的作用，不仅意味着生产要素在更广范围、更大程度上的优化组合及合理使用，更体现在生产率的提高上。科学技术在生产力各个要素中比重加速递增。在20世纪初，美国2.9%的年增长率中由于科学技术因素而引起的经济增长率为1.49%，即技术进步在经济增长中所做出的贡献占51%左右。目前发达国家的科技进步贡献率为80%，超过了劳动要素。科技进步既为经济增长方式转变标示了方向，同时也是促进经济增长方式转变的有效手段。

除此之外，制度因素对经济增长也有着重要的影响。美国经济学家诺斯强调"增加的路径依赖"，其含义就是增长取决于制度，适于经济发展的制度就是实现增长的前提。历史证明，最适于经济增长的是市场经济制度。市场经济是一个制度体系，包括了多种制度。其中，经济增长最基本的前提是适当的激励制度。市场、产权和货币交换这几种制度对创造激励是至关重要的。

案例 13.2

中国经济增长曲线

图 13-4 显示了 1950—2009 年中国经济增长率的波动。

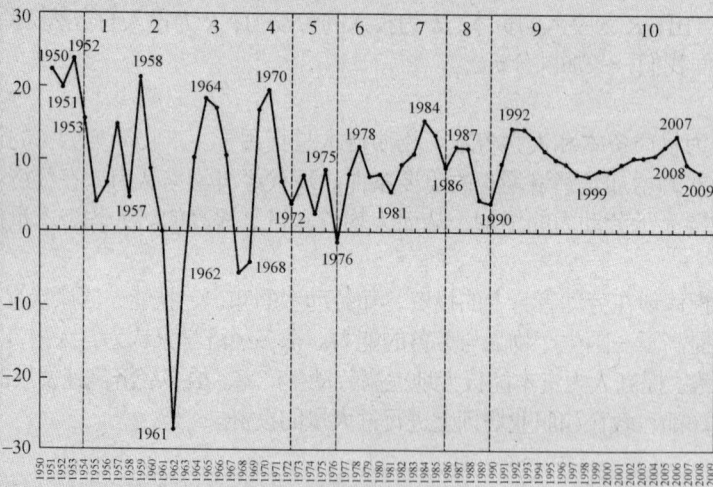

图 13-4　中国经济增长率波动曲线（1950—2009 年）

13.2.3　经济增长理论

经济增长理论是研究解释经济增长规律和影响制约因素的理论。这里我们简单介绍几个有代表性的经济增长理论模型。

1. 哈罗德-多马模型

哈罗德-多马模型（Harrod-Domar Model），是 R·哈罗德和埃弗塞·多马分别提出的著名的经济增长模型，出现于 1929—1931 年大危机之后不久，它是基于凯恩斯主义发展理论之上的经济增长理论。

哈罗德－多马模型是以一些严格的假定条件为前提条件的，这些假设主要包括：第一，整个社会只生产一种产品，这种产品既可以作为消费品，也可以作为资本品；第二，生产中只使用两种生产要素，即劳动与资本，这两种生产要素为固定技术系数（即它们在生产中的比率是固定的），不能互相替代；第三，规模收益不变，也就是说生产规模扩大时不存在收益递增或递减的情况；第四，技术水平不变。

有了这些基本假定后，可以给出该模型的基本公式

$$G = \frac{S}{C} \tag{13-2}$$

在上式中，G 代表国民收入增长率，即经济增长率；S 代表储蓄率，即储蓄量在国民收入中所占的比例；C 代表资本-产量比率，即生产-单位产量所需求的资本量。根据这一模型的假设，资本与劳动的配合比例是固定不变的，从而资本-产量比率也就是不变的。这样，经济增长率实际就取决于储蓄率。从该公式中可知，在资本-产量比率不变的条件下，储蓄率高，则经济增长率高，储蓄率低，则经济增长率低。可见，这一模型强调的是资本增长对经济增长的作用，分析的是资本增加与经济增长之间的关系。

哈罗德-多马模型根据上述公式，分别提出实际增长率、有保证的增长率与自然增长率这三个概念，用来分析经济长期稳定增长的条件与波动的原因。实际增长率（G_t）是实际所发生的增长率，它由实际储蓄率（S_t）和实际资本-产量比率（C_t）决定，即

$$G_t = \frac{S_t}{C_t} \tag{13-3}$$

均衡增长率（G_w），也称为有保证的增长率或合意增长率，是长期中理想的增长率，它由合意的储蓄率（S_d）和合意的资本-产量比率（C_r）决定，即

$$G_w = \frac{S_d}{C_r} \tag{13-4}$$

自然增长率（G_n）是长期中人口增长和技术进步所允许达到的最大增长率，它由最适宜的储蓄率（S_0）和合意的资本-产出比率（C_r）决定，即

$$G_n = \frac{S_0}{C_r} \tag{13-5}$$

哈罗德-多马模型认为，长期中实现经济稳定的增长条件是实际增长率、均衡增长率与自然增长率相一致，即 $G_t=G_w=G_n$。如果这三种增长率不一致，则会引起经济中的波动。具体来说，实际增长率与均衡增长率的背离，会引起经济中的短期波动。当实际增长率大于均衡增长率时，会引起累积性的扩张，因为这时实际的资本-产量比率小于均衡资本-产量比率，厂商会增加投资，使两者一致，从而就刺激了经济的扩张。相反，当实际增长率小于均衡增长率时，会引起累积性的收缩，因为这时实际的资本-产量比率大于均衡的资本-产出比率，厂商就会减少投资，使两者一致，从而引起经济收缩。在长期中，有保证的增长率与自然增长率的背离也会引起经济波动。当有保证的增长率大于自然增长率时，由于有保证的增长率超过了人口增长和技术进步所允许的程度，将会出现长期停滞。反之，当有保证的增长率小于自然增长率时，由于有保证的增长率不会达到人口增长和技术进步所允许的程度，将会出现长期繁荣。所以，应该使这三种增长率达到一致。

2. 新古典经济增长模型

满足哈罗德-多马模型关于经济稳定增长的条件十分苛刻，因为实际增长率取决于有效需求，很难和短期及长期稳定增长所要求的增长率相一致，之所以如此，又是由于给定了储蓄率就给定了一个增长率。新古典增长理论代表人物索洛用改变资本-产出比率的办法来解决上述难题，他们的理论之所以被称为新古典增长理论，是因为他们像新古典学派一样认为通过市场机制，资本-

劳动比率可改变，充分就业的稳定增长就可以实现。

新古典增长理论的基本假定包括：第一，社会储蓄函数 $S=sY$，其中 s 是作为参数的储蓄率；第二，劳动力按一个不变的比率 n 增长；第三，生产的规模报酬不变。这样，在一个只包括居民户和厂商的两部门经济体系中，经济的均衡是投资等于储蓄（即 $I=S$），也就是说投资或资本存量的增加等于储蓄。资本存量的变化等于投资减去折旧，当资本存量为 K 时，假定折旧是资本存量 K 的一个固定比率 σK（$0<\sigma<1$），则资本存量的变化 ΔK 为

$$\Delta K = I - \sigma K$$

根据 $I = S = sY$，上式可写为

$$\Delta K = sY - \sigma K$$

令 $y=Y/N$，表示人均产出水平，令 $k=K/N$，表示人均资本存量，于是人均资本存量的增长率可以写为

$$\frac{\Delta k}{k} = \frac{\Delta K}{K} - \frac{\Delta N}{N} = \frac{\Delta K}{K} - n$$

也就是说，人均资本存量的增长率等于资本增长率减去劳动力增长率，再将 $\Delta K = sY - \sigma K$ 代入上式，可得

$$\Delta k = sy - (n+\sigma)k \tag{13-6}$$

上面的公式是新古典增长模型的基本方程。这个方程表明，人均资本增加等于人均储蓄 sy 减去 $(n+\sigma)k$ 项。$(n+\sigma)k$ 项可以这样理解：劳动力的增长率为 n，一定量的人均储蓄必须用于装备新工人，每个工人占有的资本为 k，这一用途使用的储蓄为 nk；另一方面，一定量的储蓄必须用于替换折旧资本，这一用途使用的储蓄为 σk。也就是说，人均储蓄扣除用于装备新工人和替换折旧资本的部分后即为人均资本增加量。总量为 $(n+\sigma)k$ 的人均储蓄被称为资本的广化，人均储蓄超过了 $(n+\sigma)k$ 的部分导致了人均资本 k 的上升，即 $\Delta k>0$，这被称为资本的深化。因此，新古典增长模型的基本方程可以用语言表述为，资本深化=人均储蓄-资本广化。

这个方程中，如果 $\Delta k=0$，则 $sy=(n+\sigma)k$，若 s、n、σ 均保持不变，则人均产量也保持不变，这一状态被称为长期均衡状态，如图 13-5 所示。

在图 13-5 中，$f(k)=y$，代表人均产量曲线，

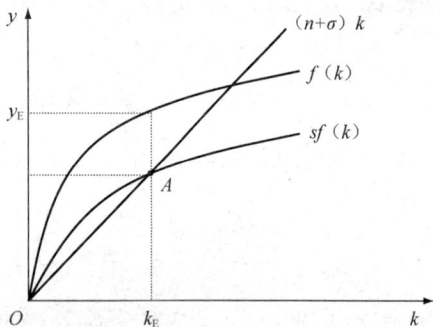

图 13-5 新古典经济增长模型

由于资本边际生产力递减，故 $f(k)$ 呈图中形状；$sf(k)$ 是人均储蓄曲线；$(n+\sigma)k$ 表示资本广化，由于假定 n 和 σ 都是不变的，故 $(n+\sigma)k$ 是条直线，它和 $sf(k)$ 线相交于 A，表示处于均衡状态，这时人均产量为 y_E。若经济运行在 A 点左面，$sf(k)$ 大于 $(n+\sigma)k$，表示有资本深化现象，$\Delta k>0$，即人均资本 k 上升，反之，则 k 下降。经济趋于资本深化阶段时，表示 y 和 k 上升，y 上升说明产量比人口增长快。从图 13-5 中可以看出，k 越小，即资本越贫乏的国家，越有可能资本深化，故经济增长中穷国会快于富国，各国在增长中有着向均衡值靠拢的趋势。

图 13-5 对于现实有一定的指导意义。如在其他条件不变的情况下，一国可以通过提高储蓄率 s，使 $sf(k)$ 曲线向上移动，从而使人均资本和人均产量提高；或者可以通过降低人口增长率 n，使 $(n+\sigma)$ 曲线向右下方移动，从而人均资本和人均产量提高；此外还可以通过调整人均资本 k 的值而使人均产量 $f(k)$ 变动。

3. 内生增长理论

新古典增长理论在 20 世纪 60 到 80 年代占据经济增长理论的主流地位，但随着人们对经济问题认识的深入和经济形势的发展，这一模型逐渐暴露出一些问题。如根据该模型的观点，落后

国家的经济增长要快于发达国家，因为落后国家的人均资本水平较低，单位资本的回报率比较高，但近些年来，各国经济发展的实际情况告诉我们，有些落后国家的增长速度反而低于发达国家的增长速度，落后国家与发达国家之间的差距有拉大的趋势。正是在这种情况下，20 世纪 80 年代以来，以罗默和卢卡斯为代表的经济学家在反思新古典增长理论的基础上，逐渐形成了一种新的增长理论，即内生增长理论。

以往增长理论中将储蓄率、人口增长和技术进步等经济增长重要因素视做外生变量（即一个给定的量），也就是说这些因素是经济增长的动力而不是经济增长的后果，而现实经济中，储蓄率的变化、人口增长率的变化和技术进步不仅是经济增长的动力，同时也是经济增长的后果，因而不可能是一个外生变量，而是随着经济增长而变化的量。内生增长理论试图避免这一缺陷，将这些重要因素作为内生变量，用规模收益递增和内生技术进步来说明各国经济如何增长，其显著特点是将增长率内生化，故称内生增长理论。

内生增长理论比较集中地讨论了技术进步这一因素在经济增长中的作用。该理论认为一个经济社会的技术进步快慢和路径是由这个经济体系中的家庭、企业在经济增长中的行为决定的。该理论主要代表人物罗默认为企业通过增加投资的行为，提高了知识水平，知识有正的外部性，从而引起物质资本和劳动等其他要素也具有收益递增的特点。另一代表人物卢卡斯认为，发达国家拥有大量人力资本，经济持续增长是人力资本不断积累的结果。还有的学者强调从事生产过程也是获得知识的过程，即所谓的"干中学"，干中学积累起来的经验使劳动力和固定资产的效率在生产过程中不断提高。总之，一句话，技术进步是经济体系的内生变量。

内生增长理论对现实有着较强的指导意义，依据其观点，政府应当通过各种政策，例如对研究和开发提高补贴，对文化教育事业给予支持，用税收等政策鼓励资本积累等，以促进经济增长。

知识拓展 13.1

可持续发展

可持续发展理论的形成经历了相当长的历史过程。20 世纪五六十年代，人们在经济增长、城市化、人口、资源等所形成的环境压力下，对增长=发展的模式产生怀疑并展开宣传。1962年，美国女生物学家莱切尔·卡逊（Rachel Carson）发表了一部引起很大轰动的环境科普著作《寂静的春天》。作者描绘了一幅由于农药污染所引发的可怕景象，惊呼人们将会失去"阳光明媚的春天"，在世界范围内引发了人类关于发展观念上的争论。10 年后，两位著名美国学者巴巴拉·沃德（Barbara Ward）和雷内·杜博斯（Rene Dubos）的享誉世界的《只有一个地球》问世，把对人类生存与环境的认识推向一个新境界，即可持续发展的境界。同年，一个非正式国际著名学术团体——罗马俱乐部发表了有名的研究报告《增长的极限》，明确提出"持续增长"和"合理的持久的均衡发展"的概念。1987 年，以挪威首相布伦特兰为主席的联合国世界与环境发展委员会发表了一份报告《我们共同的未来》，正式提出可持续发展概念，并以此为主题对人类共同关心的环境与发展问题进行了全面论述，受到世界各国政府组织和舆论的极大重视。在 1992年联合国环境与发展大会上可持续发展要领得到与会者共识与承认。

可持续发展，从全球普遍认可的概念中，有以下几个方面的丰富内涵。

1. 共同发展

地球是一个复杂的巨系统，每个国家或地区都是这个巨系统不可分割的子系统。系统的最根本特征是其整体性，每个子系统都和其他子系统相互联系并发生作用，只要一个系统发生问题，都会直接或间接影响到其他系统，甚至会诱发系统的整体突变，这在地球生态系统中表现最为突出。因此，可持续发展追求的是整体发展和协调发展，即共同发展。

2. 协调发展

协调发展包括经济、社会、环境三大系统的整体协调，也包括世界、国家和地区三个空间层面的协调，还包括一个国家或地区经济与人口、资源、环境、社会以及内部各个阶层的协调。持续发展源于协调发展。

3. 公平发展

世界经济的发展呈现出因水平差异而表现出来的层次性，这是发展过程中始终存在的问题。但是这种发展水平的层次性若因不公平、不平等而引发或加剧，就会由局部而上升到整体，并最终影响到整个世界的可持续发展。可持续发展思想的公平发展包含两个纬度：一是时间纬度上的公平，当代人的发展不能以损害后代人的发展能力为代价；二是空间纬度上的公平，一个国家或地区的发展不能以损害其他国家或地区的发展能力为代价。

4. 高效发展

公平和效率是可持续发展的两个轮子。可持续发展的效率不同于经济学的效率，可持续发展的效率既包括经济意义上的效率，也包含着自然资源和环境的损益的成分。因此，可持续发展思想的高效发展是指经济、社会、资源、环境、人口等协调下的高效率发展。

5. 多维发展

人类社会的发展表现出全球化的趋势，但是不同国家与地区的发展水平是不同的，而且不同国家与地区又有着异质性的文化、体制、地理环境、国际环境等发展背景。此外，因为可持续发展又是一个综合性、全球性的概念，要考虑到不同地域实体的可接受性，因此，可持续发展本身包含了多样性、多模式的多维度选择的内涵。因此，在可持续发展这个全球性目标的约束和指导下，各国与各地区在实施可持续发展战略时，应该从国情或区情出发，走符合本国或本区实际的、多样性、多模式的可持续发展道路。

【本章小结】

1. 经济周期是指总体经济活动水平（通常以国民收入来代表）的一种波动，它有一种规律性，即先是经济活动的扩展，随后是经济活动的收缩，接着是进一步扩张。

2. 经济周期可以分繁荣、衰退、萧条、复苏四个阶段。

3. 经济周期是经济中一个非常重要的现象，许多年以来，很多经济学家一直都试图寻找周期现象背后的原因，并由此形成各种各样的理论来解释经济的周期波动。对经济周期的成因解释大致可以分为两类，即外因论和内因论。

4. 经济增长是实际 GDP 的增加。

5. 决定一国经济增长的因素是人力资源、资源、技术进步与制度，制度是增长的前提，现代经济增长核心是技术进步。

6. 各种增长模型是为了分析经济增长与影响它的各种因素之间的关系。

【经济观察】

厉无畏：中国经济仍有十几年的高速发展空间

2012 年中国经济增长率十几年来首次跌破 8%，2013 年第一季度，经济增长率进一步下行至 7.2%，从而引起人们的广泛讨论，不禁要问，中国经济高速发展还有多久？经济学家厉无畏则说，中国经济仍有十几年的高速发展空间！

厉无畏说："目前中国的城镇化率水平约为 52%，城镇化率不高。因此，中国经济仍有十几年的发展空间，并能保持 8%左右的增长率。"

研究表明，未来将有 3 亿农村人口进入城镇，2025 年中国将有 2/3 的人口居住在城市。厉无畏认为，这批城镇新增人口将深刻影响整体消费水平，未来需要扩大基础设施投资。他详细说明道："城镇居民消费和农村居民消费比例大概是 3∶1，城镇人口增多后将带来消费税收的增长，内需也随之扩大，同时也给现有的城市基础建设带来了一定的压力，城市每增加 1 个人要增加将近 10 万元的投资，城镇化过程中投资需求和消费需求都会扩大。"

改革开放 30 多年来，中国城镇化进程在推动经济增长的同时，也出现了一些问题，成为阻碍城镇化进程的障碍。2012 年"十八大报告"特别提出，要坚持走中国特色新型城镇化发展道路，2012 年 12 月召开的中央经济工作会议也进一步提出"积极稳妥推进城镇化，着力提高城镇化质量"。

如何提高城镇化质量？厉无畏认为，要把生态文明的理念融入城镇化的全过程，走集约、智能、绿色、低碳的新型城镇化道路。文化创意产业以其高产值、低能耗、绿色无污染的优势成为新型城镇化发展的一个重要方面，也为中国新型城镇化的发展提供了动力源。

厉无畏介绍，文化创意产业实际上是转变经济发展方式、调整产业结构的一个重要途径。相较工业、农业，文化创意产业作为智力密集、技术密集的类型，以文化创意资源为依托，有助于降低能耗、减轻资源短缺和环境的压力，助推生态文明建设，促进城市建设转型。"探索文化创意产业发展与新型城镇化交替上升之路，要走出一条富有中国特色的、大中小城市和小城镇发展并举的、可持续发展道路。"

讨论题

1. 我国经济增长的新的动力是什么？
2. 未来 10 年我国经济增长还能保持多少的增长率？

【能力训练】

经济增长的核算与经济周期的划分

查阅各年《中国统计年鉴》，找出 1978 年到 2006 年的名义国内生产总值和各类价格指数，选取合适的价格指数计算每年的通货膨胀率和实际国内生产总值，计算每年的经济增长率，并据此画出这期间我国经济周期活动图。

以 3～5 人为一小组，完成上述任务。以小组为单位提交实训报告，考核实训成绩。

【概念复习】

经济周期　基钦周期　朱格拉周期　库兹涅茨周期　康德拉季耶夫周期　经济增长

【同步练习】

1. 导致经济周期性波动的投资主要是（　　　）。
　　A. 存货投资　　　B. 固定资产投资　　　C. 意愿投资　　　D. 重置投资
2. 经济增长的最佳定义是（　　　）。
　　A. 投资和资本量的增加
　　B. 因要素供给增加或生产率提高使潜在的国民收入有所提高
　　C. 实际国民收入在现有水平上有所提高
　　D. 人均货币收入的增加
3. 为提高经济增长率，可采取的措施是（　　　）。
　　A. 加强政府的宏观调控　　　　　　　B. 刺激消费水平
　　C. 减少工作时间　　　　　　　　　　D. 推广基础科学及应用科学的研究成果
4. 经济周期可以分为哪几个阶段（　　　）。
　　A. 繁荣阶段　　　B. 衰退阶段　　　C. 萧条阶段　　　D. 复苏阶段

【问题讨论】

1. 什么是经济增长？怎样理解经济增长的含义？
2. 经济增长与经济发展有何区别？

3. 决定经济增长的主要因素有哪些？它们如何影响经济增长？

4. 政府应该采取什么政策促进经济增长？

5. 什么是经济周期？主要有哪些种类？

6. 经济周期有几个阶段？不同阶段的特征是什么？

7. 是什么原因导致经济周期的形成？

【补充读物与资源】

《自由市场的坠落》[美] 约瑟夫 E. 斯蒂格利茨，著，李俊青，杨玲玲，译.机械工业出版社，

2017 年 1 月

国家数据

中国经济信息网

第 14 章

国际经济基本知识

在有些情况下，如果我们不以国际经济的眼光来探讨政策问题的话，我们告诉学生的就会是一些"错误"的答案。

——约瑟芬·E·斯蒂格利兹

学习目标

能力目标

- 能够运用国际贸易的基本理论，初步分析和解释国际贸易现象。
- 能够运用国际金融基本理论，分析和解释当前国际金融领域中的实际问题。
- 能够综合运用国际贸易和国际金融理论，对我国对外经济政策做出初步的分析和评价。

知识目标

- 掌握国际贸易的基本概念和基础理论，理解国际贸易产生的原因及利益。
- 掌握国际收支、汇率、国际金融市场和国际货币制度等方面的基本理论。
- 了解开放的市场经济条件下政府的经济政策。

重要概念

国际贸易　关税　非关税壁垒　国际收支　汇率　国际金融市场　国际货币制度　对外贸易　政策

近代以来，特别是 20 世纪 70 年代以来，以国家为主体的国际经济活动日益频繁，所涉及的范围也越来越广泛。通过国际贸易、投资及劳动力流动等途径，各国经济之间的相互依赖程度在不断加强。当今世界，没有哪一个国家能在经济上孤立存在。人们还用"蝴蝶效应"来比喻各国经济之间的这种相互影响和相互制约。

生活中我们也能真切地感受到这一点。比如一个人在国内就可以买到美国产的苹果手机、德国的宝马轿车或瑞士的劳力士手表等。其实更多的时候，我们并没有意识到，进口产品的零部件可能是国内生产的，液晶显示屏、内存条、CPU、汽车零部件等来自国内，许多产品我们现在很难分辨清是进口还是国产。

假如你是出境旅行者，你需要把人民币兑换成美元、英镑、欧元等外币以支付住宿、观光和购买纪念品的费用。国际经济事件几乎每天都见诸各种媒体的报道。例如，中国钢管、太阳能电池遭遇美国报复性关税，中国主导设立亚洲基础设施投资银行，发起的"一带一路"战略引起世界巨大的关注等。以上这些问题都直接或间接地与国际经济学有关。因此，我们还应该了解国际经济的一些基本知识。

14.1　国际贸易基本知识

14.1.1　国际贸易的基本概念

1．国际贸易与对外贸易

国际贸易是指世界各国（或地区）之间所进行的商品和服务的交换活动。它既包含有形产品（实物产品）交换，也包含无形产品（劳务、技术、咨询等）的交换。

对外贸易是指国际贸易活动中的一国（或地区）同其他国家（或地区）所进行的产品、劳务、技术等的交换活动。这是立足于一个国家或地区去看待它与其他国家或地区的产品与劳务的贸易活动。某些海岛国家如日本，或某些海岛地区如我国台湾等的对外贸易则称为海外贸易。

2．对外贸易额与对外贸易量

对外贸易额又称对外贸易值，是用货币金额表示的一国一定时期内的进出口的规模，是衡量一国对外贸易状况的重要指标。它由一国一定时期内从国外进口的商品总额加上该国同一时期内向国外出口的商品总额构成。一国在一定时期内商品出口总额与进口总额相比而形成的差额，则称为对外贸易差额。当出口商品总额超过进口商品总额时，称为"贸易顺差"，也称为"出超"；反之，当进口商品总额超过出口商品总额时，称为"贸易逆差"，也可称为"入超"。

对外贸易量是为剔除价格变动的影响，并能准确反映一国对外贸易的实际数量而确立的一个指标，它能确切地反映一国对外贸易的实际规模。具体计算是以固定年份为基期而确定的价格指数去除报告期的出口或进口总额，得到的是相当于按不变价格计算的进口额或出口额，称做报告期的对外贸易量。

3．对外贸易依存度

对外贸易依存度是指一个国家或地区在一定时期内进出口贸易值与该国同期国内生产总值的对比关系。它是衡量一国国民经济对进出口贸易的依赖程度的一个指标。由于各国经济的发展水平不同，对外贸易政策的差异，国内市场的大小不同，导致各国的对外贸易依存度有较大的差异。

4．对外贸易商品结构

对外贸易商品结构是指一个国家一定时期内各种类别的进出口商品占整个进出口贸易额的份额。一个国家对外贸易商品结构，主要是由该国的经济发展水平、产业结构状况、自然资源状况和贸易政策决定的。发达国家对外贸易商品结构是以进口初级产品为主，出口工业制成品为主；发展中国家的对外贸易商品结构的特征则是以出口初级产品为主，进口工业制成品为主。

> **案例 14.1**
>
> **商务部外贸司负责人谈 2017 年 1—4 月我国对外贸易情况**
>
> 根据海关统计，2017 年 1—4 月，我国外贸进出口总额 8.42 万亿元人民币，同比增长 20.3%；其中出口 4.57 万亿元，增长 14.7%；进口 3.85 万亿元，增长 27.8%；顺差 7 150 亿元，收窄 26.2%。1—4 月，外贸进出口继续延续去年以来回稳向好的势头，实现较快增长。商务部外贸司负责人指出，2017 年 1—4 月我国对外贸易主要呈现以下特点。
>
> 从商品结构看，机电产品出口 2.64 万亿元，增长 14.1%，占比 57.7%，与去年同期基本持平，其中汽车、船舶、手机和自动数据处理设备及其部件等分别增长 27.5%、20.0%、17.9% 和 13.8%。我国纺织服装等七大类传统劳动密集型行业出口也保持较快增长，增幅达到 12.2%（出口额 9 151.6 亿元）。
>
> 从经营主体看，民营企业出口 2.10 万亿元，增长 17.8%，占比 45.9%，较去年同期提高 1.1 个百分点，继续保持出口第一大经营主体地位。
>
> 从贸易方式看，一般贸易进出口 4.75 万亿元，增长 21.6%，占全国外贸总值的 56.5%，较去年同期提高 0.6 个百分点。

从国际市场看，我对美国、欧盟、日本等传统市场出口分别增长 17.8%、13.5%、13.2%；对俄罗斯、马来西亚、新加坡、印度尼西亚等"一带一路"沿线国家出口快速增长，1—4 月增幅分别达到 29.4%、32.5%、16.7% 和 15.1%。

我国进出口较快增长主要原因：一是政策效应逐步显现，二是国际市场缓慢复苏，三是企业结构调整和动力转换加快，四是大宗商品进口量价齐升。

文章来源：中华人民共和国商务部

5. 对外贸易地理方向

对外贸易地理方向是指一定时期内一些国家或地区的商品在某一个国家对外贸易中所占有的地位，一般以这些国家或地区的商品在该国进出口贸易总额的比重来表示。对外贸易地理方向既表明了一国出口商品的方向，也表明了该国进出口商品的来源，从而反映该国进出口贸易的国别分布与地区分布，表明了它同世界各国或地区经济贸易联系的程度。

14.1.2　国际贸易基本理论

1. 古典国际贸易理论

古典的国际贸易理论产生于 18 世纪中叶，是在批判重商主义的基础上发展起来的，主要包括亚当·斯密的绝对优势理论和大卫·李嘉图的比较优势理论。古典贸易理论从技术差异的角度说明了国际贸易产生的原因、结构和利益分配。由于假设劳动是唯一的生产要素，因此生产技术差异就具体表现为劳动生产率差异。由于重商主义是古典贸易理论的前身和批判对象，因而在阐述古典贸易理论之前，我们对重商主义做一简要介绍。

（1）重商主义。重商主义是 15 世纪到 17 世纪西欧资本主义生产方式准备时期，代表商品资本制造的经济思想和政策体系。重商主义经历了早期和晚期两个发展阶段。早期重商主义以"货币差额论"为中心，其代表人物是英国的威廉·斯塔福。晚期重商主义以"贸易差额论"为中心，代表人物是英国的托马斯·孟。

无论是早期重商主义，还是晚期重商主义，都认为货币是财富的唯一形态，是衡量国家富裕程度的唯一标准。在一国范围内这种财富不会增加，因为在一国范围内，一些人之所得就是另一些人之所失。因此一国要使财富的绝对量增加，必须进行国际贸易，并且要在这种对外贸易中保持出口大于进口。

重商主义的基本观点是一种国际贸易的"零和"理论，即各国在国际贸易中的利弊得失是完全相反的，你之所得就是我之所失。因此重商主义者鼓吹经济民族主义，认为国家利益在根本上是冲突的。这一观点，反映了原始资本积累时期商业资本家对货币或贵金属的认识。

（2）绝对优势理论。1776 年，英国古典经济学家亚当·斯密发表了其代表作《国民财富的性质和原因的研究》（又称《国富论》），书中对重商主义的思想进行了深刻的批判，并提出了绝对优势理论。斯密认为，两国间的贸易基于绝对优势。所谓绝对优势是指，如果一国相对另一国在某种商品的生产上有更高的效率，则称该国在这一产品上有绝对优势。绝对优势可以通过劳动生产率来度量。如果一国生产某单位产品所需投入的劳动更少，或者投入单位劳动所获得的产出更多，则表明该国在生产这一产品上具有绝对优势。因此，绝对优势产生于国家间的劳动生产率的差异。

绝对优势理论认为，国际贸易产生于各国之间生产商品的劳动生产率的绝对差别。每个国家由于先天或后天的条件不同，都会在某一种商品的生产上有绝对优势。如果每一个国家都把自己拥有的全部生产要素都集中到自己拥有绝对优势的产品的生产上来，然后通过国际贸易，用自己产品的一部分去交换自己所需要的其他商品，则各国资源都能被更有效地利用，每一个国家都能从中获利。国际贸易的利益是"非零和"的。因此，斯密主张实行自由贸易政策，反对国家对外贸的干预，认为自由贸易能有效地促进生产的发展和产量的提高，一切限制贸易自由化的措施都会影响国际分工的发展，并降低社会劳动生产率和国民福利。斯密认为，国家为了保护某一产业，限制某种外国产品的进口，这说明该产业没有国际竞争力，生产效率较低。这种保护表面上看保护了本国的产业，但实质上是使本国的资源从效率高的部门转移至效率低的部门，从而造成了资源的不合理配置和使用。

绝对优势理论具有开创意义，它第一次从生产领域阐述了国际贸易的基本原因，揭示了国际分工和专业化生产能使资源得到更有效的利用，从而提高劳动生产率的规律。各国利用自己的优势进行专业化生产，然后进行国际贸易，各国都能从中获利。当然，绝对优势理论也存在明显的局限性，它只能解释经济发展水平相近国家之间的贸易。斯密的绝对优势理论存在着一个必要的假设，即一国要参加国际贸易，就必然至少要有一种产品在生产上与贸易伙伴相比处于绝对优势。那么如果一国在两种商品的生产上都具有绝对优势，而另一国在这两种商品的生产上都有绝对劣势，这两国之间还会不会产生贸易呢？如果两国发生贸易，处于绝对劣势的一国能不能从贸易中获利呢？贸易利益从何而来？大卫·李嘉图用比较优势原理，回答了绝对优势理论回答不了的问题，更好地解释了贸易基础和贸易所得。

（3）比较优势理论。大卫·李嘉图是英国产业革命深入发展时期的经济学家。1817年，他的主要著作《政治经济学及赋税原理》出版，提出了比较成本论的国际贸易理论。

根据李嘉图的观点，在两国都能生产同样两种产品的条件下，如果其中一国在两种产品的生产上劳动生产率均高于另一国，该国可以专门生产优势较大的产品，处于劣势地位的另一国可以专门生产劣势较小的产品。通过国际分工和贸易，双方仍然可以从贸易中获利。也就是中国古训所云："两利相权取其重，两弊相权取其轻。"李嘉图用实例说明了这一道理，他说："如果两个人都能制造鞋和帽，其中一个人在两种职业上都比另一个人强些，不过制帽时只强1/5（或20%），而制鞋时则强1/3（或33%）。那么这个较强的人就专门制鞋，那个较差的人就专门制帽，岂不是双方都能获利。"

案例 14.2

中国入世 15 周年：已成为世界第一大贸易国

2001年12月11日，中国正式加入世界贸易组织，15年来，中国攀越诸多"高峰"：目前已成为全球第二大经济体，世界第一大贸易国，世界第一大吸引外资国，世界第二大对外投资国……加入WTO对促进中国外贸发展和拉动经济增长发挥了重要作用。

数据可以为证：2001年我国进出口总额0.51万亿美元，2015年这一数字为3.96万亿美元，约为入世前的8倍。贸易规模和发展速度的背后，更是产业结构的优化升级。商务部数据显示，从2001年到2014年，我国初级产品的出口份额由10%下降到5%，而工业制成品中机械与运输设备的出口份额由36%上升为46%，出口增加值不断提升。

2001年，中国实际GDP对全球贡献率为0.53%，2015年，这一数字为24.8%；对全球实际GDP增长率的拉动度也从0.03升至0.6个百分点。中国货物贸易进口额由0.24万亿美元升至2015年的1.68万亿美元，增长了6倍。中国商品进口占世界的比重从3.8%上升至10.1%。预计未来5年，中国进出口总额将达到8万亿美元，利用外资总额将达到6 000亿美元，对外投资总额将达到7 500亿美元，出境旅游将达到7亿人次，为世界带来更多的发展机遇。

与此同时，中国商品出口也面临关税成本增加、出口企业频遭"双反"调查等严峻挑战。根据WTO和欧委会最近发布的报告，全球有三分之一的贸易救济措施直接针对中国。仅在欧盟当前的73项反倾销措施中，就有56项针对中国进口的产品。随着国际贸易和投资低迷，脱欧情绪蔓延，贸易保护主义愈演愈烈，一些国家拒不履行世贸议定书应有义务……"逆全球化"思潮在部分国家和地区有所抬头，深刻反映出全球化之路的任重道远。

2. 新古典国际贸易理论

在古典贸易理论中，比较优势的产生是由于各国间劳动生产率的差异，但没有解释产生这种差异的原因。各国间劳动生产率的不同只能解释部分贸易产生的原因。贸易还反映了各国之间的资源差异。要素禀赋理论最早是由瑞典经济学家伊莱·赫克歇尔和伯蒂尔·俄林师生共同提出的，因此这一理论通常被称为赫克歇尔-俄林模型，简称赫—俄模型或 H-O 模型，后经保罗·萨缪尔森等经济学家不断加以完善。要素禀赋理论认为产生比较成本差异的原因有两个，一是两国生产要素禀赋的不同，二是生产不同商品所使用的各种生产要素组合不同，也就是使用的生产要素的比例不同。在国际贸易中，一国的比较优势是由其要素禀赋决定的。一国应生产和出口较密集地使用其较丰裕的生产要素的产品，进口较密集地使用其较稀缺的生产要素的产品。简而言之，劳动相对丰裕的国家应当出口劳动密集型产品，进口资本密集型产品；资本相对丰裕的国家应当出口资本密集型产品，进口劳动密集型产品。

3. 现代国际贸易理论

这些理论是建立在规模经济、不完全竞争基础之上的，主要探讨的是发达国家之间的产业内贸易。

（1）规模经济和差异产品的国际贸易理论。20 世纪 70 年代末，迪克西特、斯蒂格利茨、克鲁格曼和赫尔普曼等人把张伯伦的垄断竞争理论运用到产业内贸易分析中来。他们认为，如果存在规模收益递增、产品差别化、不完全竞争和消费需求多元化，则生产要素禀赋相同的国家间就会产生产业内贸易。因为在利润最大化和技术进步的作用下，每个产业都存在着广泛的和潜在的产品系列，即容易形成产品的水平差别化，从而使产业内产品的双向流动成为可能。经济发展、收入水平提高以及国际信息传递手段的不断改善，消费者的需求在示范效应和消费效用最大化原则的影响下更趋多元化，从而推动同一产业内产品的双向流动。

（2）重叠需求贸易理论。第二次世界大战后，面对要素禀赋相近的发达国家之间的产业内贸易的迅速发展，规模经济模型从供给的角度给出了解释。1961 年瑞典经济学家林德提出了重叠需求理论，从需求的角度探讨了国际贸易发生的原因。该理论的核心思想是，两国之间贸易关系的密切程度是由两国的需求结构与收入水平决定的。两国之间收入水平越接近，消费结构就越相似，则两国之间进行贸易的基础就越雄厚；而收入水平差距较大的国家之间的产业内贸易会较少。它只有在收入水平相近的国家之间才可能存在，因为它们有相近或重叠的需求部分。所谓重叠需求，是在收入水平相近的国家之间，消费者需求的产品档次相同的那部分需求。这种重叠需求是两国开展贸易的基础。

（3）产品生命周期理论。1966 年美国经济学家弗农发表了《国际投资和产品生命周期中的国际贸易》一文，对技术差距理论进行了总结和扩展，提出了产品生命周期理论。弗农将市场学的产品生命周期与国际贸易理论结合起来，使比较利益学说从静态发展为动态。所谓产品生命周期是指，新产品经历发明、应用、推广到市场饱和、产品衰落进而被其他产品所代替四个阶段。当一种新产品被引进时，它通常需要高度熟练的劳动力来生产，随着产品逐渐成熟并且获得广泛认可，它就变得标准化了，然后可以使用不熟练的劳动力和大规模生产技术生产该产品，原先生产该产品的发达国家所拥有的比较优势就转移到拥有廉价劳动力的不发达国家，这一过程一般都伴随着发达国家向拥有廉价劳动力的国家的直接投资。

弗农还指出，高收入和节约劳动力的新产品一般在富国最先生产，这是因为：首先，发达国家生产该种产品的机会最大，因为发达国家的资本充裕且人均收入高，能够消费该产品；其次，开发新产品要求靠近产品市场，有利于厂商及时利用消费者的反馈信息改进新产品；最后，发达国家能够提供及时优质的维修等服务。技术差距模型强调的是模仿过程中时间的滞后性，而产品生命周期模型强调的是新产品的标准化过程。根据这些理论，工业最发达国家出口那些包含新的更高级技术的非标准化产品，同时进口那些包含旧的和已普遍应用技术的标准化产品。落后国家的进出口模式正好相反。

14.1.3 国际贸易政策

前面的国际贸易理论已经阐明，自由贸易将给参加国带来经济利益，并促进整个世界福利的增长。但是，在现实的国际贸易中并不只有自由贸易，各国为使本国获得尽可能多的经济利益，且付出较小的代价，政府或多或少地都要干预对外贸易，实施保护本国经济利益的贸易政策。国际贸易政策主要指国际商品贸易政策。它包括一个国家影响其商品进出口规模、构成和方向等各方面的具体政策措施。这些政策措施大致可分为进口的关税措施、非关税壁垒以及鼓励出口和限制出口的政策措施。

1. 关税

关税是进出口商品经过一国关境，由政府所设置的海关向本国进出口商所征收的一种税。它是国际贸易政策中最古老的政策，长期以来一直是各国最主要的国际贸易政策之一。关税作为国家税收的一种，具有强制性、无偿性和固定性。关税又是一种间接税，正常情况下，关税负担由进出口商在商品销售时转嫁给消费者。

一国征收关税在一定程度上会对该国产生一些积极影响。首先，征收关税能增加财政收入。在资本主义初期及以前，税源少，各国财政收入绝大部分来自关税。随着工商业的发展，税源扩大，关税在财政收入中的比重下降，发达国家较低，一般为 3%，发展中国家一般为 13%，我国为 7%。其次，征收关税有利于保护本国的生产和市场。对进口商品征税，提高其价格，削弱进口商品与本国同类商品的竞争力，对本国同类或类似商品实施保护免受损害；同时，进口商品价格提高，本国同类产品的市场价格同样提高，鼓励国内厂商生产同类产品的积极性。对出口商品征税，可以抑制这些商品的输出，防止本国紧缺资源的大量流失，保证国内市场的充分供应。最后，关税能调节国内经济。关税是一种经济杠杆。利用税率的高低或减免，影响企业的利润，调节某些商品的进出口量，保持市场供求平衡，稳定国内市场价格，保持国际收支平衡。当贸易逆差过大时，征收进口附加税，以减少进口数量和外汇支出，缩小贸易逆差；当贸易顺差大时，减免关税，以扩大进口缩小贸易顺差。

当然，关税作为一种保护贸易措施，在一定程度上也会给一国经济带来消极影响，主要体现在几个方面：一是会加重国内消费者负担；二是过度保护会造成落后；三是容易恶化贸易伙伴间的友好关系；四是会影响本国出口贸易的发展，因为其他国家可能会实施报复性关税。五是有些商品由于征税过高使国内外差价过大，遂成为走私的对象。

案例 14.3

我国进出口关税征收方法

关税征收的最基本的两种方法是从量税和从价税。在这两种税收的基础上，又有复合税和选择税。从量税是指以征税货物的数量、重量、容量、面积、体积或长度等为标准，每一单位保证一定金额的关税。从量税不受征税对象价格变动的影响，只与征税对象的数量有直接的关系。对于体积大、数量多、价值低的商品而言，从量税具有手续简便的优点，但在同类征税对象价格差别较大和同一征税对象价格波动较大的情况下，从量税容易导致税负失衡。我国目前对原油、啤酒、胶卷等少量商品征收从量税。

从价税是按进口商品的价格为标准计征的关税，其税率表现为货物价格的一定百分率。从价税随着商品价格的变动而变化，当商品价格上涨时，从价税随之提高，因此，从价税的保护作用不受价格变动的影响。由于从价税具有税负公平、易于实施、征收简单、税负明确等优点，因此成为目前使用最为广泛的关税税种。目前我国对绝大多数进口商品均征收从价税。在征收从价税时，商品的完税价格在各国采用的标准不完全相同。但大体上有三种：进口离岸价（FOB）；进口到岸价（CIF）和法定价格。

复合税是指对于同一种商品同时制定从价和从量两种税率，对某种进口商品，采用从量税和从价税同时征收的方法。它可以是以从量税为主加征从价税，也可以以从价税为主加征从量税。但在实践中，货物的从价税额和从量税难以同时确定，而且手续繁杂，目前，我国对录像机、放像机、摄像机和摄录一体机四种商品实行复合税。

选择税是指对一种进口商品同时规定有从价税和从量税两种税收，在征收时选择其中一种税额较高的征收。但有时为了鼓励进口，也选择其中税额较低的一种征收。

2. 非关税壁垒

非关税措施是指国际贸易中除关税以外的一切直接或间接限制外国商品进口的法律和行政措施的总称。非关税壁垒措施种类繁多，下面介绍几种常见的非关税壁垒。

（1）进口配额。进口配额是指一国政府在一定时期内对某种商品进口数量或金额所规定的直接限制。在规定以内的货物可以进口，超过配额不准进口，或者征收了高额的关税或罚款后才能进口。

（2）出口补贴。出口补贴是指一国政府为鼓励某种商品的出口，对该商品的出口给予的直接补助或间接补助。出口补贴的形式多种多样，有直接的，也有间接的。直接补助是政府直接向出口商提供现金补助或津贴。间接补助是政府对选定商品的出口商给予财政税收上的优惠。如对出口的商品采取减免国内税收、向出口商提供低息贷款等。出口补贴的目的是为了降低本国出口商品的价格，提高其在国际市场上的竞争力，扩大商品出口。

（3）倾销与反倾销。倾销是一种价格歧视行为，是指一国的产品以低于正常价值的水平进入另一国市场并因此对进口国工业造成损害的行为。由于倾销使进口国的同类企业的发展面临着严重的压力，甚至造成进口国同类产业难以起步的恶果，因此在国际贸易中，倾销被普遍认为是一种不公平的竞争手段，反倾销是被国际社会认可的、恢复公平贸易的政策行为。那些自认为被外商倾销所侵害的本国厂商可以通过向商业部提出申诉，寻求救助。如果他们申诉成功，政府一般会对外国厂商课以反倾销税。政府通过征收反倾销税，使进口商品价格提高到进口国国内市场价格的水平，从而保护了国内同类商品的生产者。

（4）自愿出口限制。自愿出口限制也称自愿限制协议，是进口配额的一种特殊形式，它是指当一国出口威胁到进口国整个国内经济时，进口国以全面的贸易限制相威胁，引导出口国自愿地限制某些商品在一定时期内的出口数量或出口金额。自愿出口限制不是由进口国向进口产品实行配额，而是出口国对出口产品实行配额，最著名的例子就是自 1981 年以来日本对向美国的汽车出口所实行的自愿出口限制。

（5）政府采购政策。各个国家的政府都有其组织机构，为维持其正常运作，政府机构也需要采购有关的商品和劳务。若政府机构在市场上按最低价采购，那么就没有什么不同，谁的便宜就买谁的，这是典型的完全竞争。但是政府的采购政策规定政府采购的应该是本国生产制造的产品。因此，它是一种优先采购本国产品的非关税壁垒措施。这种优先购买本国产品的政策实际上是一种歧视性的政策，这使得本国的生产者和外国的销售商处于不平等的竞争地位，从而限制了进口，在一定程度上，保护了本国工业。

（6）外汇管制。外汇管制是指一国政府通过政府法令对国际结算和外汇买卖实行限制来平衡国际收支和维持本国货币汇价的一种制度。在实行外汇管制时，出口商必须把他们出口所得的外汇收入按官方汇率卖给外汇管理机构；进口商也必须在外汇管理机构按官方汇率申请购买外汇；对本国货币携带出入国境也严格要求。这样，政府有关机构就可以通过确定官方汇率、集中外汇收入和控制外汇供应数量等办法来达到限制进口商品品种、数量和控制进口国别等目的。

（7）技术性贸易壁垒。技术性贸易壁垒是指进口国在实施贸易进口管制时，以维护生产、消费以及人民健康为理由，通过颁布法律、法令、条例、规定等方式，对进口产品制定过分苛刻的技术标准、卫生检疫标准、环境标准、商品包装和标签标准，从而提高商品的技术要求，以限制进口的一种非关税措施。

新闻链接

中国外汇管制新规出台

14.1.4　国际贸易对宏观经济的影响

当考虑到国际贸易时，决定宏观经济状况的仍然是总需求与总供给，我们分析这时总需求的变动及其对宏观经济的影响。

首先来看总需求的变动。当存在国际贸易时，一部分国内产品要卖给国外（即出口），国内居民的一部分支出主要用于购买外国产品（即进口）。因此，在开放经济中，要区分国内支出（即国内总需求）与对国内产品支出（即对国内产品总需求）这两个概念。国内支出指国内家庭、企业与政府的支出，其中部分用于国内产品，部分用于进口品。对国内产品的支出包括了本国对国内产品的支出与国外对本国产品的支出。国内支出中减去进口，是本国对国内产品的支出，国外对本国产品的支出就是出口。

所以，对国内产品的支出＝国内支出－进口＋出口＝国内支出＋（出口－进口）＝国内支出＋净出口。这时决定国内生产总值水平的总需求不是国内总需求，而是对国内产品的总需求。这时，我们不仅要考虑总需求变动对国内生产总值的影响，还要考虑国内生产总值变动与贸易余额之间的关系。

总需求的变动不仅会影响均衡的国内生产总值，而且会影响贸易余额状况。总需求的变动来自国内总需求（消费与投资）的变动和出口的变动。由此得出的结论是，国内总需求的增加会使 AD 曲线向右上方移动，这就会使均衡的国内生产总值增加，同时也会使贸易收支状况恶化（即贸易收支盈余减少或赤字增加）。

同理，国内总需求的减少，会使国内生产总值减少，并使贸易收支状况改善（贸易收支盈余增加或赤字减少）。可见这时国内总需求的增加（例如政府支出的增加），不仅会影响国内的国内生产总值，还会影响贸易收支状况，而且国内总需求增加所引起的国内生产总值增加量也与封闭经济时不一样。

如果总需求的变动是由于出口的变动引起的，宏观经济均衡的变动与国内总需求引起的变动有所不同。其原因在于出口的增加提高了对国内产品的需求，从而总需求增加，并使国内生产总值增加。国内生产总值的增加会使进口增加，但由于这时国内生产总值的增加是由出口增加引起的，一般来说，出口增加所引起的国内生产总值增加不会全用于进口，所以，贸易收支状况改善（贸易盈余增加或赤字减少）。当国内总需求中由对进口品的需求变为对国内产品的需求时，也同样会增加对国内产品的总需求，从而与出口增加的影响相同，即国内生产总值增加，贸易收支状况得以改善。

14.2　国际金融基本知识

14.2.1　国际收支

1.　国际收支的含义

国际收支是指一国在一定时期内（通常是1年内）对外国的全部经济交往所引起的收支总额的对比。这是一国与其他各国之间经济交往的记录。

国际收支这一概念的内涵十分丰富，我们在把握时应注意以下几个方面。

（1）国际收支是一个流量概念。当人们提及国际收支时，总是需要指明是属于哪一时期的。这一报告期可以是1年、1个月、3个月等，完全根据分析的需要和资料来源的可能来确定。各国通常以一年为报告期。若不弄清国际收支概念的流量内涵，往往就容易与国际借贷混淆起来。国际借贷是指一定时点上一国居民对外资产和对外负债的汇总，是一个存量概念。

（2）国际收支所反映的内容是国际经济交易。国际经济交易是指一国居民与外国居民之间的商品、服务和资本所有权的交换。

（3）一国国际收支所记载的经济交易必须是在该国居民与非居民之间发生的。判断一项经济交易是否应包括在国际收支的范围内，所依据的不是双方的国籍，而是依据交易双方是否有一方是该国居民。只有居民与非居民之间的经济交易才是国际经济交易。

2. 国际收支平衡表

国际收支集中反映在国际收支平衡表中，该表按复式记账原理编制。在阅读这个表时，我们应该了解编制国际收支平衡表的三项基本原则。第一，只有国内外经济单位间的经济交易才记入国际收支中，其中包括居民、企业与政府。第二，要区分借方和贷方两类不同的交易。借方是国内单位付给国外单位的全部交易项目，是一国资产减少或负债增加；贷方是国外单位付给国内单位的全部交易项目，是一国资产增加或负债减少。在国际收支平衡表上，最后借方与贷方总是平衡的。第三，国际收支平衡表是复式簿记。

国际收支平衡表中的项目分为三类。

（1）经常项目。经常项目又称商品和劳务项目，包括商品、服务、收入和国际单方转移。

（2）资本和金融项目。资本和金融项目由资本项目和金融项目两部分组成。资本项目主要包括资本转移和非生产性非金融资产的获取或处置两个组成部分。金融项目包括直接投资、证券投资、其他投资和储备资产。

（3）错误和遗漏净额。官方统计所得到的经常项目、资本和金融项目两者之间实际上并不能真正达到平衡，从而导致国际收支平衡表的借方与贷方之间出现差额。因此，为了解决这一问题，就人为地设立了一个平衡项目——错误和遗漏项目，以抵补前面所有项目借方与贷方之间的差额，从而使借贷双方最终达到平衡。

3. 国际收支平衡与失衡

由于采用复式记账法，国际收支平衡表上借贷双方总额总是相等的。既然如此，为何还会出现所谓的国际收支恶化、国际收支失衡等问题呢？为解决这一疑问，我们需要将国际收支项目分成自发交易项目和调整交易项目。

自发交易项目又称事前交易项目，主要是指各经济主体或居民个人如金融机构、进出口商、国际投资者等出于自主的经济动机或自身特别的目的如追求利润、减少风险、资产保值、逃税避税、逃避管制或投机等而进行的交易活动。这种交易活动体现的是各经济主体或居民个人的意志，不代表哪一个国家或政府的意志，不以政府的意志为转移，因而具有自发性和分散性的特点。通常，经常项目、资本和金融项目中除去储备资产外的其他项目所代表的交易活动都属于自发交易项目。

调整交易项目或称补偿项目、事后项目，是指中央银行或货币当局出于调整国际收支差额、维持国际收支平衡、维持货币汇率稳定的目的而进行的各种交易。它是在自发交易项目出现差额时，由政府出面，动用本国的黄金、外汇等官方储备，或通过中央银行、国际金融机构借入资金，弥补自发性交易带来的收支差额。这种交易活动体现了一国政府的意志，具有集中性和被动性等特点。错误与遗漏也是调整项目，它可以使国际收支平衡表最终在账面上达到平衡。

由此可见，国际收支平衡表的平衡与国际收支的平衡是两个不同的概念。一国国际收支平衡表的平衡并不意味着该国国际收支的平衡。国际收支的账面平衡是通过调整项目来实现的。真正能够反映国际收支状况的是自发项目，我们通常意义上的国际收支状况实际上是指自发项目收支的平衡与失衡。

在开放的经济中，国际收支平衡是整个宏观经济均衡的重要组成部分。宏观经济的均衡决定了其对外经济的均衡发展，而国际收支的均衡与否对整个宏观经济的均衡发展也有着深刻的影响。

案例 14.4

2016 年我国国际收支状况

国家外汇管理局公布了 2016 年四季度及全年国际收支平衡表初步数据。2016 年，我国国际收支继续呈现"一顺一逆"，即经常账户顺差、资本和金融账户（不含储备资产）逆差。

一是经常账户仍保持顺差，占 GDP 的比例为 1.9%。2016 年，经常账户顺差 2 104 亿美元，其中，货物贸易顺差 4 852 亿美元，虽然较 2015 年的历史高位下降 14%，但仍显著高于 2014 年度及以前各年度水平，显示我国对外贸易仍具有较强的竞争力。服务贸易逆差 2 423 亿美元，增长 33%，主要是旅行项下逆差增长，反映出随着我国经济发展和国民收入提高，更多国人走出国门旅游、留学，享受全球化及相关政策不断开放带来的便利。

二是对外金融资产增加，境内主体继续配置境外资产。2016 年，我国对外金融资产净增加规模创历史新高。具体来看，对外直接投资净增加 2 112 亿美元，较上年多增 12%；通过 QDII、RQDII 和港股通等对外证券投资净增加近 1 000 亿美元，多增约 30%；存贷款和贸易信贷等资产净增加约 3 000 亿美元，多增约 1.5 倍。

三是各类来华投资均呈现净流入。2016 年，外国来华直接投资净流入保持了 1 527 亿美元的较高水平；来华证券投资净流入超过 300 亿美元，较上年多增约 4 倍；存贷款、贸易信贷等负债净流入约 400 亿美元，上年为净流出 3 515 亿美元。这一方面表明我国经济仍然具有较强的吸引力，另一方面，境内企业在 2015 年快速偿还对外债务并释放了相关风险后，2016 年其融资需求已明显恢复。同时，随着我国金融市场对外开放和配套措施的出台，境外主体来华进行各类投资的动力也有所增强。

四是储备资产减少。2016 年，我国储备资产减少 4 436 亿美元，其中，因国际收支交易形成的外汇储备（不含汇率、价格等非交易因素影响）下降 4 487 亿美元，在国际货币基金组织的储备头寸等增加 50 亿美元。

国际收支的均衡状况首先会对外汇市场上外汇的供求关系产生直接的影响，进而影响到国内的总供给和总需求。从货币供求的角度看，国际收支记录的外币收付实际上就是外汇供求的变化过程。因此，原则上讲，国际收支的经常项目、资本和金融项目贷方所记录的是以外币标价的国际交易，它表现为外币的供给。同样，它们的借方项目所记录的交易表现为对外币的需求。所以说，国际外汇的供求最终是由各国的国际收支差额决定的。当一国国际收支为顺差时，外汇的供给大于对外汇的需求；当国际收支为逆差时，外汇的供给小于对外汇的需求。外汇供求这种此消彼长的关系决定了汇率的升降，从而影响到该国商品的进出口和国内总需求。

14.2.2 外汇与汇率

1. 外汇

外汇有动态和静态两种含义。从动态的角度来看，外汇是国际汇兑的简称，是指将一个国家的货币兑换成另一个国家的货币，清偿国际债权债务关系的行为。在这一意义上，外汇的概念等同于国际结算。最初的外汇概念就是指它的动态含义。但现在人们提到外汇时，更多地是指它的静态含义。

外汇的静态含义又可分为广义和狭义两种。广义的静态外汇泛指一切以外国货币表示的资产，如外国货币（包括纸币、铸币等）、外币有价证券（包括政府公债、国库券、公司债券、股票等）、外币支付凭证（包括票据、银行存款凭证、邮政储蓄凭证等）。在这一意义上，外汇的概念等同于外币资产。

狭义的静态外汇是指外国货币和以外国货币表示的可用于进行国际结算的支付手段。具体来看，外汇主要包括以外币表示的银行汇票、支票、银行存款等，其中银行存款是狭义外汇的主体。按照这一定义，以外币表示的有价证券由于不能直接用于国际的支付，故不属于外汇。人们通常所说的外汇就是指这一狭义概念。

2. 汇率

（1）汇率的含义。汇率又称外汇行市或汇价，是一国货币单位同他国货币单位的兑换比率。它是由于国际结算中本币与外币折合兑换的需要而产生的。在现行的货币制度下，汇率以两国货币实际所代表的价值量为依据。汇率是国际汇兑得以顺利进行的条件，也是国际经济往来的必要前提，汇率的变动对各国的国内经济与国际经济关系都有重大的影响。

（2）汇率标价法。汇率有两种标价法。直接标价法是以 1 单位或 100 单位外国货币作为标准，折算为一定数额的本国货币。间接标价法是以 1 单位或 100 单位本国货币作为标准，折算为一定数额的外国货币。现在的外汇市场一般用直接标价法，我国所用的也是直接标价法。伦敦外汇市场与纽约外汇市场用间接标价法。

在外汇买卖时，银行卖出外汇的价格叫卖出价，银行买进外汇的价格叫买入价。卖出价高于买入价，两者的差额一般为 1‰～5‰。

（3）汇率决定理论。有关汇率决定的理论相当多。例如，用国际资金供求关系来解释汇率决定的国际借贷理论；用人们对外汇主观心理评价解释汇率决定的汇兑心理理论；把外汇作为一种资产，从资产选择角度来说明汇率决定的流动资产选择理论；强调货币市场在汇率决定中作用的货币主义汇率理论；等。但到现在为止最有影响的还是购买力平价理论。

购买力平价理论是在 20 世纪初由瑞典经济学家卡塞尔系统地提出的。它强调经常项目对汇率的决定作用，将商品、劳务的价格与汇率联系在一起。其基本思想是，汇率由两国货币的购买力之比决定，汇率的变化由货币购买力之比的变化决定。人们之所以需要外国货币，是因为它在国外具有一般商品的购买力；外国人之所以需要本国货币，也是由于它在本国具有一般商品的购买力。因此，一国货币对外汇率主要是由其货币所具有的购买力决定的。购买力决定长期汇率的形式有两种，一种是绝对购买力平价，一种是相对购买力平价。绝对购买力平价说明的是在某一时点上汇率的决定，相对购买力平价说明的是某一段时间里汇率变动的原因。购买力平价理论认为，长期均衡汇率即无政府调节的自动实现国际收支平衡的汇率水平，是由购买力平价决定的，而自由浮动汇率条件下的短期均衡汇率将趋于长期均衡汇率水平。

汇率作为外汇的价格要取决于外汇的供求关系。汇率的变动实际上反映了一国的国际收支与经济状况，取决于多种因素，主要有国际收支状况、通货膨胀率、利率、经济增长率、财政赤字、外汇储备等。

（4）汇率制度。汇率制度是指各国确定货币的汇率、汇率波动的界线和维持汇率措施的制度。总体上看，汇率制度分成两大类，一类是固定汇率制度，另一类是浮动汇率制度。

固定汇率制度指一国货币同他国货币的汇率基本固定，其波动仅限于一定的幅度之内。在这种制度下，中央银行固定了汇率，并按这一水平进行外汇的买卖。中央银行必须为任何国际收支盈余或赤字按官方汇率提供外汇。当有盈余时购入外汇，当有赤字时售出外汇，以维持固定的汇率。实行固定汇率有利于一国经济的稳定，也有利于维护国际金融体系与国际经济交往的稳定，减少国际贸易与国际投资的风险。但是，实行固定汇率要求一国的中央银行有足够的外汇或黄金储备。如果不具备这一条件，必然出现外汇黑市，黑市的汇率要远远高于官方汇率，这样会不利于经济发展与外汇管理。

浮动汇率制指一国中央银行不规定本国货币与他国货币的官方汇率，听任汇率由外汇市场自发地决定。浮动汇率分为以下四种不同的类型。一是完全自由浮动的汇率，又称"清洁浮动汇率"，是指一个国家货币的汇率完全由外汇市场的供求关系决定，货币当局不采取任何干预本币汇率的措施。完全自由浮动只是一种理论假设，现实中没有一个国家采用。二是有管理的浮动汇率，又称"肮脏浮动汇率"。它是指政府采取一定限度的干预汇率的措施，使汇率朝着有利于本国经济发展的方向浮动。为此，货币管理当局经常采取的措施是在外汇市场上参与外汇买卖，以保持汇率稳定，通过调整银行利率和进行外汇管制来控制本国外汇市场上外汇的供求。目前，世界上实行浮动汇率制的国家大都采取有管理的浮动汇率制。三是钉住汇率，又称"联系汇率"。它是指一国货币的汇率与其他某一种或某一组货币之间保持比较稳定的比价，即钉住所选择的货币，本国货币随所选择的货币的波动而波动。当所钉住的货币汇率上升时，该国货币的汇率随之上升，反之随之下降。钉住汇率是当今一些发展中国家实行的独具特色的汇率制度。被钉住的一般主要是工业国家的货币或国际货币基金组织的特别提款权。四是联合浮动汇率，又称"共同浮动汇率"。它是指几个国家出于发展相互经济关系的需要达成协议，建立稳定的货币区，参加这个稳定货币区的成员国之间实行固定汇率，允许它在规定的范围内浮动，超过这个范围各国中央银行有义务进行干预，而对货币区以外国家的货币实行联合自由浮动。实行这种汇率的地区主要是欧洲货币体系的成员国，随着欧洲经济和货币联盟的建成，其成员中的大多数已经使用了统一的货币欧元，如果所有的欧盟成员国都参加这个货币联盟的话，它们将摆脱汇率变动的困扰。

知识拓展 14.1

人民币汇率制度

新中国成立以来至改革开放前，在传统的计划经济体制下，人民币汇率由国家实行严格的管理和控制。根据不同时期的经济发展需要，改革开放前我国的汇率体制经历了新中国成立初期的单一浮动汇率制（1949—1952 年）、20 世纪五六十年代的单一固定汇率制（1953—1972 年）和布雷顿森林体系后以"一篮子货币"计算的单一浮动汇率制（1973—1980 年）。

党的十一届三中全会以后，我国进入了向社会主义市场经济过渡的改革开放新时期。为鼓励外贸企业积极出口，我国的汇率体制从单一汇率制转为双重汇率制。经历了官方汇率与贸易外汇内部结算价并存（1981—1984 年）和官方汇率与外汇调剂价格并存（1985—1993 年）两个汇率双轨制时期。

1994 年 1 月 1 日，人民币官方汇率与外汇调剂价格正式并轨，我国开始实行以市场供求为基础的、单一的、有管理的浮动汇率制。企业和个人按规定向银行买卖外汇，银行进入银行间外汇市场进行交易，形成市场汇率。中央银行设定一定的汇率浮动范围，并通过调控市场保持人民币汇率稳定。实践证明，这一汇率制度符合中国国情，为中国经济的持续、快速发展，为维护地区乃至世界经济金融的稳定做出了积极贡献。

2005 年 7 月 21 日我国出台了完善人民币汇率形成机制改革。改革的内容是，人民币汇率不再钉住单一美元，而是按照我国对外经济发展的实际情况，选择若干种主要货币，赋予相应的权重，组成一个货币篮子。同时，根据国内外经济金融形势，以市场供求为基础，参考一篮子货币计算人民币多边汇率指数的变化，对人民币汇率进行管理和调节，维护人民币汇率在合理均衡水平上的基本稳定。

案例 14.5

2016 年人民币实际有效汇率下跌 5.69%　七年来首次年度下跌

国际清算银行（BIS）2017 年 1 月 20 日公布的最新数据显示 2016 年人民币实际有效汇率累计下跌 5.69%，名义有效汇率则累计下跌 5.85%，均为七年来首次出现年度下跌，且跌幅创 2003 年以来最大。2016 年 12 月人民币实际有效汇率指报 122.86，环比上涨 1.04%，为连续第二个月上升，并创半年来新高，如图 14-1 所示。

数据同时显示，2016 年 12 月人民币名义有效汇率指数环比上涨 0.80% 至 118.55，为连续三个月上升，并同创半年来新高，上月修正后为环比上涨 0.33%。至此，2016 年人民币实际有效汇率累计下跌 5.69%，名义有效汇率则累计下跌 5.85%，均为七年来首次出现年度下跌，且跌幅创 2003 年以来最大。2003 年人民币实际有效汇率下跌 6.48%，名义有效汇率下跌 7.90%。而 2015 年人民币实际有效汇率上涨 3.93%，名义有效汇率上涨 3.66%，均为连续六年上升。2014 年人民币实际和名义有效汇率涨幅均较 2013 年放缓至 6.4%；2013 年两者分别升值 7.9% 和 7.2%，较 2012 年的 2.2% 和 1.7% 明显提升。

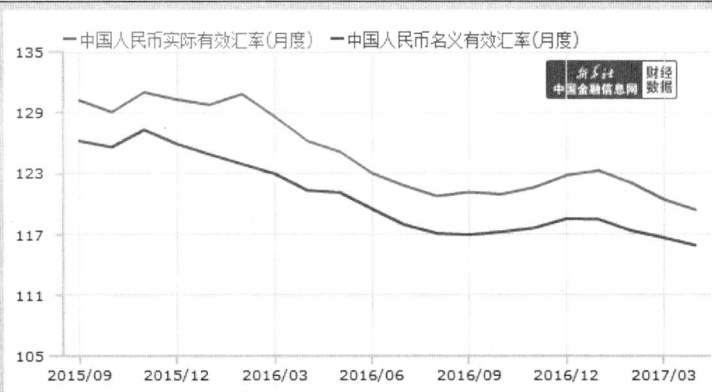

图 14-1　2015—2017 年我国实际有效汇率与名义有效汇率

2016 年在岸市场人民币兑美元即期汇率累计贬值 6.56%，创历史最大年度贬值幅度；人民币兑美元中间价全年贬值 6.39%。两者双双连续第三年出现年度贬值。从人民币对一篮子货币汇率来看，中国外汇交易中心公布的 2016 年 CFETS 人民币汇率指数贬值 6.05%，参考 BIS 和 SDR 货币篮子计算的人民币汇率指数分别贬值 5.38% 和贬值 3.38%。

14.2.3　国际金融市场与国际资本流动

各国之间资本的流动加剧成为当前世界经济中的一个重要特征。因此，我们在研究开放经济时必须考虑国际资本流动与国际金融市场。

1. 国际金融市场

国际金融市场是各国资本流动的地方，国际资本流动包括各国间外汇的买卖、黄金的买卖、证券买卖以及短期和长期资金信贷。国际金融市场包括外汇市场、黄金市场、货币市场和资本市场。货币市场和资本市场都从事证券交易与信贷活动，一般把一年之内的这些金融活动的市场称为货币市场，把一年以上的这些金融活动的市场称为资本市场。如果根据参与者来划分，国际金融市场又可以分为本国居民与外国人参与的在国内进行的在岸金融市场和在境外经营由外国人参与的离岸金融市场。

作为国际金融市场要具备四个条件：第一，政治和经济稳定，本国货币是可以自由兑换的硬通货；第二，自由外汇制度，资本可以自由出入；第三，具备发达的银行和其他金融机构与专业人才；第四，具备现代化的通信和优越的地理位置。如我国香港、纽约、苏黎世等都是著名的国际金融市场。

2. 国际资本流动

各国资本通过国际金融市场大量而迅速地流动，并通过套利活动使全世界的利率与汇率趋向一致。套利活动是在低价地方买入而在高价地方卖出，以赚取其中的差价。在资本自由流动的情况下，资本流出利率低的国家，而流入利率高国家，结果是实现了利率平价，即全世界的资本无论在哪一国都得到相同的利率。同样，在外汇市场上，各地的买卖活动也会实现汇率平价。国际金融市场上的资本流动为各国融资提供了方便，有利于各国经济的发展。当一国缺少资金时，可以到国际金融市场上去筹资，通过发行债券、股票或贷款筹资。当一国有富余资金时，也可以在国际金融市场上赢利。国际资本流动引起的利率与汇率相同有利于国际贸易的发展。但也应该认识到，国际金融市场也是一个高风险的市场，具有相当大的投机性，会对一国经济带来冲击，尤其是国际的短期资本流动。1994 年的墨西哥金融危机，1997 年的东南亚经济危机，都与国际短期游资的冲击相关。

14.2.4　国际金融对宏观经济的影响

首先，各国汇率的变动会影响一国的宏观经济状况。汇率变动对一国经济有重要的影响，主要是影响进出口贸易。汇率贬值有增加出口，减少进口的作用。相反，汇率升值则有减少出口，增加进口的作用。这样，汇率贬值就可以使国内生产总值增加。同时，因为出口增加在国内生产总值增加中所占的比例（即边际出口倾向）小于 1，所以尽管国内生产总值增加会使进口增加，但进口的增加一定小于出口的增加，从而也可以使贸易收支状况改善。相反，汇率升值会使国内生产总值减少，贸易收支状况恶化。

其次，国际资本的流动也会影响一国宏观经济。如前所述，利率不仅影响国内总需求，从而影响国内生产总值，而且还影响国际资本流动，并通过资本流动影响国内生产总值和贸易余额。各国间资本的流动取决于利率的差异。如果国内利率高于国际利率，则资本流入国内；如果国内利率低于国际利率，则资本流往国外。资本流入有利于增加总需求，并改善国际收支状况，而资本流出会减少需求，并造成国际收支状况恶化。这样，如果利率上升，在国内会使国内生产总值减少，进而会减少进口，改善贸易收支状况。当国际利率水平不变时，国内利率水平上升会使资本流入。这样，利率的上升就使国内生产总值减少，国际收支状况改善。相反，如果利率下降，在国内会使国内生产总值增加，进而增加进口，使贸易收支状况恶化。当国际利率水平不变时，国内利率水平下降又会使资本流出。这样，利率的下降就会使国内生产总值增加，国际收支状况恶化。无论国际贸易，还是国际金融，都是通过对总需求和总供给的影响来影响国内生产总值和国际收支的。我们这里主要分析如何通过总需求而影响一国的宏观经济。

14.3 开放经济中的政府政策

14.3.1 开放经济中各国经济的相互依赖性

在开放经济中，各国经济通过国际贸易和国际金融连为一体，这就是全球经济一体化。在开放经济中，各国国内生产总值的决定与变动是相互影响的。一国国内总需求与国内生产总值的增加会通过进口的增加而影响对国外产品的需求，从而使与之有贸易关系的国家的国内生产总值也增加。这种一国总需求与国内生产总值增加对别国的影响，称为溢出效应。反过来，别国由于溢出效应所引起的国内生产总值增加，又会通过进口的增加使最初引起溢出效应的国家的国内生产总值再增加，这种影响被称为回波效应。这两种效应概括了各国间国内生产总值变动的相互影响。

各国之间相互影响的程度并不一样，大体取决于这样几个因素。第一，国家的大小。一般来说，大国对小国的影响大，小国对大国的影响小。第二，开放程度。开放程度高的国家对别国的影响与受别国的影响都大。相反，开放程度低的国家对别国的影响与受别国的影响都小。第三，各国边际进口倾向的大小。一国的边际进口倾向越高，对别国的影响与受别国的影响越大。反之，一国的边际进口倾向越低，对别国的影响与受别国的影响越小。各国之间的这种影响是很重要的。

总之，通过溢出效应与回波效应，国际贸易就把各种经济体紧紧联系在一起，既可以由一国的繁荣带动其他国的繁荣，也可以由一国的萧条引起其他国家的萧条。当前世界，除了国际贸易之外，国际资本流动也把各国经济紧紧联系在一起。这种联系可能是短期资本的流动，也可能是利率的变动。在前一种情况下，如果一国发生了衰退而引起资金周转不灵，从各国抽回资本或减少对外投资，这就会引起其他国家由于资本外流而总需求减少，从而也发生衰退。在后一种情况下则是一国经济变动引起利率变动，而利率变动引起国际短期资本流动，从而影响其他国家的经济。

知识拓展 14.2

世界贸易组织

1994 年 4 月 15 日，在摩洛哥的马拉喀什市举行的关贸总协定乌拉圭回合部长会议决定成立更具全球性的世界贸易组织（简称"世贸组织"，World Trade Organization，WTO），以取代成立于 1947 年的关贸总协定（GATT）。世界贸易组织是当代最重要的国际经济组织之一，目前拥有 164 个成员，成员贸易总额达到全球的 97%，有"经济联合国"之称。世贸组织与国际货币基金组织（IMF）、世界银行（WB）一起被称为世界经济发展的三大支柱。

部长级会议是世贸组织的最高决策权力机构，由所有成员国主管外经贸的部长、副部长级官员或其全权代表组成，一般两年举行一次会议，讨论和决定涉及世贸组织职能的所有重要问题，并采取行动。在部长级会议休会期间，其职能由总理事会行使，总理事会也由全体成员组成。总理事会可视情况需要随时开会，自行拟订议事规则及议程。同时，总理事会还必须履行其解决贸易争端和审议各成员贸易政策的职责。

总理事会下设货物贸易理事会、服务贸易理事会、知识产权理事会。这些理事会可视情况自行拟订议事规则，经总理事会批准后执行。所有成员均可参加各理事会。

世贸组织的宗旨：提高生活水平，保证充分就业和大幅度、稳步提高实际收入和有效需求；扩大货物和服务的生产与贸易；坚持走可持续发展之路，各成员方应促进对世界资源的最优利用、保护和维护环境，并以符合不同经济发展水平下各成员需要的方式，加强采取各种相应的措施；积极努力确保发展中国家，尤其是最不发达国家在国际贸易增长中获得与其经济发展水平相适应的份额和利益；建立一体化的多边贸易体制；通过实质性削减关税等措施，建立一个完整的、更具活力的、持久的多边贸易体制；以开放、平等、互惠的原则，逐步调降各成员国关税与非关税贸易障碍，并消除各成员国在国际贸易上的歧视待遇。

组织目标：世界贸易组织的目标是建立一个完整的，包括货物、服务、与贸易有关的投资及知识产权等内容的，更具活力、更持久的多边贸易体系，使之可以包括关贸总协定贸易自由化的成果和乌拉圭回合多边贸易谈判的所有成果。

基本原则：互惠原则（Reciprocity）、透明度原则（Transparency）、市场准入原则（Market Access）、促进公平竞争原则、经济发展原则、非歧视性原则等。

2001 年 12 月 11 日，中国正式加入 WTO，标志着中国的产业对外开放进入了一个全新的阶段。

> **问题探索：**想一想，你认为后金融危机世界贸易中，各国贸易保护主义倾向是上升了，还是下降了？为什么？

14.3.2 开放经济中的宏观经济调节

在开放经济中，进行经济调节时，一方面要考虑各国经济的相互关系，另一方面又要同时实现内在均衡与外在均衡。我们在此重点分析同时实现内在均衡与外在均衡的困难。

我们把内在均衡界定为充分就业与物价稳定，把外在均衡界定为国际收支平衡。这三者之间的关系在现实中则有不同的情况，归纳如下。国内通货膨胀与国际收支赤字；国内经济衰退与国际收支盈余；国内通货膨胀与国际收支盈余；国内经济衰退与国际收支赤字；国内经济均衡与国际收支赤字；国内经济均衡与国际收支盈余；国内通货膨胀与国际收支均衡；国内经济衰退与国际收支均衡；国内经济均衡与国际收支均衡。在上述九种情况中，第九种实现了内在均衡与外在均衡，不用进行任何调节，是最优状态。但这种情况毕竟是少的，大量存在的还是其他八种情况。在这前八种情况中，第一种与第二种情况很好解决。在第一种情况下，采取紧缩性的政策，就可以使总需求得到抑制，国内生产总值减少，消灭通货膨胀；国内生产总值的减少又会使进口减少，从而消除国际收支赤字。第二种情况采取扩张性政策，就可以刺激总需求，使国内生产总值增加，经济摆脱衰退；国内生产总值的增加又会增加进口，从而消除国际收支盈余。但从第三到第八种情况，则存在着政策上的矛盾。例如，第三种情况如果采用紧缩性政策，可以制止国内的通货膨胀，但国内生产总值的减少则会减少进口，使国际收支盈余更多；而采取扩张性政策，增加国内生产总值固然可以增加进口，减少国际收支盈余，但又加剧了国内的通货膨胀。第四种情况与此相反，采用扩张性政策可以摆脱国内经济衰退，但加重了国际收支赤字；采用紧缩性政策可以减少国际收支赤字，但加剧了经济衰退。第五与第六种情况是国内实现了均衡，而国际收支不均衡，采取任何解决国际收支不均衡的政策，都会破坏国内的均衡。第七与第八种情况是国际收支均衡，但国内不均衡，采取任何解决国内问题的政策，都会破坏国际收支的均衡。这些矛盾，使经济政策面临着进退维谷的困境，这就是同时实现内在均衡与外在均衡的困难。

知识拓展 14.3

亚洲基础设施投资银行

亚洲基础设施投资银行（Asian Infrastructure Investment Bank，AIIB，简称亚投行）是一个政府间性质的亚洲区域多边开发机构。重点支持基础设施建设，成立宗旨是为了促进亚洲区域的建设互联互通化和经济一体化的进程，并且加强中国及其他亚洲国家和地区的合作，是首个由中国倡议设立的多边金融机构，总部设在北京，法定资本 1 000 亿美元。截至 2017 年 5 月 13 日，亚投行有 77 个正式成员方。

2013 年 10 月 2 日，筹建倡议提出，2014 年 10 月 24 日，包括中国、印度、新加坡等在内的 21 个首批意向创始成员方的财长和授权代表在北京签约，共同决定成立亚洲基础设施投资银行。2015 年 12 月 25 日，亚洲基础设施投资银行正式成立。2016 年 1 月 16 日至 18 日，亚投行开业仪式暨理事会和董事会成立大会在北京举行。

亚投行的治理结构分理事会、董事会、管理层三层。理事会是最高决策机构，每个成员在亚投行有正副理事各一名。董事会有 12 名董事，其中域内 9 名，域外 3 名。管理层由行长和 5 位副行长组成。

14.3.3 开放经济中的最优政策配合

内在均衡与外在均衡的矛盾要求经济学家寻找出最优政策配合的方案。最优政策配合的含义是，在国内外需要不同的调节政策的情况下，所采用的政策应使其中一种政策的积极作用超过另一种政策的消极作用。

在选择最优政策时，首先应该注意各种政策对内与对外的不同影响。货币政策对外的影响往往要大于对内的影响。例如，货币量增加通过利率下降对国内总需求的刺激作用，比利率下降对资本流入的影响要小。财政政策对内的影响往往要大于对外的影响。例如，增加政府支出引起的国内生产总值增加的作用要大于增加进口的作用。其次，应该确定政策所要解决的主要问题。例如，如果在国内经济衰退与国际收支盈余的情况下，主要是要解决国内经济衰退问题，那就要把政策重点放在刺激国内经济上。最后，要把各种政策配合运用，用一种政策去抵消另一种政策的副作用。

加拿大经济学家 R·芒德尔提出了解决最优政策配合的有效市场分类原理。这一原理认为，每一种政策手段应当用于其能产生最大的有利影响的市场或经济环境。其对另一市场或经济环境所必然产生的某种不利作用，可用性质相反的另一种经济手段加以抵消。这样，两种经济政策的相互配合就可以达到此种目的。例如在上文中第三种情况，即国内通货膨胀与国际收支盈余的情况下，应该采用紧缩性财政政策以制止通货膨胀，同时用扩张性货币政策增加货币量，降低利率，以使资本流出，克服国际收支盈余。第四种情况则可用扩张性财政政策与紧缩性货币政策相结合，以摆脱国内经济衰退，同时又吸引外资克服国际收支赤字。此外，还可以用对外经济政策来配合国内经济政策。如第五种情况，国内经济均衡与国际收支赤字时，可以通过支出转换政策来调节。支出转换是在对国内产品总需求保持不变的情况下，改变总需求的构成，即通过保护贸易政策或汇率贬值政策来减少进口，以使国内经济仍保持均衡，而国际收支赤字得以消除。

最优政策配合是一个很复杂的问题，不但要考虑到国内国外的经济状况、政策目标、政策效应等问题，还要考虑到各种复杂的政治因素、国际关系、本国的历史传统等问题。例如，在通过增加进口来消除国际收支盈余时，应考虑到本国的边际进口倾向有多大。边际进口倾向是由许多经济与非经济因素决定的，在一定时期内有相对稳定性。如果一国由于历史原因边际进口倾向较低，那么，增加进口消除国际收支盈余的作用就有限。此外，在通过扩张性货币政策降低利率，以吸引资本流入，消除国际收支赤字时，还要考虑资本流动对本国利率变动的反应程度，这种反应程度在相当程度上取决于一国的政局是否稳定, 投资环境与政策是否足以吸引外资等。在通过出口来增加国内生产总值, 消除国际收支赤字时, 应考虑到国际经济形势及世界市场对本国出口产品的需求弹性。如果国际经济处于衰退时期, 而且本国出口产品在世界市场上的需求弹性低, 那么, 这一政策就很难奏效。

案例 14.6

2017 世界经济形势

当前世界经济面临的主要挑战: ①潜在经济增长率下降。世界经济复苏乏力, GDP 增长率持续下降, 其原因有全球总需求不旺因素的影响, 更重要的是潜在经济增长率的下降。②金融市场脆弱性加大。全球债务水平持续上升, 增大了金融市场的脆弱性。③美国或成为世界经济不稳定的来源。美国保护主义政策和加息预期变化, 使得美国经济可能成为导致世界经济不稳定的源头。④国际贸易和投资增长乏力。国际贸易低增长已经成为影响全球经济复苏的重要制约因素。⑤收入和财富差距拉大。全球的收入不平等达到了非常惊人也非常危险的程度, 不平等加剧不仅在部分国家内部引起越来越严重的社会分裂和冲突, 同时也导致许多国际冲突的产生。⑥反全球化趋势日益明显。反全球化运动会带来相互割裂、封闭以及以邻为壑, 将阻碍世界经济的繁荣。

2017 年世界经济展望: 据国际货币基金组织预测, 2017 年按 PPP 计算的世界 GDP 增长率为 3.4%。其中发达经济体 GDP 整体增长 1.8%; 新兴市场与发展中经济体 GDP 整体增长 4.6%。新兴与发展中亚洲经济体仍然是世界上增长最快的地区, GDP 增长率为 6.3%。按市场汇率计算, 2017 年世界 GDP 增长率为 2.8%。总体来说, 国际货币基金组织认为 2017 年的世界经济增长率会高于 2016 年。其他国际组织预测 2017 年世界经济形势会好于 2016 年。世界银行预测 2017 年按 PPP 计算的世界 GDP 增长率为 3.6%, 较 2016 年提高 0.5 个百分点; 按市场汇率计算的世界 GDP 增长率为 2.8%, 比 2016 年提高 0.4 个百分点。经合组织预测 2017 年按 PPP 计算的世界 GDP 增长率为 3.34%, 比 2016 年提高 0.03 个百分点。中国预计, 2017 年世界经济增长形势依然不容乐观, 按 PPP 计算的世界 GDP 增长率约为 3%, 按市场汇率计算的世界 GDP 增长率约为 2.4%。

资料来源: 中国社科院世界经济与政治研究所中国经济报告, 2017 年 3 月 17 日

【本章小结】

1. 国际贸易是指世界各国 (或地区) 之间所进行的商品和服务的交换活动。它既包含有形产品 (实物产品) 交换, 也包含无形产品 (劳务、技术、咨询等) 的交换。对外贸易是指国际贸易活动中的一国 (或地区) 同其他国家 (或地区) 所进行的产品、劳务、技术等的交换活动。

2. 国际贸易政策主要指国际商品贸易政策。它包括一个国家影响其商品进出口规模、构成和方向等各方面的具体政策措施。这些政策措施大致可分为进口的关税措施、非关税壁垒以及鼓励出口和限制出口的政策措施。

3. 国际收支是指一国在一定时期内 (通常是一年内) 对外国的全部经济交往所引起的收支总额的对比。这是一国与其他各国之间经济交往的记录。国际收支平衡表中的项目分为三类, 即经常项目、资本和金融项目、错误和遗漏净额。

4. 外汇有动态和静态两种含义。从动态的角度来看, 外汇是国际汇兑的简称, 是指将一个国家的货币兑换成另一个国家的货币, 清偿国际债权债务关系的行为。汇率又称 "外汇行市" 或 "汇价", 是一国货币单位同他国货币单位的兑换比率。

5. 国际金融市场是各国资本流动的地方, 国际资本流动包括各国间外汇的买卖、黄金的买卖、证券买卖以及短期和长期资金信贷。

6. 在开放经济中, 各国经济通过国际贸易和国际金融连为一体, 这就是全球经济一体化。在开放经济中, 各国国内生产总值的决定与变动是相互影响的。

【经济观察】

2017年中国对外贸易发展环境分析

2017年，中国对外贸易发展面临的国内外环境仍然严峻复杂。从国际看，世界经济有望延续去年下半年以来的复苏态势，增长动力有所增强，但复苏基础并不稳固。同时，"逆全球化"浪潮涌动，保护主义势力上升，国际政局动荡多变，不确定性增多。

一是世界经济复苏加快但仍存在下行风险。经过近9年来的调整，世界经济逐步走出国际金融危机的阴影，缓慢恢复增长动力，但下行风险依然突出。国际货币基金组织（IMF）最新预测，2017年世界经济将增长3.5%，较2016年提高0.4个百分点，但与金融危机前水平相比仍有较大差距。二是全球金融环境趋紧潜藏新一轮金融风险。随着经济复苏势头向好，发达经济体货币政策开始收紧。三是国际贸易投资面临新的变局。国际金融危机以来，受经济和政治这两个层面因素影响，全球贸易投资自由化进程明显放缓。四是国际大宗商品价格上涨势头可能放缓。2016年下半年以来，大宗商品价格结束了连续两年的下跌态势，实现触底反弹。2017年一季度，大宗商品市场价格总体稳定，3月份国际货币基金组织大宗商品价格指数与2016年12月份基本持平。此外，全球地缘政治矛盾有所加剧，可能对全球经济发展形成干扰，增加世界经济的不确定性。

综合考虑国际国内两个方面，2017年中国外贸发展面临的环境有望略好于过去两年，但形势依然严峻复杂，还存在诸多挑战和压力，突出体现在三个方面：一是外部需求回升的基础并不稳固。今年以来，主要发达国家和新兴经济体进口普遍呈现回暖态势。据世贸组织统计，前两个月全球71个主要经济体进口额合计增长9.7%。但这在一定程度上与过去两年基数较低有关。在此背景下，中国的消费品和投资品出口需求增长均缺乏有力支撑，预计回升幅度有限。二是新一轮产业竞争更加激烈。国际金融危机以来，无论是发达国家还是发展中国家，都更加重视发展实体经济特别是制造业，纷纷采取措施提高本国制造业竞争力、抢占国际市场份额。三是贸易摩擦的影响进一步凸显。

但也应看到，中国外贸发展长期向好的基本面没有变，进出口企业参与国际竞争具备一系列有利因素和条件。一是外贸竞争新优势正在逐步形成。二是外贸发展新动能正在不断积聚。三是外贸发展的制度环境不断优化。

来源：商务部网站，2017年5月5日

讨论题

1. 世贸组织倡导的自由贸易原则为什么屡屡遭受国家保护主义的挑战？
2. 如何评价未来我国外贸环境变化？我国应该如何应对？

【能力训练】

国际贸易数据分析实训

查阅各年《中国统计年鉴》或登录商务部、国家统计局等部委网站，找出相关数据或资料，以3~5人为一小组，完成下列任务。

（1）查找数据并算出1978—2012年各年的对外贸易依存度。

（2）查找资料并列出2000—2012年各年的对外贸易商品结构和地理方向。

（3）结合任务1和任务2，分析我国的对外贸易特点。

（4）查找2000—2012年的国际收支平衡表，并分析各年的国际收支基本特征。

以小组为单位提交实训报告，考核实训成绩。

【概念复习】

国际贸易　关税　非关税壁垒　国际收支　汇率　国际金融市场　国际货币制度　对外贸易政策

【同步练习】

1. 下列哪种理论适用于解释发生在发达国家之间的产业内贸易即制造业内部的一种水平式贸易（　　）。

　　A. 规模经济理论　B. 要素禀赋理论　　C. 重叠需求理论　　D. 产品生命周期理论

2. 一国经济的对外均衡，就是实现（　　）。

　　A. 物价稳定　　　B. 国际收支平衡　　C. 经济稳定增长　　D. 充分就业

3. 歧视性政府采购属于一种（　　）。

　　A. 新非关税壁垒措施　　　　　　　　B. 传统的非关税壁垒措施

　　C. 出口管制措施　　　　　　　　　　D. 进口管制措施

4. 发展中国家主要采取的汇率制度是（　　）。

　　A. 固定汇率制　　B. 浮动汇率制　　　C. 钉住汇率制　　　D. 联合浮动制

5. 国际收支账户所记录的经常项目包括（　　）。

　　A. 贸易收支　　　B. 劳务收支　　　　C. 转移收支　　　　D. 官方储备

【问题讨论】

1. 什么是国际贸易？什么是对外贸易依存度？

2. 简述比较优势理论的基本内容。

3. 试述国际贸易政策的主要内容。

4. 什么是国际收支和国际收支平衡表？

5. 国际收支平衡表的项目主要有哪些？

6. 什么是外汇？什么是汇率？

7. 国际上使用的汇率的基本标价方法有哪两种？

8. 什么是固定汇率制？什么是浮动汇率制？

9. 国际贸易对一国经济有何影响？

10. 国际金融对一国经济有何影响？

11. 开放经济条件下，政府如何调节经济？

【补充读物与资源】

《2016 年中国国际收支报告》

国家外汇管理局网站

中华人民共和国商务部　http://www.mofcom.gov.cn/

第 15 章

宏观经济政策

宏观经济学的重要任务之一就是要表明如何能够运用中央政府的财政工具和货币工具来稳定经济。

——詹姆士·托宾

学习目标

能力目标

- 能够运用财政政策的基本理论，分析和判断现实运行的财政政策措施。
- 能够运用货币政策理论，分析和解释现实运行的货币政策措施。
- 能够运用宏观经济政策基本理论、基本方法对现实宏观经济运行形势及政策措施进行简单的分析研究和评价。

知识目标

- 理解宏观经济政策的四大目标。
- 掌握财政政策的含义、特征、工具及财政政策的自动稳定器作用。
- 掌握赤字财政的应用。
- 理解货币政策的含义、特征、工具。
- 掌握货币政策的运用。
- 了解财政政策与货币政策的综合效应。

重要概念

宏观经济政策　需求管理　财政政策　内在稳定器　货币政策　法定准备金率　公开市场业务　再贴现利率　时滞

自由主义经济理论认为市场中发生的种种问题可以通过市场机制获得解决，经济中具有强大的自我矫正机制，不会出现生产过剩危机，能保证充分就业。因此也认为政府干预经济不仅没有必要，还是一种会破坏市场机制的行为，自由主义经济学家认为政府规模越小、干预越少越好。但到了20世纪30年代情况发生了极大的转变，世界性经济危机大爆发，西方国家经济大萧条，促成以凯恩斯为首的政府必须干预经济的理论兴起。凯恩斯主义经济学家认为，宏观经济很容易出现反复的上下波动，扩张期和收缩期总是交替出现，高失业阶段之后紧跟着的便是投机和通货膨胀阶段。他们主张通过适当的货币政策和财政政策去调控经济周期，以稳定经济增长。宏观经济政策成为市场机制的补充物。我们通过本章的学习，来掌握政府对宏观经济进行调控的经济政策。

15.1 宏观经济政策的概述

15.1.1 宏观经济政策的含义

宏观经济政策是指政府通过有目的有计划地运用一定的政策工具调控经济运行，以达到一定的经济及社会目标。表现方式上，经济政策体现为一系列的指导原则和具体措施。任何一项经济政策都要依据一定的经济目标而形成，经济目标又要通过一定的经济工具来实现。

15.1.2 宏观经济政策的目标

宏观经济政策目标可以分为一般目标和具体目标。这是制定宏观经济政策之前，决策人首先应该明确的目标。

1. 一般目标

宏观经济政策的一般目标是通过宏观经济政策调控经济运行以实现社会资源的充分利用和社会福利的最大化，达到社会发展的可持续性。一般目标也是宏观经济政策的最终目标，它通过一套具体目标来实现。为了进一步了解国家宏观调控经济的实际决策，我们需要进一步了解各具体目标。

2. 具体目标

具体目标直接来自经济生活中对社会福利影响很大而严重的经济问题。具体目标一般包括充分就业、物价稳定、经济增长、国际收支平衡等四项。

（1）充分就业。充分就业是宏观经济政策的首要目标。充分就业在广义上讲就是指一切生产要素（包括劳动）都有机会以自己愿意的报酬参加生产的状况，但是，通常是指劳动者要素的充分就业。凯恩斯宏观经济学将失业分为摩擦失业、自愿失业和非自愿失业三类。摩擦失业和自愿失业这两类是任何经济体和任何经济手段都无法消除的自然失业。它不仅难以避免，而且是经济所必需的，充分就业目标不包括消除这种类型的失业。

充分就业目标的真实含义，是要消除非自愿失业，并不是让失业率为零。也就是说即使在充分就业的状态下，社会还是维持着一定水平的失业率，这种失业率称为自然失业率或正常失业率。必须注意的是，各种失业并不是能截然分开的，不管如何，劳动者失业不仅是社会资源的浪费，而且他们失去了维持生活的来源，会给劳动者本人以及家庭的物质生活和精神生活带来莫大的痛苦，还可能引起社会的不安定。因此，自然失业率也要保持在一定的水平之下，否则社会将无法接受。各国在不同时期，不同情况下所界定的自然失业水平也不大相同。例如，美国所谓的充分就业时自然失业率，在 20 世纪五六十年代为 3.5%～4.5%，70 年代为 4.5%～5.5%，80 年代是 5.5%～6.5%。在目前，大多数西方学者认为存在 4%～6% 的失业率是正常的，这时社会经济处于充分就业状况。

此外，充分就业更广泛的含义得到人们越来越多的关注，即资本、土地、企业家才能等所有各种生产要素是否都按照所有者愿意的价格全部投入到生产过程中去。充分就业状态就是全社会的经济资源都被充分利用的经济状态，这已经越来越多地被列入政府的政策目标之中。

（2）物价稳定。物价稳定是宏观经济政策的第二大目标。物价稳定是指一般价格水平，即物价总水平的稳定，并不是指某种商品价格水平的稳定。这里特别要提醒，物价稳定不是通货膨胀率为零，因为长期维持这种状况，社会是要付出较高代价的，比如失业率上升，而且保持通货膨胀率为零也是不现实的。物价稳定是维持一个低而稳定的通货膨胀率，能被社会所接受，对经济不会产生不利的影响。

大部分西方国家已把一般的轻微通货膨胀的存在，看作基本正常的经济现象，他们把每年平均 1%～3% 或不超过 4% 的通货膨胀率称为温和的通货膨胀，认为通货膨胀率控制在这一变动幅度内即算实现了物价稳定的目标，并认为低而稳定的通货膨胀不会对经济生产不利影响，反而有刺激经济增长的积极作用。

（3）经济增长。实现经济增长是指一个国家在一年内国民收入的增长率。这种增长率要既能满足社会发展的需要，又是人口增长和技术进步所能达到的。经济增长与充分就业是相关的，因为经济增长从理论上来讲，由于人口（劳动力）的自然增长和劳动生产率的提高，必须有必要的经济增长才能保持充分就业，但相关的程度（经济增长 1%，就业就相对增长 n%）随经济进程发展有下降趋势，因此应当维持较高的经济增长率以实现充分就业。当然，要根据资源和技术进步来确定适度增长率，并考虑到环境保护和减少污染问题。所以，实现经济增长是国家经济政策追求的目标。

（4）国际收支平衡。在开放经济体系里，国际收支平衡也是宏观经济政策的一个具有重要意义的目标。国际收支平衡是指既无国际收支赤字，又无国际收支盈余的状态。从长期看，无论是国际收支赤字，还是收支盈余都对一国经济有不利影响，将限制和影响前面三个经济政策目标的实现。长期的国际收支盈余，是以减少国内消费和投资为代价的，将不利于充分就业和经济增长。长期的国际收支赤字，是要用外汇储备或借款来偿还的，难以为继，且长期的国际收支赤字会导致本国货币贬值，影响经济稳定。所以维持国际收支平衡是政策的一个重要目标。

15.1.3　宏观经济目标之间的关系

充分就业，实现经济增长，物价相对稳定和国际收支平衡等是对社会福利影响很大的经济问题。因此，它们构成了宏观经济目标的内容。这四大宏观经济政策目标之间，既有一致性又有矛盾。例如，充分就业与物价相对稳定是矛盾的，与经济增长既有一致性又有矛盾，与国际收支平衡是矛盾的；物价相对稳定与经济增长有矛盾。因此，它们之间虽然存在互补性也存在一定的冲击。经济增长有时会带动物价上涨，两者是同一方向发展。这样物价相对稳定与经济增长之间就存在两难选择。

因此，经济学认为，要实现既定的经济政策目标，首先政府运用的各种政策手段必须相互配合，协调一致。其次，政府在制定目标时，不要追求单一目标，而应该综合考虑，否则会带来经济上和政治上的副作用。此外，还要考虑本身的协调和对时机的把握程度。因为，从国家宏观调控的实践来看，这四种目标的重要性不是固定不变的，因为具体到不同时期和不同国家，目标的相对重要性不同。上述这些都关系到政府经济目标实现的可能性和实现的程度，即影响政策有效性。因此，在宏观经济目标的关系中，要求政府在制定经济目标和经济政策时应该做整体性的宏观战略考虑和安排。

15.1.4　宏观经济政策的工具

宏观经济政策工具是用来达到政策目标的手段。一般来说，常用的政策工具有需求管理、供给管理和对外经济政策。每一种政策工具都有自己的作用，但达到的政策目标往往是相同的。如何根据所要达到的经济目标以及各种宏观经济政策工具的性质、作用方式和作用特点来选择与运用各种政策工具，是实施宏观经济政策的关键。可以这么说，政策工具的选择与运用是一门艺术。

1．需求管理

需求管理是通过调节总需求来达到一定政策目标的宏观经济政策工具。这也是凯恩斯主义所重视的政策工具。凯恩斯主义的国民收入决定理论认为，在短期内生产技术条件、资本设备的质量与数量、劳动力的质量与数量都是不变的，因此，国家调节就是在总供给为既定的前提下，来调节总需求，即进行需求管理。

需求管理是要通过对总需求的调节，实现充分就业的均衡。在总需求小于总供给时，经济中会由于需求不足产生失业，这时要运用扩张性政策工具来刺激总需求。在总需求大于总供给时，经济中会由于需求过度而出现通货膨胀，这时就要运用紧缩性的政策工具来抑制总需求。需求管理的主要武器是财政政策和货币政策。

2．供给管理

供给管理是要通过对总供给的调节，来达到一定的政策目标的。20 世纪 70 年代初，石油价格大幅度上升对经济的严重影响，使经济学家们认识到了总供给的重要性。总需求-总供给模型中分析了总供给对国民收入和价格水平的影响。这样，宏观经济政策工具中就不能只有需求管理，而且还要有供给管理。在长期内影响供给的主要因素是生产能力，即潜在产出；在短期内影响供给的主要因素是生产成本，特别是生产成本中的工资成本。因此，供给管理包括控制工资与物价的收入政策、改善劳动力市场的人力政策、指数化政策以及促进技术和效率改进的经济增长政策。

3. 对外经济管理

在现实的开放经济中，每一个国家都是开放的，各国经济间存在着密切的联系和影响。一国经济政策目标的实现，不仅有赖于国内经济政策，而且有赖于对外经济政策，如对外贸易政策、汇率政策等，以平衡国际收支和协调国际经济关系。因此，在宏观经济政策中，应该包括国际经济政策，或者说政府对经济的宏观调控中也包括了对国际经济关系的调节。

在本章中，我们着重介绍宏观财政政策和宏观货币政策，即需求管理政策。

> **问题探索：**想一想，治国犹如烹小鲜，一个国家的宏观经济政策也是如此，平衡在宏观经济调控中起着什么作用？

15.2　宏观财政政策

宏观财政政策是一国根据既定的经济目标通过调节财政收入和支出影响宏观经济活动水平的经济政策，是需求管理的重要工具。财政政策包含三个相互关联的选择。一是选择开支政策，即开支多少，在哪些方面开支。二是征税，即征收多少，以何种手段征税。三是赤字政策，即确定赤字的规模和分配。我们给出财政政策的一般定义：为实现宏观经济政策目标而对政府支出、税收和借债水平所进行的选择，或对政府收入和支出水平所做的选择。财政政策的主要内容是财政收入政策和财政支出政策。

15.2.1　财政政策的内容与运用

1. 财政收入政策

财政收入是指整个国家中各级政府收入的总和，它来源于税收和公债。财政收入政策主要是税收政策，即政府通过改变税率来调节税收水平，以影响和调节总需求。

税收具有强制性、无偿性、固定性三个基本特征。因为税收是国家为了实现其职能依据法律事先规定的标准，强制地、无偿地取得财政收入的手段，因此，税收可作为实行财政政策的有力手段之一。税收根据不同的标准分为不同的类别。根据课税对象，税收可分为财产税、所得税和货物税三大类。财产税是对不动产、房地产（即土地和土地上的建筑物）等征收的税；所得税是指对个人和公司的收入所征收的税；货物税是对生产、流通和销售各个环节的征税，如营业税、消费税。根据纳税方式，税收又可分为直接税和间接税。直接税是对财产和收入等直接征收的税，是纳税人承担不能转嫁给别人的税收，包括所得税、财产税和人头税等；间接税是指税负可以转嫁的税，如营业税、消费税和关税等，纳税人可以通过提高商品的价格等形式，至少把一部分税收负担转嫁给最终消费者。根据收入中被扣除的比例，税收可以分为累退税、比例税和累进税三类。累退税是税率随着征收对象数量的增加而递减的税；比例税是税率不随征收对象数量的变动而变动的税，即按固定比例从收入中征税，多适用于流转税和财产税；累进税是税率随征收对象数量的增加而递增的税，如所得税。这三种税收通过税率的高低及变动来反映赋税负担的轻重和税收总量的关系。

> 知识拓展
>
> 拉弗曲线

一般来说，降低税率和减税都会引起社会总需求的增加和国民产出的增长，提高税率则引起社会总需求和国民产出的降低。因此税率的大小及其变动的方向对经济生活，如个人消费和收入会直接产生很大影响。税收作为财政收入的手段，既是国家经济收入的来源也是国家实施财政政策的重要手段。因此，在需求不足时，国家可采取减税措施来抑制经济衰退，在需求过旺时可采取增税来抑制通货膨胀。

公债是政府运用信用，筹集资金的形式。它是政府对公众的债务或公众对国家的债权。它有中央政府债务和地方政府债务之分。政府借债一般有短期债、中期债和长期债三种形式。短期债一般通过出售国库券取得，主要进入短期资金市场，利率较低，期限一般为 3 个月、6 个月和 1 年三种。中长期债一般通过发行中长期债券取得，期限 1 年以上 5 年以下为中期债券，5 年以上的为长期债券。我国个人能够买到的最长期国债是记账式国债，最长可达 30 年。中长期债券利率也会因为时间长风险大而较高。中长期债券是国家资本市场最主要的交易品种之一。因此，政府通过发行公债一方面可以筹集资金，增加财政收入，弥补财政赤字；另一方面可以影响货币的供求，从而调节社会的总需求水平，对经济产生刺激性或抑制性效应。因此，实现财政政策目标公债是不可少的一个工具。

2. 财政支出政策

财政支出是指整个国家各级政府支出的总和。它是由许多具体的支出项目组成的，主要可以分为政府购买和转移支出两大类。财政支出一部分是政府对商品和劳务的购买，它包括机关办公用品、军需品的购买支出，政府雇员的工薪支出和举办公共项目所需的支出等。它是一种实质性支出，有着商品和劳务的实际交易，直接形成社会需求和社会购买力，可以计算在国民收入中，其规模直接关系到社会总需求的增减。购买支出对整个社会总支出水平具有十分重要的影响。

政府支出另一部分是转移支付。政府转移支付包括社会福利、政府补贴和社会保障等方面的支出。它不同于政府购买，是一种货币性支出不能算做国民收入的组成部分。因为，它是通过政府将收入在不同社会成员之间进行转移的政府转移支付。既然转移支付是政府支出的重要组成部分，那么，政府转移支付也是一项重要的财政政策的工具。降低转移支付水平，可以降低人民的可支配福利费用；提高转移支付水平，可以提高人民的可支配收入和消费支出水平，社会有效需求因而增加。除了社会救济和养老金等福利支出外，农产品价格补贴也是一种重要的转移支付项目。

财政支出政策是指政府通过改变和调整财政支出水平来影响总需求的政策措施。当总支出水平过高时，政府可以采取减少购买支出、降低转移支付的政策，降低社会整体需求，以此来抑制通货膨胀。反之，总支出水平过低时，政府可以提高购买支出水平，提升转移支付水平，如举办公共工程，提高最低生活保障补贴标准来增加社会整体需求水平，以此同衰退进行斗争。因此，变动政府购买支出水平是政府政策的有力手段。

15.2.2 财政政策的内在稳定器与斟酌使用

1. 内在稳定器（The Built-in Stabilizers）

某些财政政策由于其本身的特点，具有自动调节经济，使经济稳定的机制，被称为内在稳定器，或者自动稳定器。具有内在稳定器作用的财政政策如个人所得税、公司所得税以及各种转移支付，具有某种自动调节经济的灵活性，能够在经济繁荣时期自动抑制膨胀，在经济衰退自动减轻萧条，无须政府采取任何行动。具有自动稳定器作用的政策措施主要有以下三种。

（1）税收的自动化。个人所得税和公司所得税的征收都有一定的起征点和相应的税率。当经济衰退时，国民生产总值下降，个人或公司收入减少，在征收累进税的情况下，经济衰退使纳税人的收入自动进入较低纳税档次，这样政府税收自动减少了，且政府税收下降的幅度将超过收入下降的幅度，有助于维持总需求，抑制衰退进一步加剧。相反，在经济过于繁荣时期，经济高涨导致个人和公司的收入增加，在累进税情况下，个人和公司由于收入上涨而自动进入了较高的纳税档次，政府税收的增加幅度大于收入增加的幅度，这样税收自动增加有助于抑制过度需求，降低通货膨胀，减轻经济波动。

（2）政府支出的自动化。这主要是指政府的失业救济和其他的社会福利支出的政府转移支付。当经济萧条时，工人失业增加，需要社会救济的人数增加，社会失业救济和其他社会福利支出也就会相应增加。这样就可以缓和个人可支配收入的下降，也会缓和消费需求的下降，从而增加社会总需求。当繁荣时，失业人数减少，失业救济和其他社会福利费也会自然减少，从而有利于抑制消费的增加。

（3）农产品价格维持制度。在萧条时期，国民收入下降，农产品价格下跌，政府按照农产品价格维持制度，用支持价格收购剩余农产品，从而增加农场主的收入，维持消费在一定水平上。在繁荣时期，国民收入水平上升，农产品价格上涨，这时政府少收购农产品并销售农产品增加供给，限制农产品价格上涨，从而，既可抑制农场主收入和消费的过度增加，又能稳定农产品的价格，防止通货膨胀。

总之，经济学家认为以上三项制度对宏观经济活动都能起到自动稳定的作用。它们都是财政制度的内在稳定器，是对经济波动的第一道防线。不过它的作用是非常有限的，只能减轻萧条或通货膨胀的程度，并不能改变萧条或通货膨胀的总趋势，只能对财政政策起到自动配合的作用，并不能代替财政政策。因此减少经济变动，政府仍然需要有意识地运用财政政策，这是应对经济波动的第二道防线。

知识拓展 15.1

个人所得税税率

表 15-1 和表 15-2 列示了我国个人所得税的税率。

表 15-1　　　　　　　　个人所得税税率表一（工资、薪金所得适用）

级数	月应纳税所得额	税率（%）
1	不超过 1 500 元的	3
2	超过 1 500 元至 4 500 元的部分	10
3	超过 4 500 元至 9 000 元的部分	20
4	超过 9 000 元至 35 000 元的部分	25
5	超过 35 000 元至 55 000 元的部分	30
6	超过 55 000 元至 80 000 元的部分	35
7	超过 80 000 元的部分	45

注：本表所称全月应纳税所得额是指依照《中华人民共和国个人所得税法》第六条的规定，以每月收入额减除费用 3 500 元后的余额或者减除附加减除费用后的余额。

表 15-2　　　　个人所得税税率表二（个体工商户的生产、经营所得和对企事业单位的承包经营、承租经营所得适用）

级数	全年应纳税所得额	税率（%）
1	不超过 15 000 元的	5
2	超过 15 000 元至 30 000 元的部分	10
3	超过 30 000 元至 60 000 元的部分	20
4	超过 60 000 元至 100 000 元的部分	30
5	超过 100 000 元的部分	35

注：本表所称全年应纳税所得额是指依照《中华人民共和国个人所得税法》第六条的规定，以每一纳税年度的收入总额，减除成本、费用以及损失后的余额。

2. 斟酌使用的财政政策

斟酌使用的财政政策，又叫权衡性的财政政策。虽然财政政策工具中各种自动稳定器一直在发挥作用，但作用毕竟有限，特别是对于剧烈的经济波动，自动稳定器就更难以扭转。因此，为确保经济稳定，经济学者认为可以采用斟酌使用的财政政策。斟酌使用财政政策是指政府要审时度势，主要采取一些财政措施，变动支出水平或税收以稳定总需求水平，使之接近物价稳定的充分就业水平。

经济学家认为，运用财政政策调节总需求的原则是"逆经济风向行事"。即当社会总需求不足，失业持续增加时，应采取刺激总需求的扩张性财政政策，以消除失业和经济衰退；当社会总需求过度，出现持续通货膨胀时，应采取抑制总需求的紧缩性财政政策，以消除通货膨胀。这就要求政府密切注视经济的变动趋势，预测未来的经济发展，对可能出现的经济衰退或者经济膨胀进行相应的分析权衡，斟酌采用上述两种财政政策。

在经济萧条时期，有效需求不足，国民收入处于小于充分就业的均衡，这时，政府应采取扩张性的财政政策，应用增加财政支出与减少税收的方法，直接刺激总需求的扩大，间接扩大私人消费和增加公司的投资。在经济膨胀时期，需求过度，货币供给太多，这时政府可以采取紧缩性的财政政策，以减少政府购买和政府转移支出，或者通过扩大税收、发行公债等办法来直接减少社会总需求，间接控制私人消费，减少公司投资，从而抑制通货膨胀。这样便实现既无失业，又无通货膨胀的经济稳定增长。

但是在实际实施中财政政策作用的发挥比较困难，因为在实际经济活动中，存在各种各样的限制因素，影响了政策作用的发挥。首先是时滞性。认识总需求的变化，变动财政政策等作用的发挥都需要时间。其次是不确定性。实行财政政策时政府一方面对乘数大小难以准确地确定，另一方面必须预测总需求水平通过财政政策的作用达到预期目标究竟需要多少时间，这样在这段时间内，总需求特别是投资可能发生戏剧性的变化，这就可能导致决策失误。最后，外在的不可能预测的随机因素的干预，也可能导致财政政策达不到预期的效果。所以实行积极的财政政策必须全面考虑这些因素的影响，尽量使其效果接近预期目标。

案例 15.1

4万亿人民币刺激计划

在 2008 年全球金融危机的背景下，中国出口下降，沿海很多小企业破产，失业率也开始攀升，为了拉动内需，刺激消费，国家出台了4万亿的经济刺激计划。由中央出4万亿，并拉动地方10万亿，主要用于：①基础建设，包括铁路、电网（这两个是重点）、公路、桥梁、机场、港口、城市水处理系统等。基础建设的作用能提高生活水准，降低贸易成本，增加企业竞争力。②民生建设，包括廉租房、平价房建设，包括汶川地震的灾后重建。③环境保护建设，包括推动新能源建设，提高资源利用效率的建设等。

我国4万亿投资的具体安排：民生工程，主要是保障性住房，包括廉租房、林区、垦区、煤矿棚户区改造，大体总的规模是4 000亿；农村民生工程包括水、电、路、气、房，即农村安全饮水、农村电网改造、农村道路建设、农村沼气建设、农村危房改造和游牧民定居，大体上是3 700亿；基础设施建设，铁路、公路、机场、水利等，大体上是15 000亿；教育、卫生、文化、计划生育等社会事业方面，大体上是1 500亿；节能减排、生态工程大体上是2 100亿；调整结构和技术改造，大体上是3 700亿；再加上汶川大地震重点灾区的灾后恢复重建10 000亿，总的构成是4万亿。

15.2.3　赤字财政政策

在上述分析财政政策运用中，可以看出在经济萧条时期，采用扩张性政策的财政支出、减税等办法必然会导致财政赤字。财政赤字就是政府收入小于支出。在现实中，许多国家都运用赤字财政政策来刺激经济。它的理论来源于凯恩斯主义。

一个国家政府的财政收支主要有三种状况。第一，收入大于支出，这时财政收入大于财政支出，有财政盈余。政府财政收入增加主要来自税收增加，而税收对于国民收入来说是收缩力量，对国民收入的影响是收缩力量大于扩张力量，即使二力抵消后，仍然会使国民收入减缩。因此，在收入大于支出时的国民经济总趋势是收缩。第二，收入等于支出，这时财政收入等于财政支出，收入平衡，从总趋势来看，对国民经济有扩张作用，但比较小。第三，收入小于支出，这时财政收入小于财政支出，出现财政赤字。凯恩斯认为政府有必要采用赤字财政政策，因为在非充分就业状态下，财政支出应该服从于充分就业和经济稳定的需要，采用赤字财政来创造新的有效的需求。当国民收入低于充分就业的收入水平（即存在通货紧缩缺口）时，政府采用增加支出或减少税收的扩张性财政政策，是刺激总需求的扩张力量，可以实现充分就业。如果财政起初存在盈余，政府可以减少盈余甚至不惜出现赤字；如果起初存在预算赤字，也不应该担心赤字扩大，应坚定地实行扩张政策。这就是采用从反经济周期的需要来利用预算赤字实现充分就业，减少经济波动。

凯恩斯主义经济学者还认为，赤字财政不仅是必要的而且也是可能的，而且认为，可以采用发行公债的办法来弥补，而不是采用增税或减少政府支出的办法，因为那样做只会恶化有效需求不足导致的失业率上升。理由有以下三点。

第一，政府发行公债，可以促进资本更多的形成，用于发展经济，加快经济增长的速度，使政府有能力偿还债务弥补财政赤字。因为政府发行公债时，发行公债总量与国民经济总量要保持一定的比例。在经济萧条时，债务会增大，在经济繁荣时债务会减少。发行公债的目的在于调节经济，减少萧条，只要把发行公债的所得收入用于投资，经济就会好转，国民收入就可以增加，公债也可以偿还而不会无限扩大下去。

第二，债务人是国家，债权人是公众，公众是政府的纳税人，政府是公众的代表，国家与公众的利益根本上是一致的。政府的财政赤字是国家欠公众的债务，也是自己欠自己的债务。

第三，国家政权是稳定的，公众对政府是信赖的，公债的增加不会给债权人带来危险，政府的债务可以一届一届地传下去，公债的债权也可以一代一代地传下去。政府对债务的偿还是有保证的。在实际的公债发行中，政府应采取发行短期公债，即一边发新公债，一边还旧公债的办法，这样不会引起信用危机，这就是一般所说的"公债哲学"。所以凯恩斯认为在经济运行中，根据经济形势发展的需要，政府可以运用赤字财政来实现充分就业，刺激经济的发展。

政府在通过发行债券方式来实行赤字财政政策时，债券卖给不同的人就有了不同的筹资方法。如果把债券卖给中央银行，称为货币筹资；如果把债券卖给中央银行以外的其他人，如个人、企业、商业银行等，相当于向公众借款，称为债务筹资。凯恩斯还主张政府不能直接向个人、企业和商业银行出售公债。这是因为如果向个人和企业出售公债，则会减少他们的支出，不能起到应有扩大经济的作用，则会导致"挤出效应"；如果由商业银行直接购买公债，将会减少他们的发放贷款，同样会间接地减少支出，抑制总需求。一个最好的办法把公债出售给中央银行，这样既能扩大总需求，又能弥补财政赤字。具体的做法是，政府将公债作为存款交给中央银行，中央银行给政府支票。政府可以将支票作为货币使用，或用于增加购买，或用于增加公共工程，或用于增加转移支付等。中央银行拿到政府债务后，将其作为发行货币的准备金，在金融市场上进行操作。但是要指出，凯恩斯主张用公债弥补财政政策，这需要有两个前提：一是基于对政府具有至高无上的信誉的考虑；二是以存在非充分就业状态的考虑。如果这两个前提不具备，那么中央银行用现钞购买公债时，必然会扩大货币供应量而导致通货膨胀。

当然也有人指出，政府的财政政策会产生挤出效应，即政府开支增加会引起私人支出减少，政府开支代替了私人开支。

15.3　宏观货币政策

15.3.1　货币与现代银行体系

在宏观经济学中，货币的重要性非常大。当今社会，货币政策是政府用来稳定经济的最重要的工具。中央银行通过控制货币的供给量来刺激经济或者是给过热的经济降温。近些年来，世界上许多的宏观经济管理，都可以看到货币和货币政策所起到的越来越大的作用。货币貌似简单，实际上却极其复杂。其中，货币的本质问题是最复杂的问题。这里我们简单地介绍货币和现代银行体系的基本知识。

1. 货币的基本知识

（1）货币的本质和职能。任何一种能执行交换媒介、价值尺度、延期支付标准或完全流动的财富储藏手段等职能的商品，都可被看做货币（**Money**）。货币是商品交换发展到一定阶段的产物。货币的本质就是一般等价物。经济学中常见的货币本质的说法是，货币是交换媒介和表示价格与债务的标准单位。过去有许多东西充当过货币，而现在的货币主要有纸币和银行货币。货币职能主要有以下几种。

由于货币本身属于商品，因此它同所有商品一样也具有使用价值和交换价值。当处在不同形式的价值运动中的时候，货币所表现出来的作用和职能也不尽相同。货币的主要职能有价值尺度、流通手段、支付手段、储藏手段和世界货币。其中，价值尺度和流通手段是货币的基本职能，另外三种职能则是在前两者的基础上形成的派生职能。货币在充当各项职能时，都是一般等价物。

货币是价值尺度，可用来表示一切商品和劳务的价格。流通手段是货币价值尺度职能的发展。货币的产生，使得商品之间的交换由直接的物物交换变成了以货币为媒介的交换，即由商品—商品变成了商品—货币—商品。两者之间不仅存在形式上的区别，也存在着性质上的区别。货币充当购买手段和支付手段的作用，也就是货币充当商品和劳务交换的媒介，例如用来购买商品、清偿债务、支付赋税及工资等。

除此之外，货币的储藏手段是指公众可以通过储存货币来实现购买力的暂时栖息。当然储存手段除货币以外，还有股票和债券等形式。在世界市场上购买国外商品、支付国际收支差额，货币的世界货币职能实际上是货币作为社会财富的代表在国与国之间进行转移。

（2）货币种类与层次。现代货币按类型有如下几种。

① 纸币（Paper Money）。纸币是由中央银行发行的由法律规定了其单位的法偿货币。纸币虽然规定有含金量，但一般不能兑换为黄金，它本身的价值决定了它的购买力，即它所能购买的商品与黄金的能力。

② 铸币（Coin）。铸币是币值微小的辅币（也称为硬币）。纸币与铸币统称为通币（Currency）或现金。

③ 存款货币。存款货币又称为银行货币或信用货币，它是公众在商业银行的活期存款。在通常情况下，一般是公众向商业银行存入活期存款，然后以这笔活期存款开出该银行承兑的支票，将支票作为流通的工具。

④ 近似货币（Near Money）。近似货币亦称为准货币，主要指公众在商业银行的定期存款。近似货币本身并不是货币，但在一定条件下可以起到货币的作用。例如，商业银行中的定期存款可以在提前通知的条件下转为活期存款，通过支票流通。属于这类货币的还有除活期与定期储蓄之外的其他储蓄存款，以及随时可以在市场上出售的各类债券等。

⑤ 货币代替物（Money Substitution）。货币替代物是指在一定条件下可以暂时代替货币起到交换媒介的作用，但并不具有标准货币其他职能的东西，如信用卡、银行卡、各类磁卡等都属于货币替代物。

以上各种货币流动性是不相同的。所谓流动性，指一种金融资产能够迅速转换成现金，而对持有人不发生损失的能力，也就是变为现实的流通手段和支付手段的能力，也称为变现力。变现能力越强的货币，其流动性也越强，流动性越强的货币就越容易被人们普遍接受。在西方经济学中，经济学家按货币流动性和可接受性划分，将货币一般分成以下几个层次：

M_1=通货+商业银行的活期存款；

M_2=M_1+商业银行的定期存款；

M_3=M_2+商业银行以外的金融机构的金融债券；

M_4= M_3+银行与金融机构以外的所有短期金融工具。

各个国家可能不完全按上面的归纳对货币进行划分，但是大体上相同。一般地，各国都把 M_1 称为狭义的货币量，M_2 称为较广义的货币量，M_3 称为更广义的货币量，M_4 为最广义的货币量；也有的国家把货币简单分为 M_1 和 M_2。

从我国具体经济金融运行状况出发，货币也被划分为四个层次：

M_0=现金；

M_1= M_0+企业、单位支票存款+基本建设存款；

M_2=M_1+储蓄存款+企业、单位定期存款+财政金库存款；

M_3= M_2+商业票据+短期融资债券。

M_1是通常所说的狭义货币供应量，M_2是广义货币的供应量，M_3是考虑到金融不断创新的现状而增设的，其中商业票据和短期融资债券属于准货币。

2. 银行体系

要了解货币如何影响经济，必须首先了解金融体系，特别是银行体系。一个经济的银行体系包括中央银行和金融媒介机构。

（1）中央银行。中央银行是用以监督银行体系并控制经济中货币量的机构。中央银行除了少数地区和国家，几乎所有已独立的国家和地区都设有中央银行。各国的中央银行的名称不同，比如，我国的央行是中国人民银行，德国是德意志联邦银行，英国称英格兰银行，日本是日本银行，美国是美国联邦储备银行。

中央银行有三种业务职能。一是作为发行的银行，垄断全国的货币发行。二是作为银行的银行。其业务方式既为商业银行提供贷款又为商业银行集中保管存款准备金，还为各金融机构办理相应的票据交换和结算业务，以及提供金融信息咨询。三是作为国家的银行，代理国库，管理国家的外汇，提供政府所需资金，执行货币政策，代表政府与外国发生金融业务关系，监督、管理全国金融市场活动。

（2）金融媒介机构。金融媒介机构是把居民户和企业与金融市场联系起来的纽带。它是从居民户和企业吸收存款，并向其他居民户和企业发放贷款的企业，也是为居民户和企业提供金融服务的企业，主要包括商业银行、其他信贷协会、储蓄协会、信用协会、私人养老基金和保险公司等。

商业银行之所以称为商业银行，是因为最先向银行借款的人都是经营商业，但后来工业、农业、建筑业、消费者也都日益依赖商业银行融通资金，故其客户普及经济各部门，业务也多种多样，之所以仍叫商业银行，只是沿用旧称呼。商业银行的主要业务是负债业务、资产业务和中介业务。负债业务主要是吸收存款，包括活期存款、定期存款和储蓄存款。资产业务主要包括放款和投资两类业务。放款业务是为企业提供短期贷款，包括票据、贴现、抵押贷款等。投资业务是购买有价证券以取得利息收入。中间业务是指为顾客办理支付事项和其他委托事项，从中收取手续费的业务。

商业银行等金融媒介机构在经济中有一种特殊的作用，即可以创造货币，下面我们进一步了解银行创造货币的机制。

知识拓展 15.2

中国银行业概况

截至 2015 年年底，我国银行业金融机构包括 3 家政策性银行、5 家大型商业银行、12 家股份制商业银行、133 家城市商业银行、5 家民营银行、859 家农村商业银行、71 家农村合作银行、1 373 家农村信用社、1 家邮政储蓄银行、4 家金融资产管理公司、40 家外资法人金融机构、1 家中德住房储蓄银行、68 家信托公司、224 家企业集团财务公司、47 家金融租赁公司、5 家货币经纪公司、25 家汽车金融公司、12 家消费金融公司、1 311 家村镇银行、14 家贷款公司以及 48 家农村资金互助社。

截至 2015 年年底，我国银行业金融机构共有法人机构 4 262 家，从业人员 380 万人。银行业金融机构资产总额 199.3 万亿元，负债总额 184.1 万亿元。从机构类型看，资产规模较大的依次为：大型商业银行、股份制商业银行、农村中小金融机构和城市商业银行，占银行业金融机构资产的份额分别为 39.2%、18.6%、12.9% 和 11.4%。

3. 银行创造货币的机制

在市场经济中，政府的货币政策要通过银行来起作用。但为什么能够通过银行起作用？这主要是因为在市场经济中，商业银行体系虽然不能发行货币，但具有创造存款货币的机制。所以我们在学习货币政策之前，还需要了解这一机制的主要内容。

在市场经济中，商业银行的资金主要来源于存款，存款中有一部分是活期存款（活期存款是指不用事先通知银行，存款者就可以随时提取的银行存款）。虽然活期存款可以随时提取，但很少出现所有的储户在同一时间里取走全部存款的状况。所以，银行可以用绝大部分存款来从事购买短期债券或发行贷款等营利活动，只需要留下一部分存款用做提款需要的准备金就可以了。这样就产生了经常保留的供支付存款提取用的一定金额。在西方现代银行制度中，这种由中央银行用法律的形式，规定的商业银行对于所吸收的存款必须保持的准备金的比例叫法定准备金率。这种按法定准备金率提取的法定金就叫法定准备金（Legal Reserve Requirement）。法定准备金一部分是商业银行库存现金，另一部分存在中央银行的账户上。在我国商业银行吸收的存款按法定存款准备金率提取的准备金要全部上交到央行。由于商业银行都想赚取尽可能多的利润，就会在吸收存款后按照法定比例保留规定数额的准备金，其余的部分贷款出去或者用于短期债券投资。

例如，法定准备金率为20%，假定银行客户会将其一切货币收入以活期存款形式存入银行。在这种情况下，A客户将1 000万元人民币存入甲银行中自己的账户，银行系统就因此增加了1 000万元的存款。甲银行按法定准备金率保留200万元作为准备金存入中央银行，其余800万元全部贷出，假定这时借给一家公司用来买设备，设备制造厂B得到这笔从甲银行开来的支票又全部存入与自己有往来的乙银行，乙银行得到了800万元存款后，留下160万元作为准备金存入中央银行，然后再贷放出640万元，得到这笔贷款的C厂商又会把它存入与自己有业务来往的丙银行，丙银行留其中128万元作为储备金存入自己在中央银行账户上，然后再贷出512万元。依此不断地贷下去，各银行的存款总和是

$$1\ 000+800+640+512+\cdots=5\ 000（万元）$$

银行贷款总和为

$$800+640+512+\cdots=4\ 000（万元）$$

这就是商业银行通过存款和放款"创造"货币的功能。由1 000万元的原生存款通过银行机制可以"创造"出5 000万元的存款总额，也产生出4 000万元的贷款总额。银行存款创造过程如表15-3所示。

表15-3　　　　　　　　　　　银行存款创造过程　　　　　　　　　　单位：万元

银行	新存款	新贷款	新准备金
最初的银行（甲）	1 000	800	200
第二级银行（乙）	800	640	160
第三级银行（丙）	640	512	128
第四级银行（丁）	512	409.6	102.4
前四级银行小计	2 952	2 361.6	590.4
…	…	…	…
整个银行体系合计	5 000	4 000	1 000

存款总额与原始存款和法定储备率之间存在一定的关系。设 D 表示活期存款总额，R 表示原始存款，r 代表法定储备率，则它们间的相互关系是

$$D=R\times 1/r \qquad\qquad (15\text{-}1)$$

在上述例题中，有

$$1\ 000\times 1/20\%=5\ 000（万元）$$

存款创造乘数是指增加一元存款所创造出货币的倍数，用 m_λ 表示，公式为

$$m_\lambda=\Delta D/\Delta R=1/r \qquad\qquad (15\text{-}2)$$

即存款创造乘数等于法定储备金率的倒数。

如果中央银行增发一笔货币供给，流入公众手中并转存在支票账户上，这笔新增货币量会创造出新货币来，因此，存款创造乘数亦被称为"货币创造乘数""货币供给乘数""货币乘数"等。

在现实经济生活中，银行创造货币的乘数并不会有理论上那么大，因为我们的上述分析隐含有两个假定：第一，商业银行没有超额储备；第二，银行客户将一切货币存入银行，支付完全以支票进行。显然这种假定很难符合现实经济运行的情况。在现实经济活动中，每一位银行客户都会考虑到日常生活中的零星支付而保留一部分现金，经济学中称之为现金漏损；每一个商业银行考虑到要应付客户经常性的提取现金而保留有一部分超额储备。这样的结果必然使货币乘数下降。

案例 15.2

2004—2014 年我国货币乘数变化

货币乘数是指一定量的基础货币发挥作用的倍数，指银行系统通过对一定量的基础货币运用之后，所创造的货币供给量与基础货币的比值。从 2004 年到 2014 年这十年间，货币乘数主要随着中央银行的货币政策变化而变化，特别是对法定准备金率调整而反方向变动，如图 15-1 所示。

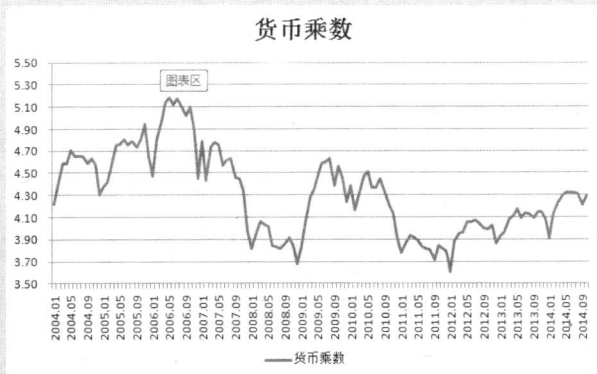

图 15-1 2004—2014 年我国货币乘数变化

2008 年 6 月月末，我国基础货币余额为 11.5 万亿元，2006 年下半年至 2008 年 6 月多次提高存款准备金率，货币乘数由 2006 年 9 月的 5.2 速减到 2008 年 6 月末的 3.84，2012 年元月低至 3.6。随着央行下调银行准备金率后有所上升，2014 年 5 月已上升到 4.3。

15.3.2 货币政策概念

货币政策是需求管理的主要工具，是国家干预和调节经济的主要政策之一，它在宏观经济中的作用不断加强。

货币政策是指一个国家根据既定目标，通过中央银行运用其政策工具，调节货币供给量和利率，进而影响投资和整个经济活动水平趋向既定目标的经济政策，又称金融政策。同财政政策一样，货币政策分担着宏观调控涉及的各种目标，包括充分就业、经济增长、价格稳定，以及稳定的汇率和保持国际收支平衡等。货币政策还有其他一些特殊目标，比如，防止大规模的银行倒闭和金融恐慌，稳定利率以防止利率大幅度的波动等。

凯恩斯主义的货币政策就是要通过对货币供给量的调节来调节利率，再通过利息率的变动来影响总需求。其货币政策的机制可表述为

$$货币量 \rightarrow 利率 \rightarrow 总需求$$

货币量之所以能够调节利息率，是与凯恩斯所做的假设分不开的。凯恩斯假定人们的财富只有货币与债券这两种形式，债券是货币的唯一替代物。人们在保存财富时只能在货币与债券之间做出选择。持有货币无风险，但也没有收益。持有债券有收益，但也有风险。人们在保存财富时总要使货币与债券之间保持一定的比例。如果货币供给量增加，利息率下降，人们就要以货币购买债券，债券的价格就会上升。反之，如果货币供给量减少，人们就要抛出债券以换取货币，债券的价格就会下降。用公式来表示就是

$$债券的价格 = \frac{债券收益}{利息率} \tag{15-3}$$

可见，债券价格与债券收益的大小成正比，与利息率的高低成反比。因此，货币量增加，债券价格上升，利息率就会下降。反之，货币量减少，债券价格下降，利息率就会上升。

利息率的变动之所以会影响总需求，是因为利息率的变动会影响投资需求。利息率下降会降低投资者贷款所付的利息，从而降低投资成本，增加投资的收益。同时，利息率的下降也会使人们更多地购买股票，从而股票价格上升，而股票价格的上升有利于刺激投资。利息率下降会影响消费需求。利息率的下降会鼓励人们更多地消费，减少储蓄。相反，利息率的上升就会减少投资和消费需求。

运用货币政策调节总需求，也和财政政策一样，坚持"逆经济风向行事"的基本原则。在经济衰退时，中央银行实行扩张性货币政策，采取措施增加货币供给，刺激总需求，以解决经济衰退和失业问题；相反，在通货膨胀时期，中央银行实行紧缩性货币政策，采取措施减少货币供给，抑制总需求，以控制物价上涨和解决通货膨胀问题。

15.3.3　货币政策的工具与运用

中央银行实施货币政策的工具主要包括公开市场业务、调整中央银行对商业银行的再贴现率和改变法定存款准备金率等三项主要政策工具，以及一些辅助性工具。

1. 公开市场业务

公开市场业务又称公开市场活动，是指中央银行在金融市场上买进或卖出政府债券，以控制货币供给和利率的政策行为。它是当代西方国家特别是美国实施货币政策的主要工具。

公开市场业务的具体操作是，在经济萧条时期，总需求小于总供给，中央银行在公开市场上买进政策债券，把货币投放到市场。商业银行将持有的一部分政府债券卖给中央银行获得货币，使商业银行的储备金增加；厂商和居民户将持有的债券出卖给中央银行得到货币，把它存入商业银行，再通过货币乘数原理使存款成倍增加，使货币供给量增加，引起利率下降。同时，中央银行买进政府债券，还会推动债券价格提高，从而引起利息下降。利息率下降，会刺激投资和消费扩张，使总需求扩大，从而带动生产就业和物价的增长。在通货膨胀时，中央银行在公开市场上卖出政府债券，收回货币，商业银行购买政府债券向中央银行付款，使银行储备金减少，同样厂商和居民户购买债券使他们在商业银行的存款减少。同理，通过货币创造乘数效应，货币供给量减少，会导致利息提高，同样的，中央银行卖出政府债券也会导致债券价格下降，利息率上升。利息率上升导致投资需求下降，总需求下降，从而抑制总需求扩张，抑制通货膨胀。

新闻链接

公开市场业务最新资讯

知识拓展 15.3

中国的公开市场业务

在多数发达国家，公开市场操作是中央银行吞吐基础货币、调节市场流动性的主要货币政策工具，通过中央银行与指定交易商进行有价证券和外汇交易，实现货币政策调控目标。中国的公开市场操作包括人民币操作和外汇操作两部分。外汇公开市场操作于 1994 年 3 月启动，人民币公开市场操作于 1998 年 5 月 26 日恢复交易，规模逐步扩大。1999 年以来，公开市场操作已成为中国人民银行货币政策日常操作的重要工具，对于调控货币供应量、调节商业银行流动性水平、引导货币市场利率走势发挥了积极的作用。

中国人民银行从 1998 年开始建立公开市场业务一级交易商制度，选择了一批能够承担大额债券交易的商业银行作为公开市场业务的交易对象。目前公开市场业务一级交易商共包括 40 家商业银行。这些交易商可以运用国债、政策性金融债券等作为交易工具与中国人民银行开展公开市场业务。从交易品种看，中国人民银行公开市场业务债券交易主要包括回购交易、现券交易和发行中央银行票据。其中回购交易分为正回购和逆回购两种。正回购为中国人民银行向一级交易商卖出有价证券，并约定在未来特定日期买回有价证券的交易行为，为央行从市场收回流动性的操作，正回购到期则为央行向市场投放流动性的操作；逆回购为中国人民银行向一级交易商购买有价证券，并约定在未来特定日期将有价证券卖给一级交易商的交易行为，为央行向市场上投放流动性的操作，逆回购到期则为央行从市场收回流动性的操作。现券交易分为现券买断和现券卖断两种。

前者为央行直接从二级市场买入债券，一次性地投放基础货币；后者为央行直接卖出持有债券，一次性地回笼基础货币。中央银行票据即中国人民银行发行的短期债券，央行通过发行央行票据可以回笼基础货币，央行票据到期则体现为投放基础货币。

2. 调整再贴现率

再贴现率是指商业银行向中央银行借款时的利息率。再贴现率政策是中央银行通过调高或调低对商业银行发放贷款的利息率以限制或鼓励银行借款，从而影响银行系统的存款准备金和利率，进而决定货币供给量和利率，间接影响投资与消费需求，以达到宏观经济调控目标。之所以把中央银行向商业银行贷款的利率称为"再贴现率"，是因为商业银行向中央银行借款时，需要担保。在早期，比如，20 世纪 30 年代以前，商业银行通常把其贴现来的商业票据拿到中央银行再贴现，那么这个利率，就有"再贴现率"之称了。30 年代后，商业银行主要是以政府债券作为担保向中央银行借款，但是中央银行仍然习惯把这种贷款的利率称为再贴现率。

再贴现率政策的具体运用是，在经济萧条时，为了刺激经济发展，减少失业，中央银行放宽贴现条件，降低贴现率，就会增加商业银行向中央银行的借款，从而引起货币供给量多倍增加。利息率也随之下降，引导社会投资与消费扩大，从而促进经济的复苏。在经济高涨时期，中央银行提高再贴现率，提高商业银行融资成本和难度，收缩再贴现数量，减少商业银行储备金，最终减少货币供给量，提高利息率，从而抑制投资需求，减少总需求抑制通货膨胀。

再贴现率政策和公开市场业务通常是相互配合的。中央银行在公开市场上买进或卖出政府债券时，就必须相应地改变再贴现率，使再贴现率与利息率大致适应。与公开市场业务相比，再贴现率变动对利息率影响是比较小的，中央银行应用这个政策工具时也比较慎重，并且这个政策工具还比较被动，如果商业银行不向中央银行借款的话，这个工具的效应就非常地有限了。

3. 改变法定存款准备金率

银行准备金率，是指银行储备金（或称准备金）对存款的比率。在现代银行制度中，这种储备金在存款中起码应当占的比率由政府规定，这一比率称为法定存款准备金率。银行创造货币的多少与法定存款准备金比率成反比。即法定存款准备金率越高，银行创造的货币越少；反之，法定存款准备金率比率越低，银行创造的货币越多。法定存款准备金率制度就是指中央银行通过集中存款准备金和调整存款准备金率来影响银行信用规模的制度。

在经济萧条时，中央银行降低法定存款准备金率，使银行能够创造出更多的货币，即商业银行扩张信贷，增加货币供给量，降低利息率，刺激投资需求扩大，消除经济衰退。相反在经济高涨时，央行则提高法定准备金率，减少商业银行超额准备金，缩小货币乘数效应，货币供给量减少，利率随之提高，促使投资消费和国民收入下降。

在现实经济中，中央银行较少使用改变存款准备金比率这种强而有力的武器，更多地用公开市场业务与再贴现率政策的配合来调节货币供给量和利息率。近两年来，我国有将调整银行存款准备金率政策常态化的趋势，一年多次提高或者降低法定存款准备金率，这可能与我国金融市场不够完善，前两种政策工具效应不能很好发挥有一定的关系。

案例 15.3

表 15-4 列示了 2008—2012 年 2 月央行存款准备金率历次调整的情况。

表 15-4　　　　　　　　　存款准备金率 2008—2012 年调整一览表

时间	调整前	调整后	调整幅度（百分点）
2012 年 2 月 24 日	（大型金融机构）21.00%	20.50%	-0.5
	（中小金融机构）17.50%	17.00%	-0.5
2011 年 12 月 5 日	（大型金融机构）21.50%	21.00%	-0.5
	（中小金融机构）18.00%	17.50%	-0.5

续表

时间	调整前		调整后	调整幅度（百分点）
2011年6月20日	（大型金融机构）21.00%		21.50%	0.5
	（中小金融机构）17.50%		18.00%	0.5
2011年5月18日	（大型金融机构）20.50%		21.00%	0.5
	（中小金融机构）17.00%		17.50%	0.5
2011年4月21日	（大型金融机构）20.00%		20.50%	0.5
	（中小金融机构）16.50%		17.00%	0.5
2011年3月25日	（大型金融机构）19.50%		20.00%	0.5
	（中小金融机构）16.00%		16.50%	0.5
2011年2月24日	（大型金融机构）19.00%		19.50%	0.5
	（中小金融机构）15.50%		16.00%	0.5
2011年1月20日	（大型金融机构）18.50%		19.00%	0.5
	（中小金融机构）15.00%		15.50%	0.5
2010年12月20日	（大型金融机构）18.00%		18.50%	0.5
	（中小金融机构）14.50%		15.00%	0.5
2010年11月29日	（大型金融机构）17.50%		18.00%	0.5
	（中小金融机构）14.00%		14.50%	0.5
2010年11月16日	（大型金融机构）17.00%		17.50%	0.5
	（中小金融机构）13.50%		14.00%	0.5
2010年5月10日	（大型金融机构）16.50%		17.00%	0.5
	（中小金融机构）13.50%		不调整	—
2010年2月25日	（大型金融机构）16.00%		16.50%	0.5
	（中小金融机构）13.50%		不调整	—
2010年1月18日	（大型金融机构）15.50%		16.00%	0.5
	（中小金融机构）13.50%		不调整	—
2008年12月25日	（大型金融机构）16.00%		15.50%	−0.5
	（中小金融机构）14.00%		13.50%	−0.5
2008年12月5日	（大型金融机构）17.00%		16.00%	−1
	（中小金融机构）16.00%		14.00%	−2
2008年10月15日	（大型金融机构）17.50%		17.00%	−0.5
	（中小金融机构）16.50%		16.00%	−0.5
2008年9月25日	（大型金融机构）17.50%		17.50%	—
	（中小金融机构）17.50%		16.50%	−1
2008年6月7日	16.50%		17.50%	1
2008年5月20日	16%		16.50%	0.5
2008年4月25日	15.50%		16%	0.5
2008年3月18日	15%		15.50%	0.5
2008年1月25日	14.50%		15%	0.5

货币政策除了以上三种主要工具，还有一些辅助性工具。

一是道义上的劝告，俗称"打招呼"，指中央银行对商业银行发出口头或书面的谈话或声明、指导或告诫，劝说商业银行自动地遵循中央银行所要求的信贷政策。但是这种劝告没有法律上的约束力，尽管如此，由于中央银行的公信力，在一些情况下还有是很有效果的。

二是"垫头规定"，又称局部控制，指在购买有价证券时必须支付的最低现金比率，余下差额由经纪人或银行贷款垫付。

三是利率上限，控制商业银行对定期存款所支付的最高利息率，这样可以减少定期存款，使存款更多地转移到易于控制的短期存款或债券。

四是控制分期付款条件。中央银行规定消费者购买耐用消费品分期付款的条件，如规定应付现款的最低期限与付清贷款的最高期限。

五是控制抵押贷款条件。这种措施对控制住宅建造是一种有力的工具。

> **问题探索**：在世界经济越来越一体化的背景下，一国的宏观经济调控政策变得容易了还是变得复杂了？宏观经济政策主要会受到哪些来自国外因素的影响？

15.4　财政政策与货币政策的综合效应

现代经济学中财政政策与货币政策各有其作用，在不同的情况下，作用效果大小不一。有时宏观财政政策作用大，有时货币政策作用大。

15.4.1　财政政策在实施中的实际效果

由于财政政策比较直接与猛烈，所以在实施过程中往往会有困难，主要表现在三方面。第一，税收政策难以全部落实。在现实经济社会中，税收不仅是一个经济问题，有时还是一个政治问题。政府增加税收会遭到民众的反对。减税，民众不反对，但在经济萧条时减税，民众不一定增加消费，厂商也可能不增加投资，因为对前景不乐观。这样就起不到刺激经济增长的作用。同时，税收政策还存在很严重的"时滞"效应。因为税收政策要通过立法，需要时间，而经济社会的情况是多变的。第二，在扩张性财政政策中，赤字财政政策使预算赤字迅速增加，它成为每一届政府都无法解决的难题。在政府支出政策中，削减转移支付，会有民众反对，减少购买等公共支出时企业会反对。并且在经济萧条时期，同样因为前景不乐观，增加转移支付，民众也不一定会增加消费。政府负担过重，势必会给经济带来问题。第三，对政策实施程度的测算很困难。例如在经济萧条时，政府增加购买时要先测算究竟要增加多少购买。多了，则对私人产生的"挤出"效应太大，少了，则无济于事。而这种准确的测算来源于全面的信息收集与分析，难度很大。

> 知识拓展
>
> 财政政策挤出效应

15.4.2　货币政策在实施中的实际效果

货币政策作为稳定经济，减少经济波动的工具，在实际实施中的效果有一定的局限性，主要表现在三方面。第一，增加货币供给量时不一定会降低利率。利率的降低有一个界限，超过这个界限后不管货币量如何增加也不可能降低利率了，有时反而可能会提高利率。例如政府增加货币供给量时，公众预测经济社会将发生通货膨胀，于是人们会把手中货币投向房产等耐用品而不是存款，这样，银行就要提高利率来吸引存款。第二，货币政策的作用在实际中难以发挥。例如，在经济萧条时虽然央行用增加货币供给、降低贷款利率来刺激经济发展，但商业银行可能会考虑到贷款风险太大，而不愿意发放贷款，企业也会因信心不足而不愿意多借款来增加投资。同理，在经济高涨时，央行为了减少货币供给量，提高利率，但此时因为利率偏高，商业银行有可能愿意比平时多贷款，而且企业也因信心足，贷款意愿强烈。因此，货币政策的"稳定器"作用很难完全体现出来。第三，货币政策本身的"时滞"性也会影响政策效果。中央银行变动货币供给量，是要通过利率的变动来影响投资，最后再影响就业和国民收入的，这样的货币政策作用本身就要经过相当长的时间才能得到充分发挥。企业生产规模的增大或减少，不可能在短时间内完成，或在企业完成生产规模调整后，此货币政策又"过时"了。

15.4.3　财政政策与货币政策的综合运用

财政政策与货币政策在单独运用中都可能产生上述的局限性，但在实际应用时根据具体情况灵活运用某些政策或将财政政策与货币政策配合使用时可以发挥更好的作用。

1. 相机抉择的政策协调

"相机抉择"的政策协调，又称"酌情处理"，是指政府在进行国民经济协调时应根据不同的情况机动灵活地决定和选择某项或某几项政策措施来进行调节。这样就可能克服财政政策与货币政策在经济运行中的局限性，这也是由财政政策与货币政策各自具有的特点决定的。首先，不同政策措施的猛烈程度不一样。例如，同样是货币政策，法定准备率的调整较猛烈，而公开市场活动则较缓和些。其次，不同措施政策的时效也不一样，货币政策的变动是通过中央银行决定，而财政政策要通过立法机构，因此财政政策发挥有效作用的时间就要来得晚一些。再次，不同政策实行过程中所碰到的阻力不一样。大体上来说，货币政策的阻力小于财政政策中的阻力。由此可见，在不同经济形势下，要具体情况酌情处理。例如在通货膨胀十分严重时，要采用作用快而猛烈的政府支出政策，但是在经济刚出现萧条的苗头时就不能用如此猛烈的政策。

2. 财政政策和货币政策的配合措施

（1）"双紧"配合，即紧的财政政策和紧的货币政策相结合。在经济出现通货膨胀时，则应同时采取紧缩银根的货币政策和紧缩性的财政政策。在适当增加税收和减少政府支出时，适当地减少货币供给量，提高利率，以便有效地减少总需求，抑制通货膨胀。

（2）"双松"配合，即松的财政政策与松的货币政策。当经济萧条时，出现了总需求不足，就要刺激需求，此时要同时采取扩张性货币政策和扩张性财政政策。在适当减少税收和增加政府支出的配合下，适当地增加货币供给，降低利率。这样可以更有效地刺激需求的增加，控制经济的萧条。"双松"配合的目的是刺激经济增长和扩大就业，但由此容易引起通货膨胀。

（3）"松紧"配合，即松的财政政策和紧的货币政策相结合。"紧松"配合，即紧的财政政策和松的货币政策相结合。

总之，通过这些配合，国家可以更有效地刺激总需求或者更有效地抑制通货膨胀，以便既能达到刺激总需求又不会引起严重的通货膨胀，或者说既控制了通货膨胀又不会导致严重的失业。经济学家认为，国家运用经济政策来干预经济生活，并不是在任何情况下都是必不可少的，只是经济波动超出一定限度时，才需要政府出面来调控。

案例 15.4

2017 年中国经济走势与宏观政策

一、2017 年中国经济形势展望

2017 年中国经济将继续保持平稳运行态势，原因是客观存在诸多有利于中国经济平稳增长的积极因素。首先，政策制定符合实际；其次，需求保持相对稳定。预计 2017 年固定资产投资增长 8.0%以上，社会消费品零售总额将增长 10%以上，外贸进出口好于 2016 年。外部需求回暖，有利于中国出口；最后，创新驱动对经济增长效果显现。预计 2017 年经济增速不低于 6.5%，CPI 涨幅 2.4%左右；广义货币 M2 增长 11%~12%，名义利率保持不变，到 2017 年年底美元兑人民币汇率不超过 7.3。

二、2017 年宏观经济政策

1. 财政政策建议，一是继续实施积极财政政策，促进经济增长预期目标的实现，大力实施减税降费政策，适度扩大支出规模。二是推进供给侧结构性改革，推动供需结构平衡。三是深入推进财税体制改革，加快现代财政制度建设。四是调整优化支出结构，有效保障重点领域支出。五是加强预算执行管理，确保完成年度预算任务。六是加强地方政府性债务管理，确保财政可持续。

2. 货币政策建议，一是实施稳定中性货币政策，发挥信贷政策灵活性作用。二是推进利率市场化改革，发挥价格型调控作用。三是稳步推进汇率形成机制改革，探索跨境资金管理新模式。四是疏通货币政策向实体经济传导渠道，缓解小微企业融资难、融资贵。五是增强财政政策与货币政策的协调。

【本章小结】

1. 宏观经济政策是以凯恩斯主义为代表的政府通过政策干预经济的理论。国家宏观经济政策的制定要依据一定的经济目标，而经济目标来自经济生活中最为严重的对社会福利影响很大的经济问题。西方学者认为宏观经济目标包括充分就业、实现经济增长、物价相对稳定和减少经济波动四种。它们之间存在互补性，也存在一定的冲击。因此，政府在制定经济目标和经济政策时应该做整体性的宏观战略和安排。

2. 在宏观经济政策中，凯恩斯所重视的政策工具是需求管理政策，它包括财政政策和货币政策。

3. 财政政策内容包括财政支出和财政收入，财政支出可分为政府购买和政府转移支出，财政收入来源于税收和公债。政府有意地运用财政政策主要通过扩张性的财政政策、紧缩性的财政政策和赤字财政政策等来其实现经济目标。

4. 宏观货币政策起作用的主要机制是通过货币量的增减，促使利率提高或降低，从而影响投资和消费。这要通过中央银行运用不同的货币政策来调节经济，货币政策的运用主要有扩张性货币政策和紧缩性货币政策。货币供给量的变化在西方国家由中央银行运用货币政策工具来实现。主要货币政策工具有公开市场活动、存款准备金制度和再贴现政策。

5. 财政政策和货币政策从整体上看，在西方国家经济的发展中起到了积极的作用。但是在各自的单独运用中都存在着局限性，为了克服它们的局限性，政府在运用宏观经济政策中可以相机抉择进行政策协调，或者将货币政策和财政政策相配合，以更有效地刺激总需求或者更有效地抑制通货膨胀，而不至于引起严重的失业，来实现宏观经济目标。

【经济观察】

利率市场化改革　需要更大的勇气和智慧

中国人民银行宣布，自 2013 年 7 月 20 日起取消金融机构贷款利率 7 折的下限，全面放开金融机构贷款利率管制，这是中国利率市场化改革向前推进的重要一步。同时市场人士分析认为，此次调整贷款利率的管制，而未触及改革核心——存款利率，这也反映出我国利率市场化改革的审慎路径和渐进原则。

在经济走弱的背景下，放开贷款利率下限的管制无疑传递出了稳增长的积极信号，为市场带来正向引导。分析人士表示，虽然政策上全面放开了贷款利率的管制，但是贷款利率的市场化仍需要银行业的公平竞争机制、银行业的硬约束机制以及政府、企业关系的本位回归协同推进。

此外，本次改革虽取消了贷款利率的下限，但贷款基准利率近期内仍将存在。因为本次政策明确表示是"取消贷款利率 7 折下限"，而没有像票据利率一样说是取消利率管制；与此同时，仍将维持对住房贷款利率的管制，这也意味着贷款基准利率仍将存在。兴业银行首席经济学家鲁政委明确表示，虽然在一段时期内，贷款基准利率仍将存在，但从趋势来看，其对实际利率能够影响的程度将会越来越弱。这意味着，未来央行亟须建立一个新的政策基准利率。

利率市场化最关键一步是放开存款利率上限管制。在目前的利率管制中，真正的紧约束是存款利率上限的管制。如果存款利率上限管制取消，将会带来存款利率水平的明显上升以及银行利差的明显收窄。诸多市场分析人士认为，此次改革没有进一步扩大金融机构存款利率浮动区间，主要考虑是存款利率市场化改革的影响更为深远，所要求的条件也相对更高。从已有经验看，放开存款利率管制是利率市场化改革进程中最为关键、风险最大的阶段，且牵一发而动全身，需要金融系统方方面面的配合。

讨论题：

1. 2013 年经济下行持续的情况下，政府推行利率市场化改革对宏观经济产生什么样的影响？
2. 为什么说放开存款利率管制是利率市场化改革的关键？你是如何认为的？

【能力训练】

宏观经济政策分析实训

2008 年下半年美国由次级贷款引发的金融危机在全球扩散，并且迅速波及实体经济领域，使全球经济面对严重衰退的压力。虽然我国在短期内影响不大，但是长期的影响不容乐观。2008 年 11 月，我国宣布了一项在未来两年投入 4 万亿元人民币的刺激经济计划和一系列减税措施之后，央行又于 26 日宣布下调贷款基准率 1.08%，下调法定存款准备金率 1%～2%。分组讨论，这是什么样的财政政策与货币政策？并分析实施这些政策有何作用，还有哪些困难，会产生什么样的效果。

注意　要讨论和分析这些问题，必须先分组分工组建团队，收集有关我国现阶段宏观经济政策的各种资料。以小组为单位提交讨论报告。

【概念复习】

需求管理　供给管理　紧缩性货币政策　扩张性财政政策　自动稳定器　货币创造乘数　法定存款准备金率　公开市场业务

【同步练习】

1. (　　) 不是经济中的内在稳定器。
   A. 累进税率
   B. 政府开支直接随国民收入水平变动
   C. 社会保障支出和失业保险
   D. 农业支持方案

2. 当法定准备金率为 20%时，商业银行最初所吸收的存款为 600 万元时，银行所能创造的货币总量为 (　　)。
   A. 4 000 万元　　B. 8 000 万元　　C. 3 000 万元　　D. 6 000 万元

3. 如果目前存在通胀缺口，应采取的财政政策是 (　　)
   A. 增加税收　　B. 减少税收　　C. 增加政府支出　　D.增加转移支出

4. 下列哪种工具属于紧缩性货币政策工具 (　　)。
   A. 提高贴现率
   B. 增加货币供给
   C. 降低法定准备金率
   D. 中央银行买入政府债券

5. 在经济萧条时期，政府实施货币政策时，应 (　　)。
   A. 增加商业银行的准备金
   B. 中央银行在公开市场买进政府债券
   C. 中央银行在公开市场卖出政府债券
   D. 降低贴现率　　E.提高贴现率

【问题讨论】

1. 宏观经济政策的目标是什么？为达到这些目标可采用的政策工具有哪些?

2. 为什么仅仅有自动稳定器是不够的？还要运用积极的财政政策?

3. 运用赤字财政政策的理论依据是什么？

4. 中央银行怎样运用货币政策工具影响货币供给量？

5. 2008 年下半年美国由次级贷款引发的金融危机在全球扩散，使全球经济面临严重衰退的压力，我国也受到影响。这时应该采取什么样的宏观经济政策？2016 年我国经济增长改变，这时又应该采取什么样的宏观经济政策？

6. 你如何评价宏观经济政策？

【补充读物与资源】

《21 世纪资本论》[法]托马斯·皮凯蒂（Thomas Piketty），著，巴曙松，陈剑，等译. 中信出版社，2014 年 9 月

中国人民银行官网　http://www.pbc.gov.cn/
中华人民共和国统计局　http://www.stats.gov.cn/